共犯者の供述の信用性

平成2年度司法研究員
東京高等裁判所判事　　池　田　眞　一
東京地方裁判所判事　　池　田　　　修
高知地方裁判所判事　　杉　田　宗　久

ま　え　が　き

　この資料は，司法研究報告書第44輯第2号として，司法研修所から刊行されたものです。
　実務に携わる各位の好個の参考資料と思われるので，当局のお許しを得て頒布することといたしました。
　平成8年7月

　　　　　　　　　　　　　　　財団法人　法　　曹　　会

は　し　が　き

　我々は，平成２年度の司法研究員として，共犯者の供述の信用性に関する研究を命ぜられ，１年間の研究期間の後，平成３年12月司法研修所でその研究結果の概要を報告し，概要報告書を提出した。その後，研究内容を更に整理するなどして概要報告書を補充し，この度この報告書を提出することとした。
　報告書の内容は，研究員３名の合議を経ているものであるが，草稿段階では，池田眞一が第１部及び第３部を，池田修が第２部第１及び第３を，杉田宗久が第２部第２をそれぞれ分担して執筆し，附属資料については３名で適宜分担して取りまとめた。
　実務の傍ら限られた期間内で行った研究であり，不十分なものであることは避けられないが，共犯者の供述の信用性が深刻な争点となる事件がその後も多々生じていることから，ひとまず研究の結果を発表すべきものと考え，この報告書を提出した。研究員３名とも，今後も，将来の補完に向けて更に努力していきたいと考えている。
　本研究については，司法研修所及び最高裁判所事務総局刑事局から種々のご配慮をいただき，また，裁判例の収集に当たっては各高等裁判所の方々にご協力いただいた。この機会に，改めて，これらの皆様方に厚くお礼申し上げる。

　　　　　　　　　　　　　　　　　　　　　　　　　　平成７年６月

目　　　次

第1部　序　　説

第1　問題の所在 …………………………………………………………… 1
第2　共犯者の供述の証拠能力，証明力の一般的問題 ………… 2
　1　証拠能力 ……………………………………………………………… 2
　2　証明力（信用性） ………………………………………………… 3
第3　本研究について …………………………………………………… 5

第2部　全体的注意則

第1　共犯者の供述の信用性を判断するに当たって留意すべき
　　　外在的事情 ……………………………………………………………… 9
　1　共犯者の供述が事件全体で占める位置と程度（事件全体の証拠
　　構造との関連） ……………………………………………………… 10
　　(1)　共犯者の供述以外の証拠によって認定できる程度の検討 ……… 10
　　(2)　他の証拠との関係 …………………………………………… 13
　　　ア　被告人が捜査段階で自白している場合－自白の信用性，自
　　　　白との整合性等について ………………………………………… 13
　　　イ　被告人が否認している場合－弁解の合理性等について ……… 15
　　　　a　弁解の合理性（罪証隠滅工作，逃亡等との関係を含む。） … 15
　　　　b　アリバイ等の消極証拠との関係 ……………………………… 16
　　(3)　その他 …………………………………………………………… 18
　2　共犯供述をすることによって得る利益・不利益の内容・程度 …… 19
　　(1)　共犯供述をすることによって得る共犯者の利益 ……………… 20
　　　ア　責任軽減の利益 ………………………………………………… 20
　　　　a　利益の内容と裁判例 …………………………………………… 20

             b　利益の程度 ……………………………………………… 21
              ⅰ　責任の軽減が考え難い場合 ……………………… 21
              ⅱ　他に責任を重くする理由があり，責任軽減の程度が相
                  対的に小さい場合 ………………………………… 21
              ⅲ　他に大きな不利益を受ける場合 ………………… 23
             c　類型的検討 ……………………………………………… 26
             d　利益を把握する方法 …………………………………… 27
             e　総合評価の問題 ………………………………………… 29
         イ　真犯人をかばう利益 ………………………………………… 29
             a　利益の内容と裁判例 …………………………………… 29
             b　利益の程度 ……………………………………………… 30
             c　類型的検討 ……………………………………………… 31
             d　利益を把握する方法 …………………………………… 32
             e　総合評価の問題 ………………………………………… 34
         ウ　被告人への報復の利益 ……………………………………… 35
             a　利益の内容と裁判例 …………………………………… 35
             b　利益の程度 ……………………………………………… 36
             c　類型的検討 ……………………………………………… 36
             d　利益を把握する方法 …………………………………… 37
             e　総合評価の問題 ………………………………………… 39
         エ　捜査過程で受ける不利益等を避ける利益 ………………… 40
             a　利益の内容と裁判例 …………………………………… 40
             b　利益の程度 ……………………………………………… 42
             c　類型的検討 ……………………………………………… 43
             d　利益を把握する方法 …………………………………… 43
             e　総合評価の問題 ………………………………………… 43
    (2)　共犯供述をすることによって受ける不利益 ………………… 45
         ア　被告人らから報復を受ける不利益（組織内で受ける不利益

				を含む。) ……………………………………………………	45
			a	不利益の内容 ………………………………………	45
			b	不利益の程度 ………………………………………	45
		イ	その他の不利益 …………………………………………		47
			a	親しい者が処罰を受ける不利益 …………………	47
			b	他の犯罪で処罰されかねない不利益 ……………	48
			c	社会的制裁等を受ける不利益 ……………………	48
	(3)	供述の動機の具体的検討 ……………………………………			49
		ア	個々の利益と不利益の具体的検討の必要性 …………		49
		イ	真実の供述をする動機の具体的検討 …………………		50
3	共犯者の属性 ……………………………………………………				51
	(1)	年少者，知的能力障害者等－捜査官による誘導の危険 ……			52
	(2)	人格（虚言癖等） ……………………………………………			55
4	特に問題となる間接事実 ………………………………………				55
	(1)	被告人と共犯者の利得の比較 ………………………………			56
	(2)	被告人と共犯者との関係等 …………………………………			58

第2 共犯者の供述の信用性を判断するに当たって検討すべき
　　個々的事項 ……………………………………………………… 61

1	他の証拠との符合性の検討 ……………………………………		62
	(1)	客観的証拠との積極的符合性 ………………………………	65
		ア　実行共同正犯型の場合 ………………………………	69
		イ　対向犯型の場合 ………………………………………	71
		ウ　共謀共同正犯型（教唆犯型・幇助犯型）の場合 ……	72
	(2)	客観的証拠との消極的符合性 ………………………………	78
	(3)	主観的証拠との符合性 ………………………………………	80
		ア　他の共犯者の供述との符合性 ………………………	81
		イ　他の利害関係人の供述との符合性 …………………	89
		ウ　目撃者等の利害関係のない者の供述との符合性 ……	94

⑷　共犯者の行為の裏付けと被告人の行為の裏付けとのアンバランスの存否 ………………………………………………………… 95
２　供述内容自体の検討 ……………………………………………… 97
　⑴　供述内容の自然性・合理性 …………………………………… 97
　⑵　秘密の暴露の存否 ……………………………………………… 104
　⑶　体験供述の存在の評価 ………………………………………… 106
　⑷　供述の具体性に関するアンバランスの存否 ………………… 116
３　供述経過の検討 …………………………………………………… 117
　⑴　被告人の名前を出すに至った経緯 …………………………… 118
　　ア　被告人の名前を出すまでの時間の経過 …………………… 119
　　イ　被告人の名前を出すまでの供述内容 ……………………… 122
　　　a　否認から自白に転ずると同時に共犯者として被告人の名前を出した場合 ………………………………………… 122
　　　b　単独犯供述から転じて被告人との共同犯行と供述するに至った場合 ……………………………………………… 123
　　　c　共犯者の名前を秘匿するなどしていたが，後に被告人の名前を出すに至った場合 ………………………………… 127
　　　d　他の共犯者らの名前を述べた後に被告人の名前を出すに至った場合 ……………………………………………… 130
　　　e　当初は実在の他の者が共犯者である旨の引き込み供述をしていたが，後に真実の共犯者は被告人であると供述するに至った場合 …………………………………………… 131
　　ウ　捜査の端緒・進展状況等 …………………………………… 133
　　エ　被告人の名前を出すに至った経緯に関する検討の方法について ……………………………………………………… 134
　⑵　供述の一貫性と変遷 …………………………………………… 135
　　ア　変遷の態様 …………………………………………………… 135
　　　a　共犯供述の存在自体が変遷している場合 ………………… 136

             ⅰ 公判段階単純変転型 ……………………………… 136
             ⅱ 複雑変転型 ……………………………………… 138
          ｂ 共犯供述の内容に変遷が存する場合 ……………………… 140
             ⅰ 実行共同正犯型の場合 ………………………… 141
             ⅱ 対向犯型の場合 ………………………………… 144
             ⅲ 共謀共同正犯型（又は教唆犯型・幇助犯型）の場合 …… 152
        イ 変遷の原因 …………………………………………………… 156
          ａ 単なる認識や記憶の混乱，不確実さ等に由来する供述の
            変遷 ……………………………………………………………… 157
          ｂ 意図的な供述変更 ………………………………………… 161
          ｃ 共犯者の属性に由来する供述の変遷 …………………… 162
          ｄ 捜査の進展に伴い捜査官の示唆・誘導によりなされた供
            述の変遷 ……………………………………………………… 163
          ｅ 供述の変遷の原因が解明されない場合 ………………… 164
        ウ 一貫性のある供述の評価 …………………………………… 164
      (3) 供述の時期とその後の経過 …………………………………… 165
        ア 捜査官に対する共犯供述が存するにとどまっている場合 …… 165
        イ 共犯者自身の公判でも共犯供述を維持している場合 ………… 167
        ウ 被告人の公判でも共犯供述を維持している場合 ……………… 168
        エ 共犯者自身の処分の確定後も共犯供述を維持している場合 … 170
          ａ 不起訴処分を受けた場合 ………………………………… 170
          ｂ 略式命令を受けた場合 …………………………………… 171
          ｃ 正式起訴されて有罪判決が確定している場合 ………… 171
        オ 共犯者自身の処分の確定後，従前の共犯供述を変更した場
          合 ………………………………………………………………… 173
      (4) 共犯者に対する取調状況 ……………………………………… 176
    4 供述態度の検討 ………………………………………………………… 180
      (1) 反対尋問に対しよく耐えていることの評価 ………………… 183

(2)　問題にすべき供述態度 …………………………………………… 185
　　ア　出頭回避・供述回避の態度 ………………………………… 185
　　イ　場当たり的・迎合的供述 …………………………………… 187
第3　総合評価 ……………………………………………………………… 189
　1　分析と総合 …………………………………………………………… 189
　2　共犯供述の核心部分に問題点が存在する場合 …………………… 190
　3　共犯供述の核心部分以外に問題点が存在する場合 ……………… 192
　(1)　供述の核心部分との関連性 …………………………………… 193
　　ア　関連性が強い場合の影響 …………………………………… 193
　　イ　関連性が希薄な場合等の影響 ……………………………… 194
　　ウ　核心部分が他の証拠によって強く裏付けられている場合の
　　　　影響 ……………………………………………………………… 196
　　エ　関連性の判断が微妙な場合の他のアプローチ …………… 197
　　オ　証拠調べの程度との関連 …………………………………… 198
　(2)　記憶の誤り等と意図的な虚偽供述 …………………………… 199
　　ア　意図的な虚偽供述 …………………………………………… 199
　　イ　核心部分が他の証拠によって強く裏付けられている場合の
　　　　影響 ……………………………………………………………… 201
　　ウ　記憶の薄れ，誤り等 ………………………………………… 201
　(3)　核心部分の補強証拠の程度 …………………………………… 202
　　ア　核心部分が他の証拠によって強く裏付けられている場合 … 202
　　イ　核心部分の裏付けが薄弱な場合 …………………………… 203

第3部　手続上の問題

第1　弁論の分離・併合の相当性 ………………………………………… 205
第2　共犯者の供述の取調方法の問題点 ………………………………… 206
　1　証人尋問 ……………………………………………………………… 206
　2　共同被告人としての被告人質問 …………………………………… 207

3　共犯者の捜査官に対する供述調書，他の公判における供述（公判調書）の取調べ ……………………………………………… 207
第3　供述経過の立証上の問題 ……………………………………… 207
　1　捜査段階における共犯者の供述の経過 ………………………… 207
　2　共犯者の捜査段階における供述を取り調べることの要否 …… 208
　3　供述経過の立証の工夫 …………………………………………… 210

附属資料Ⅰ　事例カード

- 1　〔肯定6〕マニラ保険金殺人事件 ……………………………………… 213
- 2　〔肯定18〕窃盗教唆事件 …………………………………………………… 218
- 3　〔肯定34〕保険金目的放火事件 ………………………………………… 223
- 4　〔肯定60〕暴力団組長賭博参加事件 …………………………………… 231
- 5　〔肯定62〕淡路島生き埋め殺人事件 …………………………………… 238
- 6　〔肯定81〕暴力団抗争殺人事件 ………………………………………… 250
- 7　〔否定4〕日本岩窟王事件 ………………………………………………… 256
- 8　〔否定7〕八海事件 ………………………………………………………… 267
- 9　〔否定13〕対立暴力団組長殺害教唆事件 …………………………… 278
- 10　〔否定14〕岩国の暴力団首領殺害事件 ……………………………… 286
- 11　〔否定15〕梅田事件 ……………………………………………………… 294
- 12　〔否定23〕山中事件 ……………………………………………………… 303
- 13　〔否定37〕苫小牧市の贈賄事件 ………………………………………… 314
- 14　〔否定46〕覚せい剤空路密輸入事件 ………………………………… 319

附属資料Ⅱ　裁判例一覧表
- 第1　信用性肯定例 ……………………………………………………………… 332
- 第2　信用性否定例 ……………………………………………………………… 366

第1部　序　説

第1　問題の所在

　共犯事件は我々の扱う刑事事件の中でも大きな部分を占めており，共犯者の供述の信用性が主要な争点となるケースも少なくない。ところが，共犯者の供述の信用性を的確に判断することは必ずしも容易ではなく，従来も，その判断を誤ったものとして上級審で破棄されたり，再審で無罪となったりした事件が決して稀ではない。

　このような事情から，共犯者の供述の危険性について論述する文献も，枚挙に暇がない。[注1]

　共犯者の供述の危険性として，被告人本人の自白と同様の危険性を指摘する見解（例えば，団藤重光「共犯者の自白」現代の共犯理論700頁）もあるが（この点に着目して「共犯者の自白」と呼ばれることがあるが，本研究では，より一般的な「共犯者の供述」の語を使用する。），共犯者の供述に特有の危険として一般にいわれているのは，共犯者が，自己の罪責を免れたり軽減したりしようとして無実の者を引き込む危険がある，すなわち，他に責任を転嫁しようとして虚偽の供述をする危険がある，という点である。

>　（注1）　以下は，共犯者の供述の危険性について指摘する実務家の比較的具体的な論述からの引用である。
>
>　　「どの刑事事件でも共犯者のある事件は複雑である。それは犯罪人が複数であるから，その共謀の立証，実行の分担の立証等が困難であるというばかりでなく，共犯者の心理が微妙に審判に影響するからである。共犯者はいろいろの利害関係から，犯罪を一身に引受けたり，他人を同じ刑罰に引入れたり，又は犯罪から免れようとしたりする。そのため取調に対し共犯関係について又は共犯関係における上下の地位について曖昧に，偽って，述べ易い。

この供述の不正確と虚偽が少くないことは，事件の進展，審理の経過において，しばしば明るみに出る。例えば，共犯者の一方が他方から何か裏切られた場合とか，意外にも重い刑罰を科されるのを知った場合とかに，よく前言を取消して事の真相を訴えようとしたりする。まことに共犯者の供述が真実に副うかどうかを見究めることは，証拠の証明力を検討する中でも，なかなか困難な部類に属する。」（荒川正三郎「無罪と有罪との限界」137頁）

「共犯者の供述たとえば被告人と共に犯行をなした，あるいは被告人に教唆されて犯行をなした旨の供述は，第三者の供述と違って，警戒すべき点があるといわれている。それは，共犯者は自己の刑事責任を免れたり，軽減されんことを願って，おうおう仲間をひきずりこんだり，あるいは，責任を他に転嫁するなど虚偽の供述をするおそれがあること，共犯者自身は犯行体験を有し犯行を認めていることが多いから，真実と虚偽をまぜて供述することは比較的容易であることなどの点である。」（石井一正「刑事実務証拠法」319頁）

「共犯者の供述について注意を要するのは，このように，単独犯行を共同犯行と偽り，あるいは真の共犯者に替え，他人を共犯者と名指して虚偽の供述をするような場合に限らない。被告人が共犯者であることは動かし難い事案においても，共犯者が自己の責任の軽減を願うなどの様々な動機から，被告人の犯行関与の態様，程度ないしは情状にわたる事情等について，殊更被告人に不利益な供述をする虞のあることは，容易に想到し得るところであるから，このような場合をも含め，共犯者が自己の責任を他に転嫁しようとするすべての場合について，虚偽の供述を誤って信用することがないように，慎重な検討を怠ってはならないわけである。」（福島裕「共犯者の供述（共犯者の自白）の証明力」判例タイムズ733号21頁）

第2　共犯者の供述の証拠能力，証明力の一般的問題

1　証拠能力

(1)　まず，共犯者が公判廷において証人として証言した場合，その証言が証拠能力を有することに，疑問の余地はない。

(2) 他方，共犯者Xが被告人Aと共同審理を受け，共同被告人のまま公判廷で供述した場合については，見解が分かれている。学説のうちには，Xの供述をAに対する証拠とするためには，Xを共同被告人の地位から離脱させる必要があり，手続を分離して証人として尋問しない限り，Xの供述はAに対する不利益証拠とはなり得ない，とするものもある（例えば，江家義男「刑事証拠法の基礎理論」訂正版139頁，中武靖夫「共犯者の自白」現代の共犯理論567頁等）。しかし，通説（例えば，平野龍一「刑事訴訟法」225頁等），判例（最判昭26.6.29刑集5-7-1344），実務は，ともに，共犯者の共同被告人としての公判供述につき，その証拠能力を否定すべき理由がないとしている。

(3) 次に，共犯者の供述を録取した書面，特に検察官に対する供述調書については，「共犯者の自白に特有の類型的危険性を考慮するならば，少なくとも訴追機関の面前でのいわゆる共犯者の自白については，一般に特信情況を欠く供述とみるのが妥当といえよう。」などとして，共犯者が公判廷で黙秘した場合に，これを供述不能とみて，刑事訴訟法321条1項2号前段により，その検察官に対する供述調書の証拠能力を認めることは原則として許されないとする学説（鈴木茂嗣「注解刑事訴訟法（中）」全訂新版746頁），あるいは，「信用性の情況的保障に欠け，事後の反対尋問の奏功も期待し難い共犯者の検察官面前調書だけで被告人の有罪を認定することは憲法37条2項にも違反する疑いがある。」とする学説（小早川義則「共犯者の自白」317頁）などもあるが，多くの学説，判例，実務においては，伝聞法則の例外として供述調書の証拠能力を検討する上で，共犯者の場合とその他の第三者の場合とを区別してはいない。

2 証明力（信用性）

共犯者の供述に特有の危険性にかんがみ，共犯者の供述だけで被告人を有罪とすることができるのかという論点が生ずる。この点につき，共犯者の供述（自白）は憲法38条3項にいう「本人の自白」に当たり，他に独立の補強証拠がない限り被告人の有罪を認定できないとして，自由心証主義を規制しようと

する有力な学説がある。(注2)

しかし、この問題について、最高裁判所は、いわゆる練馬事件（別名、印藤巡査殺し事件）において、「共同審理を受けていない単なる共犯者は勿論、共同審理を受けている共犯者（共同被告人）であっても、被告人本人との関係においては、被告人以外の者であって、被害者その他の純然たる証人とその本質を異にするものではないからである。されば、かかる共犯者又は共同被告人の犯罪事実に関する供述は、憲法38条2項のごとき証拠能力を有しないものでない限り、自由心証に委かさるべき独立、完全な証明力を有するものといわざるを得ない。」として、「共犯者の自白をいわゆる『本人の自白』と同一視し、又はこれに準ずるものとすることはできない。」と判示し（最大判昭33.5.28刑集12-8-1718）、判例上その解釈は確定している。したがって、実務においては、共犯者の供述は、その信用性が専ら自由心証主義に任される分野の問題とされている。(注3)

　　　（注2）　共犯者の供述を本人の自白と同一視し、補強証拠を必要とする見解としては、団藤「共犯者の自白」現代の共犯理論699～701頁等がある。しかし、多数説はそれに反対し、共犯者の供述のみで被告人を有罪とすることを肯定する（平野「刑事訴訟法」233頁等）。
　　　（注3）　練馬事件に関する最高裁判決の少数意見が、次のように共犯者の供述に特有の危険性について言及するところは、専ら自由心証主義の領域に委ねられた共犯者の供述の信用性の判断において、常に留意すべきであると思われる。
　　　　　「自白の内容が、被告人である自白者自身の犯罪事実であると同時に、共同審理を受けている他の共犯者（共同被告人）の犯罪事実である場合においては、当該自白のみで自白者を処罰できないとされる以上、その自白だけで犯罪事実を否認している他の共同被告人を処罰することは、もちろん許されないものと解するを相当とする。もしそうでないとすれば、自白者たる被告人本人はその自白によって有罪とされないのに、同一犯罪事実を否認している他の共同被告人は却って右同一自白によって処罰されるという不合理な結

果を来たすことになる。そればかりでなく，一人の被告人に対してその自白だけでは有罪とされないことを好餌として自白を誘導し，その自白によって他の共同被告人を有罪とするため，それを利用する不都合な捜査が行われる弊害を生ずるおそれがないとは言えない。これでは，憲法が自白偏重の悪弊を防止しようとする意義を没却することになる。一般に共同被告人は，互に他の被告人に刑責を転嫁し，または自己の刑責を軽減しようとする傾向があるのが通例であるから，一被告人の供述だけで他の共同被告人の罪責を認めることは，人権保障の上においてはなはだ危険であるといわなければならない。」

3 以上は，共犯者の供述の証拠能力，証明力（信用性）についての，学説，判例の状況の概略である。いうまでもなく，多くの事件では，自白している共犯者は，真実を吐露し，他の共犯者が犯行に関与しているか否かについても，信用性のある供述をしているのであり，共犯者の供述の証明力が一般に薄弱であるとは，必ずしもいえないであろう。しかし，共犯者が利害関係等の様々な原因から虚偽の供述をする危険性が多分にあることも，多くの裁判例の教えるところであり，その信用性を慎重に検討することを怠ってはならないのである。

第3 本研究について

1 本研究の課題は，「共犯者の供述の信用性」の検討である。

　裁判実務の上で共犯者の供述の信用性を吟味しなければならない場面は極めて多い。いわば裁判官が日常的に行っているところである。本来，実証的研究を目指すからには，個々の裁判例について，証拠書類と証拠物を，公判に提出されたもののみでなく，不提出のものも含めて全体をつぶさに検討し，その全体の証拠の中で共犯者とされる者の供述の信用性を検討すべきものであろう。

　しかし，研究員で討議した結果，限られた研究期間と能力を考えて，裁判

例のみの検討にとどめ，また，研究対象事例としては，共犯者の供述の信用性が争われ，判決にもその点についての判断が示されているものに限定することにした。

　共犯事件とされる裁判例の中でも，集団事件等においては，共犯者とされる者が順次連動して自白，否認を繰り返すようなタイプの事件で，結局起訴された者のすべてが無罪に終わった事件（松川事件，日石・土田邸爆破事件等）もあるが，これらの事件では，結局はその犯人像が明らかにされることなく，各被告人の自白の信用性がすべて否定され，被告人が共犯者であると供述した者自身の事件との結びつきも不明に終わっているのであるから，これらの裁判例において研究すべき問題は，むしろ，各被告人の自白の信用性の問題に還元されるものと考えられる。そこで，これらの裁判例については本研究の対象から除外することにし，本研究では，原則として，共犯者ないし関係者とされた者の一人は有罪であることが研究の時点で判明していて，純粋に引き込みの危険性が争われた共犯事件の裁判例に対象を限定した。

　具体的には，公刊物（判例集，判例雑誌）登載の裁判例については，戦後のもの（再審事件では，原確定判決が戦前のものを含む。）を，また，公刊物未登載のものについては，昭和55年から平成2年までの間の高裁本庁における裁判例をそれぞれ収集し，こうして収集した250件余の裁判例を考察の対象として事例カードを作り，更に詳細に研究すべき裁判例として，次の要件を満たすものの合計140件余を選んだ。それらの裁判例の年月日，事案の概要，共犯者の供述の信用性に関する判断の内容等は，末尾添付の裁判例一覧表のとおりである。なお，公刊物登載の裁判例のうち，平成4年以降に公刊されたものについては，本研究の対象となっていないものの，参照の便宜のために裁判例一覧表には掲げることにした。

(1)　共犯者の一人Xは自白して他の共犯者としてAの関与を供述しており，原則として，Xの有罪が現段階で肯定されていること
(2)　原則として，Aが捜査，公判を通じて，関与を否定していること
(3)　Xの供述の信用性について，判決文自体において，詳細な検討がなされ

ていること
- (4) 罪種は限定せず，薬物の譲渡事犯，贈収賄，買収事犯などの対向犯も含めること
2 このように選定した対象裁判例を材料として研究し，共犯者の供述を信用できるとする要素，信用できないとする要素を抽出し，注意則のようなものを仮説として組み立て，これを検証してみようと試みた。

ただ，このような研究方法の限界は，いうまでもなく，判決書の分析検討にすぎないということである。すなわち，当該事件に顕れた証拠の重要性，解釈の仕方，供述の信用性の有無，更にいえば有罪無罪の結論も，すべては判決した裁判官のフィルターを通しているのであり，その分析・検討によって得られるところは，最大限，このような要素がある場合にはこのように判断されることが多い，というおおよその蓋然性にすぎない。

今後，更に研究を積み重ねるとすれば，個々の事例について，公判に提出された，あるいは未提出となっている証拠のすべてを吟味し直し，仮説の検証をより深めるということであろう。

3 本研究においては，まず，共犯者の供述の信用性を判断する上での問題点，全体的な注意則を，(1)当該供述が事件全体で占めている位置，供述によって得る利益・不利益といった，ひとまず供述を離れた外在的事情，(2)当該供述の他の証拠との符合性の有無，供述内容自体，供述経過，供述態度などの検討といった，当該供述自体の個々的事項，(3)供述の一部が信用できない場合の供述全体の信用性に及ぼす影響などの総合的評価に分けて，この順序で検討し，さらに，対象裁判例を調査する過程で気がついた手続上の問題点について言及することにした。

なお，以下の記述においては，当該事件での共犯者をX（複数の場合は，Y，Z，あるいはX1，X2等），被告人をA（複数の場合は，B等），被害者をVとし，検討した裁判例を引用する場合には，末尾添付の裁判例一覧表の番号で，信用性が肯定された事例では〔肯定1〕，信用性が否定された事例では〔否定50〕のように，これを引用することにした。

また，本研究の中で特に紹介する機会の多い代表的事件については，その事案の概要，事件の経過，各判決の要旨などをまとめた事例カードを作成し，末尾に添付した。

第2部　全体的注意則

第1　共犯者の供述の信用性を判断するに当たって留意すべき外在的事情

　この項において以下に指摘する事情は，共犯者の供述の信用性を判断するに当たって検討すべき個々的事項（後に第2で述べる事項）とは異なり，右供述を離れた，いわば供述に外在する事情である。被告人が実行行為に関与しているとか，共謀に関与しているなどと述べる共犯者の供述（以下，このような内容の供述を共犯供述という。）の信用性を検討する際には，それらの事情を常に念頭に置いて供述の個々的事項を検討すべきものと思われる。例えば，共犯者が共犯供述をすることによって得る利益が大きい場合には，それだけ「引き込みの危険性」が強くなる。もちろん，それによって直ちに共犯供述の信用性が減殺されるものではなく，真実を述べる例も少なくないとはいえ，このような利益が大きいときは，それに応じてその信用性を吟味する必要性が強まり，供述の個々的事項をそれだけ慎重に検討すべきことになる。逆に，共犯供述をすることによって受ける不利益が大きい場合には，それだけ「引き込みの危険性」が弱くなる。この場合も，それによって直ちに共犯供述の信用性が肯定されるものではなく，虚偽を述べる例もないわけではないから，信用性を検討する必要性は依然として残っているとはいえ，このような不利益が大きいときは，供述の個々的事項を逐一精査する必要性がそれに応じて多少減少することになろう。

　このように，外在する事情の検討と供述の個々的事項の検討とは相関関係にある。「引き込みの危険性」が強い場合は，供述の個々的事項に関する比較的小さな問題点であっても，それを契機として信用性に関する疑問が増大し，供述全体の信用性を否定するまでの効果を有することがあり得る。これに反し，その危険性が弱い場合は，供述の個々的事項にかなりの問題点があっても，問題

となっている共犯供述の核心部分，例えば，共謀への被告人の関与を述べる部分の信用性には影響しないということも十分あり得るものと思われる。

　もっとも，外在する事情は，共犯者自身が供述しなければ解明できない場合も少なくないから，限られた証拠によってはその存否やその程度についての判断を誤る可能性もあるので，外在的事情のみを重視して個々的事項の検討を怠るのは危険であるということを，特に留意しなければならない。

　　　（注1）　例えば，〔否定7〕八海事件第3次上告審判決は，共犯者Xが自己の刑責を軽くしようと他の者を共犯者として引き入れるおそれがあることを指摘した上，「もっとも，この点のみによってX供述を虚偽ときめつけることの相当でないことはいうまでもなく，その供述内容が他の証拠によって認められる客観的事実と符合するか否かを具体的に検討することによって，さらに信用性を吟味しなければならない」と判示している。
　　　　また，〔否定23〕山中事件上告審判決も，同じように，共犯者Xが自己の刑責を軽くしようと他の者を共犯者として引き入れるおそれがあること，Xが別事件では被害者となっていること，Xの知的能力に障害があることを指摘して，Xの供述の信用性については慎重に吟味する必要があるとした上，「以上のことから直ちにXの供述を虚偽と決めつけるべきでないことはいうまでもないが，その供述内容の合理性，客観的事実との整合性等について，具体的に検討することが必要である。」と判示している。

1　共犯者の供述が事件全体で占める位置と程度（事件全体の証拠構造との関連）

　(1)　共犯者の供述以外の証拠によって認定できる程度の検討
　　　共犯者の供述を除いても公訴事実を認めることができる場合に，共犯者の供述の信用性を検討する必要がなくなるのは当然である（例えば，被害者や目撃者の供述から，被告人が共犯者と共同して犯罪を犯したことが認定できるのであれば，被告人が犯行を否定し，共犯者の供述が信用できないような場合でも，公訴事実を認めることに支障はない。）。また，共犯者

の供述を除いても，他の証拠から被告人の関与（共犯者との共謀あるいは共同実行）をかなり強く推し測ることができるような場合には，共犯者の供述が全面的には信用できないときであっても，部分的にでも信用できる点があれば，それが加わることによって，合理的疑いを容れない程度まで心証形成がなされ，公訴事実を認定できることもあり得るものと思われる。逆に，他の証拠からは被告人の関与をうかがわせるものがほとんどないような場合には，共犯者の供述の一部にでも信用できない点があると，その疑問が争点に関する疑問と直結することによって，合理的疑いが残るということになる場合も少なくないと思われる。

このように考えると，共犯者の供述の信用性が深刻な争いとなっているような事案においては，まず，それを除く他の証拠によってどのような間接事実を認定することができ，その限りで争点（被告人の犯行への関与の有無，程度等）がどの程度まで認められるのか（例えば，単なる疑いにとどまるのか，かなり強く推測できるのか，あるいは認定することまで可能なのか）を検討することが望ましいといえる（注2）。なぜなら，このような検討を行うことによって，当該事件全体の証拠構造において共犯者の供述の占める重みが明確となり，その評価を誤らないことになるばかりでなく，共犯者が共犯供述をすることによって得る利益・不利益の程度・内容を把握できることになる上，共犯者の供述内容が他の客観的証拠等と符合するかという，供述の個々的事項の検討の際にも役立つことになるからである。

従来の裁判例をみても，このような考え方に従って検討を進めているものが多い。例えば，〔否定23〕山中事件上告審判決は，共犯者Xの供述の信用性を補強し，被告人がXの共犯者ではないかと推論する方向に作用し得る間接的事実を列挙し，その個々の事実の問題点を検討して，問題のない間接的事実からは，被告人がXの共犯者ではないかという疑いを相当程度抱かせるが，それらのみではいまだ被告人と犯行とを結びつけるに足りるとは認め難い旨判示している。右判示は，このような観点を踏まえたものと考えられる（注3）。逆に，今回の研究対象とした事件のうち上級審で破棄され

—11—

た判決をみると，この点の検討が疎かだったために共犯者の供述の占める重みの評価を誤ったと思われるものが目立つように思われる。
(注4)

（注2）　もちろん，共犯者の供述を除外してこのような検討を行うことが必ずしも容易でない事案も少なくない。例えば，〔否定7〕八海事件では，他の証拠から多数犯と認められるか，単独犯とみる余地もあるかということが大きな争点となり，その判断が実行行為者の5人共犯という供述の信用性の判断と深く関連するものであった。第2次上告審判決などが，多数犯と認めて共犯者の共犯供述の信用性を肯定したのに対し，第3次上告審判決などは，単独犯でも可能と考えて，その共犯供述の信用性を否定した。
　　なお，間接事実の要証事実に対する推定力，関連性の強さが千差万別であることについては，後記第2の1⑴，66頁参照。
（注3）　同様の例として，〔肯定64〕衆議院議員選挙供与事件控訴審判決は，衆議院議員選挙の立候補者の事務所でAから20万円の供与を受けたことを認めるX，Yの各検察官調書の信用性が争点となった事案につき，その信用性を争うXとYの各証言により認められる間接事実（X，Y両名が事務所に行ったのは，選挙事務所幹部が後援会総決起大会と個人演説会の案内状を有権者多数に配ろうと計画したのに基づき，市会議員であるA自身が，昔から特に親しくしていてAの市議選での有力運動員でもある両名を呼び寄せたものであること，両名が事務所へ行くと，Aがすぐ近くに呼んで案内状の配付方を頼んだ上，案内状を入れた茶封筒を両名に渡したこと，両名が持ち帰った茶封筒の中に20万円が入っており，この間，A以外に両名に茶封筒を手渡したり，足代を渡そうとした者はいなかったこと）だけによっても，Aが供与したとの極めて濃厚な疑いを生じさせると指摘した上で，各検察官調書の信用性を検討し，これを肯定している。
（注4）　例えば，〔肯定38〕覚せい剤譲受け事件控訴審判決は，Aと覚せい剤との結びつきを示唆する事実（Aの友人らがAは覚せい剤の常用者であると証言していること，逮捕当時Aが居室に注射器を所持していたこと，Aの左腕に顕著な注射痕が存在すること，Aに同種前科があることなど）につき，第1審判決が本件譲受け事実を直接推認させるものではないとしたのに対

し，そのような事実は譲渡人Xの証言の信用性を増強し，本件認定につき有力な間接事実になるばかりでなく，Aの弁解が虚偽であることを明らかにするものであるなどと判示したほか，Xの証言につき，第1審判決が払拭し難いとした疑問点は，前提を誤るものか，些細な食い違いを過度に重視するものであり，右証言の信用性に疑念を入れるほどのものではないと判示し，第1審の無罪判決を破棄している。

また，〔肯定69〕スナック「ダイヤ」殺人事件控訴審判決は，スナックを経営していたAが，店の用心棒的役割をしていたX，Y，Zらと共謀の上，客Vに対して共同暴行や監禁に及んだ末，その発覚を免れるためXとYがVを殺害したという事案につき，殺害についてのAとの共謀を認めるX，Yの各証言とAの自白の信用性を第1審判決が否定したのに対し，それらの信用性を肯定するとともに，共謀の存在を前提としなければ合理的説明のつかない重要な事実が存在することを指摘して（XとYが再度Vを自動車のトランクに監禁したまま店を出発するに先立ち，Aがそれまで行動をともにしていたZをあえてはずし同行させなかったことは，AとXらとの間でそれまでとは異なる行動に出ること，すなわち，Vを殺害することの共謀が既に成立していたことを意味し，また，AがZに指示してVの乗ってきた自転車を別の場所に捨てさせたことは，Aがその時点でVの殺害を了解していたことを意味する。），第1審判決を破棄している。

(2) 他の証拠との関係
　ア　被告人が捜査段階で自白している場合－自白の信用性，自白との整合性等について

被告人が公判廷では否認していても，捜査段階で自白している場合には，右自白の任意性，信用性が当然問題となる。自白の任意性に関する判断は，共犯者の供述に関する信用性の判断と必然的な関連性はないが，自白の信用性に関する判断は，共犯者の供述に関する信用性の判断と密接に関連するものであり，心証形成の過程における両者の判断を切り離して考えることは困難である。

一般的には，利害関係が異なる複数の者の供述が合致すれば，それらの各供述の信用性はかなり強いものといえる。したがって，被告人の自白と合致する共犯者の供述は信用性を認められることが多いであろう。しかし，このようにいえるのは，被告人の自白と共犯者の供述とが独立して得られたような場合であり，両者が互いに影響し合っているような場合は，必ずしも信用性を強めることにならない。特に，問題となっている共犯者の共犯供述も捜査段階のものにとどまる場合には，両者が影響していないとは考え難いことが多いと思われる。したがって，被告人の自白が先行し，その内容が取調官を介して共犯者に伝わり，その影響を受けた状況で共犯者の供述がなされたような場合を想定すると，共犯者の供述の信用性の判断は，被告人の自白の信用性の判断と命運をともにし，自白の信用性に疑いが生ずれば，共犯者の供述の信用性にも疑いが生ずることになる。逆に，共犯者の供述が先行し，その影響を受けた状況で被告人の自白がなされた場合は，共犯者の供述の信用性の判断が，被告人の自白の信用性の判断と命運をともにするとはいえない。しかし，捜査段階では，右自白に基づいて更に詳細な共犯供述が求められることが少なくないであろうから，そのような場合には，先に述べたように，共犯者の供述の信用性の判断と被告人の自白の信用性の判断が密接に関連することになる。(注5)

　なお，被告人の自白の信用性に関しては，既に司法研究がなされており（田崎文夫・龍岡資晃・田尾健二郎「自白の信用性」事実認定教材シリーズ第3号。以下においては，「田崎外」として引用する。），本研究も右研究の成果を前提とするものである。

　（注5）　このようにして複数の共犯者の供述の信用性がすべて否定された例としては，松川事件（最大判昭34.8.10刑集13-9-1419）のほか，日石・土田邸爆破事件（分離公判組につき東京地判昭58.3.24判時1098-3，統一公判組につき東京地判昭58.5.19判時1098-211，東京高判昭60.12.13判時1183-3），総監

公舎爆破未遂事件（東京地判昭58.3.9判時1078-28），ピース缶爆弾事件（東京地判昭59.3.22判時1153-29），貝塚ビニールハウス強姦殺人事件（大阪高判昭61.1.30判時1189-134，大阪地堺支判平元.3.2判時1340-146），綾瀬母子強盗殺人事件（東京家決平元.9.12判時1338-157），京極派選挙違反事件（大阪地判平3.3.4等判時1412-3）等がある。

イ　被告人が否認している場合－弁解の合理性等について
　　a　弁解の合理性（罪証隠滅工作，逃亡等との関係を含む。）
　　　被告人が犯行への関与（共謀ないし共同実行等）を否認し，反対事実を積極的に弁解している場合には，右弁解が合理的なものであるか，他の証拠の裏付けがあるかなどの点が共犯者の供述の信用性の判断に関係してくることになる。弁解が合理的なものであり，裏付けがあるようなときは，それと相容れない共犯者の供述の信用性は減殺される。逆に，弁解が不合理なもので，他の客観的証拠とも矛盾するような場合は，共犯者の供述に抵触しないことになるから，そのような弁解のなされたことが直ちに共犯者の供述の信用性を増強することにはならないにしても，信用性を減殺するものがないという意味において，信用性を肯定すべき方向に作用するものといえよう。
　　　被告人が罪証隠滅工作を行ったり，犯罪が発覚したために逃亡したような場合，そのことは，被告人の弁解の信用性を強く減殺させるだけでなく，有罪方向への情況証拠としても大きな作用を有すること になる。したがって，このような事実が存在することは，それが直ちに共犯者の供述の信用性を肯定させることにはならないものの，共犯者の供述に対立する弁解を否定することにより，信用性を肯定すべき方向に作用するものといえよう。
（注6）

　（注6）　罪証隠滅工作を行ったことや逃亡したことが指摘された例としては，次のようなものがあるが，いずれの場合も，被告人の弁解を排斥する理由と

され，結論として共犯者の供述の信用性が肯定されている。

〔肯定40〕覚せい剤所持・譲渡事件控訴審判決は，Aが共犯者X，Yを密売担当者として覚せい剤を営利目的で所持，譲渡したという事案において，Xらは第三者Bの指示で密売していたとするAの弁解につき，Bが共謀したとうかがわせる事情は皆無であることなどのほか，AがXらに対してかねがね否認で通すと話し，Aの妻に対しても知らないと言い通すよう指示していたこと，嫌疑を受けていることを知りながら2年以上も逃亡していたことなどを指摘して，Aの弁解を排斥している。

〔肯定58〕覚せい剤譲渡事件控訴審判決は，AがXに覚せい剤を譲渡したという事案において，Aの弁解が変転し，不自然であることのほか，犯行発覚後，AがXらの身柄を拘束したり，Xが証人として出廷するのに圧力をかけるなどの罪証隠滅工作をしたことなどを指摘して，Aの弁解を排斥している。

〔肯定88〕土地贈与契約書等偽造事件控訴審判決は，Aが，捜査開始後，ことさらに備忘録を記載して共犯者Xに渡したり，勾留中にXへの口裏合わせの伝言を他人に依頼したりしたことなどを指摘して，Aの弁解を排斥している。

なお，共謀共同正犯型の事件において，被告人が共謀の存在を争うだけでなく，共犯者自身が一貫して認めている実行行為の存在まで争うことが，被告人の弁解の不合理性を認める一つの根拠とされた例がある（〔肯定78〕保険金目的放火事件控訴審判決）。明らかに理由のない主張をすることが，罪証隠滅工作等に類似する効果を有すると考えられたものと思われる。

b　アリバイ等の消極証拠との関係

被告人の弁解と同じことが，アリバイ等の消極証拠についてもいえる。それらの立証の程度に応じて，それと抵触する共犯者の供述の信用性は減殺され，右供述が客観的証拠等によって強く裏付けられていない場合には，信用性が否定されることにもなる。例えば，〔否定13〕対立暴力団組長殺害教唆事件上告審判決は，教唆者として被告人Aを名指しした被教唆者Xの捜査段階での供述の信用性が問題となった事

案につき,「Ｘ検面調書の信用性は必ずしも確固不動のものであるとまではいいがたいのであって,例えば有力なアリバイ立証などがあれば,右の諸事情と相俟って,被告人が教唆者であるとするその核心部分の信用性まで根底から覆りかねないということができよう。」として,アリバイ立証に関する審理等を尽くさせるために破棄差戻している。したがって,アリバイ等の立証との関係を除くと,共犯者の供述の信用性を肯定できるようにみえる場合であっても,それらの立証の程度によっては,信用性が否定される場合があり得るということになる。逆に,アリバイ等の立証が不成功に終わった場合,共犯者の供述に抵触するものはないことになるから,そのことが直ちに共犯者の供述の信用性を増強することにはならないにしても,信用性を減殺するものがないという意味において,信用性を肯定すべき方向に作用するものといえよう。(注7)

なお,被告人本人の自白の信用性の場合は,自白とアリバイ主張とが同一人の相反する供述であることから,アリバイ立証の不成功の事実は,直ちに自白の信用性を増強する効果を生ずることが多いといえようが(田崎外75頁参照),共犯者の供述の信用性の場合はそのような直接的関連がないことに留意すべきであろう。(注8)

(注7) 例えば,〔否定39〕駐車自動車ガソリン窃取事件控訴審判決は,共犯者3名の供述につき,相互に矛盾がなく,客観的な被害状況に関する証拠とも合致していて,信用性が高いようにみえるが,アリバイ証言も何ら利害関係のない複数の者の証言に裏付けられているので,共犯者らの証言を再検討すると,見逃すことのできない不合理な点があると判示している(後記第2の1(3)ア注29,88頁参照)。この判示は,心証形成の過程を素直に示したものと思われる。

(注8) アリバイ立証が不成功に終わった場合,そのことが有罪認定方向に作用することは否定し難い。特に,あるアリバイ主張が不成功に終わると,

それとは両立しない別のアリバイ主張を次々に行うような場合には，そのことに合理的な理由が存在しない限り，それが有罪方向への情況証拠とされることになろう。しかし，このような点を重視することの危険性はつとに指摘されているとおりであり，留意すべきである。

(3) その他

共犯者の供述の信用性を判断する資料としては，必ずしも争点となっている個々の犯罪に関する証拠に限定されず，併合審理されている他の犯罪に関する証拠が判断資料となる場合がある。例えば，併合罪関係にある複数の同種事件が起訴されているような場合において，それらの事件の各共犯者がいずれも被告人との共謀であると供述しているときは，それらの事件の類似性，各共犯者の独立性の程度に応じて，それらをいずれも否定する被告人の弁解の信用性が減殺されるとともに，各共犯者の供述の信用性が互いに補強される関係にあるといえよう。(注9) また，複数の事件に共通の共犯者がいる場合において，一部の事件について確実な裏付けがあるときは，各事件の関連性，共通性の程度等にもよるが，一般的には，右共犯者の供述全体の信用性を肯定する方向に作用し(注10)，逆に，一部の事件にアリバイが成立したようなときは，重大な疑問点が生ずることになるから，供述全体の信用性を否定する方向に作用するものと考えられる。(注11)

　　(注9)　各事件の類似性が強いほど，また，各共犯者の利害関係が異なり，供述が相互に独立しているほど，互いに補強する度合いが強くなると考えられる。例えば，〔肯定34〕保険金目的放火事件は，保険金騙取目的でＸとＹがそれぞれの建物に放火した事案において，Ａから放火を勧められたというＸとＹの各供述の信用性を肯定しているが，それらの供述の信用性の判断においては，同種事件の共犯者が同様の供述をしていることが，信用性を肯定する方向に作用したのではないかと思われる。

　　(注10)　例えば，〔肯定18〕窃盗教唆事件第１審判決は，一連の窃盗教唆事件のうちの一つの事実について被告人と犯行との結びつきをうかがわせる有力

-18-

な証拠があることは，被教唆者Xの供述全体の信用性を高め，他の事実の存在をも補強するとしている（事例カードの第1審判決の要旨1(1)参照）。
(注11)　例えば，〔否定38〕覚せい剤譲渡事件控訴審判決は，2回にわたってAから覚せい剤を譲り受けたというXの供述につき，その1回にアリバイが成立することを理由として，その信用性を全体的に否定している。

2　共犯供述をすることによって得る利益・不利益の内容・程度

前述のように，共犯者が共犯供述をすることによって得る利益が大きい場合には，それだけ「引き込みの危険性」が強くなるから，その信用性を吟味する必要性が強まり，逆に，共犯供述をすることによって受ける不利益が大きい場合には，その危険性が少なくなる。そこで，共犯供述にいう被告人の犯行への関与の有無，程度等を検討することによって，共犯者がどのような利益を得，どのような不利益を受けるかを具体的にとらえ，総体としての利益，不利益の程度を把握しておく必要がある。

ところで，共犯者が得る利益としては，自己の責任の軽減を図ること，他の真犯人をかばうこと，被告人に報復すること，捜査機関からの追及等捜査の過程で受ける不利益を避けることなどが考えられる。他方，共犯者が受ける不利益としては，被告人又はその属する組織等から受ける報復のおそれなどが考えられる。そこで，これらの個々の事項について，以下，順次検討する。

なお，共犯者が共犯供述をすることによってどのような利益を得，どのような不利益を受けるかは，共犯者自身でないと明らかでないことが多い。ところが，不利益については，共犯者自身が供述することも考えられるものの，利益については，共犯者自身の説明を期待するのは困難である。特に，共犯者が意図的に虚偽の供述をする場合は，得るべき利益の存在やそれを推測させる事情を秘匿しようとするため，共犯者以外の者，特に利害関係が大きい被告人本人に共犯者の個人的事情を尋ねるなどして，隠された動機がないか確かめる姿勢が必要と思われる。もっとも，そのような事情を解明しよ

うと努めても，共犯者が秘匿する限り解明できない場合も十分あり得るから，その点は留意する必要がある。

(1) 共犯供述をすることによって得る共犯者の利益

　ア　責任軽減の利益

　　a　利益の内容と裁判例

　　　　当該犯行を犯したことを自認する共犯者は，被告人が犯行に関与していると述べ，被告人に責任を転嫁することによって，自己の責任の軽減を図ることが可能である。共犯者の供述に関する問題点として，この点が最も頻繁に指摘されていることからも明らかなように，引き込みの危険の最も生じやすい誘因と考えられる。例えば，〔否定7〕八海事件第3次上告審判決は，「平和な老後をおくる被害者夫婦を残虐な手段によって殺害した上金員を強取し，社会の耳目をそばだたしめた本件兇行の刑責は，優に極刑に値するであろうとは，何人もこれに想到しうるところであって，かかる場合に，犯人が自己の刑責の軽からんことをねがうの余り，他の者を共犯者として引き入れ，これに犯行の主たる役割を押しつけようとすることは，その例なしとしない」と判示し，〔否定23〕山中事件上告審判決も，「犯行に関与しているものの，関与の程度が客観的に明確となっていない者は，一般的に，自己の刑責を軽くしようと他の者を共犯者として引き入れ，その者に犯行の主たる役割を押しつけるおそれがないとはいえない」と判示している。

　　　　共犯者の供述の信用性が否定された事件のうちでも，共犯者が責任軽減の利益を図って虚偽供述をしている疑いがあるとされた例が最も多く，八海事件，山中事件のほか，〔否定4〕日本岩窟王事件，〔否定9〕加藤老事件，〔否定15〕梅田事件等の多くの著名事件の判決，さらには，〔否定11〕酔客に対する傷害・殺人事件，〔否定16〕債務者殺害事件，〔否定24〕覚せい剤共同使用事件，〔否定25〕覚せい剤共同譲受け事件，〔否定28〕富山長野連続誘拐殺人事件，〔否定33〕担保提供名

下詐欺事件，〔否定41〕マイセンビルたかり事件，〔否定42〕浅虫温泉放火事件，〔否定45〕工事協力金詐欺事件，〔否定48〕デートクラブ殺人事件等の判決がある。

　逆に，この利益が問題となり得る事案において共犯者の供述の信用性を肯定した裁判例も，この利益の存否・程度と引き込みの危険に触れた上で，その危険のないことを理由としたり，それがあっても他の事情から信用できるとする理由を指摘している。

　b　利益の程度

　共犯者の得る利益は，共犯供述によって共犯者自身の問われるべき責任が軽減されるほど，増大する。それ故，他の証拠からは共犯者の関与の程度が明確になっておらず，共犯者がその責任を被告人に転嫁できる範囲が広範なほど，意図すれば獲得できる利益が大きいという関係が認められる。逆に，被告人の関与を述べても共犯者自身の問われるべき責任があまり軽減しないようなときは，共犯者の得る利益はあまり大きくない。

　このように，軽減される程度が多いほど得る利益は増大するから，虚偽供述の危険性が強くなり，逆に，軽減の程度が少ないほど得る利益は減少するから，虚偽供述の危険性は弱くなる。したがって，他の証拠から共犯者自身の関与の程度がどこまで認められるか，共犯者の供述内容によってその共犯者の責任がどれほど軽減されるかを検討する必要がある。

　以上のような点が信用性を判断する際のかなり重要な資料となった裁判例は多く，特に，このような利益がない場合には，信用性を肯定する大きな根拠とされる。利益がない，あるいは利益が少ないとされて信用性が肯定された裁判例の理由づけを検討すると，次のように分類することができる。

　ⅰ　責任の軽減が考え難い場合

　　事件の罪質によっては，また，共犯者の供述内容によっては，被

告人の関与を供述しても，共犯者の責任の軽減にならない場合があるし，かえって，共犯者の責任が重くなる場合もないとはいえない。したがって，このような事情は，共犯者の供述の信用性を肯定する一つの理由となり得る。
(注1)

> (注1) 例えば，〔肯定1〕交通事故偽装保険金詐欺事件第1審判決は，Aの関与を認める共犯者3名の供述につき，「そもそもAが加功していたか否かが他の被告人〔Xら〕の刑責にさして影響を与えない本件事案においては，3名が一致して虚偽の供述をするべき動機が見出せない。」と判示し，それを理由の一つとして共犯者らの公判供述の信用性を肯定している。
> また，〔肯定60〕暴力団組長賭博参加事件控訴審判決は，Aが賭博に加わったか否かが争われた事案につき，その賭博の開張者や賭博を行っていた他の賭客らの責任は，Aが賭場に出現したか否か，賭博に加わったか否かによって何ら左右されないということを理由の一つとして，Aの賭場への出現と賭博への参加を認める開張者や賭客らの供述の信用性を肯定している（事例カードの控訴審判決の要旨1(3)参照）。

ii 他に責任を重くする理由があり，責任軽減の程度が相対的に小さい場合

共犯者が他のより大きな事件でも訴追され，その事件の責任も認めているような場合は，当該事件において責任の軽減を得る利益は相対的に小さくなる。このような事情を信用性肯定の理由として指摘している裁判例もある。
(注2)

また，責任軽減の利益が考えられる場合であっても，共犯者自身が進んで自首するなどして，そもそも刑事責任を受ける不利益を甘受しているようなときは，共犯者の得るべき利益は相対的に小さいことになる。このような事情を信用性肯定の理由として指摘している裁判例も見受けられる。
(注3)

（注2）　例えば，〔肯定18〕窃盗教唆事件第1審判決は，Aから骨董品等を窃取することの教唆を受けたという窃盗本犯Xの証言の信用性を肯定する理由の一つとして，「Xは当初本件を供述せず，余罪追及の際に述べたものであるところ，Xは本件以前に既に自白していた靴の大量窃盗の罪で相当重い処罰を受けることを覚悟せざるを得ない状況下にあり，あえて本件の教唆犯を作り出すことによって罪が軽くなることを予想したとは考えられない。」ということを指摘している（事例カードの第1審判決の要旨2(2)参照）。

（注3）　例えば，〔肯定57〕大学理事恐喝事件控訴審判決は，共犯者Xの証言の信用性を肯定する理由の一つとして，本件犯行が発覚すればX自身も処罰を免れないのに，それを覚悟であえて警察に申告するとともに，被害者に対しても本件被害の告訴を促したことを指摘している。

　このような事案とは逆に，共犯者が自首せざるを得ない事情にあった場合のように，共犯者が進んで刑事責任を受けようとしているとはいえないときは，責任の軽減を図るおそれが残っていると考えられる。

iii　他に大きな不利益を受ける場合

　共犯者が共犯供述をすることによって大きな不利益を受ける場合には，共犯供述をすることによって得る責任軽減の利益は相対的に小さなものとなる。例えば，共犯者がその親族との共犯であると供述するような場合は，親族が責任を負うことも共犯者自身の不利益と同視できることが多いから，責任軽減を得る利益はほとんどないものと考えてよいであろう。（注4）共犯者が暴力団組織に属している場合に，その組織の親分や兄貴分との共犯であると供述するようなときも，これと同様に考えることができる。親密な関係にあればあるほど，親族の場合と同様，その者に責任を負わせるのと共犯者自身が責任を負うのとが同一視できるからである。もっとも，このような一般論は，旧来のいわゆるやくざ関係の場合に妥当することであ

り，人的なつながりがやや希薄になっている現代型の暴力団組織の場合には妥当しないこともあるから，共犯者と被告人とのつながりの親密さを個々的に検討する必要がある。（注5）

　また，被告人が暴力団の幹部であり，共犯者がその配下であるというような場合，共犯者としては，虚偽の共犯供述をして被告人を無実の罪に陥れれば，被告人あるいはその組織から報復を受ける危険があるから，そのような不利益を甘受してまで自己の責任軽減を図るおそれは少ないと考えられる。このような事情を指摘して共犯者の供述の信用性を肯定した例も多い。（注6）

（注4）　例えば，〔肯定42〕土地代金目的殺人事件控訴審判決は，共犯者ＸがＡの実兄であった事案につき，「ＸはＡの実兄であり，これまでにもＸが先妻との間にもうけた2児を12,3年間もの間Ａやその母に養育してもらい，あるいは生活費に窮したときＡの経済的援助を受けたりして，一方ならず世話になっていたことから，Ａに恩義を感じていることはＸ自身も原審において認めているところであって，Ａとこのような間柄にあるＸが，肉親としての情愛から妹であるＡをかばいその不利益となる事実について供述を避けることはあっても，真実を曲げてまでＡに不利益な事実を供述するようなことはあり得ないと考えるのが合理的である」と判示し，Ｘの供述の信用性を肯定している。

　　　同じように，〔肯定65〕けん銃等隠匿所持事件控訴審判決は，被告人の実兄である共犯者の検察官調書につき，「兄と弟という関係にある被告人に対し不利益な供述をあえてなす心境等をよく物語るものである」などと指摘して右調書の信用性を肯定し，また，〔肯定80〕強盗傷人事件控訴審判決は，共犯者が被告人の長男，次男らである事案につき，「実の父親である被告人に無実の罪を着せなければならない家庭の事情はない」などと判示して共犯者らの供述の信用性を肯定している。

（注5）　例えば，〔肯定79〕覚せい剤密売共謀事件控訴審判決は，共犯者Ｘが，暴力団の組長であるＡの世話になるようになってから逮捕される

までの間，ある人の指示に従って継続的に覚せい剤の密売をしていたが，その人の世話になったので，名前を言うことはできないと供述していた事案につき，XはAをかばってある人と表現しているが，「世話になったAの罪責を明らかにする結果となることについての己れの逡巡，苦衷を吐露しつつ，Aの事務所に世話になるようになってから検挙されるまでの間の，Aとのやりとりを含む覚せい剤取引の具体的状況を詳細に供述したものであって，不自然な点はいささかもない」などとして，Xの供述の信用性を肯定している。

また，〔肯定5〕選挙違反・犯人蔵匿・証人威迫事件控訴審判決は，Aが，県会議員選挙の立候補者であるXに対して清酒を提供し，公職選挙法違反（買収）の罪を犯して逃走中のXを蔵匿したなどという事案につき，「Aは，徳島県下最大の暴力団組長であって，Xと永年に亘って親交があり，Xの県会議員選挙立候補にあたり積極的な支援をし，かつ選挙後，Xが選挙違反の捜査を受けるや，種々の精神的，経済的な支援をしたものであって，Xには，Aに不利な供述をする理由はな」いなどとして，Xの供述の信用性を肯定している。

（注6）　被告人が暴力団の幹部であり，共犯者がその配下であることなどを指摘して，共犯者が被告人に不利な虚偽の供述をするとは考え難いとした裁判例は多い。例えば，〔肯定19〕日建土木保険金殺人未遂事件（清田関係）控訴審判決は，被告人が暴力団の会長，共犯者が若頭補佐である事案につき，〔肯定39〕覚せい剤所持事件控訴審判決は，被告人が組長，共犯者が組長代行と若者頭である事案につき，〔肯定58〕覚せい剤譲渡事件控訴審判決は，被告人がS一家内の組長，譲受人が同一家内で被告人の後輩である事案につき，〔肯定61〕覚せい剤所持事件控訴審判決は，被告人が暴力団幹部，共犯者が被告人方に寝泊まりし，被告人から小遣いを貰って生活していた者である事案につき，〔肯定65〕けん銃等隠匿所持事件控訴審判決は，被告人が組長，共犯者らがその配下の組員である事案につき，〔肯定87〕暴力団抗争殺人事件控訴審判決は，被告人が暴力団の若頭と若頭補佐，共犯者らがその配下の組員である事案につき，いずれも，そのような事情を指摘して，共犯者の供述の信用性を肯定している。

c　類型的検討

　類型的には，共犯者が実行行為を行っている場合に，このような利益が最も多く問題となる。例えば，実行行為を行ったという共犯者が，それは被告人の指示によるものであるとして，被告人を首謀者又は教唆者と供述したり，一人で実行行為を行ったのに被告人と分担したと供述したり，あるいは，自ら主要な実行行為を分担したのに被告人の方が主な実行行為を担当したとして，被告人を主犯格と供述したりするような場合には，それだけ責任軽減の利益を受け得ることになる。ａで指摘した共犯者の供述の信用性が否定された例は，いずれも，このような類型の事案である。

　逆に，共犯者自身が首謀者あるいは主犯格であることを認めながらも，被告人の従的な関与（幇助，従的な実行行為等）を供述する場合は，責任軽減の利益は小さいことになる。

　対向犯型のうち，贈収賄事犯や買収事犯では，相手方への供与の存在を否定することによって自らの処罰も免れるため，対向的共犯者が刑責を認める供述をする場合は，自らも大きな不利益を受けることを甘受しているものと考えることができる。受ける刑が実刑であり，刑期が長くなるほど，その不利益は増大することになる。このような事情を信用性肯定の理由として指摘している裁判例も少なくないが，この種の事案でも，〔否定37〕苫小牧市の贈賄事件のように，収賄者が自己の詐欺事実を隠蔽するために収賄を仮装して供述している疑いがあるとされた事例もあるから，他の利益の有無についても十分検討しなければならない。

　これに対し，対向犯型でも薬物等の授受に関する事犯では，所持又は使用した者は，その点での処罰を免れないため，当該薬物を譲り受け，あるいは譲り渡した事実を供述することによって追加的に受ける不利益はさほど大きくないといえよう。そのために，この種の事案で

は，授受を認める対向的共犯者が責任軽減の利益を図る例は少なく（もちろん，共犯者の方から話を持ちかけたのではなく，相手方である被告人の方から持ちかけられたなどと述べることによって，多少の責任軽減の利益を取得できるであろうが，事件全体の犯情を大きく左右するものは少ない。），むしろ，真犯人をかばう利益，被告人に報復する利益などが問題となる例の方が多い。

d　利益を把握する方法

責任軽減の利益の大きさについては，他の利益の場合と異なり，共犯者自身がそれを認めなくても，その事件の内容と共犯者の供述内容から，相当程度まで推測することができる。また，共犯者が責任の軽減を図ろうとしているか否かは，被告人の名前を出した経緯，供述の変遷がある場合にはその経緯，供述の内容などを検討することによって，ある程度まで把握することができる。例えば，共犯者が，当初は単独犯と供述していたのに，その後被告人と共同して実行したと供述するようになったような場合は，通常，責任軽減の利益を図っている疑いがかなり強いものと考えるべきである。〔否定1〕三鷹事件，〔否定4〕日本岩窟王事件，〔否定7〕八海事件，〔否定9〕加藤老事件など共犯者の供述が問題となった著名な事件の多くがこれに該当する。もっとも，以上のような供述変更があっても，変更後の共犯供述によると共犯者自身の責任がかえって重くなるようなときは，その疑いは弱まることになる。(注7)

責任軽減の利益は，共犯者自身の有罪判決が確定すれば，その既判力の及ぶ範囲内で利益の獲得も確定するから，それ以上に責任軽減の利益を得ることはできなくなる。したがって，その限度では，虚偽供述の危険性は減少することになるから，共犯者の供述の信用性を肯定する理由の一つとして，共犯者自身の有罪判決の確定，その刑の服役の終了等を指摘する裁判例は首肯できる。(注8) しかし，有罪判決が確定しても，また，その刑の服役を終わったとしても，それまで虚偽供述を

していたことを自認し，実際には自分がより大きな役割を分担していたとか，被告人が主犯と述べたが被告人は無関係であるなどと述べれば，社会的には新たな非難を招き，ますます信用を失うことになりかねないから，その時点でも供述を維持していることを過度に重視するのは危険であろう。(注9)

（注7）　例えば，〔肯定62〕淡路島生き埋め殺人事件控訴審判決は，Aの関与を述べる共犯者Xの供述の信用性が問題となった事案につき，「犯罪者が自己又は親しい者の刑責を減ずるため，あるいはある人に対する嫌悪，憎悪の情から，ことさら特定の人を共犯者にし，あるいはその者を主犯者にするなど虚偽の供述をするおそれがあり，ことに当初自己の単独犯であると供述していたのが，その後他の者を共犯者，主犯者とする供述に変更した場合，右変更後の供述が虚偽であるおそれは一層強いと考えられるから，Xの供述の変更がことさらAに虚偽の刑責を負わせるためなされたものかどうか，更に検討を要する。そしてもし変更後の供述にあまりに嘘が多く，変更前の供述に裏付けの証拠があるとか，変更前の供述に比し変更後の供述による方が供述者の刑責が著しく軽減されるとか，一旦変更後も二転，三転して一貫性が認められないようなときは，供述者において自己の刑責を減ずる等のため虚偽の供述をした疑いが濃厚であると考えられるが，逆の場合は右疑いはほとんどないと解することができる。」と判示した上，Xは当初単独犯と供述し，その後Aを共犯者とする供述に変更したものであるが，変更後の供述がかえってX自身の責任を重くするような供述であることなどを指摘して，変更後の供述の信用性を肯定している（事例カードの控訴審判決の要旨3(1)参照）。

（注8）　例えば，〔肯定71〕贓物故買事件控訴審判決は，窃盗本犯が本件窃盗を含む罪によって実刑判決を受けて服役し，その刑の執行を終えた後も供述を維持していることを指摘し，責任転嫁の傾向は弱まりこそすれ強まることはないと判示している。

（注9）　例えば，〔否定42〕浅虫温泉放火事件第1審判決も，共犯者Xの有罪判決が確定した後に行われた証言につき，Xが自己の刑事責任を逃れる

ために虚偽の供述をする必要はなくなっているとも思われるが，Ｘにそれ以前の証言を正当化しようとする心理が働くことも証人心理の上で当然と考えられると指摘している。また，〔否定25〕覚せい剤共同譲受け事件第１審判決も，同様の指摘をしている（後記第２の３(3)ウ注45，169頁参照）。

　　　ｅ　総合評価の問題
　　　　共犯者が責任の軽減を図ろうとしているものと認められる場合であっても，被告人の犯行への関与を述べる供述の核心的部分について客観的な裏付証拠があるようなときは，その供述全体の信用性を損なわず，大筋においてその信用性が肯定されるということもある(注10)。この点については，総合評価の問題として，後に詳述する（第３の３(2)ア，199頁）。

　　（注10）　例えば，〔肯定88〕土地贈与契約書等偽造事件控訴審判決は，実行正犯Ｘの供述につき，自らの刑責の軽減を図ろうとする態度が看取されないわけではないが，大筋において十分信用できると判示している（後記第３の３(2)ア注12，200頁参照）。

　イ　真犯人をかばう利益
　　ａ　利益の内容と裁判例
　　　　共犯者は，真犯人が親しい者であるという理由，あるいは，真犯人が暴力団関係者等であり，その名前を出すと報復を受けるおそれがあるという理由などによって，真犯人をかばい，その者とすり替えて被告人の名前を供述する危険がある。
　　　　共犯者の供述の信用性が否定された裁判例のうち，親しい真犯人をかばっている疑いがあるとされたものとしては，〔否定13〕対立暴力団組長殺害教唆事件，〔否定14〕岩国の暴力団首領殺害事件，〔否定15〕梅田事件，〔否定20〕シンナー窃取・所持事件，〔否定46〕覚せい

剤空路密輸入事件等のほか，覚せい剤譲渡事件に関する〔否定19〕と〔否定49〕等がある。また，真犯人の名前を出すと報復を受けるおそれがあるために被告人の名前を出した疑いがあるとされたものとしては，〔否定34〕地面師詐欺事件，〔否定43〕覚せい剤譲渡事件等がある。

b　利益の程度

共犯者の得る利益は，かばおうとする真犯人が親しい者であればあるほど，あるいは，その真犯人の名前を出すことによって受けるであろう報復のおそれが強ければ強いほど，大きくなる。そして，この利益が大きいほど，虚偽供述の危険性が強いということになる。

したがって，共犯者が親族を名指しする場合のように，被告人が共犯者にとってごく親しい者であるときは，真犯人をかばう利益は考え難い。親しい者をかばうことは考えられても，他の者をかばうためにより親しい者を無実の罪に陥れるとは考え難いからである。なお，それがごく親しい者であっても，親族以外の者であれば，より親しい者が存在する可能性もあるから，そのおそれがないか検討する必要がある。
（注11）
（注12）

〔注11〕　例えば，〔肯定23〕暴力団幹部覚せい剤譲渡事件控訴審判決は，暴力団員Xが同組の会長に次ぐ幹部であるAから覚せい剤を譲り受けたと証言している事案につき，Xが同郷の兄貴分Yをかばっているとの A側の主張に対し，恩義があり，会の幹部であって，Yより上位にあるAを陥れる証言をXがしているとは考えられないと判示している。

〔注12〕　例えば，〔否定13〕対立暴力団組長殺害教唆事件上告審判決は，被教唆者Xの組織内での地位，交際状況，実行行為に及ぶまでの行動等を検討して，Xに対する教唆者として直属の親分であるA以外の者が全く考えられないわけではないとし，第2次控訴審も，Xの背後にいて教唆した人物として，Aが想定できるのと同じように，Xが親しく交際していたB組組長Bや，兄弟分の契りを結んでいたB組副組長Cを想定することも不可能ではないなどとして，Xの捜査段階の供述の信用性を否定している（事

例カードの上告審判決の要旨1(2)，第2次控訴審判決の要旨1(1)等参照）。

c　類型的検討

　真犯人をかばう利益が問題となり得るのは，対向犯型の事案や，実行共同正犯型又は共謀共同正犯型（教唆犯型，帮助犯型を含む。）のうち，他の証拠から共犯者の存在が明白であるとか容易に推測できるような事案である。(注13)(注14)

　これに対し，実行共同正犯型又は共謀共同正犯型のうち，共犯者の存否が不明な事案では，真犯人をかばうにはそのような者がいると述べなければ足りるから，真犯人をかばう利益は考え難い。したがって，このような事案において，共犯者が共同実行行為者，共謀者，教唆者，帮助者として被告人の名前を述べている場合には，真犯人をかばって虚偽供述をしている危険性は弱いといえる。

（注13）　例えば，覚せい剤譲渡事件に関する〔否定49〕の控訴審判決は，譲受人Xが親しい密売人の名前を出したくないために被告人から譲り受けたと供述している疑いがあるとし，同様の事件に関する〔否定19〕の第1審判決も，譲受人XはYから譲り受けた蓋然性がかなり高いのにYをかばって被告人から譲り受けたと供述している疑いがあると判示している。また，同様の事件に関する〔否定43〕の控訴審判決は，入手先が暴力団関係者であって，これを明かせば身に危険が及ぶおそれがあるような場合は，もともと自己との間に覚せい剤の授受等があるために所詮処罰を免れないような者を入手先として虚偽の供述をするおそれがあると判示している。

（注14）　例えば，〔否定14〕岩国の暴力団首領殺害事件控訴審判決は，実行正犯Xの組織内での地位，犯行に及ぶまでの行動などを検討して，Xはその所属する組織上部の者に責任が及ぶことを恐れて，Aの名前を出したのではないかとの疑いも残るなどとして，Xの捜査段階の供述を全面的に信用することはできないとし（事例カードの控訴審判決の要旨1参照），上告審判決もこの点は是認している。

また，〔否定15〕梅田事件再審判決は，共謀者Xの近親者が，本件の共犯者であるか，あるいはXがその約8か月後に犯した別件強盗殺人事件を含めて，Xの犯行に何らかの形で関与をしているのであれば，Xがその近親者をかばうために，関係のない第三者の名前を出す可能性を一概に否定し去ることはできないなどとして，Aが共犯者だとするXの証言の信用性を否定している（事例カードの再審判決の要旨3参照）。

　なお，同様の例として，前掲〔否定13〕対立暴力団組長殺害教唆事件上告審判決，〔否定20〕シンナー窃取・所持事件第1審判決，〔否定34〕地面師詐欺事件控訴審判決，〔否定46〕覚せい剤空路密輸入事件控訴審判決等がある。

d　利益を把握する方法

　真犯人をかばっているか否かを見極めることは，被告人がそれを供述しないだけに，なかなか困難である。共犯者の供述の経緯や，被告人ら関係者の供述からその疑いがないかを探っていくほかないであろうが，被告人に対して悪感情を抱いていることなどが被告人の名前を出す動機となっている場合も多いから，そのような点が手掛かりとなることもあろう。被告人側が共犯者のかばっている真犯人として特定の者を指摘した場合であっても，その者が必ずしも共犯者が真にかばっている者であるとは限らない。しかし，その場合には，共犯者が真犯人をかばおうとしているのか否か，また，それによって被告人がどの程度の利益を得るのかを，相当程度まで推測することが可能となろう。
（注15）
（注16）

　真犯人をかばって，その者の行為をそっくりそのまま被告人の行為と供述する場合には，供述内容に迫真性を持たせることも困難ではないから，供述内容が具体的であるからといって，真犯人をかばっている疑いがないとはいえない。したがって，真犯人をかばう利益が問題となる場合には，供述内容が具体的であることを信用性肯定の根拠とするのは相当でない。

真犯人をかばう利益は，共犯者自身の有罪判決が確定し，その刑の服役が終わったとしても，消滅しないことが多いから，この利益が問題となっている事案においては，後の時点でも供述を維持していることを信用性肯定の根拠として重視するのは危険であろう。

　捜査段階又は公判段階で被告人を名指しした共犯者が，後に供述を覆し，真犯人は被告人ではなく他の者であるとして，ある特定の者を名指ししたり，義理があって名前を言えない者であると供述するに至ったような場合は，後の供述が真実であることもあれば，虚偽であることもあるから，両方の供述を対比して信用性を見極める必要がある。その作業は決して容易ではないが，供述の変遷の経緯，共犯者と被告人又は新たに名指しされた者との関係，客観的証拠との符合性など次項で述べる個々的事項を検討することによって，いずれの供述がより信用できるか見分けるよう努力しなければならない。

　変更後の供述が，名前の言えない者の指示によるとか，名前の知らない売人から覚せい剤を買ったなどという場合に，その供述が信用できないとした事例として，〔肯定52〕覚せい剤譲渡事件控訴審判決，〔肯定81〕暴力団抗争殺人事件控訴審判決等があり，逆に，そのような供述を一概に排斥できないとした事例として，〔否定13〕対立暴力団組長殺害教唆事件の第2次控訴審判決等がある。

　また，変更後の供述が特定の者を名指しする場合は，既に死亡した者の名前を上げることが多いが，一般的には，既に死亡した者を真犯人とする供述は，死亡した者に責任を転嫁して真実を隠そうとの意図に基づくものと考えられるから，信用し難い。変更後のこのような供述が信用できないとした事例としては，〔肯定66〕暴力団抗争殺人未遂事件控訴審判決等がある(注17)。これと異なり，生存する特定の者を名指しした場合は，前記のような個々的事情を検討して，いずれの供述が信用できるか判断すべきことになる。変更後の供述を排斥できないとした事例としては，〔否定34〕地面師詐欺事件控訴審判決，〔否定40〕

覚せい剤譲渡事件控訴審判決等があり，逆に，信用できないとした事例としては，〔肯定28〕と〔肯定82〕の各覚せい剤譲渡事件控訴審判決等がある。

(注15) 例えば，〔否定46〕覚せい剤空路密輸入事件控訴審判決は，共犯者Ｘが，捜査のある段階で，過去の取引関係があるものとしてＡの名前を出しながら本件は別人との共謀によると供述し，その後，Ａとの共謀によると供述するようになったという供述の経過などから，Ｘが他の覚せい剤購入資金提供者をかばっている疑いがあるとしている（事例カードの控訴審判決の要旨1(2)ア参照）。これとは逆に，〔肯定38〕覚譲受け事件控訴審判決は，ＸがＡへの譲渡以外に他の者への譲渡も認めている点を指摘し，ほかにかばわなければならない人物が存在する形跡はないと判示し，真犯人をかばう利益は想定し難いとしている。

(注16) 他の者をかばおうとしているという被告人側の主張を検討し，その者をかばおうとしているとは認められないと判断した事例としては，〔肯定23〕暴力団幹部覚せい剤譲渡事件，〔肯定40〕覚せい剤所持・譲渡事件，〔肯定81〕暴力団抗争殺人事件の各控訴審判決等がある。

(注17) なお，〔否定10〕覚せい剤譲渡事件の第1審判決は，死亡したＢから入手したという譲受人Ｘの新たな供述は，Ａをかばおうとしている疑いが強いとして，右供述を排斥している。これに対し，控訴審判決は，Ｘが終始独居房に収容されていたことなどに照らすと，ＸがＢの死亡の事実を知っていたと推認するのは困難であるとして，右供述は真犯人が別に存在するかもしれないとの疑いを強めると判示している。ＸがＢの死亡の事実を知って供述を変更したと認められるか否かという事実認定が，信用性に関する判断を分ける一つの原因になったものと思われる。

e 総合評価の問題

共犯者がある者をかばって，その者が責任を問われるような事項の供述を避けようとしたり，その点に関しては虚偽の供述をしているものと認められる場合であっても，その部分が，被告人の犯行への関与

を述べる供述の核心的部分と切り離して考えられるようなときは，その供述全体の信用性を損なわず，大筋においてその信用性が肯定されるということもあり得る。
（注18）

　（注18）　後記第3の3(2)ア，199頁参照。そこでも紹介するように，〔肯定81〕暴力団抗争殺人事件控訴審判決は，共犯者Xが直属の親分であるBに累が及ぶおそれのある供述を回避していることを認めながらも，Xの供述の信用性を全体的に否定することにはならないと判示し（事例カードの控訴審判決の要旨2(4)参照），また，〔肯定8〕暴力団組員けん銃等不法所持事件第1審判決は，共犯者Xが組の幹部をかばっている疑いが濃厚であるとしながらも，Aの関与を述べる供述部分の信用性には影響しないと判示している。

ウ　被告人への報復の利益
　a　利益の内容と裁判例
　　共犯者が被告人に対して恨みなどの悪感情を抱いている場合には，その報復として虚偽の共犯供述をするおそれがある。例えば，〔否定23〕山中事件上告審判決は，共犯者Xが被告人から別件である強盗殺人未遂事件の被害を受けていることも指摘して，Xの供述の信用性について慎重に吟味する必要があると判示している。
　　そのような悪感情を抱いた動機として，共犯者自身が述べたものとしては，被告人が面会にも差入れにも来てくれなかったことの不満（〔否定3〕着物等窃盗事件），被告人の供述によって逮捕されたことによる激しい敵意（〔否定25〕覚せい剤共同譲受け事件），公判廷では明かせない私生活上の恨み（〔否定34〕地面師詐欺事件），取調官から被告人に利用されただけだと言われて，だまされたとの思いを抱いたこと（〔否定48〕デートクラブ殺人事件）等があり，また，他の証拠から明らかになったもの，あるいは推測されたものとしては，事業を止

めざるを得なくなって多額の損失を生じたのは登録申請に非協力的だった被告人によるとの恨み（〔否定21〕山田市長収賄事件），被告人が差入れなどに来てくれなかったことの不満（〔否定22〕覚せい剤所持事件），共犯者の逮捕後，被告人が共犯者の情婦と親密になったと知ったことによる反感（〔否定35〕覚せい剤譲渡事件），被告人が組関係では上位にある共犯者の言うことを聞かず，逆に共犯者に忠告したことによる反感（〔否定38〕覚せい剤譲渡事件），以前覚せい剤を共同して輸入していた被告人が，その後共犯者をのけ者にして輸入を続けていたのに何も処罰されないことに対する不満（〔否定46〕覚せい剤空路密輸入事件）等がある。

b　利益の程度

　　以上のように，悪感情を抱く動機はさまざまであり，被告人の供述で共犯者が逮捕されたことのように当該事件の経緯から推測可能なものもあるが，証拠からはうかがい知れないようなごく個人的な動機で，共犯者の内心に秘められているものも多い。また，他人の目からは些細なことに見えても，当人にとっては激しい敵意になることもあるばかりでなく，どの程度の強さの悪感情があれば虚偽供述をするか一概には判断できないから，注意を要する。

　　なお，報復の利益は，それ独自でも虚偽供述の理由となり得るが，真犯人をかばう利益や責任軽減の利益と併存して虚偽供述の理由となることが多い。例えば，真犯人をかばう利益と併存して，真犯人の行為をそっくりそのまま被告人の行為として供述したり，責任軽減の利益と併存して，自己の行為の一部を被告人の行為として供述し，それによって報復を図るというような場合である。

c　類型的検討

　　被告人に対する悪感情の存否については，実行共同正犯型，共謀共同正犯型，対向犯型のいずれの類型にもその例をみることができ，犯罪類型による差異は特に存在しない。被告人に対する悪感情が指摘さ

れたものをみると，実行共同正犯型の例として〔否定3〕着物等窃盗事件，〔否定26〕住居侵入・窃盗事件等が，共謀共同正犯型の例として〔否定22〕覚せい剤所持事件，〔否定34〕地面師詐欺事件，〔否定46〕覚せい剤空路密輸入事件，〔否定48〕デートクラブ殺人事件等が，また，対向犯型の例として覚せい剤譲渡事件に関する〔否定35〕，〔否定38〕のほか，〔否定21〕山田市長収賄事件，〔否定25〕覚せい剤共同譲受け事件，〔否定30〕コカイン無償譲渡事件等がある。

　もっとも，対向犯型の事案のように，責任軽減の利益を図る余地が比較的少なく，真犯人をかばう利益が特に問題となる事案では，被告人の名前を出す動機としては，被告人に対する悪感情等が最も考えられる。そこで，このような事案では，被告人と共犯者との間に格別の利害関係がなく，被告人を虚構の罪に陥れなければならないような特段の事情のないことが，共犯者の供述の信用性を肯定する一つの大きな理由とされる場合が多い。(注19)

　　（注19）　このような点を指摘した裁判例は数多い。例えば，薬物の授受に関する〔肯定59〕覚せい剤譲受け事件控訴審判決等である。

d　利益を把握する方法

　共犯者が被告人に対して悪感情を抱いているか否かは，被告人がかなりよく分かる立場にあるから，報復の利益の有無，程度は，被告人の供述などによって相当程度まで明らかにすることができる。したがって，被告人側が，共犯者が悪感情を抱いているとして，その考えられる動機を指摘した場合には，共犯者が被告人に対して本当に悪感情を抱いているのか否か，また，それによって共犯者が虚偽供述をしているおそれがあるのか否かを，相当程度まで検討することが可能となる。このような被告人側の主張を検討して，共犯者が被告人に対して悪感情を抱いていたとしてその供述の信用性を否定した事例として

は，前記ａ記載の各裁判例があるが，逆に，そのような悪感情を抱いているとはうかがわれない，あるいは，悪感情を抱いているとうかがわれるものの，共犯者の供述がそれによるものではないなどとして共犯者の供述の信用性を肯定した事例も少なくない。[注20]

　また，被告人が指摘しない場合であっても，共犯者と被告人との間柄について証拠調べすることによって[注21]，あるいは，共犯者の供述の経緯やその態度によって[注22]，共犯者が被告人に対して悪感情を抱いているか否かを認定できることも少なくない。

　なお，共犯者自身が，捜査段階の供述あるいは公判当初の供述を覆し，それまでの供述は被告人に対する悪感情に基づくものであると説明することがあるが，その場合でも，後の供述が信用できることもあれば，前の供述が信用できることもあるから，その説明の合理性について検討するとともに，双方の供述について，客観的証拠との符合性など次項で述べる個々的事項を検討することによって，いずれの供述がより信用できるのか見極めなければならない。

　（注20）　例えば，〔肯定２〕現場共謀殺人事件控訴審判決は，共犯者Ｘが，Ａに愛人を犯されたという認識に基づく悪感情から，Ａに不当に責任を転嫁する危険のあることを配慮しても，Ｘの検察官調書等は高い信用性を有するものと認められると判示し，また，共犯者ＹにはＡの妻と情を通じた事実はあるものの，これが直ちにＡに悪感情を抱きことさらにＡに不利な供述をする原因となり得るとは考えられないばかりか，Ｙの証言等に徴しても，ＹがＡに悪感情を持っているとはうかがわれず，Ｙの検察官調書の信用性を否定すべき事情はないなどと判示している。

　　　また，〔肯定57〕大学理事恐喝事件控訴審判決は，Ｘが，犯行後Ａとの間で対立関係が生じたものの，右犯行が発覚すれば自分自身も処罰を免れないにもかかわらず，あえて警察に申告するなどしたものであって，現実にＡに犯罪行為があったからこそ暴露しようとしたにすぎず，ことさら架空の事実を供述したものとは考えられないと判示している。

さらに，〔肯定66〕暴力団抗争殺人未遂事件控訴審判決は，共犯者Ｘ（丙会相談役）が，丙会（その会長がＡ）の上部組織である乙組組長の妻にＸの経営していた事業を乗っ取られたことから，同組長らに反感を感じていたことや，本件で逮捕されたのはＡの兄らの密告によるものであるとして，その者らに悪感情を抱いていたことがうかがわれるものの，その後Ｘが丙会を脱会した際にはＡとの間で何のあつれきもなく，Ｘの供述がＡに対する恨みや悪感情などによってなされたものでないことが明らかであると判示している。

（注21）　共犯者と被告人との間柄などについての証拠調べにより，共犯者が被告人に対して悪感情を抱いているとは認められないとした事例として，〔肯定37〕覚せい剤譲渡事件控訴審判決（ＸとＡとは同国人として親交をもち，お互いに遺恨や反感を抱く間柄ではない。），〔肯定82〕覚せい剤譲渡事件控訴審判決（Ｘは暴力団に入ったばかりであり，同組員であるＡを罪に陥れるほど悪感情を抱いていたとは考えられない。），〔肯定42〕土地代金目的殺人事件控訴審判決（ＹはＡとは犯行までに２回会っただけで接触の度合いも薄く，Ａと対立するほどの密接な利害関係もないから，Ａに不利益な事実を捏造し又は誇張して供述する特段の理由はない。），〔肯定51〕交通事故偽装保険金詐欺事件控訴審判決（ＹはＡとは直接面識がなく，Ａに対しことさら不利な供述をする動機はうかがえない。）等がある。後の２例は，いずれも順次共謀の事案で，被告人と当該共犯者との直接のつながりが希薄だったことが，悪感情の疑いを否定する理由となっている。

（注22）　例えば，〔肯定69〕スナック「ダイヤ」殺人事件控訴審判決は，Ｘが捜査の当初の段階で，他の共犯者らの関与を概括的に認めながらも，Ａの関与を供述していなかったことなどから，Ａに対する憎しみから虚偽の供述をしているとは考えられないとしている。

e　総合評価の問題

　共犯者が被告人に対して悪感情を抱いていたとしても，それによって必ずしも虚偽の供述をするとは限らない（注23）。したがって，共犯者の供述が他の客観的証拠と符合するか否かなど次項で述べる個々的事項を

検討して，虚偽供述の疑いがないか吟味する必要がある。

(注23)　悪感情を抱いていることを考慮しても，虚偽供述のおそれはないとした裁判例としては，前注20掲記のものがある。なお，〔肯定86〕アルミサッシ窃取事件の第1審判決は，Xが当該事件の5日後にAから傷害の被害を受けたことを考慮しても，その証言は信用できると判示している。

エ　捜査過程で受ける不利益等を避ける利益
 a　利益の内容と裁判例
　　共犯者は，取調官からの追及など捜査の過程で受ける不利益を避けるために，あるいは，逆に，捜査官から利益供与を受けるために，虚偽の共犯供述をするおそれがある。そのような利益として指摘されたものとしては，他の犯罪の嫌疑を受けるのを回避すること(注24)，捜査の長期化を回避すること(注25)，捜査が近親者に及ぶのを回避すること(注26)，捜査を受けている事件の犯情が悪くなるのを回避すること(注27)，捜査官から利益供与を受けること(注28)などがある。

(注24)　例えば，〔否定12〕土木事務所主査収賄事件控訴審判決は，Xが業務上横領の取調べを受けていた際に横領金の使途として贈賄を供述するようになった経緯を認定し，贈賄者Xの供述は，横領金の使途を言いつくろい，横領に伴う自己の民刑両面の責任を軽減するためのものにすぎず，実際には贈賄は行われなかったのではないかとの疑惑が生ずるとして，その信用性を否定している。
　　同様に，〔否定37〕苫小牧市の贈賄事件控訴審判決は，収賄者Xが当該事件を含めて相当数の業者から多額の賄賂を収受した事実で有罪判決を受けているところ，このような人物がいろいろな関係業者に対して賄賂を要求したり，詐欺的方法を用いて金品を収得しようとすることもあり得ないことではないなどとして，Xが社会的非難の程度の強い詐欺の事実を隠蔽して収賄の事実を供述した疑いもあるとし，Xの証言の信用性を否定してい

る（事例カードの控訴審判決の要旨6参照）。

　また，〔否定24〕覚せい剤共同使用事件第1審判決は，Aへの覚せい剤の注射は強制的なものではないというXの証言につき，Xが場合によっては監禁，脅迫，強要等の犯罪で糾弾されかねない状況にあったことを指摘し，それを避けるために虚偽供述をした疑いがあるとしている。

（注25）　捜査の長期化を回避する例として，〔否定6〕時計店押入り強盗事件第1審判決は，被害者等の供述からXがもう1名とともに犯行に及んだことは明らかであった事案において，Xが共犯者を明白にしないことによる捜査の長期化と共犯者の氏名を隠しているとみられることによる不利益を回避するなどの理由で，Aが共犯者であるという虚偽の供述をした疑いがあるとしている。

　また，〔否定13〕対立暴力団組長殺害教唆事件上告審判決は，被教唆者Xが教唆者としてAの名前を出したのは，逮捕以来約2か月にわたる身柄拘束下でほとんど連日取調べを受けた後であり，その間に，取調官から，接見禁止中であるのに内妻と長時間面会させるなどの利益供与を受けた事実が介在することを指摘し，そのことをXの捜査段階の供述の信用性に疑問を抱かせる理由の一つとしている（事例カードの上告審判決の要旨1(4)参照）。

　さらに，〔否定44〕町立病院贈賄事件控訴審判決は，医療機械販売会社の社員であるAと共謀して町立病院事務長に10万円を贈賄したという同社社長Xの捜査段階での供述調書につき，Xの弁解（勾留中のAがXから10万円を渡されたと供述したために取調べを受けたが，取調官からそれを認めればAを早く釈放できるという趣旨のことを言われ，Aの弁護人からも暗に認めろと言われて，当時心臓疾患による入院中であって会社も苦しかったためAに早く出てもらいたいという気持ちから，不本意ながらそれを認めたというもの）は不自然とはいえないなどとして，Xの供述調書の信用性を否定している。

　なお，やや特異な例ではあるが，〔否定31〕榎井村事件再審判決は，共犯者Xが，事件への関与の有無について取調官から連日のように追及され，「Aはお前と一緒にやったと自白しているぞ」などと言われて自白を迫られたため，Aが真実の共犯者の名前を言い出せなくてXの名前を出したも

のと考え，早く釈放されたいという気持ちと，Aの自白に合わせてその共犯者の身代わりになってやろうという気持ちから，犯行時にAに同行したと供述したものと判示している。

（注26）　捜査が近親者に及ぶのを回避する例として，〔否定38〕覚せい剤譲渡事件控訴審判決は，譲受人Xの証言につき，Xが他に譲渡した覚せい剤の仕入れ先を当初黙秘し，その後捜査機関に厳しく追及され，黙秘を続ければ累が妻に及ぶことを懸念してAから譲り受けたと供述するに至ったことなどを指摘して，その信用性を否定している。なお，真犯人をかばう利益に関し前記イc注14，32頁で紹介した〔否定15〕梅田事件等も同様の例と考えられる。

（注27）　捜査を受けている事件の犯情が悪くなるのを回避する例として，前注25掲記の〔否定6〕時計店押入り強盗事件がある。

（注28）　捜査官から利益供与を受けた例として，前注25掲記の〔否定13〕対立暴力団組長殺害教唆事件のほか，〔否定27〕野球賭博開張図利事件がある。右事件の控訴審判決は，実行行為者Xらの捜査段階での供述につき，接見禁止中に妻との面会や酒食の差入れが行われたことなどを指摘して，その信用性を否定している。

　なお，このような事実が信用性の判断にどのように影響するかについては，後記第2の3⑷，176頁参照。

b　利益の程度

　この利益は，それ独自で虚偽供述の理由となることもあるが，他の利益と併存して虚偽供述の理由となることが多い。例えば，他の犯罪の嫌疑を受けるのを回避する利益は，責任軽減の利益と表裏の関係にあり，また，捜査が近親者に及ぶのを回避する利益は，真犯人をかばう利益と密接に関連する。

　この利益のみが問題となるときは，その利益の内容と程度を検討し，また，他の利益と併存するときは，他の利益と合わせた全体的な利益の程度を把握して，虚偽供述をするおそれの強さを検討する必要

がある。
c 類型的検討

この利益が問題となるのは，対向犯型の事案(注29)と，実行共同正犯型又は共謀共同正犯型のうち，他の証拠から共犯者の存在がうかがわれる事案(注30)である。これに対し，他の証拠からは共犯者の存否が明らかでない事案では，この利益が問題となることは少ない。捜査官からその点を追及されたり，利益供与を受けたりするのが少ないことによるものと思われる。

(注29) 対向犯型の例として〔否定12〕土木事務所主査収賄事件，〔否定37〕苫小牧市の贈賄事件，〔否定38〕覚せい剤譲渡事件等がある。
(注30) 実行共同正犯型の例として〔否定6〕時計店押入り強盗事件，〔否定24〕覚せい剤共同使用事件，〔否定31〕榎井村事件等があり，共謀共同正犯型の例として〔否定13〕対立暴力団組長殺害教唆事件，〔否定27〕野球賭博開張図利事件，〔否定44〕町立病院贈賄事件等がある。

d 利益を把握する方法

この利益の存否については，共犯者自身が供述しなければ分からないという場合も少なくないが，捜査段階での共犯者の供述の経緯，特に，被告人の名前を出した経緯を調べることによって，その存否をある程度把握することができる。

なお，共犯者自身が，捜査段階の供述を覆し，その供述は捜査官から利益供与を受けたためであるなどと説明する場合もあるが，後の供述が信用できることもあれば，前の供述が信用できることもあるから，その説明の合理性を検討するとともに，双方の供述について，客観的証拠との符合性など次項で述べる個々の事項を検討することによって，いずれの供述がより信用できるのか見極める必要がある。

e 総合評価の問題

この利益の存在がうかがわれる事情があっても、共犯者が必ずしも虚偽供述をするとは限らない。例えば、被告人が共犯者にとってごく親しい者である場合や、報復のおそれのある暴力団関係者の名前を出す場合などは、利益よりも不利益の方が大きいと考えられるから、虚偽供述の疑いの生じないことが多い。(注31)

（注31）　そのような理由から、共犯者の供述の信用性を肯定した例として、以下の裁判例等がある。
　　〔肯定25〕暴力団組長狙撃犯人蔵匿事件控訴審判決は、共犯者Ｚの検察官調書につき、Ｚが捜査官から接見禁止中に妻と面会し、取調室で食事をともにするという利益供与を受けたとしても、Ｚは暴力団の幹部であり、その暴力団の理事長であるＡを陥れるような虚偽の供述をする理由はないとして、その信用性を肯定している。
　　〔肯定55〕覚せい剤共同所持事件控訴審判決は、Ａが逮捕状の執行を受けた際、Ｘの落とした覚せい剤を警察官に発見され、ＡがＸの物だと言ったのに対し、ＸはＡの物だと言って言い争った事案につき、Ｘは逮捕されて尿を検査されれば覚せい剤使用の事実が発覚する立場にあるため、Ａに罪をかぶせて自らは逮捕を免れようとしたものと考える余地があるが、Ａは所属する組こそ違うものの数段格上であり、ＸはＡにほとんど一方的に世話になっていたのであるから、虚偽の供述をするとは考え難いとして、その場でＡから受け取った手帳の間からその覚せい剤が落ちたというＸの証言の信用性を肯定している。
　　ほかに、この種の利益を検討した例として、〔肯定73〕手形乱発背任事件控訴審判決があり、同判決は、医師協同組合総務部長であるＸが、会社経営者であるＡの懇請を入れ、同組合の約束手形（金額合計約26億円）を無担保で貸し付けたという背任事件につき、Ｘが当該背任事件のほかに約1000万円の業務上横領の嫌疑で逮捕されながら起訴を免れていることから、その横領事件の赦免と引き換えに同組合の上層部をかばおうとして虚偽の供述をしているおそれがないとはいえないとしながらも、供述を詳細に検討した結果、そのおそれはないとし、Ｘの証言の信用性を肯定してい

る。

(2) 共犯供述をすることによって受ける不利益
 ア 被告人らから報復を受ける不利益（組織内で受ける不利益を含む。）
  a 不利益の内容
　　組織内にいる者は，その組織や自分より上位の者に都合の悪いことはなかなか言いにくいものである。それを言えば，制裁，報復を受けることが予測されるからである。特に，暴力団組織では，下位の者は身を挺してでも恩義のある上位の者を守り，身代わりになってでも処罰を受けるべきものとする考えが強いから，上位の者が刑事訴追されるようなことを供述した場合は，裏切者として厳しい制裁が科されるのも稀ではない。そこで，組織内の上位の者を共犯者と名指しする場合は，それだけの不利益を受けること，あるいはその危険が生ずることを甘受しているものと考えられる。(注32) このことは，暴力団構成員が組織から離脱しようとする場合や，暴力団員と交際などしていた者が組織との関係を絶とうとする場合であっても妥当する。

　　（注32） 例えば，〔肯定60〕暴力団組長賭博参加事件控訴審判決は，一般に，極道社会において，子分が親分の犯罪事実を警察官に供述すること，とりわけ事実に反して親分の犯罪行為への加担を供述するようなことは，容易ならざる事態であって，採証上重要な意味を有する旨判示している（事例カードの控訴審判決の要旨1(3)参照）。

  b 不利益の程度
　　報復を受けるという不利益は，他の利益をはるかに上回ることが多いから，このような場合には，共犯者の供述の信用性が認められる例が多い。(注33)
　　なかには，このような報復のおそれが現実化した事例もあり，報復

-45-

を受けながらも共犯供述を維持している場合には，その供述の信用性は極めて高いものと考えられる。(注34)

もっとも，一般的には被告人が犯人であると供述することによって不利益を受けると思われる場合であっても，他のより大きな利益を得るためにその不利益を甘受することが全くないとはいえないから，その点は留意する必要があろう。(注35)

（注33） この種の裁判例は枚挙にいとまがないが，この点を明示した代表的なものとしては，以下のものがある。

〔肯定12〕覚せい剤所持事件控訴審判決は，共犯者Ｘが若頭をする組の上部組織と密接な関係のあるＡを無実の罪に陥れれば，Ａの憤激を買うにとどまらず，上部組織の組長の顔にも泥を塗ることになり，Ｘの所属する組の存立はもとより，Ｘ自身の生命の危険も避け難いなどと指摘して，Ｘの証言の信用性を肯定している。

〔肯定23〕暴力団幹部覚せい剤譲渡事件控訴審判決は，譲受人Ｘが，暴力団若頭補佐であるＡの舎弟であり，Ａ又は関係組員からの報復を極度におそれながらも証言したことなどを理由として，Ｘの証言の信用性を肯定している。

〔肯定50〕けん銃等密輸入事件控訴審判決は，暴力団組長であるＡの依頼でけん銃等を密輸入したといういわゆる堅気であるＸの証言につき，Ｘが共犯者の存在を作為し自己の罪責の軽減を図ることも考えられないではないが，仕返しとして生命をねらわれることにすらなりかねない暴力団組長の名前を挙げることは通常あり得ないなどとして，その信用性を肯定している。

〔肯定81〕暴力団抗争殺人事件控訴審判決は，暴力団組長であるＡの指示を受けたという直轄若衆Ｘの供述につき，Ｘが組長の名前を出したからには，将来出所後に得られるべき暴力団員の論功行賞を全くふいにするばかりか，生命の危険すら伴う厳しい報復を覚悟しなければならないのであるから，こうした事情のもとでなされたＸの供述の信用性は極めて高いと判示している（事例カードの控訴審判決の要旨１参照）。

　　　　以上の裁判例のほか，同様の指摘をしたものとして，〔肯定22〕K一家覚せい剤密売事件，〔肯定74〕けん銃発射脅迫事件，〔肯定78〕保険金目的放火事件の各控訴審判決等がある。
（注34）　例えば，〔肯定35〕けん銃等所持事件控訴審判決は，暴力団甲会会長の長男で同会幹部であるAが，Aの援助を受けて警備保障会社を経営していたXらに指示し，けん銃等を購入した事案につき，甲会組員らが，Xが本件犯行の全貌を供述したためにAが警察の追及を受けることになったとして，これに遺恨を抱き，Xに対してけん銃で報復的狙撃を加えたことを指摘し，それにもかかわらずAから指示されたと述べるXの証言の信用性を肯定している。
（注35）　例えば，〔否定13〕対立暴力団組長殺害教唆事件上告審判決は，教唆者としてAを名指ししたXの捜査段階での供述の信用性が問題となった事案につき，一般論として，対立抗争中の他の組の親分を殺害するという組にも影響が及ぶ重大事を，親分であるAに無断でXが敢行するとは通常考え難いと判示しながらも，Xの背後にいた者として，Xの直属の親分であるA以外にも考えられなくはないとし，名前は言えないがA以外の他の者から頼まれたというXの公判供述を無視できないと判断している。これは，より恩義のある他の者をかばうために，共犯者が直属の親分である被告人の名前を出した疑いがあるとされた特殊な事例である（事例カードの上告審判決の要旨1参照）。

イ　その他の不利益
　a　親しい者が処罰を受ける不利益
　　共犯として親族等のごく親しい者を名指しした場合，それらの者が処罰を受けることは，共犯者自身が処罰を受けることに匹敵するから，それだけ不利益は大きくなる。したがって，既に個々の利益に関連して述べたように，この不利益にまさる利益を考えるのは困難であり，ごく親しい者を共犯者として名指ししたような場合には，虚偽供述のおそれはまず存在しないものと考えることができる（前記2(1)ア b ⅲ－23頁，2(1)イ b－30頁，2(1)エ e－43頁等参照）。

－47－

b 他の犯罪で処罰されかねない不利益

　共犯者が当該犯行のみでなく，それに関連して訴追されていない他の犯行を自認する場合は，その犯行も訴追されかねないという不利益を受けることになる。

　対向犯型のうちでも薬物等の授受に関する事犯では，責任軽減の利益を図ることは考え難く，真犯人をかばう利益，被告人への報復の利益などが問題となる程度である（前記2(1)アc－26頁参照）。そのため，薬物授受事犯の対向的共犯者が，当該事件を認めるだけでなく，それと関連して，訴追されていない他の犯罪も認めるような場合は，その犯罪で訴追されるおそれがあるだけでなく，当該事件自体の犯情が悪くなることもあるだけに，利益よりも不利益の方が大きくなることも稀ではない。このような事情を指摘して対向的共犯者の供述の信用性を肯定した裁判例も少なくない。(注36)

（注36）　例えば，〔肯定24〕覚せい剤譲渡事件控訴審判決は，譲受人XがAから譲り受けた際に，Aに覚せい剤を注射してもらった事実も供述している点を指摘し，他の事実で訴追されるおそれがあることを信用性肯定の一つの理由としている。また，〔肯定76〕覚せい剤使用幇助事件控訴審判決も，同様の見地から，覚せい剤使用の本犯Xが，Aから注射器を借りたという当該事件の事実以外に，それ以前のAとの共同使用の事実も認めていること（Aもその点は争っていない。）を信用性肯定の理由の一つとしている。

c 社会的制裁等を受ける不利益

　当該事件の責任を自認すると，刑罰を受けるのみでなく，大きな社会的制裁を受けることにもなるような場合や，周囲の非難を招くことにもなるような場合は，そのような不利益を甘受しようとする共犯者の供述の信用性が肯定されることが多い。(注37)

(注37) 例えば，〔肯定9〕ロス疑惑殺人未遂事件控訴審判決は，Xの供述につき，「いかに当時のマスコミ報道が過熱していたにせよ，Aの保険金殺人計画などというものが全くないのに，Xが，事実に反して，これに加担して殴打行為を行ったなどと，自己及び親兄弟が汚名や社会的糾弾を受けることの確実な事実を進んで供述し，これを長期間維持するということは，考えにくい」と判示している。

また，〔肯定26〕恐喝・入札妨害事件控訴審判決は，Aがその実兄である電気工事会社社長Xと共謀の上，工事の入札に関して，同業者から小切手を喝取し，落札を希望する他の業者を脅迫して入札を譲らせた事案につき，Xは十数人の社員を有する会社の社長として責任ある地位にあり，同社の存亡にもかかわる本件各犯行について虚偽の自白をするとは考えられないことなどを指摘して，その供述の信用性を肯定している。

さらに，〔肯定75〕覚せい剤使用事件控訴審判決は，Aから覚せい剤を陰部に注射されたという19歳の女性の供述は，他言がはばかられるような秘事を赤裸々に暴露する内容のもので，事実をわざわざ虚構してまで供述したとは考えられないなどとして，その供述の信用性を肯定している。

(3) 供述の動機の具体的検討
　ア　個々の利益と不利益の具体的検討の必要性

既に述べたような共犯者の得る利益，不利益を検討する際には，当該事件において考えられる虚偽供述の動機を想定し，その有無と程度を具体的に検討する必要があるように思われる。例えば，〔肯定18〕窃盗教唆事件控訴審判決は，被告人から窃盗を教唆されたという被教唆者Xの証言の信用性を検討するに際し，虚偽供述をする動機として，以前に逮捕されたときに密告されたと思い被告人への怨みを持っていること，共犯者を作って自らの罪を軽くしたいと考えること，警察での待遇などに絡んで捜査官に迎合することの3点を想定した上，その個々の動機の存否，強弱を分析的に検討した結果，いずれも虚偽の供述をする動機としては薄弱であると判示し，Xの証言の信用性を肯定している。また，〔肯

定82〕覚せい剤譲渡事件控訴審判決は，被告人から覚せい剤を譲り受けたという譲受人Xの供述の信用性を検討するに際し，虚偽供述をする動機として，被告人に悪感情を抱いていたこと，いわゆるシャブぼけしていたこと，虚言癖があること，捜査官の強い誘導があったこと，真実の譲渡人Tらを隠すこと，Tから譲り受けたと供述しても信用されないと思ったことの6点を想定し，同様な検討を経た結果，いずれも認められないとして，Xの供述の信用性を肯定している。

　このような判断経過を逐一判示する必要のある事件は少ないと思われるが，そのような虚偽供述の動機がないかということを一通り検討しておく必要はあるように思われる。

　以上のように，共犯供述をすることによる利害関係の検討は重要であり，それによって信用性判断の基本的方向性を決することになる場合も少なくない。しかし，それだけに，共犯者の利害関係が十分明確になっていない場合には誤るおそれも多分に存在するので，次項で述べる供述の個々的事項の検討を怠ってはならない。その検討を行うことが翻って利害関係を探る助けともなり得るからである。

イ　真実の供述をする動機の具体的検討

　共犯者が真実の供述をする動機としては，反省の情，自責の念，あきらめの境地等が考えられる。もちろん，このような気持ちがあっても，少しでも責任を免れたいという気持ちが併存することもあり得るから，その供述の信用性を直ちに全面的に肯定してよいわけではないが，反省の情等が具体性のあるものとして積極的に認定できる場合には，虚偽供述のおそれはそれだけ弱まるものと考えられる。(注38)

　（注38）　従来の裁判例のうち，共犯者の真摯な反省の情，あるいは清算の気持ち等を認めた例としては，次のようなものがある。

　　〔肯定14〕茶封筒入り覚せい剤譲渡事件控訴審判決は，Xが全面的に自白したのは，担当弁護士の情理ある更生指導を契機として，X自身反省したこ

とによると指摘し，その供述の信用性を肯定している。

〔肯定17〕覚せい剤所持・譲渡事件控訴審判決は，Aから覚せい剤を預かったというXの証言につき，X自身に対する第1審判決後，虚偽の供述をしていたことを深く反省するとともに，真実を述べる決意に基づき，X自身に対する控訴審の公判廷で訂正し，控訴審の判決を受けて服役した後になされたものであるとして，その信用性を肯定している。

〔肯定49〕殺人共同実行事件控訴審判決は，Xが当初はAの単独犯と供述していたものの，Aに対する第1審判決（Aの公判供述に基づき，Aの単独犯ではなくXの単独犯であり，Aは傷害致死の限度で責任を負うとした。）がなされ，X自身が本件で起訴された後，それまでの供述を変更して共同殺害を供述するに至った事案につき，Xは，別件で既に懲役10年の刑を受けて服役中であり，本件で更にその先10年あるいはそれ以上の刑を受けるであろうことを覚悟した上で，本件についても清算したいと供述しており，責任の軽減を図るために虚偽の供述をしているとは考え難いと判示している。

また，過激派組織の犯行で共犯者が転向者であるときも，そのような反省あるいは清算の気持ちに基づく供述として，信用性の肯定されることが多い。供述の経緯や供述態度から，清算の気持ちが具体的に認められたためと思われる。例えば，〔肯定4〕革労協内ゲバ事件控訴審判決は，Xの検察官調書につき，Xがこれまで自己が関係した犯行のすべてについて責任をとって清算し，人生の再出発を計りたいと考え，余罪である本件について進んで正直に述べると供述していることなどを指摘して，その供述調書の信用性を肯定している。同様の例としては，〔肯定36〕社青同ゲリラ事件控訴審判決，〔肯定89〕戦旗派ゲリラ事件控訴審判決等がある。

3 共犯者の属性

供述者の属性については，供述証拠の信用性が問題となる場合には常に検討しなければならないが(注1)，共犯者の供述の信用性が争われる事案でもしばしば問題となるので，研究対象事例において問題となった点について，特に取り上げるものである。

(注1) 供述証拠に関する一般的指摘として，〔否定7〕八海事件第3次上告審判決は，「供述証拠は，物的証拠と異なり，まずその信用性について，供述者の属性（事件と無関係で供述者に本来的なもの，例えば能力，性格）及び供述者の立場（事件との関係によって生ずるもの，例えば当事者に対する偏見，利害関係）の全般にわたり充分な検討を加え，もって信用性の存否を判断した上，その供述の採否を決しなければならない」と判示している。

(1) 年少者，知的能力障害者等－捜査官による誘導の危険

社会経験の乏しい年少者や知的能力に障害のある者は，物事を的確に認識し，記憶し，表現する能力が十分でないために，一見不自然と思われる供述をしたり，迫真性のない供述に終始したり，供述内容が変遷，動揺したりすることもあり得る。これらの事情は，一般的には供述の信用性を減殺するものであるが，それらが年少であるためか，知的能力に障害があるために生じたということもあり得るから，直ちにその供述を虚偽と決めつけるべきではなく，そのような点も考慮して供述の信用性を検討することが必要である。
(注2)

しかし，他方，年少者や知的能力に障害のある者は，他人に影響されやすく，捜査官の示唆や誘導に乗りやすいから，このことを常に念頭に置いて，共犯者の供述に現れた前記のような事情を具体的に検討し，吟味する必要がある。他人から影響された供述であるとの疑いが存在する場合には，その供述の信用性に疑問が生ずることになり，逆に，影響された疑いがない場合には，その信用性は肯定の方向に強く傾くことになると思われる。なぜなら，年少者や知的能力に障害のある者は，他人をだましとおすだけの虚偽供述を構築するに十分な能力を有しないことも少なくないからである。
(注3)
(注4)

そこで，これらの者の供述については，どのような経緯でそのように供述するようになったのかという供述経過が明らかになれば，その信用性の判断に資するところが大きいものと思われる。特に，他人による影響が問

－52－

題となるのは，捜査段階のことが多く，現状ではその点の解明は取調官の証人尋問による程度であるが，その経緯がより可視化されることが望ましく，取調メモ，録音テープ，ビデオテープ等を活用するなど工夫の余地がある。

　（注2）　例えば，〔否定23〕山中事件上告審判決は，Xの立場，利害関係等に触れた上，「Xの知的能力については，知能水準が11歳の児童程度で正常者との境界線に近い精神薄弱（軽愚）であり，前後の関係から類推したり判断したりする能力に著しく劣り，抽象的概念は内容が甚だ貧困であるとの精神科医師の鑑定が存在するところ，右鑑定中に，軽愚の者は一般的に他人の言動に乗ぜられやすいとの指摘もあることから，同人の供述の信用性の判断に際しては，その被影響性，被暗示性をも念頭に置かなければならない。」と指摘し，「以上のことから直ちに同人の供述を虚偽と決めつけるべきでないことはいうまでもないが，その供述内容の合理性，客観的事実との整合性等について，具体的に検討することが必要である。」と判示している。

　（注3）　例えば，前注2掲記の山中事件上告審判決は，Xの供述を具体的に検討した上，その供述にはXの知的能力に障害があることに起因すると思われる問題点もあると指摘し，X自身が認めている部分以外にも想像を交えた供述が含まれている疑いがあるほか，Aとの共謀の日時・内容に関する供述の変遷，動揺は現実に体験していないことを想像に基づいて供述しているために生じたのではないかと疑う余地があり，「それらの想像が取調官の質問内容等によって影響された可能性を否定し難い」と判示している（事例カードの上告審判決の要旨5参照）。

　　また，〔否定4〕日本岩窟王事件再審判決は，Yの知能程度が低く，通常人の精神状態を著しく欠いた素行不良者であることを指摘し，Yの供述の信用性を否定する一つの理由としている（事例カードの再審判決の要旨2(5)参照）。

　　同様に，〔否定32〕泥酔女性強姦致傷事件控訴審判決は，Xの供述につき，取調官の証言や公判廷での供述態度などから判断して，Xの防禦能力は普通人よりやや劣ると認められるので，Xの供述内容が捜査官に迎合したり，捜

査官の誘導によるものでないかを特に注意する必要があると指摘した上，その供述の変遷の経緯などを検討した結果，Xは取調官の誘導に応じたり，追及に迎合して供述した疑いがあると判示している。

さらに，〔否定50〕覚せい剤譲渡事件控訴審判決は，譲受人Xにつき，自我が弱くて暗示にかかりやすく，迎合的で，質問の出し方，その語調などによって，質問者の意向を酌んで答えもいろいろ変転する傾向がうかがわれるとして，Xの供述の信用性は極めて低いと判示している。

なお，知的能力に障害のある被告人本人の自白につき，捜査官の暗示，示唆，誘導に基づいてなされた疑いがあるとして，任意性あるいは信用性が否定された裁判例としては，八丈島老女殺害事件に関する最2小判昭32.7.19刑集11-7-1882のほか，広島地福山支判昭40.8.13下刑集7-8-1668，東京高判昭43.2.15判時535-5（この評釈として，藤野英一・証拠法大系Ⅱ-247），東京地判昭45.7.24判タ254-248，福岡地小倉支判昭45.8.28刑裁月報2-8-867，名古屋高金沢支判昭45.12.3刑裁月報2-12-1261，東京簡判昭46.11.10刑裁月報3-11-1467等がある。また，聴覚に障害がある被告人本人の自白の信用性について，慎重な判断を要するとした裁判例として，東京高判平3.12.2判時1442-153がある。

（注4）　例えば，〔肯定86〕アルミサッシ窃取事件控訴審判決は，Xにつき，てんかん性精神病の入院歴を有し，知能指数57の精神遅滞（中等度）で，対人関係において自分の感情をコントロールできない場合もあり，疎通性，共感性が未熟であるものの，虚言癖はないとした上，概要，「Xの精神的負因にかんがみ，Xが公開の法廷で過不足なく的確な文言をもって精緻に表現できるとまでいえないことは明らかであり，また，本件サッシの解体に要した時間のみならず，犯行時に現場に至るまでの経緯，犯行前日にAから犯行に誘われた文言等についても，証言内容に変転が見られる。しかし，Xの前記精神状態に照らすと，記憶をたどって証言を訂正しつつ，大まかに事実を供述する状況があってもやむを得ないものと考えられ，意図的に虚偽の事実を述べている証左とは思われない」旨判示して，Xの供述の信用性を肯定している。

また，〔肯定21〕覚せい剤少年譲渡事件控訴審判決は，譲受人YとZが16,7歳のあまり世間擦れしていない少年であることを，その供述の信用性を肯定する一つの理由としている。

(2) 人格（虚言癖等）

　人格等の共犯者の属性がその供述の信用性の判断に影響を与えることは疑いがない。研究対象事例中にも，共犯者の供述の信用性を否定する理由の一つとして，共犯者の人格に触れたものが少なくない。例えば，〔否定4〕日本岩窟王事件再審判決，〔否定15〕梅田事件再審判決，〔否定16〕債務者殺害事件控訴審判決，〔否定18〕朝霞自衛官殺害事件第1審判決，〔否定42〕浅虫温泉放火事件第1審判決などは，共犯者に虚言癖のあることなどを指摘して，その供述の信用性を否定している。(注5)

　もっとも，共犯者の人格をどのようにとらえるか，その人格が供述の信用性にどのような影響を与えるかについては，必ずしも明確でない点があり，その判断が客観的とはいえない場合も少なくないから，共犯者の人格を過度に重視するのは相当でないであろう。

　なお，共犯者の人格，特に，虚言癖については，それが当該事件に関する供述を離れて認定できるのであれば，格別の問題はない。ところが，当該事件に関する供述を検討し，その信用性が疑わしいとの結論に達した結果，虚言癖が認められるというような事案もあり，そのような場合に，供述の信用性を否定する根拠として虚言癖を指摘するのは，論理の順序が逆転することになるから，相当でないのは当然である。

　　（注5）　〔否定15〕梅田事件及び〔否定16〕債務者殺害事件の各共犯者の人格に関する判断については，後記第2の2⑶ア注13，112頁参照。

4　特に問題となる間接事実

　共犯者の供述の信用性が問題となった研究対象事例をみると，それらの事案に特有の間接事実として，被告人と共犯者が当該犯行を行うことによってそれぞれどのような利益を得るか，被告人の関与なしに犯行を行うことが容易かなどという事実が目に止まる。これらの事実は，それが公訴事実の存否

の確定のための間接事実になると同時に，共犯者の供述の信用性を判断するための重要な資料となる。これらの事実が間接事実であるという意味では，その効果等の検討は本研究の範囲外であるが，それが供述の信用性の判断資料となるという意味では，本研究と関連するので，その限度で触れておくこととする。

(1) 被告人と共犯者の利得の比較

ア 共犯者自身が当該犯行を行うことによってどのような利得があるか，それに比して被告人の場合はどうかという点は，共謀を推認する上で重要な間接事実となる（ここで利得というのは，経済的な利益の取得に限らず，広く社会的に利することを意味している。）。例えば，犯罪を犯しても共犯者自身は何の利益も得ず，被告人がその利益を得るという場合には，被告人の犯行への関与が強く推測されることになるが，それと同時に，このような事実は，動機が存在するかというような供述内容の合理性の有無の検討資料となるほか，客観的証拠との符合性等の検討資料ともなる。

研究対象事例中，火災保険金取得目的で被告人の居宅等に放火した事件に関する3件の控訴審判決〔肯定34〕，〔肯定63〕，〔肯定90〕は，いずれも，被告人の依頼で放火を実行したという共犯者の供述の信用性を認めるかなり強い根拠として，放火しても共犯者自身には何の利益もないのに反し，被告人は多額の火災保険金を取得できることを指摘している。(注1) もっとも，他方においては，〔否定42〕浅虫温泉放火事件第1審判決のように，火災保険金を取得するのは被告人であるが，共犯者が被告人の反対を無視し，あるいは自分なりに被告人が承諾しているものと思い込み，強引に犯行を実行した可能性も否定し切れないとして，共犯者の供述の信用性を否定した例もあるから，共犯者が実際にどのような利益を得るかではなく，共犯者が利益を得る見込みをどのように認識していたのかという観点から検討する必要がある。

（注１）　同様に，〔肯定51〕交通事故偽装保険金詐欺事件控訴審判決は，Ａの依頼でＡらの乗っている自動車に追突して交通事故を偽装したというＸの供述の信用性を認める大きな理由として，負傷を装って保険金を取得するのはＡらであり，Ｘが偽装交通事故を起こして得られる利益はほとんどなく，かえって免許取消しや処罰の危険を負うことなどを指摘している。

イ　逆に，当該犯行によって共犯者が多大の利益を得るのに反し，被告人に利得がなかったり，むしろ被告人は損害を受けるような場合，その事情は，消極的間接事実として，被告人の関与を否定する方向に作用すると同時に，動機が存在するかという供述内容の合理性の有無等の検討資料ともなる。特に，経済的利益を目的とした犯罪においては，その点が重視されることになる。(注２)

なお，動機の有無は必ずしも解明できないことがあり，また，その程度は客観的に把握し難いものがあるから，動機を過度に重視するのは危険であり，動機のみで事件の大筋を決めることは慎まなければならないものと思われる。(注３)

（注２）　例えば，〔否定７〕八海事件第３次上告審判決は，当該犯行の目的が金銭の奪取以外にはないところ，Ｘが多大の利益を得ており，その点の証拠も十分にあるのに対し，Ａらが分配を受けたか否かが確定できず，Ａらが犯行後まとまった金員を所持していたことや，これを費消したことに関する裏付け証拠が存在しないことを，Ｘの供述の信用性を否定する理由の一つとして指摘している（事例カードの第３次上告審判決の要旨２参照）。

また，〔否定33〕担保提供名下詐欺事件控訴審判決は，Ｘが専ら自己の利益を図るために画策し，その利益をほとんどＸ自身のものとしているのに対し，Ａは経済的利益を得るどころか，かえって損害を被っていることを重視し，Ｘの供述の信用性を否定している。

同様に，〔否定45〕工事協力金詐欺事件控訴審判決は，Ａの指示で工事協力金名下に2000万円を騙取したというＸが，騙取金の半分をＡに無断で費消し

ていることは，Xが暴力団組長であるAの配下のように交際している水道工事業者であり，Aが金銭感覚に貪欲であることなどに照らし，不合理であるなどとして，Xの供述の信用性を否定している。

さらに，〔否定46〕覚せい剤空路密輸入事件控訴審判決は，Aの依頼を受け営利目的で覚せい剤約3キログラムを密輸入したというXの供述どおりであれば，Aが全く報酬等の利益を得ないことになり，不自然であるとして，Xの供述の信用性を否定している（事例カードの控訴審判決の要旨1(2)ウ参照）。

（注3） 例えば，〔肯定48〕殺人共同実行事件第1次控訴審判決は，Xの供述の疑問点の一つとして，XにはVを殺害する十分な動機があるのに対し，Aの動機が希薄であることを指摘し，第1審の有罪判決を破棄して差し戻している。しかし，この事件が差戻後再び有罪となり，第2次控訴審判決がそれを維持したことからもうかがわれるように，動機の強さを的確に把握するのは困難なことが多い。

(2) 被告人と共犯者との関係等

ア 次に，当該事件は共犯者が独自の判断で敢行することの可能な事件か，組織の上位者の指示，了解等がなければ敢行し難い事件かというような点も，組織的犯罪においては重要な間接事実となる。特に，暴力団抗争の場合は，相手の組の構成員を攻撃すると組同士の対立抗争に発展することが必至であるということもあって，一般的に，攻撃するにつき，組長ら組の幹部の指示あるいは承諾があったものと強く推測される。また，組の上下関係は厳格であるから，共犯者Xがより上位の者Yに実行行為を指示したというような場合には，Yよりも更に上位にある者（例えば，組長）の指示あるいは承諾があり，それを受けてXがより上位のYに指示したものと強く推測されることになる。この点は，共犯者の供述内容の合理性等の問題でもあり，このような事実を信用性肯定のかなり重要な根拠として指摘した裁判例は，少なくない。(注4)

（注４）　例えば，〔肯定87〕暴力団抗争殺人事件控訴審判決は，Ｘらが他の組長らを殺害すれば，Ｘらの属する組のみでなくその上部組織にも影響が及ぶから，より上位の者の指示，命令なしに敢行するとは考え難いとして，組幹部であるＡらの指示で右犯行に及んだというＸの供述の信用性を肯定する理由の一つとしている。

　また，〔肯定66〕暴力団抗争殺人未遂事件控訴審判決も，当該事件が，組織系列上の最上位に立つ甲組組長狙撃事件に対する相手の組への報復行動であり，Ｘより上位の幹部組員多数を使っていることから，一組員であるＸ自身の判断のみで敢行したとは考え難いことを，直属の親分であるＡの指示で右犯行を実行したというＸの供述の信用性を肯定する理由の一つとしている。

　さらに，〔肯定81〕暴力団抗争殺人事件控訴審判決は，Ｘが，射殺の実行行為者としてより上位の組幹部であるＹらを選び，指示を与えたことにつき，その背後に組長であるＡの指示命令や共謀加担があったからこそなし得たものと考えられるとして，そのことをＡの指示で実行行為者を選んで指示したというＸの供述の信用性を肯定する理由の一つとしている（事例カードの控訴審判決の要旨３⑴参照）。

イ　もっとも，〔否定13〕対立暴力団組長殺害教唆事件上告審判決のように，一般論として，対立抗争中の相手の組の親分を殺害するという組にも影響が及ぶ重大事を被教唆者Ｘが親分である被告人に無断で敢行するとは通常考え難いと判示しながらも，Ｘが兄弟分の契りを結んで親密な交際を続けていた同系列の別の組の幹部等がいることや，その組も相手の組と直接対峙していたＸ所属の組を支援していたことを指摘し，Ｘの背後にいた者として，Ｘの直属の親分である被告人以外にも考えられなくはないと判示している例もあるから，他の系列からの指示等の可能性はないかということも検討を怠ってはならないものと思われる。

ウ　また，共犯者が犯行による利益を獲得するためには，あるいは，犯行を実行するためには被告人の関与が不可欠であるというような事情も，被告人の関与を推測させることになるとともに，客観的事実との符合性

等の検討資料となる。^(注5)

(注5)　例えば，〔肯定34〕保険金目的放火事件控訴審判決は，Xが火災保険金取得目的でX自身の居宅に放火した事件につき，抵当権者であるAが右居宅をAの知人名義に所有権移転登記し，知人名義で火災保険に加入していたことから，Xが保険金を入手するにはAの関与が不可欠であることを，Xの供述の信用性を肯定する一つの根拠としている（事例カードの①事件に関する控訴審判決の要旨1参照）。

また，〔肯定27〕所得税還付金騙取事件控訴審判決は，社会保険労務士であるAと警備員であるXが共謀の上，源泉徴収票等を偽造して，所得税の還付金を騙取するなどした事件につき，Xは一介の警備員にすぎず，所得税の還付手続について満足な知識もないXが単独で本件のような大掛かりで巧妙な犯行をなし得るとは到底考えられないことを，Aとの共謀を認めるXの供述の信用性を肯定する理由の一つとしている。

同様に，〔肯定33〕嘱託殺共謀事件控訴審判決は，Aの依頼でVを殺害したというXの供述の信用性を認める理由の一つとして，AはVとかなり親密な間柄で，Vが自己の殺害をAに依頼しても不自然とはいえないのに反し，XはVと何らの交渉もない間柄であって，Vを殺害する動機が全くないことを指摘している。

さらに，〔肯定46〕暴走行為教唆事件控訴審判決は，暴走行為をするよう暴走族の現会長Yを教唆したのはAから教唆されたためであるという暴走族の元会長Xの供述の信用性を認める理由の一つとして，X自身は当日暴走行為をさせる動機がないことを指摘している。

第2　共犯者の供述の信用性を判断するに当たって検討すべき個々的事項

　この項においては，共犯者の供述の信用性を判断するに当たって検討すべき個々的事項について論ずる。第1の冒頭でも述べたとおり，供述に外在する事情の検討と供述の個々的事項の検討とは相関関係にあるから，以下に述べる個々的事項を検討するに当たっても，常に外在的事情を念頭に置いておく必要がある。分析の過程では外在的事情と個々的事項とは一応分けて考えることができるものの，生の事実関係においては両者は密接に関連しているから，以下においても，第1において論じたことと重複・関連する部分が少なくないが，重要な事柄については重複をいとわず論ずることとしたい。

　ところで，共犯者の供述の信用性を判断するために検討すべき個々的事項としては，大きく分けて，①他の証拠との符合性，②供述内容の自然性・合理性・体験性，③供述経過，④供述態度の4項目を考えることができる。このうち①と③の2項目は，共犯者の供述の信用性を比較的客観的に検証し得る事項であるため，その信用性判断の中核に位置づけられる性質のものと考えられる。この2項目と密接な関連を有しながらも，更に独自に共犯者の供述の信用性を判断し得る事項が，②と④である。しかし，これらの判断は，主観的，抽象的になりやすい欠点を有しているため，①と③の判断の補完的なものにとどめるべきものと思われる。

　そこで，共犯者の供述の信用性を判断するに当たっては，第1において検討した共犯者の供述に外在する事情を常に念頭に置きながら，共犯者の供述と他の証拠との符合性をいわば横断的に考察・検討するとともに，共犯者の供述の経過を縦断的に考察・検討することが不可欠であり，そのような検討と並行して，共犯者の供述内容自体の検討と，共犯者の供述態度の検討とを行うことが必要であるように思われる。また，これら①ないし④の各事項は，判断内容が相互に関連している上，最終的にはこれらを総合して共犯者の供述の信用性を判断すべきものであるから，これらの事項の判断の過程で，一つの事項を強調

するあまり他の事項の検討がおろそかにされることがあってはならない。

以下，各事項の検討に際し注意すべき事項について，個別的に検討する。

1 他の証拠との符合性の検討

前述のとおり（第1の1(1)参照），共犯者の供述の信用性が深刻な争いとなっているような事案においては，まず，それを除く他の証拠によってどのような間接事実を認定することができ，その限りで争点（被告人の犯行への関与の有無，程度等）がどの程度まで認められるのかを検討する作業が必要である。そして，このような検討作業によって当該事件全体の証拠構造において共犯者の供述がどの程度の重みを占めるのかを十分に認識し，把握した上で，上記の作業によって認定された間接事実をいわばベースとして，次に，共犯者の供述内容，殊に被告人の犯行への関与に関する供述が，他の個々の証拠やこれらを総合して認められる間接事実（以下，この節ではこの間接事実をも含めて証拠という。）と真に符合するか否かを検討すべきことになる。共犯供述をすることによって得る利益・不利益の検討が重要であることは既に述べたとおりであるが（第1の2参照），これのみで共犯者の供述の信用性を決することはできないから，事件全体の証拠構造の中において共犯者の供述が他の証拠とどの程度の符合性や関連性を有するかということを更に客観的に検討することが必要である。〔否定7〕八海事件第3次上告審判決は，同事件において共犯者Xの供述には顕著な変遷があり，かつ，自己の刑責の軽減という引き込み供述を行うに足る十分な動機が存在することを認めながらも，「この点のみによってX供述を虚偽ときめつけることの相当でないことはいうまでもなく，その供述内容が他の証拠によって認められる客観的事実と符合するか否かを具体的に検討することによって，さらに信用性を吟味しなければならない」と指摘している。

他の証拠との符合性の有無・程度が共犯者の供述の信用性にどのような影響を及ぼすかは，当該事件の証拠構造によって異なるが，一般的には，他の証拠のうちでもより客観的な証拠と符合するほど，また，供述の重要な部分に符合する証拠が多いほど，その信用性は増強され，逆に，他の証拠との符

合性に欠けるほど，その信用性は減殺されるということができよう。その詳細は，後記(1)客観的証拠との積極的符合性において論ずることにする。

前述のとおり，他の証拠との符合性の検討は，客観性に富む優れた信用性の判断方法であり，信用性判断の中心となるが，この方法によって共犯者の供述の信用性を検討するに当たっては，以下の2点においてその有用性に限界があることに留意しておく必要がある。

第1に，符合性を検討すべき証拠の客観性については，その供述する共犯形態が，共犯者のみならず被告人自身も実行行為の全部又は一部を行ったとされる実行共同正犯型の場合と，被告人自身は実行行為を担当しなかったとされる共謀共同正犯型（教唆犯型・幇助犯型を含む。）及び被告人と対向犯との間で密かに対向的実行行為が行われることの多い対向犯型の場合とで若干の差異が生ずる。実行共同正犯型の場合は，被告人自身が実行行為の全部又は一部を担当したか否かが争点となるから，その実行行為の裏付けとなるべき客観的証拠との符合性が問題となることが多いのに対し，共謀共同正犯型・対向犯型の場合は，共犯者の供述する共謀形成行為，教唆・幇助行為又は対向的行為が客観的証拠の残らない形で行われることが多いため，それらの行為について述べる共犯者の供述の根幹部分に関しては，客観的証拠よりも，むしろそれらの行為の際に居合わせあるいは聞知したという者の供述証拠（主観的証拠）又はそれらの行為を推認させる情況証拠との符合性が検討事項になることが多い。符合性の検討対象となるべき証拠は，可能な限り客観性に富んだものであることが望ましいのは当然であるが，これといった客観的証拠が存在しない場合に，主観的証拠との符合性が中心的な検討事項となるのはやむを得ないところである。

第2に，この信用性の判断方法は，共犯者が，真実は単独犯であるのに被告人との共同犯行であるとして被告人を引き込むような事案（以下，このような類型を捏造型引き込みという。）においては有効である。しかし，逆に，共犯者Xが，真の共犯者Yをかばうため，Yと被告人とをすり替えて供述するような事案（以下，このような類型をすり替え型引き込みという。）におい

ては，共犯者が現に他の者と犯罪を行っている以上，他の共犯者の特定に関する供述部分を除き，その供述内容が他の証拠と符合するのはむしろ当然のことであるから，共犯者の供述が他の証拠とよく符合するからといって，直ちにその信用性が高度であると評価することはできない。(注1)

このように，引き込みの形態には捏造型とすり替え型が考えられる。共犯者の供述を除いた他の証拠から単独犯行の可能性がある場合には，共犯者が責任の軽減を図ろうなどとして捏造型の引き込み供述をするおそれがあり，また他の証拠から共犯者の存在がうかがわれる場合には，共犯者が真犯人をかばおうなどとしてすり替え型の引き込み供述をするおそれがあるといえる。(注2) しかし，共犯者の供述を除く他の証拠からは，いずれの形態の引き込み供述か確定できないことが多いばかりでなく，この両者の混合形態もあり得るから（共犯者Xが真実は共犯者Yらと犯罪を実行したのに，被告人も共犯者であったとした上，X自身の行為の一部とYらの行為の一部を被告人が担当したかのように供述する場合がその一例である。），以下の個々的事項を検討するに当たっても，引き込みの形態として，捏造型だけではなくすり替え型もあり得ることを常に念頭において検討する必要がある。そして，すり替えの疑いがある場合には，前述のとおり，共犯者Xの供述する「共犯者」と被告人との同一性に関する部分について他の証拠による裏付けがあるのかという観点から慎重に検討する必要がある。

> (注1)　例えば，〔否定6〕時計店押入り強盗事件第1審判決は，共犯者Xが，当初，共犯者を「刑務所仲間で住所も名前も知らない立ちん坊をしている男」であると供述していたが，約2か月後に共犯者は被告人であると供述するようになった事案につき，「Xの供述する共犯者の人相，着衣，犯行の態様等は，本件の被害者らの供述と符合しているが，共犯者の氏名のみをすり替えて供述すれば客観的事実に符合させ得るし，内容も自ら整然として一貫する筋合いであるから，このことをXの供述の信用性を担保する資料とするわけにはいかない。」と判示している。

また，〔否定15〕梅田事件再審判決は，被告人と犯行現場に下見に行った際，犯行の手段・方法の細部まで指示したというXの供述は，その供述する指示内容が他の証拠上うかがわれる客観的状況や死体の状況と符合しているものの，「供述当時死体の状況は捜査官も知っていたし，Xが真の共犯者の代わりに被告人の名を出したのであれば，この符合関係は当然である」と判示している（事例カードの再審判決の要旨4参照）。
（注2）　なお，対向犯型においては，その犯罪の性質上，捏造型の引き込みは考えにくいように思われるが，〔否定37〕苫小牧市の贈賄事件のように，共犯者が種々の事情から架空の贈収賄を捏造するというケースもあり得ないではない。

(1)　客観的証拠との積極的符合性

　　被告人本人の自白の場合と同様，共犯者の供述が現存する客観的証拠と符合するか否か（以下，これを積極的符合性という。）は，その判断が客観性を有する点からしても，極めて重要である。研究対象事例中の信用性否定例の多くが，共犯者の供述と客観的証拠との積極的符合性の欠如を信用性否定の主たる根拠に挙げていることからも，この点をうかがうことができる。殊に，実行共同正犯型においては，共犯者の供述する被告人の実行態様が客観的証拠と符合するか否かが，かなり決定的な重要性を持つように思われる。
（注3）

　　ここで符合性の検討対象となるべき客観的証拠は，その信用性に十分な裏付けがあるほど有効である。信用性の明らかでない証拠との符合性を検討しても，信用性判断に益するところがないからである。〔否定7〕八海事件第3次上告審判決も，「符合するか否かを比較される客観的事実は，確実な証拠によって担保され，殆んど動かすことのできない事実か，それに準ずる程度のものでなければ意味がないと解せられる」と判示している。

　　また，この点は，客観的証拠（又は客観的事実）が間接事実である場合も同様と解される。仁保事件上告審判決の次のような説示は，被告人本人の自白の信用性に関するものではあるが，客観的事実との符合性の有無，

程度が共犯者の供述の信用性を判断する上で決定的な重要性を持つことにかんがみると，共犯者の供述に関しても妥当するといえよう。すなわち，同判決は，原判決が自白内容に符合するとして指摘した最も重要な6個の間接事実・補助事実につき，「これらの事実の存否は，本件事案解明の鍵をなすものであるといわなければならない。そして，もしこれらの事実を積極に認定しようとするならば，その証明は，高度に確実で，合理的な疑いを容れない程度に達していなければならないと解すべきである。けだし，これらの事実は，上述のごとく，被告人と犯行との結びつき，換言すれば被告人の罪責の有無について，直接に，少なくとも極めて密接に関連するからである。なおまた，上記1ないし6は，おのおの独立した事実であるから，必ずしも相互補完の関係には立たず，そのひとつひとつが確実でないかぎり，これを総合しても，有罪の判断の資料となしえないことはいうまでもない。」と判示している（最2小判昭45.7.31刑集24-8-607）。

もっとも，間接事実（情況証拠）には，種々様々なものがあり，要証事実に対する推定力・関連性の強さは千差万別であるから(注4)，共犯者の供述と間接事実との符合性を検討するに当たっては，まず個々の間接事実が当該事件において果たす役割や要証事実に対する推定力・関連性の有無・程度を的確に把握しておかなければならない。研究対象事例の中にも，個々の間接事実の推定力・関連性の評価を誤った結果，ひいては共犯者の供述の信用性の判断そのものを誤るに至ったという事例が見受けられる(注5)。

一般的に，共犯者の供述が客観的証拠と符合する部分が多ければ多いほど，そしてそれが重要部分であればあるほど，その供述は強い裏付けを有することとなって，高度の信用性を認めることができる(注6)。逆に，共犯者の供述が客観的証拠と符合しない部分が多ければ多いほど，そしてそれが重要部分であればあるほど，その供述の信用性は減殺されることになる。

その符合性の程度としては，共犯者の供述内容と客観的証拠との間に「合理性のある範囲を超えた重大な食い違い」がないかどうかが一つの基準となろう（田崎外55頁参照）。そして，共犯者の供述の主要部分，根幹部

分，あるいはかなり重要な部分に客観的証拠と符合しないところがある場合には，その理由が明らかに説明のつく場合は格別，一般的には，「合理性のある範囲を超えた重大な食い違い」があるものとして，共犯者の供述の信用性に重大な影響を及ぼすといえる（田崎外56頁参照）。そこで，問題となるのは，共犯者の供述において，その客観的証拠との不整合がその信用性に重大な影響を及ぼすような供述の主要部分，根幹部分，あるいはかなり重要な部分とはどのような部分なのか，換言すれば，共犯者の供述内容のうち，どのような部分が客観的証拠と食い違っている場合に，その信用性に疑問を生ずるのかということである。その範囲は，各共犯類型によって異なるように思われるので，以下，類型別に検討する。

(注3) 例えば，〔否定16〕債務者殺害事件控訴審判決は，相対立するXとAの各供述につき，いずれも供述の変遷，供述内容の合理性等に関して疑問点があり，その内容自体からは必ずしも決定的に優劣をつけ難いとした上で，最後に，各供述のいずれの方が鑑定等の客観的証拠と対比して信用に値するかという観点から検討を加え，死体の損傷に関する法医学鑑定に照らすと，Aの供述が鑑定による客観的裏付けを有する部分が多いのに比し，Xの供述は，鑑定による裏付けをほとんど有しないのみならず，むしろ，積極的にこれと抵触する疑いの強い部分が（しかも重要な点において）多いとして，上述のようなXの供述自体の有する疑問点ともあいまって，その信用性には重大な疑問があると結論づけている。

(注4) 中川武隆・植村立郎・木口信之「情況証拠の観点から見た事実認定」（司法研究報告書42輯2号）は，情況証拠を大きく併存的事実，予見的事実，遡及的事実の3つに分類した上，各事実に属する情況証拠につき，個別的にその特性と事実推定力を分析している。

(注5) 例えば，〔否定14〕岩国の暴力団首領殺害事件において，控訴審判決が，実行行為者Xの検察官調書のうち，AがXに本件殺人を指示したり，凶器を交付したりしたという供述部分については信用性を否定しながらも，犯行当日，AがXに対し，犯行現場に行くために使用するレンタカー代として

現金5万円を交付して殺人を幇助したという供述部分については，①Aと暴力団甲一家及びXとの親密な関係，②Xが犯行の5日前に市内の潜伏場所に赴いた際，Aも別の自動車で途中まで同行していたこと，③犯行当日，AがXの求めに応じて現金5万円を交付していることの3つの間接事実があることを根拠に，信用性を肯定したのに対し，上告審判決は，①ないし③の各間接事実の推定力は高度なものとはいえないとして，後者の供述部分についてもその信用性を否定している（事例カードの上告審判決の要旨3参照）。

ほかにも，各審級で間接事実の推定力に関する判断を異にした結果，共犯者の供述の信用性に関する結論を異にするに至った例として，〔否定13〕対立暴力団組長殺害教唆事件，〔否定21〕山田市長収賄事件等がある。

(注6) 共犯者が責任の軽減を図ろうとしているものと認められる場合であっても，被告人の犯行への関与を述べる供述の核心部分について客観的な裏付証拠があるようなときは，その供述全体の信用性は損なわれず，大筋においてその信用性が肯定されることもある（前記第1の2(1)ア e，29頁参照）。

(注7) 符合性の評価に関しては，このような食い違いの範囲の問題のほかに食い違いの質の問題がある。供述と客観的証拠との間に食い違いがある場合に，共犯者の年齢・境遇・地位等や問題となっている事柄を知覚した当時の状況，その後の記憶保持の経過・環境等に照らし，供述心理学的見地からして，当該共犯者の知覚・記憶・表現の過程に誤りが生じるとは考えにくいというときは，その食い違いは深刻であるが，知覚・記憶・表現のいずれかの過程に誤りが生じたとしても無理からぬものがあると認められるときは，必ずしもその食い違いは供述の信用性に深刻な影響を及ぼすものではない。

この問題に関し興味深い事例を提供しているのは，〔肯定60〕暴力団組長賭博参加事件控訴審判決である。多数の賭客や開張者らのうちX2，X3らの各供述調書中には，当時服役中で賭場に出現することの不可能なMなる人物が当日Aとともに賭場に現れた旨記載されているため，各供述調書の信用性が問題となった。これに対し，同判決は，概要，「当日の賭場にAが現れたという事実は，X2らが全く予想していなかった事態で，強く銘記されると考えられる反面，その同伴者が誰であったかについては関心も薄く，確実な記憶として残らなかったとしても必ずしも不合理ではなく，捜査官から，かね

てAのボディガードをしていたMが一緒ではなかったかと尋ねられれば，あるいはそうであったかと誤った記憶を喚起してその旨供述し，その余の関係者も，右供述を前提とした捜査官の尋問により，同旨の供述をするということも，ありがちなことと思われるが，そうであるからといって，同伴者が誰であったかということとは全く次元を異にするAが現れて張取りをしたことの有無に関するX2らの供述が誤りであるということにはならない。」と判示している（事例カードの控訴審判決の要旨1(3)エ参照）。

　各事例中には，供述の符合性に関し各審級で判断を異にしたものが見られるが，その多くは，食い違いの質に対する理解，判断の違いに由来しているように思われる。食い違いの質の問題は類型化に親しまないため，以下の論述においても必要に応じて触れるにとどめるが，現実の信用性判断においては，かなりの重要性を持つ問題である。後に述べる供述の自然性・合理性の問題と同様，裁判官の知識，経験，パーソナリティ，供述心理学的知見の有無等が問われる事柄であろう。

（注8）　なお，共犯者の供述において共犯者と被告人との間で謀議がなされたとされる日時又は実行行為の日時に，被告人にアリバイが成立することは，共犯者の供述と客観的事実との不一致の最たるものであるが，アリバイの成否の問題は，客観的証拠との符合性の問題とは切り離して独立に検討されることが多いので，本研究においても，前記第1の1(2)イb，16頁において取り扱っている。

ア　実行共同正犯型の場合

　一般的には，共犯者の供述にかかる被告人の実行態様，共犯者と被告人との共謀状況と，これらの事実と密接に関連する事実が，供述の根幹部分であるといえる。したがって，この部分が客観的証拠と符合していれば，強度の信用性を認めることができるが，逆に，客観的証拠と矛盾するか積極的に抵触する部分がある場合は，その信用性に重大な疑問が生ずることになる。
（注9）

　なお，この問題に関連して，犯行現場の客観的状況が複数者の犯行を示すか否かの検討も，共犯供述の信用性判断に関し重要であるという指

摘がなされている。なるほど，Xの単独犯行かXとAらとの共同犯行かということが問題となっている事案，言い換えれば捏造型引き込み供述か否かが問題となっている事案においては，現場の状況から複数者の犯行以外あり得ないと認められるならば，この事実は，共犯者Xの供述の根幹部分を強く裏付けるものと評価することができよう。しかし，すり替え型引き込み供述か否かが問題となっている場合には，現場の状況が複数者の犯行を示しているのはむしろ当然であるから，この事実から直ちに共犯者の供述の信用性が高度なものと評価するのは危険であるところ，犯行現場の客観的状況が複数者の犯行を示すか否かの判断自体が非常に微妙な場合もあって，いずれの形態の引き込み供述が問題となるかを共犯者の供述を除く他の証拠から確定できないことが少なくないということを，常に注意しておかなければならない。この点については，〔否定７〕八海事件において，第２次上告審判決が，犯行現場の客観的状況は，X一人の手口によって作為されたものとは認められないとし，「殊にその首吊工作を仔細に検討するときは，それが犯人一人の力や思い付きの限度を遙に越えているものと認めざるを得ない」として，その点はX供述を強力に裏付けるものであると位置づけたのに対し，第３次上告審判決が，右の状況は本件犯行が単独犯ではなく多数犯であることを一応推測させるものであるが，他の証拠に照らすと，そのような状況は単独犯にても可能であることが認められるとして，必ずしも被告人らの加功を裏付けるものではないと判断したことに典型例を見ることができる。

（注９）　例えば，〔否定23〕山中事件上告審判決は，Xの供述に関する疑問点の一つとして，その供述が，「犯行状況の主要な点において，客観的証拠と矛盾し，あるいはそぐわない」として，頭蓋骨の骨折，Vの着衣の損傷，死体隠匿状況について指摘している（事例カードの上告審判決の要旨３参照）。
　　　客観的証拠との不整合を主たる根拠として共犯者の供述の信用性を否定し

た事例は，ほかにも，〔否定9〕加藤老事件再審判決（Xの供述する凶器－わら切り又は押切り－と死体の損傷に関する法医学鑑定結果との不整合），〔否定16〕債務者殺害事件控訴審判決（前注3，67頁参照－死体の損傷に関する法医学鑑定結果との不整合）等がある。

イ　対向犯型の場合

　　一般的には，共犯者の供述にかかる被告人の実行態様（薬物・賄賂等の授受行為の日時・場所・態様の具体的内容）とこれに密接に関連する事実が，供述の根幹部分であるといえる。したがって，この部分が客観的証拠と符合していれば，強度の信用性を認めることができるが，逆に，客観的証拠と矛盾するか積極的に抵触する部分がある場合は，その信用性に重大な疑問が生ずることになる。（注11）

　　もっとも，薬物の譲渡・譲受け事案などにおいてよく見られるように，起訴されている犯行に近接して同種犯行が繰り返し行われている事例においては，共犯者において当該犯行の日時，場所，態様等を明確に記憶し，個別性を持たせて供述するのが困難な場合も少なくないから，たまたま共犯者の供述にかかる犯行の日時，場所，態様等が客観的証拠と一部食い違ったとしても，その点をとらえて直ちに供述の信用性を否定するのが相当でないこともある（前注7，68頁の食い違いの質の問題）。したがって，このような不一致が単なる記憶の混乱等に由来するのか（後記3(2)イａ，157頁参照），それとも，供述内容自体が虚構であることに由来するのかを見極める努力が必要である。

　　　（注10）　例えば，〔肯定37〕覚せい剤譲渡事件控訴審判決は，譲受人Xが，M国際会館にいたAから電話で呼び出され，同会館に赴いてAから覚せい剤を譲り受けたと供述していた事案につき，同会館からX宛に電話をかけたことを示す電話代請求書があり，Aが電話しない限りXはAが同会館に来ていることを知り得ないから，その請求書はXの供述を裏付けるものであると判断

している。
　　また，〔肯定68〕覚せい剤譲渡事件控訴審判決は，「甲とともにAの引越しを手伝って荷物を運び入れた際，Aが覚せい剤を打ち終わった様子で覚せい剤を手に持っていた。Aが『おう，いけや』と言うので，Aから覚せい剤と注射器を受け取り，甲が水飴のカップのふたの上で覚せい剤を溶かした後，Aの手を借りて自分の腕に注射した」という譲受人Xの供述につき，現に水飴のカップのふたから覚せい剤が検出されたという客観的事実（しかも，Aは，自分で覚せい剤を注射するのに水飴の容器を利用したことは一度もないと供述している。）によって裏付けられていると判断している。

（注11）　例えば，〔否定10〕覚せい剤譲渡事件控訴審判決は，1月16日午後6時30分ころAが宿泊していたTホテルの客室でAから覚せい剤約30グラムを譲り受けたというXの供述につき，関係証拠によれば，Aは同日午後零時52分に同ホテルをチェックアウトしており，同夜Aが同ホテルに宿泊したとの記録がないことなどに照らすと，Aからの譲受行為自体が果たして存在したのか否かについても疑いを生じさせると判断している。

ウ　共謀共同正犯型（教唆犯型・幇助犯型）の場合
　　一般的には，共犯者の供述にかかる被告人と共犯者との共謀形成行為・共謀状況（被告人の教唆行為・幇助行為）とこれに密接に関連する事実が，供述の根幹部分であるといえる。したがって，この部分が客観的証拠と符合していれば，強度の信用性を認めることができるが(注12)，逆に，客観的証拠と矛盾するか積極的に抵触する部分がある場合は，その信用性に重大な疑問が生ずることになる(注13)。
　　しかし，前述のとおり，共謀や教唆・幇助の状況等については事柄の性質上客観的証拠が残存しないことが多いから，客観的証拠との符合性を検討すべき対象としては，共謀や教唆・幇助の状況に関する供述に限定することなく(注14)，犯行の準備状況，犯行後の贓物の分配や処分状況(注15)，利益の取得状況(注16)，犯行前後の関係者に対する言動(注17)など共謀や教唆・幇助を推認させる事実に関する供述にも拡げる必要がある(注18)。

-72-

また，供述の根幹部分である共謀状況等に客観的証拠と符合しない点があったとしても，直ちにその供述の信用性が否定されると解するのは早計であり，ここでも食い違いの質に関する考察が必要である。この点については，〔肯定3〕日建土木保険金殺人事件〔山根関係〕控訴審判決が，共犯者の供述する共謀形成過程等と客観的証拠との間に多数の不一致が存在していることを指摘しながらも，そのような不一致の生じた原因を詳細かつ具体的に検討した末，これらの点は必ずしも共犯者の供述の根幹部分の信用性に影響を及ぼさないと判断しているのが参考となろう。[注19]

　なお，共犯者自身が現に実行行為を行っている場合，その供述する犯行部分が客観的証拠と符合するのは当然のことであるから，その点のみを理由として，被告人と共犯者との共謀形成行為・共謀状況，被告人の教唆・幇助行為に関する供述部分も信用できると結論づけるのは危険である。真実は単独犯行であるにもかかわらず，第三者を共犯として引き込む事例が必ずしも稀でないことにかんがみても，特に共謀共同正犯型（教唆犯型・幇助犯型）の場合には，共犯者自身の行為に関する裏付け状況と被告人の行為に関する裏付け状況とを切り離し，むしろ後者の有無・程度を中心に考察することが必要である。

（注12）　例えば，〔肯定85〕柳川市長収賄事件第1審判決（控訴審判決も全面的にその判断内容を支持している。）は，市長Aの親友である共犯者X方から押収されたデスクダイアリーの本件犯行日の欄には，Aから教示された入札予定価格とそれを建設会社営業部長Y（贈賄者）らに電話すべき旨が記載されているところ，右記載の存在は，X証言とあいまってAの不正行為を如実に裏付けるものとして極めて高い証拠価値を有すると判断している。

　また，〔肯定67〕スナックホステス保険金殺人事件控訴審判決は，Aから「うちの旦那を殺してくれたら，保険金の半分の1500万円をやる」と言われてAの夫Vの殺害を依頼され，更にVの勤務先，夜のアルバイト先，使用車

種，Vの加入していた保険会社名等を書いたメモをもらったという殺人の実行行為者Xの供述は，Xが当時使用していた車の中から，Aの筆跡でVの勤務先，使用車種等が書かれ，Xの筆跡でVの加入していた保険会社名等が書き加えられたメモと，Aの筆跡でVのアルバイト先の店名，住所，電話番号が書かれたメモが発見，押収されていることにより，その真実性が担保されていると判断している。

(注13)　例えば，〔否定13〕対立暴力団組長殺害教唆事件上告審判決は，被教唆者Xの検察官調書の信用性に関する疑問点の一つとして，Aから教唆された際の状況に関し，Xの供述によると「誰の案内も受けずにA方応接間に通り，応接間にはAが一人で待っていたとなっているが，A組事務所となっているA方には，インターフォンが設置されており，組員であっても常駐している当番の組員の案内なしには応接間に入れないような仕組みになっていることと矛盾するといわざるをえないなど，供述内容に不自然なところもないではない。」と指摘している（事例カードの上告審判決の要旨1(3)参照）。

(注14)　例えば，信用性肯定例として，〔肯定71〕贓物故買事件控訴審判決は，Aから民族資料館や神社の御神庫等から骨董品を盗んでくれば買ってやるなどと言われて，盗んできた骨董品等をAに買い取ってもらったという窃盗本犯Xの供述の信用性を肯定する理由として，その供述する犯行日ころに実際の窃盗被害が生じ，被害現場や被害の状況もXの供述に沿うこと，当時XはAの運転手役をして親密に交際していたところ，Xには窃盗等の刑法犯の前科はないこと，Xが犯行現場への往復等に使用した自動車にいずれもAの給油チケットによって各犯行日前ころに給油されていること，Xが窃取した贓物のほとんどをAが受領し，そのうちから骨董品の交換会を通じて第三者に処分されていることなどの関係証拠上明白な客観的状況に符合していることを指摘している。

　　他方，信用性否定例としては，〔否定34〕地面師詐欺事件控訴審判決がある。Aは，土地所有者と詐称して他人の土地を売却し，売却代金を騙取しようと企て，偽造した権利証，印鑑証明書等を使用し，①X，Y，Zと共謀の上，甲の土地の売買名下にVから800万円を，②X，Yと共謀の上，乙の土地の売買名下にWから1900万円を騙取したとして起訴されたが，AとXは実行行為に関与しておらず，YとZはAと面識がなく，Xとの間で謀議したもの

-74-

であることから，Aの刑責を確定する上でXとの共謀の存否が問題となった。この点につき，Xは，捜査段階，X自身に対する詐欺事件の第1，2審，本件の第1審を通じ，一貫して，Aから権利証等を偽造して他人の土地を売却して金もうけをしようとの話があり，これに協力したこと，Aが本件各土地を探し出してきて，売り先を見つけるように頼んだこと，YとZに事情を打ち明けて売却を依頼し，Yらが各犯行に及んだこと，Yらとの交渉の経過はAに報告し，売却代金はAの指示で決めたこと，偽造した権利証等はAが用意したもので，Xは偽造に関与していないこと，騙取金はいずれもAに渡し，分け前をAから受け取ったことなどを証言していたが，本件の控訴審に至って，それまでの供述を覆し，Aは本件に全く関与しておらず，犯行の背後にあって中心的役割を果たしたのはBであること，偽造した権利証等はBが準備し，Xも権利証の一部に加筆するなどして偽造に関与したことなどを証言するに至った。そのため，控訴審において，権利証の筆跡鑑定を行ったところ，Xの控訴審証言のとおり，①物件の権利証は3名，②物件の権利証は2名の合作であり，いずれもXが加筆していると認められるが，X以外の筆跡はだれのものか不明であり，Aの筆跡は存在しないことが明らかとなった。このような事案において，控訴審判決は，Xが権利証の偽造に関与している事実は，本件におけるAとXとの役割分担，すなわち，Aが本件各犯行の背後にあって中心的役割を果たしたというXの第1審証言の基調にかかわる重要な事実であることなどを根拠として，その信用性を否定した。

なお，〔否定8〕二重スパイ事件控訴審判決も同様の例である。

（注15）　前注14の〔肯定71〕贓物故買事件控訴審判決にこの例をみることができる。

（注16）　例えば，〔肯定66〕暴力団抗争殺人未遂事件控訴審判決は，暴力団丙会会長Aから対立抗争中の丁組系に対する報復を指示されたので，丙会幹部のY，Zらと共謀の上，丁組系暴力団若頭Vに対し，Zが発砲して銃創を負わせた旨の丙会相談役Xの供述につき，Xが本件直後にAに報告していること，Xらは本件後も丙会に在籍し，本件の功績によりXが副会長に，Y，Zが若頭補佐に昇格していること，Aは本件以前に本件に用いられたけん銃を見分していることなど，Aも自認する動かし難い事実関係によって裏付けられていると指摘し，Xの供述の信用性を肯定している。

また，〔肯定90〕保険金目的放火事件は，Aが，親しく交際している甲の所有する建物に放火して保険金を騙取しようと企て，Xと共謀の上，Xが同建物に放火したという事件であるが，控訴審判決は，その経緯を述べたXの供述を裏付ける事情あるいはAが本件犯行に深く関与していた事実を補強する有力な間接事実として，①Xが放火を実行した翌朝，東京に宿泊中のAがXに電話をしたこと，②Aと甲が，警察の実況見分が終了していない段階で，業者に「警察の許可が出たので焼け跡の後片づけをしてくれ」と依頼し，現場の残焼物を片づけて整地させたこと，③Aが，保険の契約者でも受取人でもないのに，保険会社等との交渉に当たり，執拗に保険金の支払いを迫り，自らが連帯保証人になってまで保険金の支払いをさせ，相当の金額を甲から受領していることを指摘している。

(注17)　この点に関する事例としては，前注16の〔肯定66〕暴力団抗争殺人未遂事件，〔肯定90〕保険金目的放火事件，前記第1の1(1)注4，13頁掲記の〔肯定69〕スナック「ダイヤ」殺人事件のほか，〔肯定6〕マニラ保険金殺人事件がある。同事件の控訴審判決は，共犯者Xの供述の信用性を肯定する根拠として，供述の大部分が客観的状況と符合するか他の客観的証拠によって裏付けられていると指摘している（事例カードの控訴審判決の要旨2参照）。

(注18)　実行共同正犯型に属する事例ではあるが，〔否定7〕八海事件において，奪取金の費消状況につき，第3次控訴審判決が，Aらは犯罪発覚の端緒とならないよう金銭の費消について特段の注意を払うよう合意していたのであるから，Aらが犯行後余分の金を所持していたと認めるべき証拠がなく，かつ奪取金の費消先につき証明が得られないとしても，本件認定の妨げとはならないと判示したのに対し，第3次上告審判決は，「Xの場合のごとく，犯罪の実行行為そのものが全く疑の余地のない程充分な証拠により直接に証明される事案においては，右引用の原判示のようなことがいい得ても，Aらの場合のごとく，その実行行為に関する直接の証明が右の程度に至らない事案においては，Aらが本件犯行の行なわれた後において，余分の金員を所持しあるいは費消したことに関する証拠は極めて重要であって，これを一蹴する前記原判示は合理性を欠くものであり，とうていその判断を支持することはできない。」と判示している（事例カードの第3次上告審判決の要旨2参照）。

（注19）　〔肯定3〕日建土木保険金殺人事件〔山根関係〕の共犯者Xは，例えば，Ⅰ殺害未遂事件の謀議の状況につき，甲橋付近においてX運転の外国製車両「シボレーモンテカルロ」とA運転の国産車を並んで停車させ，各自運転席に着席したまま謀議を行った旨証言しているところ，客観的証拠によれば，当時Xはまだ「モンテカルロ」の引渡しを受けておらず，大型の高級国産車「トヨペットクラウンスーパーサルーン」を使用していたことが認められるから，Xの供述のうち謀議当時のXの使用車種に関する部分は明らかに客観的事実と矛盾する。この点につき，控訴審判決は，概略，以下のように判示し，共謀に関するXの供述の信用性を維持している。「Xが何らかの作為的意図をもってあえて使用車種を違えて供述したとうかがわせるに足る事情は何ら見出し得ないこと（使用車種をすり替えることによって，XがAを首謀者に仕立て上げ，自己の刑責を減軽し得るものとはもとより考えられない。）等をも総合考察すると，右謀議があったとされる時から約6年半もの期間を経過した時点で証言を求められたXは，共謀の時期と車を換えた時期とが相接していたことに加えて，尋問に当たった検察官から右共謀当時の使用車種について，不用意に『証人はその時外車でしたね。』と確認を求められたため，実際の使用車種である『クラウン』を『モンテカルロ』と取り違え，その後，その誤りについて質され，あるいは指摘されることもなかったことから，誤った前提に立ったまま右謀議の際のXとAとの位置・距離関係等を供述したにすぎないものと認めるのが相当である。このように，Xの供述中Ⅰ殺害未遂事件に関する甲橋付近における共謀の際のXの使用車種及びこれを前提とする謀議時の具体的状況等に関する部分には，事実に反する部分が含まれているものの，右のとおり，その誤りが年月の経過等に伴う単なる記憶違いないし記憶の混乱に起因するにすぎないものである以上，この一事をもって，直ちにXの供述のすべてを措信し得ないものとして排斥することができないことはもちろんであるのみならず，Xの供述は，右共謀時の具体的状況のうち，XとAが甲橋付近において並んで停車させた各自の車両の運転席に着席したままの状態で謀議を遂げたとの最も特徴的で基本的な部分においては終始首尾一貫していて，その限度においては，不自然・不合理な変転は何ら見出されないこと等を考慮すると，Xの供述中のⅠ殺害未遂事件のAとの共謀に関する部分については，十分信用に値するものが含まれているものといわ

なければならない。」

(2) 客観的証拠との消極的符合性

　共犯者の供述が真実であるならば当然裏付けとして存在してしかるべき客観的証拠（殊に物的証拠）が存在しないこと（以下，これを客観的証拠との消極的符合性という。）は，その供述の信用性に疑問を抱かせる消極的矛盾点となる（田崎外61頁以下参照）。例えば，〔否定23〕山中事件上告審判決は，Xの供述に関する疑問点の一つとして，「それが真実であればその裏付けが得られてしかるべきと思われる事項に関し，客観的裏付けが欠けている」として，犯行に用いられたり準備されたりしたという切出し小刀，根切りよき，スコップがどこからも発見されておらず，それらのものが犯行前に被告人の手近なところにあったとする明らかな証拠はなく，そのころスコップがなくなったという証跡もないこと，自動車の後部座席上に敷かれていたビニール製のシートマットからは血液反応が認められておらず，人血が検出されたという場所は，Xが供述する血の付いていた場所とは全く異なっていることを指摘している（事例カードの上告審判決の要旨4参照）。

　この山中事件に典型を見るように，実行共同正犯型においては，被告人が行ったという実行行為や，凶器又は贓物の入手・処分状況等につき，当然存在してしかるべき客観的証拠が欠けている場合に，引き込み供述の疑いが強まり，その供述の信用性に疑問を生じさせることになる[注20]。

　また，対向犯型において，対向的実行行為を裏付けるものとして共犯者が供述する物的証拠が存在しない[注21]場合や，共謀共同正犯型において，共犯者の供述する犯行の準備行為・共謀形成行為が行われていたならば当然存在すべき客観的証拠が欠けている[注22]場合も，同様に，共犯者の供述の信用性に疑問を生じさせるものといえる。

　このような消極的符合性の存在は，共犯者の供述の信用性にかなり大きな疑問を生じさせ得るものではあるが，それが決定的な理由となるわけで

はなく，他の検討事項の結果とも合わせて信用性を否定する結論を導き出すものと考えられる。このことは，消極的符合性の存在を唯一又は主たる理由として信用性を否定する裁判例が見当たらないことからもうかがわれる。

(注20) 〔否定4〕日本岩窟王事件再審判決も，XとYが供述するような犯行態様で，Yが玄能でVを殴打し，更にAが尺八でVを乱打していたとすれば，現場の血液の飛散状況からして，当然Aの着衣や尺八にも多量の血液が付着してしかるべきであるのに，Aの着衣の9つの汚点のうちのわずか1小斑点のみが人血にとどまり（再審公判における鑑定によれば，これは人血とすら断じ得ないものである。），また尺八から血液が検出されていないのは不合理であると指摘している（事例カードの再審判決の要旨2(3)参照）。

(注21) 例えば，〔否定49〕覚せい剤譲渡事件控訴審判決は，Xが，控訴審において，Aから本件覚せい剤を譲り受けるに際し，Aの電話番号を記したメモをもらい，それを捜査官に提出したと述べているにもかかわらず，そのようなメモが捜査機関に押収された形跡がないことを，Xの供述に対する疑問点の一つに挙げている。

なお，共犯者が被告人から譲り受けあるいは収受したとされる物（薬物・賄賂等）の処分・費消状況に関する供述については，それが真実であるならば当然存在してしかるべき客観的証拠が欠けているとしても，必ずしも譲受け又は収受の存在自体に疑問を生じさせるわけではないが，譲受け又は収受とその後の処分・費消との関連性が緊密なときは，譲受け又は収受に関する供述部分の信用性に影響することも否定できない。例えば，〔否定44〕町立病院贈賄事件において，町立病院事務長Yは，医療機械販売会社の社員Aから10万円の賄賂を収受したと捜査段階で終始供述していたが，その使途については，当初，車の購入費の一部に充てたとし，捜査の結果それが虚偽であると判明すると，病院の工事関係者の慰労会の2次会費用やタクシー代に支出したと供述を変更した。しかし，そのような事実のないことが証拠上明らかとなり，結局，使途は十分解明されないで終わった。この点につき，控訴審判決は，「10万円の授受をYが自白した以上その使途が追及されるのは当然であ

-79-

るから，もし10万円の授受が事実であるとすれば，その金をどのように費消したのか解明されていてしかるべきであり，あえて2次会の費用やタクシー代に使ったなどと嘘を言ってつじつまを合わせたままですまされる事柄ではなかったと考えられる。」などと判示して，Yの捜査段階での供述の信用性を否定した。

(注22) 例えば，〔否定14〕岩国の暴力団首領殺害事件控訴審判決は，Xが，検察官調書中において，Aから対立暴力団乙会の首領Vを殺害すべき旨の指示を受けた後，Aとともに岩国駅前からタクシーに乗車し，Aの案内でゆっくりタクシーを走らせながら乙会事務所を下見したとして，その日時，場所，走行経路，運転手の年齢等を比較的詳しく供述しているところ，当時の岩国市内のタクシー台数は255両であることが認められるのであるから，Xの供述を裏付けるタクシー運転者の存在を明らかにすることは比較的容易であると思われるのに，記録を精査してもXの供述に沿うタクシー運転者が存在した形跡が見当たらないことを，Xの供述の真実性に疑問を抱かせる事情の一つとして掲げている（事例カードの控訴審判決の要旨1(3)参照）。

(3) 主観的証拠との符合性

主観的証拠（供述証拠）については，客観的証拠の場合よりも，その証拠自体の信用性の有無が問題となることが多い。客観的証拠の場合との権衡を考えると，共犯者の供述内容との符合性が比較検討されるべき主観的証拠についても，やはりその信用性が十分なものであることが望ましい。しかし，現実には，主観的証拠に，他の証拠と切り離した形で十分な信用性を認めることができる場合は少なく，むしろ，その信用性は他の証拠，殊に被告人や共犯者その他の供述証拠との比較対照の上で決められていることが多いように思われる。そこで，主観的証拠との符合性を検討する際には，たとえその主観的証拠が共犯者の供述と切り離された形では信用性が十分に肯定できない場合であっても，共犯者の供述や他の供述証拠との相互関係を考慮した上で信用性を肯定し得るものであれば，それらも符合性判断の対象に加えてよいと考えられる。

このような主観的証拠との符合性を検討することが共犯者の供述の信用性判断に寄与する程度は，当該主観的証拠の性質や信用性の程度，あるいは符合性の肯定される主観的証拠の数，符合する供述部分の重要性等に応じて，異なってくるものと思われる。それ自体として十分な信用性を備えた主観的証拠である限り，客観的証拠の場合と同様，これが共犯者の供述の根幹部分と符合すれば共犯者の供述の信用性は高いと評価できるし，逆に，根幹部分と符合しなければ共犯者の供述の信用性に疑問が生ずることになろう。また，共犯者の供述内容が，立場の異なる複数の者の供述と合致すれば，通常，強い信用性を認めることができる。これと異なり，信用性の必ずしも十分でない主観的証拠については，たとえ共犯者の供述がこれと符合しても，符合しなくても，その信用性に及ぼす影響の度合いは小さいものと考えられる。

　以下，主観的証拠の種類別にその個別的問題点を検討する。

ア　他の共犯者の供述との符合性

　複数の共犯者の供述が合致している場合，一般的には，それらの供述の信用性は高いといえる。前記第1の2で検討した共犯者らの得る利益・不利益は，それぞれの共犯者に特有のものが多く，利害の異なる者が同一内容の虚偽を述べて被告人を罪に陥れようとするとは通常考え難いからである。(注23)信用性肯定例の中でも，犯行を自認し被告人との共謀関係を供述する複数の共犯者の供述が存する場合には，多くの判決が，そのことに特に比重を置いて信用性を肯定する理由としている。特に，公判段階での複数の共犯者の供述が符合する場合には，その信用性は極めて高いものと評価できよう。(注24)

　その反面，共犯者の供述が他の共犯者の供述や被告人の自白との間で食い違ったり矛盾したりしている場合には，その点を合理的に説明できる場合を除いて，共犯者の供述の信用性に疑問を生じさせる事情となる。(注25)殊に，実行共同正犯型において犯行の状況等に関し供述の食い違いが認められるような場合には，この点を特に強く指摘することができる。例

えば，〔否定7〕八海事件第3次上告審判決は，「本件においては，V方からの奪取金の金額及びその分配に関し，Xの供述及びAらの警察自白は相互に抵触し，また同一人の供述も前後矛盾して帰一するところを知らず，右の事実は全く確定できないのである。このことは，犯行の目的が金員の奪取以外にはない本件においては，致命的な証拠上の欠陥であるといわなければならない。」と判示している。
（注26）

　もっとも，共犯者らの供述が，表面的には何ら矛盾せず，よく符合している場合であっても，なお以下の可能性があることを留意しておく必要がある。

a　共犯者らが被告人に対する関係で共通の利害関係を有している場合には，供述を合わせる工作を行う可能性がある。したがって，共犯者相互の関係，共通の利害関係の有無・程度等を把握した上，捜査経過（殊に取調べの状況）等をも考慮に入れて，口裏合わせをする可能性がないか検討する必要があろう。
（注27）
（注28）

b　共犯者らがほぼ同じメンバーで同種犯行を繰り返しているような場合には，各犯行の個別性に関する記憶に混乱が生じ，捜査官等の誘導により軽々に特定の者の供述に合わせた供述調書が作成されたり証言がされたりする可能性がある。したがって，共犯者らが，同種の他の犯行に被告人が加担した事実と取り違えて，当該犯行にも被告人が加担したと供述している可能性はないか批判的に検証することが望ましい。
（注29）

c　本研究の対象から除外したケースではあるが，捜査官の強い誘導があるなど取調べの過程に問題があるため，被告人の自白を含めた**多数の共犯者の供述**が，特定の者の供述に連動するようにして順次同じ内容のものになっていくこともあり得る。このような事例では，共犯者の供述と被告人の自白の信用性は共通の問題点を内包するから，共犯者の供述のみを取り上げて検討するのが適切とはいえないであろう。
（注30）

（注23）　〔肯定１〕交通事故偽装保険金詐欺事件上告審判決には，下田裁判官の補足意見として，「本件の場合には，共犯者が３人おり，その３人が別個，独立に行った自白の内容が一致するというのであるから，その３人の自白は互いに補強し合って強い証明力を有するに至ったものと認めて差し支えな」い旨の説示がある。

　なお，〔肯定48〕殺人共同実行事件は，共同実行者Ｘと幇助者Ｙ，同Ｚらの供述がよく符合しているにもかかわらず，Ｘの供述の信用性に関して判断が分かれた事例である。

　事案は，建材会社の経営者Ｘが，Ｖが同会社を自由にするのを防ぐためにＶ殺害を企て，同社運転手Ａに協力を依頼し，これを承諾したＡと共謀の上，ＸがＶに散弾銃を突きつけて近づいたものの，Ｖに銃身を抱えられてあわてて２発発射したが命中せず，両者が散弾銃の奪い合いを始めたため，ＡがＸに加勢してＶの背後から鉄製パイプでその頭部を一撃し，更にＸが倒れたＶの頸部を革製バンドで強く締めつけて殺害したというものである。Ａが犯行に加担したことを認めるに足る客観的証拠はなく，上記のような事実を述べる共犯者Ｘの証言の信用性が問題となった。幇助者であるＹ（散弾銃を貸与した取引先の者），Ｚ（従業員）が，それぞれＸの証言と符合する証言（Ｙの証言は，犯行前にＸからＡの面前で「Ａと二人でＶを殺害する」と聞かされたというもの。Ｚの証言は，Ｘから犯行前に同趣旨の話を聞かされたほか，犯行の翌日にはＡとの共謀による犯行の具体的状況，経過を聞かされ，さらに，その際Ｘが間違ってＡの腕を叩いてしまったと言っており，数日してＡに会った際怪我は大丈夫かと聞いたら，Ａが痛いけど大丈夫だと言って左肘付近を見せてくれたというもの）をしているほか，第三者甲の証言（ＸからＶ殺害の事実を打ち明けられたほか，Ａも一緒にいてＶを殴ったと聞いたなどというもの），乙の証言（Ａに対して，あまり追い込みをかけるとＶと同じようにやられるぞと鎌をかけたところ，Ａから「Ｘにはできっこない。Ｖをやった時でも，道具を突きつけても撃てなかった。Ｖに道具を取られそうになったので，俺が出ていって棒で突いたら倒れた。このことを他の人にしゃべったと分かったら乙の体をもらうよ。」と言われたというもの），丙の証言（Ａから「Ｘがぶるってしまってやを撃てなかったので，俺が出ていってＶをやった。」と聞かされた

というもの），丁の供述調書（内容は丙証言と同じ）も，Xの証言と符合している。

第1次控訴審判決は，Xの証言には，あいまいかつ不自然・不合理な部分が多々あり，意図的な供述の変遷もあって多くの疑問が存することを指摘した上，Xの証言がY，Z，甲の各証言等と符合している点に関しては，Yは幇助犯として起訴されており，本犯であるXとは程度が異なるものの，やはりAが犯行に加担したと証言することにより利益を受ける立場にあり，その証言は物的証拠とは異なるから，それがXの証言と一致するからといって，その証言に直ちに十分な信用性が生ずるともいい難いこと，また，甲の証言はすべてXから聞いたことを内容とするものであり，Xの証言と一致するからといって，その信用性を裏付けるとはいい難いこと，さらに，Zは本件犯行後Aの腕の傷を見たほか，XのみでなくAからも本件犯行への加担を意味する供述を聞いたと証言しているが，この点のみをもってAの本件犯行に対する加担を認定するのは尚早であるなどと説示し，更にX証言の信用性のテストを尽くすべきであると指摘して，事件を原審に差し戻した。

これに対し，第2次控訴審判決は，Xの証言にはかなりあいまいな点や，若干不自然な点が存するものの，それが犯行後5年数か月を経た時点における供述であること，本件犯行の付随的若しくは周辺的な細部にわたる事項であることなどにかんがみると，右供述のあいまいさ，不自然さもある程度やむを得ないものであって，不合理な供述とはいい難く，その供述の信用性を左右するほどのものとも考えられないとした上で，Xの証言の信用性は，前記共犯者Y，Zの各証言や，甲，乙，丙，丁の各供述によっても十分担保されている旨指摘して，その信用性を肯定した。

両判決が結論を異にするに至った最大の要因は，Xの供述が他の関係者の供述によって裏付けられていると考えるか否かにあったように思われるが，一般的には，共犯者でも立場の異なる複数の者の供述が一致するときは高い信用性を認めてよく，そのように考えられないのは，それらの者が口裏合わせをした疑いがある場合などであるから，第1次控訴審判決より，第2次控訴審判決の方が説得力に富むものと考えられる。

（注24）　例えば，〔肯定10〕上磯沖保険金殺人事件，〔肯定43〕タイ国内殺人

−84−

事件等である。なお，各共犯者間に共犯関係のない特殊なケースではあるが，被告人が同態様の犯罪行為を繰り返している場合において，それぞれの事件の相異なる共犯者が，共通の利害関係がないのに，被告人の犯罪関与形態に関し極めて類似した供述をしている場合には，やはり各共犯者の供述は相互にその信用性を増強する関係にあるものと評価することができよう。前記第1の1(3)注9，18頁掲記の〔肯定34〕保険金目的放火事件がその例である。

（注25）　判決文中でこの点を指摘している肯定例は少なくない。いずれも，各共犯者の供述が「大綱」，「大筋」又は「Aの関与について述べる本質的部分」において一致しており，「細部」において供述の食い違いが認められるにすぎず，これらは日時の経過に伴う記憶の減退，不鮮明，不明確に由来するものであるとの判断を示して，信用性を認めている。

　なお，〔肯定60〕暴力団組長賭博参加事件控訴審判決は，賭博の開張者や他の賭客らの供述が大綱では一致するものの細部において食い違いが認められることは，捜査段階において特定の共犯者の供述に合わせて他の共犯者の供述調書が作成された可能性を否定する方向に働く事情であるとの考え方を示している（事例カードの控訴審判決の要旨1(3)イ参照）。

（注26）　このほかにも，例えば，〔否定4〕日本岩窟王事件再審判決は，Aとともに強盗殺人を実行したとする共犯者X，Yの各供述にそれぞれ著しい変遷が認められる上，共同謀議，犯行状況といった供述の中核的部分に矛盾する点が極めて多いことを詳細に指摘している（事例カードの再審判決の要旨2(1)参照）。

　また，対向犯型の例であるが，〔否定25〕覚せい剤共同譲受け事件第1審判決は，Aと共同して覚せい剤を譲り受けたとするXの証言と譲渡人Yの証言の間に，①覚せい剤を欲していたのはAかXか，②譲受けの中核的部分である覚せい剤の受渡し状況，③Aが譲受けの現場で覚せい剤を注射したか，④覚せい剤の代金がいくらであったかなどの点で実質的な矛盾や不一致が存在することを，各証言の信用性に関する疑問点の一つとして掲げている。

（注27）　暴力団犯罪に関しては，特にこの傾向が強いように見受けられる。なお，〔肯定60〕暴力団組長賭博参加事件は，暴力団組長Aが賭場に現れて

賭博を行ったか否かの点について，開張者や他の賭客ら多数の供述が自白と否認との間を一斉に揺れ動いた例である（事例カードの控訴審判決の要旨1(1)参照）。

　また，特殊な形態の口裏合わせの例として，〔否定20〕シンナー窃取・所持事件がある。公訴事実は，Aが，友人のXと共謀の上，製鋼会社作業所からシンナー2缶を窃取し，うち1缶をXの友人であるYに預け，吸入目的でそれを所持したというものであるが，関係証拠上，Xがシンナー2缶を窃取し，うち1缶をXの自室に置いていたこと，その際，YがXに同行し，窃取したシンナーのうち1缶をY方で保管していたことは明らかである。Xは，逮捕された直後は窃盗の事実を否定していたが，その後，Aとともにシンナーを盗んだと供述し，公判廷でもほぼ同趣旨の供述を維持している。一方，Yは，AとXがシンナー2缶を盗みに行き，自分もついて行ったと供述している。

　このような事案において，第1審判決は，XとYの各公判供述が，その主要部分において一致し，内容も具体的である上，捜査段階から一貫している部分が多いことなどから十分信用できるかのようであるが，子細に検討すると，以下のような理由で，その信用性には疑問があるとした。まず，Yの捜査段階における供述は，当時Yがシンナーを全く吸引していなかったとの供述を前提ないし根拠にして組み立てられているところ，Yは，公判において，その前提が嘘であったこと及びそれが自己の刑責を軽くするためにした嘘であることを自認しており，シンナーの窃取についてAの関与を供述したのも，自己の刑責を免れ又は軽減するために作り上げた嘘ではないかとの疑いを生ずる。Yは，公判廷においても，同様の供述を維持しているが，Aからシンナー缶を預かったときの状況に関する供述が，Xの公判供述と大きく矛盾する上，捜査段階からあいまいで変転し，AのY方への来訪状況及びシンナー吸引状況に関する供述もあいまいで変転するなどしており，その信用性に強い疑問を抱かせる。次に，Xの供述については，その一貫性から一見信用性が高いように見えるが，捜査段階の供述経過にやや不自然な点がある上，Yがシンナーを吸うのをやめていたという点は虚偽であることなどにかんがみると，Xは，Yをかばうためもあって，窃盗について当初あいまいな虚偽供述をし，その後窃盗を認めるに当

たって，Yの代わりにAを共犯者に仕立て上げた疑いもないではない。

　以上のように，同判決は，訴追されなかったものの共犯者的な立場にあるYの供述が実行共同正犯者Xの供述と大筋において一致していたにもかかわらず，Yが自己の責任の軽減を図って一部虚偽の供述をし，XもYをかばって供述を合わせ，Aを共犯者に仕立て上げた疑いが残るとしたものである。このような形態での口裏合わせもあり得ることに留意する必要があろう。

（注28）〔肯定83〕対立暴力団組員傷害事件は，第１審と控訴審でこの点の判断を異にした事例である。争いのある公訴事実は，暴力団組員Aが，同じ組の若頭X，幹部Y，組員Zらと共謀の上，対立抗争中の暴力団の組員Vを組事務所に連れ込んで暴行を加え，負傷させたというものである。

　第１審判決は，X，Y，Zの各検察官調書には，いずれもAが暴行を加えた旨の供述記載があり，A自身の検察官調書にもその点に関する自白が記載されているが，A，X，Zが他の被疑事実で逮捕されて本件について取り調べられた時点では，幹部であるYが未逮捕であったため，Yの関与について一斉に口をつぐんだことが認められるから，人数合わせのためにYの身代わりとして平組員のAを犯人に仕立て続けていた旨のXの公判供述を虚偽と断定し去ることはできず，XやAの検察官調書をそのまま全面的に信用することはできないと判断した。

　これに対し，控訴審判決は，概要，「本件とその後の一連の抗争事件（傷害等）で併合審理されたAとX，Y，Zは，第１審の冒頭手続で公訴事実をすべて認め，検察官請求の書証がすべて同意書面として取り調べられているところ，Aらの検察官調書の内容は，Vが事務所に連行されて来た後にAが事務所に駆けつけたが，遅れたことをXに叱責されて，汚名挽回のため，Vの顔面に回し蹴りし，手拳で数回殴打した旨を，ほぼ一致して述べるものである。ところが，被告人質問に入って，１巡目の質問で，XがAの暴行を否定する供述をし，ZもAが暴行を加えたかどうか分からないと供述したが，A自身はなおもこれを完全には否認せず，軽く回し蹴りをしたり足で小突いたりしたとの限度では認める供述をし，２巡目の質問で初めて完全否認に転じたものであって，その変遷経過は甚だ不自然であり，Aの暴行を否認するAやXらの供述の信用性は極めて疑わしい。第１審判決

はAがYの身代わりとされた疑いが強いと見ているが，捜査段階におけるXらの供述の経過を検討すると，AもXらも，Yの関与を供述した後においてもAの暴行に関する供述を維持しており，Aを身代わりとした虚偽の供述とは考え難い。なお，Yは，第1審判決後，捜査段階で述べたことは間違いなく，第1審の被告人質問の段階で突然話が変わったので困惑したと供述し，控訴審でもその旨証言している。」などと説示して，X，Y，Zの各検察官調書の信用性を肯定した。

以上のように，第1審判決は，実行行為に関与したという被告人の自白調書とこれに符合する各共犯者の検察官調書が同意書面として取り調べられているのに，公判廷での供述の一部を採用して無罪としたものであるが，検察官が共犯者らの供述の経過の立証のために警察官調書を申請すべく弁論再開を請求したのを却下したことからもうかがわれるように，共犯者らの捜査段階での供述の経過や，公判廷での供述の変遷等をほとんど考慮に入れていなかったようである。控訴審判決は，このような事情を無視して供述の信用性を判断するのが危険であることを厳しく指摘するものである。

（注29）〔否定39〕駐車自動車ガソリン窃取事件控訴審判決は，この点に関する心証形成過程を率直に説示した例として，参考になる。

共犯者X，Y，Zは，捜査段階あるいは第1審公判で，Aの犯行への関与を供述しているが，それらの供述については，控訴審判決も，「相互に矛盾がなく，客観的な被害状況に関する証拠とも合致しており，その信用性は高いというほかない。」と一旦は述べている。しかし，犯行当夜Aにアリバイのあることを当時Aと交際していた甲女が具体的に証言し，右証言がAと何ら利害関係のない複数の者らの証言によって裏付けられていることから，同判決は，「そこで，本件犯行に被告人が加わったことについて合理的な疑いが生じたことを前提として，Xらの各供述を再び検討すると」，次のような疑問があるとしている。すなわち，Aの乗っていた自動車の車種についてのXらの供述の変遷は，見逃すことのできない不合理なものがある（この点も，同判決は，当初，これらは日時の経過による記憶の混同によるものと解することができるから，信用性が特に低められるとはいえないとしていた。）。Xらは自動車の種類，色彩等には強い関心を有していたから，

ＸとＺの２名がともに犯行当夜のＡの車種について前後矛盾する供述をしたことについては，記憶を混同させる何らかの事由があったと考えるのが相当であり，特に３名のうちでは車種等に一番深い関心のあるＺが，Ａは水色のローレルに乗って加わった記憶であるから，Ａが当時黒のクラウンに乗っていたというなら，本件犯行には加わっていないと思うと供述していることを考慮すると，Ａが水色のローレルに乗り換えてからガソリンの抜き取りに加わったことがあり，本件犯行当夜にはＡ以外のだれかが加わったものであるのを混同し，捜査官に対しＡが加わったと供述してしまったため，Ａの車種について前記のような混乱が生じたものと疑うに足りる合理的理由がある。したがって，Ｘらが，本件犯行においてＡがポリタンク等を出したこと以外に具体的にどのようなことをしたか明らかにすることができず，犯行当夜の最も特徴的な事柄であるキャップ投げ競争（犯行後皆で給油口のキャップを投げる競争をしたこと）で何番目に遠くまで投げたかにつき，Ａの結果のみは確認していないなどあいまいな点を残すに至ったということができる。

（注30）　前記第１の１(2)ア注５，14頁掲記の各裁判例等参照。なお，本研究の対象事例中では，〔否定１〕三鷹事件，〔否定12〕土木事務所主査収賄事件，〔否定27〕野球賭博開張図利事件，〔否定44〕町立病院贈賄事件等がこの色彩を有する事例である。

イ　他の利害関係人の供述との符合性

　　他の利害関係人は，共犯者と利害が相反する立場にある者から共犯者と利害が共通する立場にある者まで，様々である。利害が相反する者の場合には，共犯者の供述がその者の供述と符合すれば，特別の事情がない限り，共犯者の供述に高度の信用性を認めることができる。しかし，逆に，利害が共通する者の場合には，その者の供述と符合しても，必ずしも信用性が認められるとは限らない。（注31）

　　このように，利害関係人の供述との符合が，共犯者の供述の信用性の判断においてどの程度の重みを持つかは，関係人と共犯者の利害が共通

する程度などに左右されるが，更に注意を要するのは，これらの関係人の供述自体の信用性が必ずしも確定し難いことである。その信用性が確実なものであれば，それと符合する共犯者の供述の信用性も高くなるが，逆に，その信用性に問題があるときは，それと符合する共犯者の供述の信用性にも問題が生ずることになるから，関係人が当該事件において有する利害の程度などを検討することも怠ってはならない。（注32）（注33）

　例えば，被害者は，通常，共犯者と利害相反の関係にあるが，民事事件絡みの財産犯罪等にその例を見るように，被害者，被告人，共犯者の三者の利害関係が複雑に関連し，被害者と共犯者との利害が相反しないという場合もあり得るから，背後にある利害関係にまで立ち入って検討する必要がある。また，共犯者の供述が被害者の供述に依拠してなされたような事情がある場合には，被害者の供述の信用性が共犯者の供述の信用性を大きく左右することにもなる。（注34）（注35）

（注31）　もっとも，符合する範囲・程度が部分的・抽象的なものにとどまり，争点に関する共犯者の供述の根幹部分と符合するものでない場合は，必ずしもその信用性を増強させることにはならない。例えば，〔否定６〕時計店押入り強盗事件の第１審判決は，前記第２の１注１，64頁記載のとおり，Ｘの供述する共犯者の人相，着衣，犯行の態様等が被害者両名の供述と符合しても，すり替え型の引き込みの疑いがある以上，Ｘの供述の信用性を担保する資料とするわけにはいかないと判示している。

（注32）　利害関係人は，訴訟の成り行きや時の経過，被告人や共犯者との関係の変化，あるいは被告人側や捜査官側の圧力等の諸事情によっても，虚偽の供述を行ったり，あるいは一旦行った供述をその後に変更したりする場合が決して稀ではないから，注意しなければならない。例えば，〔否定７〕八海事件の第２次控訴審で現れたいわゆる新証言（ＸとＡらの共謀やＡのアリバイに関する利害関係人の証言であり，従前のＡらに有利な証言から一転してＡらに不利益な証言を行うに至ったもの）の評価につき，第３次控訴審判決がその信用性を全面的に肯定したのに対し，第３次上告審判決は，次のように

判示して，その証拠価値に疑問を示している。「いわゆる新証言が，証人らの反省悔悟その他の理由による真実の告白であるのか，Aらに対する偏見，利害情実等にもとづく虚偽の陳述であるのかについては，本件記録を繰りかえし検討しても，ついにこれを決定するに足る十分な資料を見出し難いのである。しかも，これらの新証言の真実性を裏付ける物的証拠もなんら存在しないのである。」「いわゆる新証言は，長年に亘って維持され来った旧証言の内容を一変したものであるから，その信用性を判断するには，その供述態度に注目するだけでは足りず，求めうるすべての資料によってその動機状況（甲女〔Aの内妻〕については，とりわけその置かれた境遇）をも検討するほか，とくにその供述内容が客観的証拠に符合するか否かについて慎重な吟味を加えなければならない。」

このように，利害関係人の供述の評価が当該事件の結論を大きく左右するような場合は，共犯者の供述の評価と同じように慎重な信用性判断が必要とされる。

（注33）　研究対象事例中においても，利害関係人の供述と符合することを共犯者の供述の信用性を肯定する理由として指摘している例は，下記のとおり多数存在する。しかし，後述のとおり，共犯者の供述と利害関係人の供述が符合しても，その信用性が否定された例もあるから，関係人の利害の程度や，関係人の供述が他の客観的証拠によって裏付けられているか否かなどを検討することなしに，表面的な符合のみに目を奪われることのないよう，留意する必要がある。以下，類型別に紹介する。

① 実質的に共犯者・幇助者に準ずる立場にある者の例

〔肯定15〕－覚せい剤譲渡の事案。譲受人Xの供述と，Xの補助者の供述が符合

〔肯定33〕－嘱託殺人の事案。実行者Xの供述と，犯行前にXからけん銃入手を依頼され，犯行後XからAへの連絡を依頼された者の供述が符合

〔肯定44〕－収賄の事案。贈賄者Xの供述と，Xの依頼で収賄者Aに賄賂を手渡した芸者の供述が符合

② 薬物の入手先や譲渡先等，当該薬物にかかわっていた者の例

〔肯定7〕－覚せい剤所持の事案。所持の共犯者Zの供述と，Zの依頼で当

該覚せい剤を他に譲り渡した者の供述が符合
　〔肯定14〕－覚せい剤譲渡の事案。譲受人Xの供述と，Aが当該覚せい剤を仕入れるのを仲介した者の供述が符合
　〔肯定24〕－覚せい剤譲渡の事案。譲受人Xの供述と，Xから更に当該覚せい剤を譲り受けた者の供述が符合
　〔肯定37〕－〔肯定24〕と同じ
③　共犯者や被告人と一定の身分関係や友人関係にある者の例
　〔肯定18〕－窃盗教唆の事案。被教唆者Xの供述と，教唆行為を目撃したXの内妻の供述が符合
　〔肯定34〕－保険金目的放火の事案。実行者Xの供述と，AがXに放火を勧めるのを目撃したXの妻の供述が符合
　〔肯定45〕－覚せい剤譲渡の事案。譲受人Xの供述と，譲渡人Aに娘同様かわいがられて，譲渡の場に居合わせた者の供述が符合
　〔肯定49〕－殺人の事案。実行者Xの供述と，犯行当日Xから殺害したとの話を聞いたXの妻の供述が符合
　〔肯定50〕－けん銃密輸入の事案。実行者Xの供述と，けん銃の輸入を目撃したXの愛人の供述が符合
　〔肯定75〕－覚せい剤使用の事案。実行者Xの供述と，犯行翌日Xから使用の話を聞いたXの友人の供述が符合
④　目撃者に近い立場にある者の例
　〔肯定38〕－覚せい剤譲受けの事案。譲渡人Xの供述と，譲渡の機会に，A，Xとともに覚せい剤を使用し，Xから別の覚せい剤を譲り受けたという者の供述が符合（ただし，符合性の評価が第1審と控訴審で異なり，Xの供述の信用性の評価に差異をもたらした。）
　〔肯定58〕－覚せい剤譲渡の事案。譲受人Xの供述と，Xに同道して譲受けの現場に立ち会った者の供述が符合
　〔肯定61〕－覚せい剤営利目的所持の事案。共同所持者Xの供述と，Xと同様にAの指揮の下で覚せい剤密売に従事していた者の供述が符合
　〔肯定68〕－覚せい剤譲渡の事案。譲受人Xの供述と，譲渡の機会に，A，

　　　　　Xとともに覚せい剤を使用した者の供述が符合
　〔肯定81〕－暴力団抗争殺人の事案。共謀者Xの供述のうち犯行の準備に
　　　　関するXとAとのやり取りの部分が，それを目撃したというA
　　　　専属の運転手の供述と符合
　以上の例とは逆に，利害関係人の供述が共犯者の供述と符合していても，共犯者の供述の信用性を増強することにはならないとされた事例も少なくない。
　例えば，①実質的に共犯者に準ずる立場にある者の例として，〔否定33〕担保提供名下詐欺事件控訴審判決は，共犯者Xの証言と符合する利害関係人Yの証言につき，大要，「Yは，AがXやVと交渉する重要な場面にほとんど立ち会い，本件の経過においてAから現実の利益を得ており，Aが被疑者とされる以上は，共犯者としての疑いをかけられるのは当然であり，検察官から逮捕するぞと言われてもいる。このように，Yは，訴追されるのを回避するために検察官に迎合的になる素地があり，その供述に矛盾ないし変転が著しく，支離滅裂ないし場当たりの感を拭い得ないのは，自らの微妙な立場からの苦渋に満ちた証言のためであり，全体的に信用できるとするのは早計である。」と判示して，その信用性を否定している。
　また，③共犯者と一定の身分関係等がある者の例として，〔否定36〕，〔否定38〕の各覚せい剤譲渡事件控訴審判決は，いずれも，譲受人Xの供述とそれに符合するXの妻又は内妻の供述の信用性をともに否定している。
　さらに，④目撃者に近い立場にある者の例として，〔否定11〕酔客に対する傷害・殺人事件控訴審判決は，犯行を目撃したというAの甥の捜査段階における供述につき，同人がXの話を信用し，警察官に言われるままにAらがV殺害の犯人であることを認めていると信じたとすれば，虚偽供述ができ上がる可能性も否定し難いとして，Aの甥の供述と共犯者の供述の信用性をともに否定している。
（注34）　例えば，前注33で紹介した〔否定33〕担保提供名下詐欺事件は，第1審が，相符合する被害者Vと共犯者Xの供述をともに信用できると判断したのに対し，控訴審は，Vの供述につき，Xの役割を少なく供述する反面，Aの役割を大きく供述している傾向が認められ，全体としてAに対する悪感情が露骨であるばかりでなく，Vの捜査段階における供述や他の証拠と矛盾する

ところが多いことを指摘した上，このような供述がなされた理由として，親交があったAから裏切られたという感情のほか，現在係属している民事事件を有利にして自己の財産を守るために，自己が一方的にだまされた被害者である面を強調したいためと推察される旨判示して，被害者Vの供述の信用性を否定するとともに，これと符合する共犯者Xの供述も，多くの点で前後矛盾したり，客観的証拠と相反したりする部分があり，信用できないとした。

（注35）　例えば，〔否定32〕泥酔女性強姦致傷事件の控訴審判決は，AとXが，共謀の上，泥酔しているVをA方に連れ込み，AがVを強姦して傷害を負わせたという公訴事実について，まず，公訴事実に沿うVの供述の信用性には疑問があるとした上，AのVに対する姦淫状況を具体的に供述していたXの捜査官に対する供述調書についても，「明らかに客観的事実に反する部分を除いては，Vの供述に沿い，Aに不利益な事実を詳細に述べる一方で，Vの供述しない自己に不都合な事実は捜査官から追及を受けるまで隠していたもので，打算的な考慮から真相を歪めた供述をしていた疑いもある上，A，X両名に対する本件犯行の嫌疑の出発点となったVの告訴調書の供述記載のうちAから姦淫されたという部分は，信用性に乏しく，これと同趣旨のXの捜査段階における右姦淫に関する部分の供述が，具体的かつ詳細な割には経験者でなければ語れないような真実味に欠け，総じてVの供述の域を出ないものであることなどに徴すると，Vの供述に基づいて捜査官から追及を受けたXが，主としてAの刑責に関係のあるAに不利益な事実について右追及に迎合した供述をすることによって少しでも自己の立場を有利にしようとしたことも考えられる。」旨判示して，その信用性を否定した。

ウ　目撃者等の利害関係のない者の供述との符合性

共犯者の供述と目撃者等の利害関係のない者の供述との間に符合性が認められる場合には，共犯者の供述に高い信用性を肯定することができよう。このような者の供述は，客観的証拠に準ずる証拠価値を有することが多いからである。（注36）同様の理由で，共犯者の供述が目撃者の供述と矛盾するか又は積極的に抵触する場合には，その信用性に疑問が生ずることになる。（注37）

もっとも，目撃証言，殊に犯人識別証言に関しては，その信用性評価において独自の困難な問題が存することに留意する必要がある。^(注38)

　（注36）　例えば，〔肯定9〕ロス疑惑殺人未遂事件控訴審判決は，実行者Xの供述が他の関係各証拠に符合し十分な裏付けを有することの一つとして，犯行が行われたホテルの土産物店の従業員が，犯行の数時間後にXから涙ながらに本件の概要について告白を聞いた旨証言している点を挙げている。

　　　　また，〔肯定5〕選挙違反・犯人蔵匿・証人威迫事件控訴審判決は，AがXの選挙運動を激励するため，立候補しようとするXにブランデー48本を提供したとの公訴事実に関し，Xの供述の信用性を肯定する理由の一つとして，喫茶店の従業員が，XがAから提供を受けたブランデーを同店内に運び入れるのを目撃した旨供述していることを挙げている。

　（注37）　例えば，〔否定3〕着物等窃盗事件第1審判決は，実行行為者Xの供述が犯行当日Xを目撃した乙，丙の供述と矛盾するとして，次のように判示し，その信用性を否定している。すなわち，Xの検察官調書によれば，被害品中の霜降男物背広上下1着とレインコート1着はXとAが当日午後11時ころ甲方で窃取したことになっているが，乙，丙らの供述によると，当日午後10時ころ，Xは甲方で窃取してきた衣類を上記レインコートに包んで丙方に持ってきた後，その衣類等を丙に一時預けた上，同レインコートを着て出ていったこと，そしてその後Xが午後10時過ぎころ乙方にAを訪ねた際にも，Xは既にそのレインコートと霜降男物背広上下を着用していたことが認められるのであるから（なお，XとAはその後10時30分ころ乙方を出ていった。），その背広上下とレインコートをAと共謀して窃取したと認めることはできないと判示している。

　（注38）　犯人識別供述の信用性に疑問があるとして無罪を言い渡した最高裁判決として，板橋強制わいせつ事件に関する最1小判平元.10.26判時1331-145がある。

(4) 共犯者の行為の裏付けと被告人の行為の裏付けとのアンバランスの存否
　　　実行共同正犯型，すなわち，共犯者と被告人がともに実行行為の全部又

は一部を担当しているような事案においては，一般に，各人の担当行為の多さと概ね相応する程度の裏付け証拠が存するのが自然であるといえる。したがって，このような事案において，共犯者の行為に関しては十分な裏付け証拠が存するのに，それに比して被告人の行為とされる部分に裏付け証拠が極端に少ないようなときは，そのアンバランスゆえに，共犯者の供述の信用性に疑いが生ずることになる。例えば，〔否定7〕八海事件第3次上告審判決は，Xの供述の信用性に関する問題点の一つとして，「本件においては，Xの供述は，それが自己の行為に関する部分については，確実な物的証拠により裏付けられているのであるが，他のAらの行為に関する部分については，必ずしもかような物的証拠は存在しない」ことを指摘している。

共謀共同正犯型においても，同様に考えることができ，例えば，犯行の準備行為や犯行によって得た金員の分配状況等に関する裏付け証拠に関し，共犯者の場合と被告人の場合とでその証拠による裏付け状況が著しくバランスを失しているようなときには，やはり共犯者の供述の信用性判断に慎重さが求められることになる。(注39)

以上のことからもうかがわれるように，このようなアンバランスの存在は，信用性を判断する上での決定的な根拠となるものではなく，信用性の判断を慎重に行うべき契機を提供するものと考えられる。

> (注39)　例えば，〔否定14〕岩国の暴力団首領殺人事件において，実行行為者Xは，犯行の準備として対立する暴力団乙会の事務所等を下見したことにつき，検察官調書では，Aの案内でタクシーをゆっくり走らせながら乙会事務所を下見した旨供述しているのに対し，控訴審では，それとほぼ同じころ，Gの運転する自動車に同乗してVの自宅と乙会事務所を下見した旨証言している（この点の供述は検察官調書にはない。）。しかし，Gとの下見については関係証拠によって十分に裏付けられているのに対し，Aとの下見についてはこれを裏付ける証拠がない。控訴審判決は，このアンバランスを指摘して，

Xがその所属する組織上部の者に責任が及ぶのを恐れ，殺人の指示，けん銃の交付，事務所の下見についてAの名前を出すに至ったのではないかとの疑いも残るなどとし，それらの事実に関するXの検察官調書の信用性を否定した（事例カードの控訴審判決の要旨1(3)参照）。上告審判決も，この点に関する控訴審の判断は支持している。

2　供述内容自体の検討
(1)　供述内容の自然性・合理性

　　共犯者の供述内容に不自然・不合理な点がないかどうかを検討することは，その信用性を判断する上で不可欠な作業である。この作業は他の供述証拠の信用性を検討する場合と同様であるが，不自然・不合理な点が被告人の関与に関する部分に存する場合のみでなく，共犯者自身の行為に関する部分に存する場合であっても，その供述が何らかの問題を含んでいることを示唆するものとして，慎重な信用性判断を行う契機とすべきであろう。そして，不自然・不合理な点が多いほどその供述の信用性に疑問が生ずることになるのは当然である。

　　供述内容の自然性・合理性の判断に関しては，次のような指摘がある。すなわち，「人の行動様式は，各人各様であるので，一定の場面に逢着した場合に，全ての人が必ず同一の行動をとるとは限らないし，まして，ことは，犯罪という異常事態に関するものであるから，当該自白にかかる行動を『不自然』であるとか『不合理』であると軽々に判断することはできない」のであって，「これらの点を十分考慮に容れた上でもなお，通常の人間の行動として不自然・不合理であるという判断が可能になる場合」に，初めてその供述は不自然・不合理なものとしてその信用性に疑問を生じさせることになるというのである（木谷明「犯人の特定」刑事事実認定（下）55頁）。これは被告人の自白に関する指摘であるが，共犯者の供述に関しても同様に解することができよう。その上，共犯者の供述が問題となる場合には，複数人が犯罪に関与していることから，単独犯の場合以上に多様

性があり，各共犯者の犯行動機，共謀の形成過程，共同実行の態様等は，個々の事案によりまさに千差万別である。もともと供述の自然性・合理性に関する判断が多分に幅のある評価的要素を含んでいることに加え，このような共犯事件の特性を考えると，この点の判断は，よほど慎重を期さないと主観的で恣意的なものに流れかねない。研究対象事例を見ると，第1，2審で共犯者の供述の自然性・合理性に関する判断を異にしたものが少なからず存在しており（注1），客観性のある判断をすることの難しさをうかがわせる。

そこで，共犯者の供述の自然性・合理性を判断するに当たっては，以下の諸点に留意すべきものと考えられる。

まず，第1に，共犯者の供述内容の自然性・合理性は，共犯者の供述にかかる共謀形成行為又は共同実行行為の内容が，当該事件の具体的な客観的状況のもとにおける行動として自然で合理的なものであるかどうかによって判断されるべきものであるから，その前提として，適切な証拠の取捨選択と的確な客観的状況の認定が必要である（田崎外35～36頁）。この点において，〔肯定62〕淡路島生き埋め殺人事件控訴審判決が参考となる。同判決は，まず，「確定的事実関係」の標題の下に，客観的証拠による裏付けがあったり，あるいは被告人と関係者間で争いがないものと認められるような，ほぼ間違いのない事実経過を詳細に認定した上で，これをベースとして共犯者Xの供述の信用性を検討し，Xの供述が確定的事実関係と矛盾しないか，それらの事実の経過に自然に溶け込むものであるかどうかという観点から，供述の自然性・合理性について判断を行っている（事例カードの控訴審判決の要旨1，3(3)参照）。客観的基礎の上に立った自然性・合理性の判断として妥当であり，判決文にそのまま記載するかどうかは別としても，このような思考を経る必要があるように思われる。

第2に，自然性・合理性の判断は，前述のような共犯事件における犯罪行動の多様性，ひいては人間の行動様式の多様性に関する深い洞察の下に行われることが必要である（注2）。特に，年少者や知的能力に障害のある者等の

供述の自然性・合理性を判断する際には，一般人の場合以上にこの点の配慮が要求される（第1の3(1)，52頁参照）。

第3に，供述の自然性・合理性に関する個々の疑問点については，これを切り離して個々的に説明が可能かどうかという考察を行うだけでは不十分であり，全体的に見てその疑問点が共犯者の供述の信用性に影響を与えるものであるかどうかという視点からの検討も必要とされよう。例えば，〔否定23〕山中事件上告審判決は，共犯者Xの供述のうち，共謀の時期に関する供述の不自然性，犯行前の被害者の態度に関する供述の不合理性を指摘した上，不自然と考えられる点を3点指摘し，「その個々の点を切り離して考察すると，それぞれ一応の説明を加えることも不可能ではないが，不自然，不合理と考えられる前記のような点と併せて全体的にみると，やはり信用性に影響を与えることは否定できない。」と判示している。

第4に，前述のような判断の性質上，この判断要素自体は，より客観性のある他の判断要素，殊に，他の証拠との符合性や供述経過等の要素に比して補完的，従属的であって，それらの要素以上に高度の価値を付与するのは相当でない（後記体験供述に関し，田崎外42頁参照）。例えば，共犯者Xの供述が，その根幹部分において，客観的証拠や他の共犯者らの供述と符合するような場合には，Xの供述の内容自体に多少不自然な部分があっても，それがXの供述全体に影響を及ぼすような性質のものでない限り，その供述の根幹部分の信用性は否定されないものと思われる。(注3)(注4) このように考えると，供述の自然性・合理性という要素は，共犯者の供述の信用性の有無・程度を最終的に決する役割というよりも，むしろ審理の過程でその信用性をより批判的，多角的に検討する必要性を生じさせる契機としての機能を有する点に重要性があるということができよう。

　　（注1）　共犯者の供述の自然性・合理性に関する判断の相違が主たる原因となって，各審級で信用性に関する結論を異にするに至った事例は，〔肯定37〕，〔肯定47〕，〔肯定56〕，〔肯定84〕の各覚せい剤譲渡事件である。いずれも，譲

受人の証言に疑問があるとして無罪を言い渡した第１審判決が，控訴審で破棄されて有罪となっている。この種の事犯は，当事者間でひそかに行われることが多く，当事者の供述以外の証拠が少ないため，供述の自然性・合理性の判断が重要になるものと考えられる。

例えば，〔肯定47〕覚せい剤譲渡事件は，Ａが路上でＸに覚せい剤約1.5グラムを譲渡したという事案である。第１審判決は，公訴事実に沿うＸの証言に対する疑問点として，①Ｘは覚せい剤を携帯，使用しやすいように４包に小分けしたと供述しているが，そうだとすると各包を均等に分けるのが自然であり，押収物件の各包の量に大小があるのは不自然であること，②Ｘは，各包の密封方法につき，ビニール袋の端を割り箸でつかんでマッチの火で圧着させたと供述しているが，そのような方法は密売人のような手慣れた者でなければできず，Ｘのような素人が用いる方法としては不自然であること，③ＸはＡから譲り受けた覚せい剤を１か月の間に４，５回使用したと供述しているが，その供述する注射箇所とＸの注射痕の写真との間には不一致があり，不自然であること，④ＡがＸに覚せい剤を譲渡する際，多量の覚せい剤の中から譲渡分の覚せい剤をＡが取り分ける状況をよく見ていなかったというのは不自然であることなどを指摘した。これに対し，控訴審判決は，①につき，使用上の便宜を考えて大小に小分けするのはあり得ること，②につき，Ｘの供述する方法は比較的容易に作業し得ること，③につき，Ｘ自身注射をやり直すことも多いと供述しており，腕の注射痕の状況に照らし不自然とはいえないこと，④につき，ＡがＸに見られないように取り分ける所作に及んだとみられる余地がないとはいえないことなどを指摘して，Ｘの供述が不自然・不合理であるとするには足りないと判断している。

また，〔肯定84〕覚せい剤譲渡事件は，ＡがＸに覚せい剤約５グラムを有償で譲渡したという事案である。第１審判決は，公訴事実に沿うＸの証言によると，ＸがＡから譲り受けた覚せい剤の量は約５グラムというのであるが，警察官がＸから押収した残量は2.191グラムであり，その差は約2.809グラムとなるのに，Ｘの供述に従ってその間の使用量を計算すると約1.1ないし2.2グラムであり，しかも真実の使用量は約1.1グラムに近いものであったと思われるから，その証言は客観的な矛盾を含むものであって，Ａからの覚せい剤譲受けの事実そのものが架空のものではなかったかとの疑念を生ずるとし

た。これに対し，控訴審判決は，Xの証言自体，目分量で5グラムと指摘したにすぎないから，必ずしも正確なものではなく，その譲り受けた覚せい剤の量が5グラムよりも少なかったと考えることも十分可能であって，原判決の指摘するような食い違いがあるからといって，Aから覚せい剤を譲り受けたというXの証言の基本部分の信用性を損なうものとは考えにくいと判示している。

（注2）　信用性否定例中，共犯者の供述が不自然・不合理と指摘された主な事例を，以下に紹介する。いずれも当該各判決の概要である。

〔否定7〕八海事件第1次上告審判決

　　　Xは，A1が「爺さん〔V1〕はXに先に叩かせる，そして自分が叩きその後A2，A3，A4の順で一回ずつ殴ろう」というような殴打順まで定めた旨供述しているが，夜間数名が侵入して2人を殺すような場合には彼我の態勢次第で殺害者側は臨機応変の挙動に出なければならないかも知れないから，予め殴打順を打ち合わせておくようなことは無意味なことで，しない方が自然であろうと思われる。

　　　また，第1審判決は，Xらの供述に基づき，「A1は先ずV方にあった長斧で，寝ていたV1の頭部を1回強打し，同時にXは，驚いて起き上がったV2に飛びかかり，手でV2の口を塞ぎ首を締め，次いでA2，X，A3が代わる代わる右長斧でV1の頭部及び顔面等を殴りつけ，一方A1，A2が更に手でV2の首を締めつけた」旨認定しているが，金品奪取の目的から犯行を行った旨の証拠があるだけで，それ以外の怨恨等の感情をもっていたことを示す証拠がない以上，XとA1，A2，A3が金品強取だけの目的から代わる代わる長斧で強打するというようなことは，あまりあり得ない不自然な殺害方法のように思われる。

〔否定9〕加藤老事件再審判決

　　　Xは，AがVに切りつけたか否か知らないと述べ，切りつけるのを見たとは供述していないが，Vは全身に大小23個の創傷があり，相当多数回の攻撃が加えられたことは明白であるのに，Vは大分やりつけられて弱っていたと述べながら，Aが切りつけた行為を一度も見ていないというのは全く理解に苦しむ。

　　　また，凶器に関するXの供述にも首肯し難いものがある。Xの供述によ

ると，凶器は押切り（わら切り）であって，おそらくAが自宅から持ち出してきたのであろうという。しかし，わら切りも押切りも，相当の重量を有し，長さもかなり長く，刀幅も決して細いものとは考えにくいが，そのような凶器を手にして，深夜とはいえ季節は夏であり，しかも人家の点在する県道を通り本件現場に赴いたというのは，いささか不自然の感を免れない。さらには，Aが携行するにしても，他に凶器として持ち出し得るもの，例えば斧，鉈，鎌をはじめ包丁類であっても凶器として十分用に堪え得るのみならず，むしろ携行に容易で人目にもつきにくいと思われるのに，Aはそのような凶器を選択しなかったことになるが，この点も理解に苦しむ。

〔否定10〕覚せい剤譲渡事件控訴審判決

譲受人Xの供述によれば，譲渡代金は本件覚せい剤をXが末端に売りさばいた後にAに支払うという約束であったというのに，その支払期限，支払態様について何らかの約束を交わしたとは全く述べておらず，30グラムとか50グラムとかいう多量の覚せい剤取引のあり方としては極めて異例の約定であったといわざるを得ない。また，譲渡代金の支払期限や支払態様を具体的に約束しないで多量の覚せい剤をまず手渡すというのは，譲渡人と譲受人によほど強い結びつきがある場合に限られると考えられるが，AとXとの間にそのような関係があったとはうかがわれない上，XがAの日常の居場所や電話番号などを全く知らなかったというのも，右のような約定で取引を始めた元売りと中間密売人との関係としては十分合点がいかない。

〔否定23〕山中事件上告審判決・第2次控訴審判決

事例カードの上告審判決の要旨6及び第2次控訴審判決の要旨6，7参照

〔否定25〕覚せい剤共同譲受け事件第1審判決

Xの証言によると，Aは，何か月か前に一度会ったことがあるだけのXに対し，いきなり「覚せい剤を買わないか」とか「買う人を紹介してくれ」と頼んだというのであるが，当時覚せい剤取締法違反の罪で再度保護観察付き執行猶予の判決を受けて釈放されたばかりの23歳の女性の行動としては，あまりにも大胆不敵なものであり，いかにも不自然である。そもそも，Aが自分で覚せい剤を注射したくて入手を希望したのであれば，Xに買受

けを勧誘したり，買受人の紹介を依頼する必要はなく，自らＹのもとへ赴けば足りるのであるから，Ａが共同譲受けを希望していたというＸの証言は，この点からみても不自然というほかない。

　また，Ｘの証言中，Ａ方に赴いた理由の部分も，明らかに不合理である。すなわち，Ｘは，前日Ａから「ネタを買わないか」と言われても，自ら買うつもりはなかったが，ただ「明日行く」という約束を守ってＡ方に行っただけであるという。しかし，当日，その地域は大型台風の影響で天候が荒れ，道路の通行不能箇所も多発して，自動車による交通が難渋していたこと（現に，Ｘは，Ａ方まで普段なら10分か20分位で行けるのに，1時間もかかったという。）からみて，Ｘが，単に前日約束したというだけの理由で，そのような苦労を押してまでＡ方に行くというのは，理解し難い。しかも，Ｘは，その後，そのような悪条件の中を，女友達から借りた車にＡを乗せて覚せい剤の共同譲受けのためにＹ方を訪れたことになるのであって，そのような行動は，その証言とは逆に，ＸがＡを通じて何とかして覚せい剤を入手したいと考えていたことを強く示唆するものといわなければならない。

〔否定37〕苫小牧市の贈賄事件控訴審判決
　事例カードの控訴審判決の要旨1ないし4参照
〔否定45〕工事協力金詐欺事件控訴審判決
　　Ｘの供述によれば，騙取した2000万円は全額そのままＡに渡すことになっていたというのであるが，Ｘは，うち1000万円を自己の手形借入金の返済又は担保に充てながら，事前にも事後にもＡの了解を得ていないという。本件犯行がＡの指示によるのであれば，両者の関係（水道工事業者Ｘは暴力団組長Ａの配下のように交際していた。）を考えた場合，ＸがＡに無断で1000万円もの大金を勝手に費消するなどとは容易に首肯し難く，右1000万円がＡの知らない金であるからこそＸが自由に処分できたものとの疑いを差し挟む余地がある。また，Ｘの供述によれば，Ｘを急がせて2000万円の騙取を命じたはずのＡが，1年近くも経過したころおもむろに残金の支払いを督促したことになるが，金銭感覚に貪欲と思われるＡの性分に照らし，不合理で納得し難い。ＡがＸから受け取った1000万円の中に仲介料が含まれていないとすると，Ａは，仲介料の支払時期より2か月以上も

経っているのに，督促もせずに悠長に構えていたことになるが，Aの性格等からして不自然である。

〔否定46〕覚せい剤空路密輸入事件控訴審判決

事例カードの控訴審判決の要旨1及び2参照

（注3） この点で，〔肯定48〕殺人共同実行事件の第1次控訴審判決が，共犯者Xの供述が他の多くの共犯者や利害関係者らの供述と符合しているのに，この点を十分に解明しないまま，Xの供述のあいまい性，不自然性，不合理性などを主たる理由に，その信用性に多くの疑問があるとしたのは，やや説得力を欠くように思われる（前記1(3)アの注23，83頁参照）。

（注4） 〔肯定34〕保険金目的放火事件控訴審判決は，共犯者の供述の一部の信用性を否定したものの，他に強力な信用性肯定事由があるため，その供述の根幹部分の信用性は否定されないと判断した事例である。控訴審判決は，Xの供述のうち，Aが放火の現場にいて，Xのまいた灯油では足りないとして自分でも灯油をまき，点火に失敗したXに代わってマッチで点火したという部分は，捜査段階から一貫しているものの，それを直接裏付ける客観的証拠がないほか，Xの供述する放火方法はX一人でも十分可能であるのに，Xの分担した実行行為はいかにも消極的かつ軽少であって不自然であるなどとして，他の問題点をも併せ考慮して右部分の信用性にはなお合理的な疑いを差し挟む余地があるとした。しかし，Xの供述のうち，Aと放火の共謀をしたという部分については，客観的証拠や各種の間接事実と符合するなど十分な裏付けを有するから，十分信用することができると判断した（事例カードの①事件に関する控訴審判決の要旨3参照）。

(2) 秘密の暴露の存否

共犯者の供述のうち，被告人の分担した共同実行部分や被告人との共同謀議部分についていわゆる「秘密の暴露」が存在する場合には，その供述の信用性は格段に高くなり，信用性を肯定する決定的な根拠ともなり得る。反面，たとえ「秘密の暴露」があっても，それが共犯者自身の実行部分に限られている場合には，「秘密の暴露」の存在は必ずしも共犯供述の根幹部分の信用性を保障するに足るものではない。例えば，〔否定15〕梅田事件

再審判決が，共犯者Xの供述中に，被害者の死体の所在場所という顕著な「秘密の暴露」が存在することを肯定しながらも，被告人を共犯者として名指しする部分の信用性については，なお慎重な吟味を要すると説示しているのは，このような観点によるものであろう（後記第3の2注2，191頁参照）。

なお，「秘密の暴露」がなくても，それによって供述の信用性が減殺されるものではない（「秘密の暴露」についての一般的な問題点については，田崎外44頁以下参照）。

共謀共同正犯型や教唆犯型の事件においては，共同謀議や教唆行為は隠密裡に客観的証拠を残さない形で行われることが多いため，「秘密の暴露」の存否が審理の中心的争点になるのは稀である。研究対象事例の中でも，共同謀議に関して「秘密の暴露」が認められ，それによって共犯者の供述の信用性が高度に担保されたという事例は，〔肯定6〕マニラ保険金殺人事件（注5），〔肯定18〕窃盗教唆事件（注6），〔肯定19〕日建土木保険金殺人未遂事件〔清田関係〕（注7），〔肯定34〕保険金目的放火事件（注8）の4例にとどまる。

（注5）　〔肯定6〕マニラ保険金殺人事件については，事例カードの控訴審判決の要旨2参照。

（注6）　〔肯定18〕窃盗教唆事件については，事例カードの第1審判決の要旨1(1)参照。

（注7）　〔肯定19〕日建土木保険金殺人未遂事件〔清田関係〕の共犯者Xは，A方でAと謀議に及んだ際，Aから，たんすのようなものの上に置いてあった奇妙な小位牌（万年筆かボールペンで名前等が書かれていた）を見せられ，「自分でやった方が心配ないんでいいのだが，自分でやると気持ちに残るので，前にやった（殺人）ものはこのように供養している。」と説明された旨供述しているところ，第1審判決（控訴審判決もその判断を全面的に支持している。）は，右描写が極めて個性的，具体的である上，その後行われたA方の検証の際，仏壇の中から小位牌（めくり牌の1枚にインク書きで「五人之レイ三月二日」と記載されている。）が発見されて，前記小位牌の存在が裏付け

られたことに加えて、右検証における指示説明に際し、Xが、そのあった位置として右仏壇ではなく奥八畳間の小物入れの上を指示した点は、検証時あった仏壇が共同謀議当時まだ到着せず、当時位牌のみがあったことを裏付ける運送会社の勘定整理表写等により裏付けられているから、前記Xの供述は極めて真実性の保障が高いと判示している。

(注8)　〔肯定34〕保険金目的放火事件については、事例カードの①事件に関する控訴審判決の要旨2参照。

(3) 体験供述の存在の評価

ア　共犯者の供述が実際に体験した者でなければ述べ得ないような内容を有する場合、すなわち、研究対象事例の判決中の表現を借りれば、その供述が「迫真的である」「臨場感にあふれている」「ヴィヴィッドである」「詳細かつ具体的である」「明確である」などというような体験性を伝える特徴を備えている場合、一般的には、その供述の信用性は高いものと解される。しかし、既に田崎外研究においても指摘されているように（37頁）、上記のような特徴は、それ自体かなり抽象的であるばかりでなく、感覚的、主観的な要素を多分に含んでおり、しかも、その供述が捜査官に対する供述調書の形をとる場合には、供述者の語り口がそのまま伝えられないことが多く、多分に捜査官の理解と選択と表現を経た供述記載になるという供述調書の特質があるため、体験性の有無を的確に識別することは容易でなく、反対解釈の余地のある判断となりやすいことに注意しなければならない。(注9)もっとも、被告人本人の自白の場合には、主として、捜査官に対する供述調書中の自白の信用性が問題となるが、共犯者の供述の場合は、それと異なり、公判廷の内外を問わず裁判官の面前でなされた供述の信用性が問題となることが少なくない。その場合には、的確な尋問によって疑似体験供述がかなりの程度スクリーニングされるほか、裁判官が直接的に体験性の有無、程度を評価することが可能であるから、供述調書より問題は少ないものの、それでも感覚

的，主観的判断となりやすい危険性があることは同じである。研究対象事例中，信用性肯定例の極めて多数の事例において体験供述の存在が信用性肯定理由の一つに挙げられている反面^(注10)，体験供述の存在が指摘されながらも結局共犯者の供述の信用性が否定された事例が少なくないこと^(注11)は，この判断要素が必ずしも安定的で十分な信頼を置き得るものではないことを物語っている。^(注13)

イ また，次のような場合は，供述内容に具体性，明確性，迫真性等が備わっていても，その事案の性質上，体験供述の存在がその供述の信用性を増強するものではないことに注意する必要がある。

第1に，自ら現実に犯行を体験している共犯者については，自己の犯行部分や真の共犯者の犯行関与部分について，真偽織り交ぜて迫真的に供述することが可能であり，殊に，すり替え型引き込みのケースでは，被告人が犯行に関与したとする部分についても，具体的で臨場感に富む虚偽供述を行うことが容易である。〔否定15〕梅田事件再審判決が，共犯者Ｘの供述のうち具体的で臨場感にあふれているとされる部分につき，「仮に，Ｘが，Ａではない真の共犯者との体験に基づいて供述したのであれば，その内容に臨場感，具体性が伴うのも当然であろう。」と判示しているのは，正鵠を得たものといえよう。

第2に，共犯者が被告人らと同種犯行を繰り返している場合には，同種犯行の体験を交えて，当該犯行についても意識的又は無意識的に虚偽の体験供述をすることが十分可能である。例えば，〔否定43〕覚せい剤譲渡事件控訴審判決は，譲受人Ｘの供述につき，当該譲受けやその前後の状況につき具体的に述べている部分もあるが，Ｘはこれまでにも数回Ａから覚せい剤を譲り受けたことを自認しているのであるから，他の機会に経験したことを当該譲受けの際のこととして述べたものとも考えられないではなく，供述の具体性の故をもって直ちに信用性があるものとすることはできないと判示している。^(注14)

ウ 逆に，共犯者の供述内容に具体性，明確性，迫真性等が欠けている場

合には,その点につき合理的な説明が可能でない限り[注15],その供述の信用性は減殺されるものと考えられる。殊に,共犯者が真に被告人とともに犯罪を(実行行為のみならず,共謀形成行為や犯行準備も含め)共同実行したのであれば当然説明できてしかるべき事項について,全く説明ができない場合や,その点があいまいであるような場合には,その供述は体験性(あるいは合理性)を欠くものとして,信用性に疑問が生ずることになろう[注16](田崎外36,39頁参照)。

エ　いずれにせよ,共犯者の供述の信用性評価において,体験供述は,それが裁判官の面前でなされる場合であっても,なおその評価が主観的,感覚的なものになる傾向のあることは否定できず,他の客観性に富む評価基準(他の証拠との整合性等)に比して,やはり従属的,補助的であるにとどまる(田崎外42頁参照)。例えば,〔肯定3〕日建土木保険金殺人事件〔山根関係〕控訴審判決は,共犯者Xの供述について,「Xの原審供述中には安易に信を措き得ない点が散見され,その供述の全体的な信用性については,その供述するところと明らかで動かし難い客観的な状況証拠との整合性や他の関係証拠との対応関係等を仔細に吟味しつつ,慎重に検討することを要し,唯単にその供述するところが具体的かつ詳細であって臨場感にもあふれているといった観点のみからその供述の信用性を判断することは,適切を欠くものといわなければならない。」と指摘している。

右判決も述べるように,体験供述から受ける印象を重視するあまり,他の証拠との符合性等の他の判断基準につき客観的,多角的な検討を怠ってはならない。現に,体験供述の存在を信用性肯定理由の一つに挙げた裁判例(注11に掲げたもの)は,いずれもこのような検討を行っている。

　　(注9)　捜査段階における供述調書の場合には,まず,その内容が捜査官の誘導等によるものではなく,供述者の自発的な供述であることが確認される必

要がある。この作業は，体験性の有無の検討作業と密接に関連することが少なくないが，観念的には別個のものと考えることができる。例えば，〔肯定79〕覚せい剤密売共謀事件控訴審判決は，共犯者の供述調書が捜査官の誘導等によるものでないことの根拠とは多少異なる観点から体験供述の存在を肯定している。Xは，捜査段階において，暴力団組長であるAの事務所に世話になるようになってから逮捕されるまでの間，ある人の指示に従って継続的に覚せい剤の密売を行っていたとして，覚せい剤の入手，小分け，密売の状況を詳細に供述したものの，ある人については，その人の世話になったので名前を言うことはできないと供述している。控訴審判決は，Xの供述の信用性につき，概要，「Xの捜査段階における一連の供述は，世話になったAの罪責を明らかにする結果となることについての自己の逡巡，苦衷を吐露しつつ，Aの事務所に世話になるようになってから検挙されるまでの間の，Aとのやりとりを含む覚せい剤取引の具体的状況を詳細に供述したものであって，不自然な点はいささかもなく，とりわけAの事務所に対する捜索が行われた後の覚せい剤取引に関する供述部分は，自ら体験した者の供述のみが有する迫真性を備えていると認められることなどに照らして，それ自体としても十分に信用できるものであることが認められる（Xが，Aをかばう態度に終始し，Aのことをあえて「ある人」という形で表現していること自体からして，Xの右供述が取調官の押しつけや強い誘導にXが安易に迎合した結果なされたものでないことは明らかであって，その信用性，任意性に疑いを差し挟む余地は全くない。）。」と判示している。

（注10）　共犯者の供述が裁判官の面前でなされる場合には，その供述が真に体験性を有しているか否かを，尋問に対する応答状況を含め，その供述態度にも着目して，判断する必要がある。

　　例えば，〔否定49〕覚せい剤譲渡事件において，第１審判決が，公訴事実に沿う譲受人Xの証言につき，詳細，具体的に供述していると判断したのに対し，控訴審判決は，概要，「Xの証言は，概して表面的，観念的な表現が多く，自己が体験しているはずの事実についての応答にしても，『と思います』というようなあいまいな供述態度が多々見られ，重要な点については検察官の誘導によってそれを肯定するという形であって，具体的かつ詳細な供述とはいい難い。」と判示して，具体性に欠けるとしている。

また，迫真性のある証言をした共犯者自身が作り話であったことを後に認めた例もあるから，注意を要する。例えば，〔否定42〕浅虫温泉放火事件控訴審判決は，概要，次のように判示している。「Ｘは，原審第２回公判と第６回公判では，Ａから犯行の計画を持ちかけられた状況につき，その際にＡが発した言葉を復元してまで具体的かつ詳細に述べていたが，第22回公判に至って従前の供述を翻し，それが全くの作り話であったことを自ら認めている。もっとも，Ｘは，右のように供述を変更するに至った心情を率直に告白している上，右のような供述の変更は，弁護人の追及的な尋問にあった挙句のものではなく，自発的になされたものであり，また，第22回公判における供述は，Ｘがその当時既に本件により受刑中であり，更に本件で刑事責任を追及されるおそれのない状態でなされたものであるが，それにしても，右のような供述の変遷は，Ｘがいかに具体的，詳細に迫真性のある供述をしていても，これをたやすく措信することの危険性を示す例証であるといってよく，その変更部分が供述全体に占める位置ないしＸの供述の一般的な傾向をも考え併せると，やはり軽視することのできない重要な供述の変遷であるといわざるを得ず，かかる危険性は右供述の変更の前後を通じてその信用性の有無，程度を判断する場合に十分考慮されるべきである。」

（注11）　体験供述の存在を信用性肯定理由の一つとして挙げる肯定例は極めて多数に上るが，そのうちでも特に積極的な評価を与えている事例を，類型を分けて次に紹介する。

a　共謀の端緒から犯行後の行動に至るまで犯行の全過程にわたって，むらなく具体的かつ詳細，濃密で臨場感にあふれる供述をしている場合は，体験性が高度であるとの評価を受けることが多い。例えば，〔肯定９〕ロス疑惑殺人未遂事件第１審判決は，ＡからＶ殺害の依頼を受け，その指示に従って犯行を行った旨のＸの証言につき，その信用性肯定の一つの理由として，その供述内容が，極めて具体的かつ詳細濃密であって，迫信性に富み，殊に，Ａとの共謀形成過程，犯行準備等に関する部分は，いずれも臨場感に満ち，現に体験した者でなければ容易に供述し得ないことを指摘しており，控訴審判決もその説示を是認している。

b　事案が特異な場合には，その全貌を具体的かつ詳細に語る共犯者の供述は，通常の場合以上に体験性が高度であるとの評価を受けることになる。

例えば，〔肯定33〕嘱託殺共謀事件控訴審判決は，Aが，その経営する会社の取締役になってもらっていた友人Vから自己の殺害を依頼され，Vに掛けていた企業保険の保険金の入手を企て，Xに対し報酬を支払うことを約してVの殺害を持ちかけ，XがYを手伝わせ，交通事故を装ってVを殺害したという事案につき，Xは，原審で5回の公判期日にわたってAの面前で証言しているところ，「その証言の内容は，詳細かつ具体的であるばかりか，臨場感，迫真力に富む上，全体的に極めて自然で，前後矛盾するところもなく，弁護人の詳細な反対尋問によっても何らの動揺も示していないことなどに徴して，既にそれ自体で高い信用性を有すると考えられる。」として，Xの証言の信用性を肯定している。

c 共犯者の年齢・性別等の属性やその地位・役割とその供述内容とを対比すると，その供述内容自体から強い体験性がうかがえる場合がある。例えば，〔肯定75〕覚せい剤使用事件控訴審判決は，Aから覚せい剤水溶液を陰部に注射されたという当時19歳のX女の検察官調書の信用性につき，「Xの供述内容は，臨場感あふれる生々しい情景描写を交え，ことの次第が具体的かつ自然に語られていて間然する所はなく，とりわけ，同女がAに勧められて自らの性器に覚せい剤を注射してもらったというくだりは，同女として他言がはばかられるような秘事を赤裸々に暴露する内容のもので極めて迫真性に富み，これが直接体験してもいない事実をわざわざ虚構してまで供述したとは容易に考えられないことにも徴すると，その信用性は非常に高い。」と判示している。

d 共犯者自身には体験性がないが，被告人から聞知した犯行に関する事実が客観的事実と合致するため，その供述全体が強い体験性を帯びるものと評価し得る場合がある。

例えば，〔肯定77〕大麻密輸入事件控訴審判決は，従前から大麻の密輸入を行っていたAが，知人Xに大麻の受取人になるよう依頼し，その承諾を得て，X及びタイ在住のYと共謀の上，大麻の隠匿されたテーブルをXを受取人としてタイから飛行機で輸送させ，空港に到着後，Xが空港に赴いたが，通関手続の際に犯行が発覚したという事案につき，上記事実関係に沿うXの捜査・公判での供述の信用性を肯定する一つの理由として，Xが，Aから受取人になるよう依頼されただけで，テーブルの現物を見ていない

にもかかわらず，Aから説明を受けた内容としてテーブルの外形，構造，色調等を捜査段階や第1審公判において供述しているところ，その供述が現物と符合していることを挙げている。

　また，〔肯定78〕保険金目的放火事件は，暴力団組長Aが，Xと共謀の上，XにS寺へ放火させて全焼させたという事案であり，Xは，検察官調書において，AからS寺への放火を指示され，断り切れずに放火を決意し，実行した旨その前後の経緯，事情を含めて，具体的かつ詳細に供述している。控訴審判決は，Xの供述の信用性を肯定する一つの理由として，右供述中には，S寺の本堂及び庫裏内部の詳細な状況，戸の施錠の状態，従来居住していた住職の母が入院して無人であることなど，寺と住職の家族の内情に精通した者でなければ知り得ない事実をAから聞いた旨の供述が含まれているが，Xはそのような事情に全く不案内であるのに対し，Aはこのような事情を知悉していたことも考慮すると，Aから寺への放火を指示されたというXの供述には首肯するに足る根拠があることを挙げている。

(注12)　〔否定12〕土木事務所主査収賄事件控訴審判決，〔否定15〕梅田事件再審判決，〔否定16〕債務者殺害事件控訴審判決，〔否定19〕覚せい剤譲渡事件第1審判決，〔否定20〕シンナー窃取・所持事件第1審判決，〔否定21〕山田市長収賄事件控訴審判決，〔否定22〕覚せい剤所持事件第1審判決，〔否定39〕駐車自動車ガソリン窃取事件控訴審判決，〔否定42〕浅虫温泉放火事件控訴審判決，〔否定43〕覚せい剤譲渡事件控訴審判決，〔否定45〕工事協力金詐欺事件控訴審判決，〔否定46〕覚せい剤空路密輸入事件控訴審判決，〔否定48〕デートクラブ殺人事件控訴審判決等がある。

(注13)　なお，稀ではあるが，共犯者の中には，虚偽の事実を理路整然と詳細かつ具体的に供述する特異な能力の持ち主であると指摘された例がある。例えば，〔否定15〕梅田事件再審判決は，X供述中には，「Xが果たして真実の体験を記憶に基づき真摯，誠実に再現しようとしているのか甚だ疑わしい状況，例えば，一見いかにももっともらしく，具体的で，時には臨場感の伴うような供述をしておきながら，次の機会にはこれが全く別の具体的供述に変化してしまうようなことが指摘できるのであり，これは，奸智にたけ虚言をもって目的実現のため策謀をこらす性向が顕著であって，安易に信頼がおけないというXの人物像にまさに相応するものと考えられ」ると判示し，また，〔否

定16〕債務者殺害事件控訴審判決は,「重要なことは,〔Xの〕右①ないし⑤の各供述は,相互に矛盾対立するもので,また,事柄の性質から考えて,そのようなことに根本的な思いちがいが介在するとは考えられないから,右各供述の大部分は,意識的な虚偽供述であると考えざるを得ないのに,その各供述部分のみを見ると,そのいずれもが,一応もっともらしくて,供述の内容自体からは,そのいずれが虚偽でいずれが真実であるかの見分けがつき難いことである。このことは,Xが,その時々の自己の気分や感情から,真実とは異なるさまざまな事実関係を,いずれについても一見理路整然と,破綻を来たすことなく供述することのできる,特異な能力を備えた者であることを示すものというべきであり,その供述全体の信用性判断の際に,考慮に容れざるを得ないと考えられる。」と判示している。

(注14)　同様の判示をしているものとして,〔否定19〕覚せい剤譲渡事件第1審判決（覚せい剤の密売人であるXは,第三者との取引状況をあたかもAとの取引であるかのように供述することも可能であると指摘している。),〔否定39〕駐車自動車ガソリン窃取事件控訴審判決（Aが加わったことのある同種犯行と無意識的に混同して共犯供述をした可能性があると指摘している。)等がある。

(注15)　個人差はあるものの,人の記憶は時の経過とともに減退するから,一般的に,供述の時期が事件に近接しておれば,特別な事情のない限り供述は具体的であってしかるべきであるし,他方,特に強く記銘される事柄などは別として,供述の時期が事件から離れれば離れるほど供述内容が具体性,明確性を欠くに至るのはやむを得ないことといえよう（後記3(2)イa,157頁参照）。

　共犯者の供述が事件後さして日時が経過していない時期になされたにもかかわらず明確性,具体性を欠いているなどとして第1審判決がその信用性を否定したのに対し,控訴審判決が,それらの点については合理的な理由があるとして,信用性を肯定した事例として,次のようなものがある。

　〔肯定37〕覚せい剤譲渡事件の第1審判決は,譲受人Xの証言につき,Aとの取引が覚せい剤取引の最初であると言いながら,簡単に忘れ去ることができず,日時もさして経過していないのに,肝心な点は,主尋問もほとんど誘導尋問により答えており,しかも,重要な事項について答えを転々と変えて

いるなどとして，その信用性を否定した。これに対し，控訴審判決は，概要，「Xが，交友関係にあって事件を否認しているAの面前で初めて証言するために答えにくかったり，細かい時点の後先が分からないために供述を渋っていたことがうかがわれること，その際にも，最終取引の状況については概ね滞りなく具体的かつ明確に証言し，その後の公判期日においては各取引について具体的かつ明確に証言していることに照らすと，当初誘導尋問によるところがあったからといって信用性を欠くものとはいえない。」などと判示し，その信用性を肯定した。

〔肯定72〕覚せい剤譲渡事件の第1審判決は，譲受人Xの証言につき，その供述内容は全般にあいまいで，検察官の誘導尋問により引き出された供述が大半を占め，X自身が当時覚せい剤を乱用していたため記憶力が減退していたと説明していることなどを理由として，その信用性を否定した。これに対し，控訴審判決は，概要，「①Xは，第1審において証人として召喚を受けながらも2回出頭せず，3回目に勾引状の執行により出頭の上証言するに至ったものであること，②Xは，Y〔XがAから覚せい剤を譲り受ける折りに同行し，その後その覚せい剤をXから譲り受けた者〕とは姻戚関係にあり，仕事と覚せい剤の両面で深いつながりがあった反面，Aともパーソナル無線の会員仲間などとして兄弟分のような交際をし，覚せい剤取引の関係もあったこと，③本件捜査の経過がまずYの暴行事件を端緒として覚せい剤の授受の流れをさかのぼる形でXからAへと順次及んで行ったものであり，Xは事件の真相を解明する上でYとAとの中間にあっていわば板挟みの立場にあったこと，④しかも，Xは，第1審段階でAの名前を出したことをAから責められ，その後Aや暴力団構成員から，証人として出廷する際にはAが本件と無関係である旨供述するよう働きかけを受けたことなどが認められ，これらの事実を総合して考えれば，Xが第1審においてあいまいで消極的な供述態度に終始したのは，Xが弁解するような覚せい剤の中毒症状による記憶力の減退によるものではなく，XがA側からの圧力とYの供述を前提とする捜査当局の追及との間で板挟みの立場に陥ったため意図的にあいまいな供述をしたものと認めるのが合理的である。」と判示し，その信用性を肯定した。

(注16)　この点を信用性否定の一つの重要な根拠としている事例としては，次のようなものがある（いずれも，当該各判決の概要である。）。もっとも，公

判廷における供述の場合には，多角的な尋問が可能であるから，共犯者が具体性のある供述をできないのか否か，できない場合にその合理的な説明が可能であるのか否かについて，適切な評価をすることができるものの，捜査段階における供述調書の場合には，捜査官の選択と表現を経ているために的確な評価をすることが困難なことも少なくないので，注意を要する。

〔否定12〕土木事務所主査収賄事件控訴審判決

　　　工事請負会社営業員Ｘは，捜査段階においても第１審公判においても，その日に行われた入札に参加した事実を全く供述していなかったが，控訴審において，自らの署名押印のある入札関係書類を提示されて初めて，今記憶がよみがえったとして右入札参加の事実を認めた上，その日はＡに贈賄し，土木事務所でＡと別れた後，車で直接入札場に赴き，かろうじて間に合ったと証言している。Ｘが証言するように車で入札に間に合うか一概には言えず，不可能と断定することはできないが，そもそもＸが，工事入札というＸの職務上最も重要な，しかも時間厳守を要求される用務がありながら，なぜその日に，本件贈賄のために，必ずしも時間的見通しのはっきり立たない遠距離の贈賄場所まで出かけなければならなかったのかは，大きな疑問とせざるを得ず，また，Ｘが控訴審に至るまで右入札参加というような重要事項について全く述べないままで来たことも甚だ不審であり，Ｘには，捜査段階の当初から現在に至るまで，およそ当日の自己の行動についての具体的記憶は全くないのではないかという疑念さえ抱かれるのであって，Ｘがその日に地下鉄を利用した旨の会計処理がなされている事実をも併せ考えると，その日の行動に関するＸの証言は，本件贈賄の実行の点を含めて，信用性に疑問がある。

〔否定16〕債務者殺害事件控訴審判決

　　　Ｘは，捜査段階において，「第５現場〔殺害場所〕に着いてトランクを開けると，Ｖが助けを求めた。」旨一貫して供述していたが，第１審及び控訴審では，一転して，右のような発言はなかった旨証言している。殴打される直前にＶが助けを求めたとすれば，かなり印象的な場面のはずであり，その情景に関する記憶が簡単に変容をきたすとは考え難いから，Ｘが捜査段階か公判段階かのいずれかで，ことさらな虚偽供述をしている疑いが強い。

また，Xは，第5現場の山林内でVを絞首する直前の状況につき，捜査段階及び第1審公判廷において，「Vがいびきをかいているような音がしたので，生きていることが分かり，Aから『首絞めて殺そう。バンドを外せ。』と言われた。」旨供述していた。右供述は，その内容自体に照らし，一見極めて迫真力に富み，経験した者でなければ供述し得ないもののように理解できるが，Xは，控訴審第9回公判における証言の際には，Vの首を絞めたきっかけを聞かれて，「忘れた。」旨供述している。事件の核心に触れる場面の出来事について，今まで一貫して供述していたことを，突如「忘れた。」と言うのは，全く奇異というほかなく，従前の供述が真実であるならば，たとえ4年余の年月の経過があったとしても，かかる重要な事柄をしかく簡単に忘れ去るとは，にわかに考え難いのであって，Xの右控訴審供述は，V殺害の直前の状況に関するXの一貫した供述の信用性を疑わせる。

〔否定44〕町立病院贈賄事件控訴審判決

　Xは，A（贈賄者）の所属する会社の社長であって本件現金10万円を拠出した者とされているが，その検察官調書中の供述を子細に検討すると，XはAに10万円渡したと断言しているものではなく，Aに10万円を渡した詳しい事情がどうしても思い出せないが，Aが10万円を私から受け取ったと言っておれば，まず間違いないと思う旨，判然としない供述をしている。検察官による取調べ当時，Xは心筋梗塞を患い入院中で，十分な取調べがなされたとはいえないにしても，そして約2年余りも以前の事柄ではあるにしても，通常の日常業務に関しての数多い金銭の出入りならともかく，たった一度の贈賄になる性質の現金10万円というまとまった金策をした当の本人なら，鮮明に記憶していて当然と考えられる事柄について，右の程度の供述しかできないというのは，まことに奇妙というほかなく，ひいてはその供述の信用性に大きな疑問を抱かざるを得ない。

〔否定46〕覚せい剤空路密輸入事件控訴審判決

　事例カードの控訴審判決の要旨2参照

(4)　供述の具体性に関するアンバランスの存否

共犯者の供述における体験性の問題に関しては、さらに、共犯者自身の犯行に関する部分と被告人の共同実行行為又は共謀形成行為に関する部分との供述の具体性に関する対比の問題がある。共犯者は自らも犯行体験を有しているから、自己の犯行部分の供述が明確かつ具体的であるのは当然であるが、それに比して、被告人の共同実行行為又は共謀形成行為に関する供述が、具体性や明確性において著しくバランスを失している場合には、その供述の体験性が疑われることになろう。(注17)

(注17) 例えば、〔否定9〕加藤老事件において、Xは、「AがVに斬付けたるや否や知らざる」旨供述したのみで、切りつけるのを見たという供述は全く存しないところ、再審判決は、この点につき、「Xは他の関係では現場の状況をかなり詳しく供述しており、また十分見分できたであろうとみられなくもないのに、Aの行動についての供述には特に右のような漠然、皮相の印象を拭い難く、このことは結局同人がAと行を共にしていなかったからではないのかとの推測を生むことになる。」と判示している。ほかに、同様の指摘をするものとして、〔否定11〕酔客に対する傷害・殺人事件控訴審判決、〔否定39〕駐車自動車ガソリン窃取事件控訴審判決等がある。

3 供述経過の検討

共犯者の供述の信用性を判断するに際し、その供述経過の検討は極めて重要な意義を持つ。被告人本人の自白の信用性を判断する際にも自白の経過の検討が重要であることは、つとに指摘されているところであるが（田崎外9頁）、共犯者の供述は、常に共犯者と被告人という複数人の関係の中から生まれてくるものであるから、その信用性を判断するに当たっては、共犯者がどのような状況で被告人を共犯として供述するに至ったのか（下記(1)被告人の名前を出すに至った経緯）、また、その後の捜査・公判の進展に応じ、被告人の供述状況との関連において、当初の共犯供述がどのような成り行きをたどることになったのか（(2)供述の一貫性と変遷）、殊に、当初の共犯供述が共

犯者と被告人の各訴訟手続のどの段階まで維持されたのか（(3)供述の時期とその後の経過）など，共犯者の供述に特有の問題点についても検討しなければ，その信用性について的確に判断することはできない。

　そこで，以下においては，上記各点とともに，捜査段階における共犯者の取調状況がその段階の共犯供述にどのような影響を及ぼしているのか（(4)共犯者に対する取調状況）という点をも併せて，順次検討することにする。

(1)　被告人の名前を出すに至った経緯

　　被告人が真に共犯として事件に関与しているのであれば，共犯者としては，被告人をかばい立てしなければならないような事情がない限り，自己の犯行部分を自白することに伴って被告人の関与部分を供述することになっても，さほどの抵抗がないはずである。これに対し，共犯者が，当該犯罪とは無関係の被告人を共犯として引き込もうとする場合には，計画的に引き込みを企てた場合や共犯者自身が鉄面皮，冷血漢でもない限り，共犯として被告人の名前を挙げる際に何らかの心理的葛藤が生ずるものと思われる。そして，このような共犯者自身の内心の状況は，共犯者が被告人の名前を出すに至った経緯において，ある程度外部にも表出されるものであり，このことは裏を返せば，被告人の名前を出すに至った経緯を検討することによって，かなりの程度引き込み供述の徴表を把握することが可能になることを意味している。

　　共犯者の供述経過を捜査・公判の経緯等と照らし合わせてみて，共犯者が被告人の名前を出した経緯が自然であれば，その供述の信用性が増強されるのに対し，逆にその経緯に不自然な点があれば，信用性に疑問が生ずることになろう。のみならず，研究対象事例を検討すると，被告人の名前を出すに至った経緯が不自然である場合には，その後の供述にも色濃く影を落とし，その後の供述経過や供述内容にも多くの問題を生じさせるから（田崎外13頁は，被告人本人の自白につき同様の指摘をしている。），この点は共犯者の供述の信用性につき慎重な検討をなすべき契機としても重要な意味を有することになる。

被告人の名前を出すに至った経緯が自然なものであるか否かを検討するに当たっては，次の諸点を考慮すべきものと思われる。
ア　被告人の名前を出すまでの時間の経過
　　一般的に，共犯者が逮捕後（又は最初の取調べ後）長期間を経てやっと被告人の名前を挙げたという場合は，その経緯に合理的な理由が存在する場合を除き，その供述の信用性判断には慎重を期する必要があろう。例えば，〔否定6〕時計店押入り強盗事件第1審判決は，「当裁判所としては，当初Xが2か月余の間他の共犯者との犯行を主張し，Aの氏名を述べなかったとの事情を重視し，その間Aをかばった理由やその後Aの名を明かすに至った理由としてXの述べるところには合理性がないので，当時のXの生活態度および右に見た虚偽の供述に対する誘因をも併せ考え，本件共犯者がAであるとする供述を信用するにはなお多くの疑問が存すると考えるわけである。」と判示し，また，〔否定13〕対立暴力団組長殺害教唆事件上告審判決は，実行行為者Xの供述の信用性に関する問題点として，逮捕以来約2か月間の身柄拘束下でほとんど連日警察官らの取調べを受けた後，初めて教唆者として被告人の名前を出したという事実を指摘している。(注1)
　　これに反し，比較的早期に被告人の名前が出された事例は，信用性肯定例の多数を占めるものの(注2)，信用性が否定された例も少なくない(注3)。そこで，これらの否定例を通覧すると，共犯供述に先立って単独犯供述が存在している事例や，共犯者の虚言癖や知的障害が指摘されている事例が多数を占めており，引き込み供述の徴候となる事由や信用性判断に慎重を期すべき契機となる事由が別に存在していた場合の多いことが分かる。
　　以上のように，共犯者が被告人の名前を出すまでにどの程度の時間を要したかという事実は，それのみでその供述の信用性の有無を決めることができるような事項ではないが，信用性の判断を慎重に行う必要があるか否かを考える契機を提供するものと思われる。その時間が長ければ，信用性の判断を慎重に行う必要があることを示しており，その時間

－119－

が短くても，ほかに引き込みの徴候となる事由などが存在する場合には，やはり慎重に信用性の有無を見定める必要が生ずる。

（注1）　信用性否定例のうち，共犯者が被告人の名前を出すまでに長期間を要したものとしては，本文掲記のもののほか，〔否定1〕三鷹事件（単独犯行の自白後2か月を経過してAらとの共同犯行と供述），〔否定3〕着物等窃盗事件（単独犯行の供述に基づきX自身が起訴された後，Aとの共同犯行と供述），〔否定14〕岩国の暴力団首領殺害事件（逮捕後単独犯供述を続けていたが，約1か月後にAから殺害を指示されたと供述），〔否定27〕野球賭博開張図利事件（Xは関連事件による逮捕・勾留，再逮捕・勾留を経て，本件で再々逮捕・勾留されているが，最初の逮捕後約35日目で初めてAとの共謀と供述），〔否定46〕覚せい剤空路密輸入事件（逮捕後単独犯供述を続けていたが，17日目に初めてAらとの共謀と供述）等がある。

　これに対し，信用性肯定例の中にも被告人の名前を出すまでに長期間を要した事例が少数ながら存在している。〔肯定3〕日建土木保険金殺人事件〔山根関係〕（Xは，逮捕された後，他の共犯者の名前は逐次供述していったものの，Aの名前は逮捕後24日目に初めて供述），〔肯定11〕老女覚せい剤譲渡事件（Xは，当初は当該覚せい剤を自ら韓国から輸入したと供述していたが，逮捕後26日目から右覚せい剤をAから譲り受けたと供述），〔肯定17〕覚せい剤所持・譲渡事件（所持の共犯者Xは，捜査段階及びX自身の被告事件の第1審公判の段階では，殺害された甲から当該覚せい剤を預かったと供述していたが，X自身の控訴審の段階に至って初めてAから預かったと供述）がこれであるが，いずれの事件においても，長期間を要したことにつき首肯し得る理由のあることが指摘されている。すなわち，〔肯定3〕については，Xが，Aから「Xの方からバレてきたら，Xまでで止めてくれ。日建に関係なかったら，保険金は下りるんだ，家族のことは保険金が下りてくれば全部面倒をみる。」などと頼まれていたため，とにかくAのことを伏せておけば保険金が下りるということで嘘を通そうとしたこと，Aとの共謀を自白すれば，その経過から別件の保険金目的放火事件についても供述せざるを得なくなると思っていたことなどの事情が，〔肯定11〕については，Xが老女であるAに

同情するとともに，Aの名前を出すことにより自分の子供達に及ぼす影響等を考えたこと，Aの名前を出さない約束の下での取引であったことなどの事情が，また，〔肯定17〕については，XがAの情婦であり，Aから「女は捕まっても大したことはない，捕まったときは甲から預かったように言え」と命じられていた事情がそれぞれ認定されている。なお，後記3⑴ウ注15, 134頁参照。

（注2）　信用性肯定例は，共犯者がいつから被告人の名前を出すこととなったかについて判決では指摘していないものが少なくないが，共犯者の供述経過が認定されているもののうち，比較的早期に被告人の名前が出された事例としては，〔肯定7〕覚せい剤譲渡・所持事件（所持の共犯者Zは，逮捕後否認を続けていたが，3日後にはAとともに覚せい剤を小分けし，密売したと供述），〔肯定30〕手形詐取事件（Xは，逮捕の翌日にはAを含めた共犯者らの氏名を供述），〔肯定56〕覚せい剤無償譲渡事件（譲受人X及びYは，逮捕後間もなくAから譲り受けたと供述），〔肯定60〕暴力団組長賭博参加事件（各共犯者は，取調べの開始即日又は数日以内に賭博参加者としてAの名前を供述），〔肯定69〕スナック「ダイヤ」殺人事件（Xは，逮捕直後の取調べではAの関与を否定していたが，その後間もなくAの関与を供述），〔肯定70〕覚せい剤所持事件（逮捕当初は当該覚せい剤が自己のものであると供述していたが，その後間もなくAとの共同所持と供述），〔肯定81〕暴力団抗争殺人事件（Xは，当初は犯行指示者の名前を明らかにしていなかったが，逮捕後8日目からAの指示命令に基づいてYらにV殺害を指示したと供述），〔肯定86〕アルミサッシ窃取事件（Aから傷害の被害を受けた日にその旨の被害申告を行うとともに，その日から本件窃盗事件につき共犯者としてAの名前を供述），〔肯定89〕戦旗派ゲリラ事件（逮捕当初は犯行を否認していたが，勾留3日目から氏名不詳者との共謀と供述するようになり，更にその3日後には共犯者としてAの具体的氏名を供述）等がある。

（注3）　比較的早期に被告人の名前が出された信用性否定例としては，〔否定2〕青酸カリ毒殺教唆事件（逮捕当初は犯行を否認していたが，2日後に単独犯行を涙ながらに自白し，更にその2日後にAから殺害の教唆を受けたと供述），〔否定4〕日本岩窟王事件（逮捕当日はYとの2人共犯の供述をしていたが，翌日にはAを含む3人共犯の供述を開始），〔否定7〕八海事件（当初

は単独犯供述をしていたが，逮捕翌日にはＡら４名を含む６人共犯と供述），〔否定10〕覚せい剤譲渡事件（逮捕当初は覚せい剤の入手先の供述を拒否したり不特定人から譲り受けたと供述していたが，逮捕後１週間してＡから譲り受けたと供述），〔否定15〕梅田事件（別件の取調べ中に不用意に本件を単独犯として自供し，その翌日にはＡとの共犯と供述），〔否定16〕債務者殺害事件（逮捕当日は事実を全面否認していたが，間もなく逮捕監禁・暴力行為の事実を認め，逮捕後約１週間でＡとの共謀に基づく殺人・死体遺棄について供述），〔否定18〕朝霞自衛官殺害事件（逮捕当日は否認していたが，翌日からＡとともに本件犯行に関与したと供述），〔否定20〕シンナー窃取・所持事件（逮捕当日はシンナーを友人からもらったと供述していたが，逮捕後３日目ころからＡとともに窃取したと供述），〔否定23〕山中事件（取調べを受けた最初の段階からＡとの共同犯行と供述），〔否定48〕デートクラブ殺人事件（逮捕当日は単独犯行の自白をしていたが，その２日後にはＶ殺害はＡの指示に基づくものと供述）等がある。このうち，共犯供述以前に単独犯供述があった事例は，〔否定２〕，〔否定４〕，〔否定７〕，〔否定15〕，〔否定48〕であり，共犯者の虚言癖や知的能力の障害が指摘された事例は，〔否定16〕，〔否定18〕，〔否定23〕である。

イ　被告人の名前を出すまでの供述内容

後に述べる供述の変遷の問題とも関連するが，被告人の名前を出すまでに共犯者がどのような供述をしていたかは，共犯者の供述の信用性を判断する上で，かなり重要であるように思われる。以下，研究対象事例に基づき，若干の具体的事例を挙げて個別的検討を行う。

　　a　否認から自白に転ずると同時に共犯者として被告人の名前を出した場合

共犯者自身の犯行部分に関する自白と並行して被告人の名前が出された場合には，自己の責任の軽減を図るという疑いが少ないものと考えられるから，その供述の信用性は比較的高いといえる。信用性肯定例の多くは，この型に属する（前注２参照）。もっとも，真犯人をかば

う利益が考えられる事案では，このような供述経過をたどることもあり得るから，その疑いがないか注意する必要がある。例えば，信用性を否定した〔否定20〕シンナー窃取・所持事件第1審判決は，客観的証拠に照らして，当初から他の共犯者をかばうために被告人を共犯者に仕立て上げた疑いがあると指摘している。[注4]

　　（注4）　なお，〔否定16〕債務者殺害事件，〔否定18〕朝霞自衛官殺害事件は，同様の供述経過をたどった事件であるが，いずれも共犯者の虚言癖を指摘するなどして，その供述の信用性を否定している。

b　単独犯供述から転じて被告人との共同犯行と供述するに至った場合
　信用性否定例の多くがこの類型に属する。[注5]単独犯供述が先行していることは，自己の責任軽減を図っている疑いを示唆する重要な徴候であるから，信用性の判断に細心の注意が必要とされる。例えば，〔肯定62〕淡路島生き埋め殺人事件控訴審判決は，「犯罪者が自己又は親しい者の刑責を減ずるため，あるいはある人に対する嫌悪，憎悪の情から，ことさら特定の人を共犯者にし，あるいはその者を主犯者にするなど虚偽の供述をするおそれがあり，ことに当初自己の単独犯であると供述していたのが，その後他の者を共犯者，主犯者とする供述に変更した場合，右変更後の供述が虚偽であるおそれは一層強いと考えられるから，Xの供述の変更がことさらAに虚偽の刑責を負わせるためなされたものかどうか，更に検討を要する。」と判示した上，変更後の供述の信用性に疑いを生じさせる事情として，①変更後の共犯供述に虚偽が多いこと，②変更前の単独犯供述に裏付け証拠があること，③単独犯供述と共犯供述とで共犯者の刑責軽減に顕著な差があること，④変更後の共犯供述に一貫性がないことを指摘している（事例カードの控訴審判決の要旨3(1)ア参照）。本研究では，②の点は前記第2の1で，③の点は前記第1の2でそれぞれ論じているので，ここでは，

①と④の点につき具体的事例に即し敷衍して論ずるとともに，上記判決では触れられていない点として，当初単独犯供述をしていた理由及び単独犯供述から共犯供述に転じた理由の合理性・自然性の検討が重要であることを指摘する。

　まず，第1に，変更後の共犯供述の信用性を判断するためには，当初単独犯供述をしていた理由及び単独犯供述から共犯供述に転じた理由が合理的で自然なものであるか究明することが不可欠である（現に，多くの事例でこの点が検討されている。）。単独犯供述をしていた理由，供述変更の理由が合理的で説得力のある場合には，変更後の共犯供述の信用性が増強される。逆に，これがあいまいであったり，不自然・不合理である場合には，変更後の共犯供述の信用性に多大の疑問を生じさせることになる。

　なお，その際，共犯者自身が供述する理由は，この点の検討の端緒となるものではあるが，これのみを過信してはならない。共犯者の述べるもっともらしい供述変更理由が，その時々の状況に応じて適当に作り上げられる可能性のあることは，〔否定48〕デートクラブ殺人事件の例示するところである。むしろ，情況証拠や共犯者が供述した際の共犯者を取り巻く状況等の客観的事実関係から供述変更の真の理由をかなりの程度推認できるケースが少なくないから，そのような視点からの検討が望まれる。

　第2に，変更後の共犯供述自体に明らかな虚偽が含まれている場合には，その共犯供述の信用性に多大の疑念が生ずるのは当然である。殊に，その共犯供述のなされた時期が犯行に近接していればいるほど，この疑念は大きなものとなろう。〔否定7〕八海事件を例にとると，Xは，犯行の翌日に逮捕され，その当日は単独犯行と供述していたものの，逮捕の翌日には早くもAら4名を含む6人共犯と供述している。ところが，この供述に基づいてその翌日と翌々日に逮捕された5名のうち1名にはアリバイがあったために釈放され，このころから

−124−

Ａら４名との５人共犯の供述が現れ始めている。同事件の場合，単独犯供述を覆してなされた最初の共犯供述の一部に既に明らかな引き込みがあったわけであるから，他の被告人に関する供述部分ついても引き込みの疑念を抱くべき徴候があったものといえる。

　第３に，変更後の共犯供述自体が一貫せず，度々変遷を重ねる不安定なものである場合も，その信用性に重大な疑問が生ずることになる。例えば，〔否定４〕日本岩窟王事件においては，ＸとＹの２名が犯人であることは明白であるところ，Ｙは，当初Ｘ・Ｙ２人共犯の供述をしていたものの，その翌日には「石ヤン」なる者を含む３人共犯の供述を始めた。ところがその後Ｘ，Ｙともに著しい供述変遷を重ねたことは，事例カードの〔捜査の経過とＸ・Ｙ供述の要旨〕で紹介したとおりである。また，〔否定２〕青酸カリ毒殺教唆事件のＸも，単独犯供述の２日後には共犯供述に転じているものの，その後も種々の点で供述を変更させている。これらの事例においては，犯行に比較的近接した時期に共犯供述が現れているが，仮に真実を述べる意図で単独犯供述から共犯供述に転じたのであれば，その後の供述に顕著な変遷が存在するのは不自然といわざるを得ない。この点は，後に，３⑵の項で詳しく論ずる。

（注５）　前記⑴ア本文及び前注１掲記の各否定例参照。信用性肯定例にもこの型がないわけではないが，概ね，被告人が組織犯罪の首領的地位にある場合（〔肯定２〕現場共謀殺人事件，〔肯定３〕日建土木保険金殺人事件〔山根関係〕等）や，共犯者と被告人との間に利害打算を超えた親密な関係が存する場合（〔肯定42〕土地代金目的殺人事件では，ＡはＸの実妹であり，〔肯定62〕淡路島生き埋め殺人事件では，ＡはＸの妻の姉の愛人であり，〔肯定69〕スナック「ダイヤ」殺人事件では，ＸはＡの長女と極めて親しく，Ａの店の用心棒的役割を果たしていた者であった。）のように，共犯者が被告人の名前を秘匿する特殊な事情がある場合に限られるようであ

(注6)　例えば，〔肯定2〕現場共謀殺人事件において，Xは，事件後不良グループのリーダーであるAらと口裏合わせをした結果，Xの単独犯であるとして警察に自首し，単独犯として起訴されたが，その公判審理の過程で供述を覆し，Aらとの共犯であると供述するに至った。そこで，検察官は，共同正犯に訴因変更するとともに，Aについても同事件で起訴した。Aに対する事件の控訴審判決は，Xが自己の公判で供述を変更したのは，求刑が懲役10年と予想外に重かった上，仲間もあまり面会に来なくなり，自己の愛人をAが犯したとの噂を聞くに及び，Aらに義理立てして嘘を言い通すのが馬鹿らしくなって真相を暴露するという気持ちから発したものと考えられるとし，Xの供述変更後の警察官調書，検察官調書は，大綱においては前後一貫しており，全体的にみて，従来の罪証隠滅工作に基づく虚偽の供述を改めて真実を述べたものとして高い信用性を有するものと考えられると判示している。

　また，〔肯定27〕所得税還付金騙取事件において，弁護人は，Xが逮捕当時単独犯行であると述べていたのに，その後Aとの共謀による旨供述を改めたことを指摘して，Xの共犯供述の信用性を争った。これに対し，控訴審判決は，「Xはこの点について，当初は自分には前科があるし，一人で罪を背負っていけば，Aが自分の家族の面倒をみてくれると思って単独犯行であると述べたが，確定申告書の内容について警察から追及されても自分はただAが作成した控をそのまま転写しただけなので，合理的な説明に窮してしまったことと，Aが逃亡してしまったので今後のことについて不安に陥った上，弁護人からも嘘は通らないと言われたため，真実を述べる決心をするに至ったと理由を述べており，その動機の説明は十分首肯するに足りるものであって，この点をとらえてXの供述の信用性を云々するのは失当というほかない。」と判示している。

(注7)　例えば，〔否定46〕覚せい剤空路密輸入事件のXは，3月12日に逮捕された後，3月29日付警察官調書において初めて本件密輸入がAとの共謀に基づいて行われた旨供述し，それまでAのことを隠していた理由として3点述べているが，控訴審判決は，それらの理由につき，理由となり得ないか，十分説明しきれるものとは思われないとして，Xの説明をそのま

ま納得するには疑問が残る旨判示している（事例カードの控訴審判決の要旨１(2)ア参照）。

（注８）　〔否定48〕デートクラブ殺人事件は，単独犯供述，逮捕の２日後から共犯供述，控訴審第６回公判から単独犯供述という経過をたどっているが，共犯供述に転じた理由につき，Ｘは，捜査段階において，「Ａが犯行に関係しているということになれば，娘（死亡した前夫の子）の面倒も見てもらえず，保険金も下りないので，Ａに指示されたことは言わなかったが，自分自身でもよく考えたし，叔父から『真実は一つしかない。きっちり話をしなさい。』と言われ，取調官からも正直に話しなさいと言われたので，正直に話すことにした。」と供述していたものの，控訴審第６回公判以後においては，「犯行当日Ｖから『私達は愛し合っていて，離婚なんてとんでもない。』と言われてＡに不信を抱いていたところへ，逮捕の２日か３日あと，甲警察官が『Ａはとにかくひどい男だ。女もお前だけじゃない。』などと言い，また乙警察官からは，毎回実名を上げて，『Ａにはこういう女がいる。今警察に来ている。Ａはお前と縁を切る腹だった。保険が下りたら，お前よりほかの女とおもしろおかしゅう暮らしよる。』などと言われたため，Ａからだまされた，Ａを絶対に許せないとの思いを募らせ，Ａを共犯に仕立てた。」と供述している。

（注９）　例えば，〔否定１〕三鷹事件において，Ｘは，単独犯行の自白をした後，Ｘより前に検挙されていたＡらがいち早く共同謀議の供述を行っていたにもかかわらず，なお相当期間詳細かつ具体的な単独犯供述を続けていたが，１か月余り後（全被告人が起訴された後）になって共犯供述の兆しを示し始め，約２か月後に至り全面的にＡらとの共同犯行を自白している。このような経緯は，Ｘが，Ａらの共同犯行の供述に引きずられて単独犯供述を共犯供述に変更した疑いを強く示すものといえよう。

c　共犯者の名前を秘匿するなどしていたが，後に被告人の名前を出すに至った場合

　事案の性質上ほかに共犯者がいると考えられる事件において，共犯者が他の共犯者の氏名を秘匿する場合や，共犯者として氏名不詳の者

あるいは実在が疑われる者の名前を挙げる場合がある。後者の場合には，共犯者が他の共犯者の名前を秘匿し続けると，捜査が長期化する可能性があり，共犯者自身の反省態度も疑われるところから，それを避けるため，氏名不詳の者や実在が疑われる者の名前を挙げることが少なくない。これらの場合は，いずれも，他の共犯者をかばおうとしているわけであるが，それでも当該犯罪と無関係の者を引き込むことは忍びないとの態度がうかがわれることから，その後供述を改めて被告人の名前を共犯者として挙げるに至ったとしても，その供述経過自体が不自然であるとは必ずしもいえないように思われる。したがって，この類型においても，被告人の名前が出された理由の合理性の検討が必要である。(注10)

　もっとも，否定例の中に本類型に属するものが存することからも明らかなように，このような供述経過が信用性肯定の理由として果たす力はさほど強くなく，ほかにその供述の信用性に疑問を抱かせる事情がある場合には，この点を重視することはできない。(注11)

　(注10)　例えば，〔肯定14〕茶封筒入り覚せい剤譲渡事件控訴審判決は，譲受人Xが捜査当初譲渡人として死者の名前を挙げ，その後Aから入手したと供述するに至った経緯・動機につき，Xが，逮捕後，取調べのため検察庁へ押送されるバス内でAと一緒になり，Aに謝罪したこと，その際Aから，入手先についてはAの名前を出さず第三者に仮託するように話され，当初捜査官に対しては，当時交通事故で死亡していた甲の名前を出し，本件覚せい剤は甲から預かったものであると虚偽の供述をしていたこと，その後担当弁護人の情理ある更生指導を契機としてX自身反省し，Aの氏名も含め本件を全面自白するに至ったことなどを認定した上，その経緯・動機も自然であって，合理性を有していると判断している。同様に当初は死者の名前を挙げていた事例として，〔肯定17〕覚せい剤所持・譲渡事件がある。

　　　また，〔肯定21〕覚せい剤少年譲渡事件控訴審判決は，覚せい剤の譲受人

Y・Zが捜査官の取調べに対し当初Aの名前を秘匿していた事実につき，「いずれもかねてAから，警察の取調べを受けたときには覚せい剤買受けの相手方の名前は出さないものだと言い聞かされていたため」であると認定して，右の経緯は合理的であると判断している。同様に当初は共犯者の名前を秘匿していた事例として，〔肯定37〕覚せい剤譲渡事件及び〔肯定52〕覚せい剤譲渡事件（後記3(3)オ注53，174頁参照）がある。

　逆に，〔否定38〕覚せい剤譲渡事件第1審判決は，当初覚せい剤の譲渡人につき黙秘を続けていたXが，その後Aの名前を挙げるに至った経緯に関し，概略，「Xは，Aの以前の親分であり，Aが組長になる際などに力になってやった事情があり，X自身，AはXの言うことを何でも聞いて当然と思っていたところ，AがXの女性関係につき忠告するなどしたので，Aに対して腹を立てていたこと，Xは，Yに譲り渡した覚せい剤の仕入れ先を当初黙秘していたが，捜査機関に厳しく追及され，黙秘を続ければ累が妻にも及ぶことを懸念してついに供述するに至ったことなどが認められ，これらの事情は，XがAに不利な証言をする動機となり得る」と判示して，Xの供述の信用性を否定する一つの理由として指摘し，控訴審判決もその判断を是認している。

　また，〔否定6〕時計店押入り強盗事件において，Xは，当初，本件は「刑務所友達で偶然，霞町で会った住所も名前も知らない立ちん坊をしている男」との共同犯行であると供述していたが，約2か月後に初めてAが共犯者であると供述するに至った。この点につき，第1審判決は，概要，「Xは，Aの氏名を言わなかった理由として，犯行前，Aとの間にどちらが捕まっても共犯者の名は絶対に出さないと約束してあったからと供述しているが，両名は刑務所で顔見知りとなったほかには何ら特別の関係はなかったのであるから，仮にそのような約束があったとしても，2か月余もの長期にわたって義理深くAをかばい続けてきたということはいかにも不自然であって，容易に理解できない。このことは，別件の住居侵入，窃盗などの共犯事件につき，Aに比して格別親密な間柄にあったと認められる甲，乙，丙等の氏名についてはさしたる抵抗もなく供述していたとうかがわれることに対比すると一層その感を深くする。また，Xは，Aが共犯者である旨自供した動機について，Aとの約束を守って極力隠してきたが，90日

以上も刑務所の中でむされ，苦しいのが半分と，Aが再び事件を起こしたとき本件が発覚すると罪が重くなり，自分が隠したことが無になると供述しているが，前者の理由については，そのような長期間Aの氏名を隠していたこと自体不自然であることは既に述べたとおりであり，後者の理由については，納得のゆく説明として理解し難い」旨判示し，長期間Aをかばった理由や，その後Aの名を明かすに至った理由としてXの述べるところには合理性がないと判断し，Xの供述の信用性を否定する一つの理由としている。

（注11）　例えば，〔否定10〕と〔否定35〕の各覚せい剤譲渡事件は，いずれも本類型に属するが，その各控訴審判決は，いずれも譲受人Xの供述の信用性を否定する理由としては，その供述経過に触れていない。

d　他の共犯者らの名前を述べた後に被告人の名前を出すに至った場合

　共犯者が多数に及ぶ場合，各共犯者間の関係の緊密さや，利害関係の大きさは必ずしも一様のものではないから，共犯者が他の共犯者らの氏名を小出しにして供述し，被告人の名前が後になって出たとしても，このことから直ちに供述経過が不自然であるとはいえないであろう（なお，被告人の名前が出される以前に登場した「共犯者」の中に引き込まれた疑いのある者がいた場合には，後記eの類型に当たり，その供述の信用性には重大な疑問が生ずることになる。）。しかし，複数の共犯者の中に，当該犯行とは無関係な第三者（例えば，過去に同種犯行を共犯者として繰り返してきた者など）を引き込む可能性もないとはいえないから，本類型においても，被告人の名前をそれまで出さなかった理由や供述を変更して被告人を名指しするに至った理由が合理性を有するのか，十分検討する必要がある。(注12)

（注12）　例えば，〔肯定38〕覚せい剤譲受け事件控訴審判決は，「Xは，逮捕当初取調べに対しなるべく関係者の人数を少なくした方がいいと思って甲の名前だけにとどめてAの名前を出していなかったところ，XよりもAと

親密な関係にあった甲の方がAの名前を出したので，やむなく隠し切れずにＡ譲受人の一人としてＡのことを話すに至ったことが認められ，この点は甲の供述によっても裏付けられているし，Ｘは，Ａ以外にも売りさばき先として具体的に数名の名前を挙げているのであり，ほかにかばわなければならないような人物が存在する形跡もうかがわれず，宣誓の上ことさら虚偽を述べてＡを罪に陥れなければならないような特段の事情も存在しない」と判示し，Ｘの供述の信用性を肯定している。

また，〔肯定３〕日建土木保険金殺人事件〔山根関係〕において，Ｘは，７月21日，共犯者Ｕ，Ｗ，Ｚらの供述が端緒となって逮捕され，当初否認したものの追及をかわすことができず，逐次一連の犯行を自白し，７月22日にＩ殺害未遂事件につきＺとの共謀を，７月26日に同事件につきＵとの共謀を，７月28日にはＶ殺害事件への関与をそれぞれ認め，８月４日から全面的に自供するに至ったが，なおＡとの共謀については否認し続け，８月13日に至ってＡとの共謀を自白しているところ，控訴審判決は，Ｘが当初Ａとの共謀を否認した理由及びその後これを自白した理由として供述する内容につき詳細な検討を加え，その供述は十分首肯できるとしている。殊に，自白した理由について，「保険金入手の方法を追及されて否認し通すことが不可能となり，捜査官に対しＡとの共謀を供述せざるを得なくなった旨のＸの原審供述部分は，十分な合理性があり，措信するに足るものということができる。」と判断している。

e　当初は実在の他の者が共犯者である旨の引き込み供述をしていたが，後に真実の共犯者は被告人であると供述するに至った場合

当該事件に関し無関係の他人を引き込むという現実の行動に出たことがある以上，被告人との関係でも引き込み供述をしているのではないかとの強い疑いが生ずるのは当然である。もっとも，そのことによって直ちに被告人を共犯者と名指しした供述の信用性が否定されるわけではないが，その供述の信用性は極めて慎重に判断する必要がある。
（注13）

なお，この類型そのものには該当しないが，同様の問題がある例と

して，当該事件と関連する別事件又は同種の別事件において現に他の者を引き込む供述をした共犯者の供述の信用性の問題がある。当該事件と別事件との事案の相違などの個別事情を考慮することなく一概に論ずるのは困難であるが，一般的にいえば，関連する別事件又は同種の別事件において過去にその共犯供述の信用性を否定された共犯者については，当該事件においてもその共犯供述の信用性判断を慎重に行う必要があろう。(注14)

(注13) 例えば，〔否定9〕加藤老事件再審判決は，事件記録が廃棄されているため明確な事実関係は不明であるが，少なくとも，Xが逮捕された後にE夫婦との共犯と供述したため，E夫婦がV殺害の被疑者として逮捕されたこと，しかしEについてアリバイが判明したため夫婦とも釈放されたこと，その後にAが逮捕されたものであることは明らかであるとした上で，「XがAをかばうためにAとの共犯を単に秘していたというのではなく，何の関係もないE夫婦，とりわけ女性までも本件のような重大事犯に引き入れるような自供をしているのであって，幸いにしてEに明確なアリバイがあったため同夫婦は釈放されて難を逃れたものの，アリバイがなかった場合果たして同夫婦らはよく逃れえたであろうかと想像するとき，同夫婦らがAの今日の立場に立たされたかもしれないとさえ言える。しかも，E夫婦との共犯が崩れたことによって，Xの虚偽の自供に対する糾明はさらに激しくなったであろうことが当然推察され，その結果がさらに虚偽の自白を生み，Aとの共犯を作り出すことに発展して行ったのではないかと疑われないでもなく，少なくともこのような疑念を抱くことには十分理由がある」と判示している。

(注14) 例えば，〔否定50〕覚せい剤譲渡事件控訴審判決は，譲受人Xの供述の信用性につき，Xが，本件覚せい剤の譲渡が行われたとされる日の翌朝発生した別件強盗致傷事件につき，B（本件譲渡の共謀者ともされている。）がその首謀者であると捜査当局に名指しし，その犯行の詳細を自白したため，Bも逮捕・勾留されて起訴されたが，Xの自白調書は全く措信し難いとして無罪判決がなされ，確定したことなどを指摘して，その信用性

を否定している。

ウ　捜査の端緒・進展状況等

　共犯者が被告人の名前を出すに至った経緯が自然で合理的なものであるか否かを判断するためには，その背景事情として，当該事件の捜査がどのような端緒から開始されたのか，そして，共犯者が被告人の名前を出すまでにどのような捜査・取調べの進展があったのか，という視点を落とすことができない。

　例えば，共犯者が当初被告人との共犯関係を秘匿あるいは否認していたところ，捜査の進展に伴って被告人との共犯関係を推認させる証拠が収集され，捜査官からそれらの証拠との矛盾を追及された結果，ついに被告人との共犯関係を供述するに至るということは，実際の事件においてもしばしば見受けられるところである。したがって，このような背景事情があるのであれば，被告人の名前を出すまでに多少の期間を要したとしても，必ずしも不自然・不合理とはいえないであろう。(注15)

　もっとも，被告人も共犯ではないかとの見込みを持った捜査官から追及されて，被告人との共犯関係を供述するに至った場合には，捜査官に迎合したおそれや，他の共犯者らの供述に引きずられたおそれも考えられないわけではない。このようなおそれが認められる場合には，その供述の信用性は他の共犯者等の供述の信用性評価に大きく左右されることになろう。(注16)特に，共犯者の取調べが違法・不当なものである場合には，引き込み供述である疑いを強く招くことになる（この点は，後記3(4)の項で詳述する。）。

　なお，捜査の端緒が特異なものであり，被告人を共犯者と名指ししたことが右端緒の特異性と密接に結びついているときは，その後の捜査・取調べの経過等とも照らし合わせて，引き込み供述の疑いがないか慎重に判断する必要があろう。(注17)

（注15）　例えば，〔肯定19〕日建土木保険金殺人未遂事件〔清田関係〕控訴審判決は，「Ｘ，Ｙ両名は捜査当初は本件犯行はＸ，Ｙ両名の共謀による犯行である旨それぞれ供述していたが，両名がさほど親密な間柄でないのに本件犯行を共謀するに至った事情や，両名が当初本件犯行を共謀した日時，場所などがあまりに偶発的でそれぞれ不自然であることなどの矛盾点を追及されてやむなくＡとの共謀の事実を供述するに至った経緯が認められるので，Ｘ，Ｙ両名が本件犯行の責任をＡに転嫁しようとの意図でＡとの共謀の事実を自供したものとは直ちに認められない」旨判示している。同様の趣旨を述べるものとして，〔肯定11〕老女覚せい剤譲渡事件控訴審判決，〔肯定27〕所得税還付金騙取事件控訴審判決，〔肯定35〕けん銃等所持事件控訴審判決，〔肯定44〕地方建設局長収賄事件控訴審判決等がある。

（注16）　〔否定１〕三鷹事件は他の共犯者らの供述に左右された例であり，〔否定32〕泥酔女性強姦致傷事件は被害者の供述に左右された例である。

（注17）　例えば，前記第１の２(1)エａ注24,40頁掲記の〔否定12〕土木事務所主査収賄事件控訴審判決参照。

　なお，〔否定25〕覚せい剤共同譲受け事件第１審判決も，譲渡人Ｙの供述の信用性評価につき特に慎重を期すべき特殊事情として，Ｙが，別件の覚せい剤譲渡事件で逮捕された後，右逮捕はＡが警察に密告したことによるものと思い込み，激しい敵意の下に逮捕の約８日後にＡへの本件覚せい剤譲渡を供述するに至った経緯を挙げている。

エ　被告人の名前を出すに至った経緯に関する検討の方法について

　以上のように，他の検討事項等に関して共犯者の供述の信用性を高度に担保するような事情が存する場合は格別，多少ともその供述の信用性に疑念があるときには，被告人の名前を出すに至った経緯についても詳しく検討する必要がある。その具体的方法としては，①共犯者自身の供述や他の関係証拠から供述経過の合理性を検討することは当然として，②最初に被告人の名前を出した供述調書等が証拠調べされていない場合には，これについても「供述経過」等の立証趣旨の下に取り調べることを検討すべきであり（未提出調書の取調べに関する問題については，後

記第3部第2の3,第3の2の各記述のほか,田崎外14,20頁等を参照
されたい。)、③共犯者の取調状況の録音テープ等があれば,それも取り
調べることが望ましく,さらに,④捜査の端緒や進展状況,特に当時の
客観的証拠の収集状況等についても証拠調べするなどの方法が考えられ
る。事案によっては,このように捜査の全過程を視野に入れて,共犯者
が被告人の名前を出すに至った経緯につき考察する必要があろう。

(注18)　例えば,〔肯定62〕淡路島生き埋め殺人事件においては,控訴審段階
で,第1審公判で未提出のXの全供述調書が「Xの捜査段階での供述内容と
その変遷」の立証趣旨の下に非供述証拠として取り調べられ,また,〔肯定
60〕暴力団組長賭博参加事件においても,控訴審段階で,各共犯者の未提出
供述調書が「供述経過ないし内容」の立証趣旨の下に取り調べられている。
これらの証拠調べがそれぞれの事件の控訴審判決の信用性判断の基礎となっ
ていることは見逃すことができない。

(2)　供述の一貫性と変遷

　共犯者の供述の変遷の有無とその原因の検討は,研究対象事例中の大半
の事例において取り上げられていることからも明らかなように,その供述
の信用性を判断する際の一つの重要な検討事項である。
　以下,共犯者の供述が変遷している場合と一貫している場合に分けて,
それぞれの問題点を検討する。

ア　変遷の態様

　一般に,供述が変遷又は動揺しているときは,虚偽供述の徴候である
と解されている。確かに,虚偽の供述をする者は真の体験を有していな
いだけに,その供述が不安定となるのが通常であろう。しかし,虚偽供
述が計画的に行われる場合にはその供述が一貫性を有していても不思議
ではないし,逆に,犯行を体験した真の共犯者であっても,認識の不確
実さや記憶の変容等からその供述内容が変遷したり抽象的又はあいまい

-135-

なものになったりすることも十分あり得るから，供述の変遷がどのような事項について存するか，また，変遷の態様が合理的であるか否かを検討する必要がある。この変遷事項の重要性（共犯関係を認定する上での）と変遷態様の自然性・合理性の両要素によって共犯者の供述の変遷がその供述の信用性に及ぼす影響を判断することができる。

　以下，変遷態様の違いに従って，共犯供述の存在自体が変遷している場合と共犯供述の内容に変遷が認められる場合とに大別して検討する（この区別は便宜上のものであって，両者相容れないものではなく，前者は後者の典型的な事例ということができる。）。なお，後記(3)で検討する共犯供述が行われた時期（訴訟手続の段階）の問題も，視点は異なるが同じ論点を含んでいる。

a　共犯供述の存在自体が変遷している場合

　　前述のとおり（3(1)イb，123頁参照），共犯者が当初単独犯供述をしていたものの，その後被告人との共犯供述に転じた場合は，引き込み供述の疑いを示唆する重要な徴候と考えるべきである。また，共犯者が，共犯供述を始めた後にも，再び単独犯供述に転じたり，両者が交錯・変転して安定しないような場合は，その原因が合理的に説明できるものでない限り，その供述の信用性に疑いが残ることになろう（なお，田崎外25頁は，被告人本人の自白と否認とが変転・交錯した場合について考察しているが，共犯者の供述について考えるに当たっても参考にすべき点が多い。）。そこで，研究対象事例のうち，例の多い二つの典型的類型，すなわち，公判段階単純変転型と複雑変転・交錯型を特に取り上げて，考察する。

i　公判段階単純変転型

　　この類型は，共犯者が捜査段階において共犯供述をしていた（あるいは，共犯者自身の公判でも更に共犯供述を維持していた）ものの，被告人の公判における証人尋問（共犯者と被告人とが併合審理されていない場合）又は被告人質問（共犯者と被告人とが併合審理

されている場合)の際に単独犯供述又は被告人以外の者らとの共犯という供述(以下,これらをまとめて単独犯供述等という。)に転じた場合である。

　この類型に該当する信用性肯定例はかなり多いが,その例としては暴力団等による組織的な犯罪が多いようである[注19]。いずれの事例も,供述変転の理由として,共犯者にとって被告人が親しい関係にある者や組織上の上位者であるため,その面前において不利な供述をしづらいとか,組織関係者が多数傍聴しているため,組織から裏切りと言われるような供述をし難いとかの理由により,公判廷で供述を覆した旨認定されている。また,その場合の公判供述を通覧すると,客観的証拠と明白に矛盾する部分や供述内部で前後矛盾する部分があったり,あるいは具体性や明確性を欠いた供述であったり,明らかに不自然・不合理と思われる供述であったりして,捜査段階での共犯供述に比して信用性に疑問を抱かせるものが多い。

　これに対し,この類型に該当する信用性否定例も少なくない。肯定例の場合と異なり,類型化は困難であるが[注20],いずれの事例も,捜査段階での共犯供述には,重要部分に客観的証拠と符合しない点があったり,共犯供述自体の中に看過できない変遷があったり,引き込みの可能性をうかがわせる事情(単独犯供述が先行していたことなど)が存したり,あるいは取調べや捜査の過程に問題があったりして,公判段階での単独犯供述等に比して信用性に疑問を抱かせる点が認められる。

　以上のように,この類型においては,共犯者自身が被告人の面前において捜査段階の共犯供述を覆しているのであるから,捜査段階の供述自体につき他の検討事項等を多角的かつ慎重に検討することが必要なのは当然であるが,それとともに,共犯者の公判廷での供述態度を十分に観察し,犯行の経緯・背景や共犯者と被告人との関係等を踏まえて,供述を変更した理由の究明に努め,さらには,各

検討事項に関し捜査段階での共犯供述と対比しながら公判段階での単独犯供述等を慎重に検討することが必要と思われる。

(注19) 公判廷で単独犯又は否認の供述に転じた信用性肯定例としては,〔肯定25〕暴力団組長狙撃犯人蔵匿事件,〔肯定28〕覚せい剤譲渡事件,〔肯定30〕手形詐取事件,〔肯定42〕土地代金目的殺人事件のＸ,〔肯定57〕大学理事恐喝事件のＹ,〔肯定64〕衆議院議員選供与事件,〔肯定65〕けん銃等隠匿所持事件,〔肯定79〕覚せい剤密売共謀事件(主尋問では共犯供述を維持したが,反対尋問で否認に転じた。),〔肯定82〕覚せい剤譲渡事件,〔肯定87〕暴力団抗争殺人事件等がある。また,公判廷では共犯者がＡではなく他の者であると供述するようになった例として,〔肯定66〕暴力団抗争殺人未遂事件,〔肯定81〕暴力団抗争殺人事件等がある。

上記事例は,概ね,暴力団の組織犯罪(肯定例の25,65,66,79,81,87),その他の組織的犯罪(肯定例の30,57,64),ＡとＸとの間に親族関係等の親密な関係がある場合(肯定例の42),その他(肯定例の28,82)に分類することができる。

(注20) 信用性否定例としては,〔否定1〕三鷹事件,〔否定13〕対立暴力団組長殺害教唆事件,〔否定14〕岩国の暴力団首領殺害事件,〔否定27〕野球賭博開張図利事件,〔否定32〕泥酔女性強姦致傷事件,〔否定40〕覚せい剤譲渡事件,〔否定44〕町立病院贈賄事件等がある。

ii 複雑変転型

この類型は,共犯者が一旦は共犯供述をしたものの,その後の捜査段階あるいは公判段階において単独犯供述等に転じた後,再び共犯供述に戻ったような場合である。当然のことながら,この類型の共犯供述は極めて不安定なものであって,そのような供述経過をたどっていること自体で,信用性に疑問を呈するものと考えられる。しかし,その場合であっても,供述を変更した動機に納得できるも

のがあり，また，共犯供述について他の証拠との符合性その他の個々的事項を検討しても問題とすべき点が少ないときは，共犯供述の信用性が肯定され得ることになる。
(注21)

　　（注21）　例えば，〔肯定51〕交通事故偽装保険金詐欺事件の共犯者Xは，第1審では共犯供述をし，控訴審ではこれを覆して第1審証言は虚偽でありAを引き込んだ旨証言したものの，控訴審において再びその証言を覆し，第1審証言が正しい旨証言している。控訴審判決は，Xが単独犯供述に転じた経緯として，AがXに報酬を与えて偽証工作を行ったことをXのみならず関与した第三者甲も認め，特に甲はAの弁解に沿う偽証をしたことにより偽証罪で有罪判決を受けていることなどを認定したほか，他の事項も検討して，Xの共犯供述の信用性を肯定している。
　　　　また，〔肯定77〕大麻密輸入事件の共犯者Xは，第1審第6回公判において，検察官の主尋問に対してはAとの共同犯行と供述しながら，その後，弁護人の反対尋問や検察官の再主尋問に対しては，一転してAの関与を否定する証言をし，その後第7回公判において，前記証言を覆して再び共犯供述をしている。控訴審判決は，単独犯供述の内容が極めて不自然・不合理なものであることのほか，X自身が，第7回公判において，共犯供述を覆した理由として，Xが執行猶予付懲役刑を言い渡されて出所した後，Aの妻と会った際，同女から弁護人の質問に沿う供述をすればAが助かると言われたこと，X自身，以前タイに旅行したときAから大麻を譲り受けて持ち帰ったことがあるので，Aに不利な証言をするとそのことをAに暴露されはしないかとおそれるあまり，身の安全をも考えて虚偽の供述をしたこと，しかしそのことに思い悩んだ挙げ句，母親に打ち明けて，本件の捜査官らに連絡してもらい，再度公判廷において真実を述べたものである旨証言していることなどを指摘して，Xの共犯供述の信用性を肯定している。
　　　　なお，これとは逆に，単独犯供述が先行した例として，〔否定3〕着物等窃盗事件がある。単独犯供述をしていたXは，単独犯として起訴された後に，捜査官に対してAとの共犯であると供述したため，Aも起訴さ

れたところ，Aの公判では供述を再び変更し，単独犯であると証言した。第１審判決は，AとXとの関係等からXが共犯供述をするに至った経緯が不自然であることを指摘した上，共犯供述の内容について検討し，客観的証拠との矛盾点等を挙げて，共犯供述の信用性を否定している。

b 共犯供述の内容に変遷が存する場合
　一般的に言えば，共犯者の供述内容の全般あるいはその根幹部分について供述が変遷している場合には，単なる記憶の混乱・変容等による自然な変遷とみるのが困難であるから，その変遷の理由が明らかにされて合理的な説明がつく場合でない限り，その供述の信用性に重大な疑問が生ずることになろう（田崎外25頁参照）。問題は，共犯者の供述中のどの部分がこの「根幹部分」に当たるかである。
　まず，多衆犯のケースや，順次共謀であるために共犯者相互間に面識がないケースを別にすれば，共犯者の人数，顔触れ等は共犯供述の最も基本的な部分であるから，このような点について供述が変遷している場合には，その供述の信用性に重大な疑問が生じよう。例えば，〔否定７〕八海事件の共犯者Xは，逮捕当初は単独犯供述や６人共犯供述を行い，捜査の途中から第１審，控訴審を通じてAらとの５人共犯供述を行うようになったが，上告申立て後，弁護人に対してはAら以外のB，CあるいはDとの２人共犯と供述し，他方，検察官に対しては５人共犯の供述を維持するというように，相互に数回供述の変転を繰り返し，その後は再び５人共犯供述を維持している（事例カードの〔事件の経過〕参照）。この点につき，第３次上告審判決は，「逮捕から１次上告審の段階に至る間，共犯者の有無，人数，顔触れにつき10回余りもの供述の変遷がみられるのであって，このこと自体が同人の供述全般の信用性を疑わしくしている」と判示している。(注22)
　次に，順次共謀の末端に位置するため実行行為の担当者を認識していないような者を別とすれば，だれが実行行為を担当したのかは共犯

供述の基本的部分であるといえるから，たとえ共犯者の顔触れについては供述の変遷がなくても，この点について供述の変遷がある場合には，これもまた極めて重要な供述の変遷であるといい得る。例えば，〔否定4〕日本岩窟王事件のXとYは，だれがどのような態様でVを殺害したのかについて捜査・公判を通じ著しい変遷を重ねているところ（事例カードの〔捜査の経過とX・Y供述の要旨〕参照），再審判決は，このようなXとYの供述の変遷を信用性否定の重要な根拠として掲げている。

以上の各点以外の何が根幹部分であるかについては，前記第2の1(1)において客観的証拠との積極的符合性を検討する際に判断基準として挙げた「共犯者の供述の主要部分，根幹部分あるいはかなり重要な部分」の範囲とほぼ同様であって，各共犯類型によって範囲を異にすると考えられる。以下，研究対象事例の中から，否定例と肯定例の具体的事例を挙げて，その範囲につき若干の検討を行うことにする。

（注22）　同様に共犯者の顔触れや主犯がだれであるかなどの点で著しい供述の変遷が存する例として，〔否定18〕朝霞自衛官殺害事件がある。

i　実行共同正犯型の場合

原則として，被告人の実行態様，共犯者と被告人との共謀状況及びこれらと密接に関連する事実が根幹部分と考えられる。

具体的事例に即していえば，複数の実行者による犯行の具体的方法や一連の犯行の順序・時期・場所などは，いずれも犯行の中核である実行態様に関する供述部分であるから，その点に関する供述が変遷している場合には，変遷に合理的理由のない限り，その供述の信用性に重大な影響を及ぼすであろう。これに対し，覚せい剤使用の事案において左右いずれの腕に注射したかというような点は，確かに犯行態様の一部ではあるが，犯行の本質を左右する事柄
（注23）（注24）（注25）

ではないから，特に変遷の態様が不合理なものでなければ，その点の変遷は必ずしも共犯供述の根幹部分の信用性に影響を及ぼさないものと解される。(注26)

実行共同正犯型においても，共謀の日時及びその内容等は根幹部分であるから，この点の供述の変遷は，同様に，合理的理由がない限り信用性に大きな影響を及ぼすことになる。(注27)

また，被告人の実行行為や共謀と密接に関連する事実としては，窃盗事犯における盗品の処分状況や，所持事犯における所持を開始した時期と状況などのほか，被告人の実行行為や共謀の重要な前提事実がそれに含まれるであろう。(注28)

(注23)　複数者による犯行の具体的方法に変遷がある例としては，〔否定4〕日本岩窟王事件，〔否定7〕八海事件，〔否定11〕酔客に対する傷害・殺人事件等がある。

(注24)　例えば，〔否定16〕債務者殺害事件控訴審判決は，Aとの共同実行を詳細に述べるXの供述のうち，Xが，実際には第3，第4現場（Vを殺害する前に拉致した場所）で行われた暴行等を第2現場で引き続き行われたものとして供述し，第3，第4現場については全く触れないまま公判廷でも右供述を維持し続けたが，Aの逮捕後，Aの供述する第3，第4現場の存在を否定し難くなって，ようやく第3，第4現場の存在とそこでの暴行を認めるに至った点につき，概略，「Xが従前の虚偽供述の理由として，体の悪い兄Yをかばうためにしたと述べている点は，確かに一見合理的であるが，XがA逮捕後の取調べにおいてもしばらくは第3現場の存在を秘匿し続けた経過に照らすと，第3現場の秘匿がXの述べるような単純な動機に基づくものと考えてよいか，なお疑問が残り，第3現場の存在を明らかにすることによって，YのみならずX自身も著しく不利な立場に陥るおそれがあったのではないかという疑いを完全に払拭することはできない」旨判示し，信用性否定の一つの根拠に挙げている。

-142-

（注25）　犯行状況に関連した事項について供述の変遷はあるが，変遷に合理的理由があると判断された例として，〔肯定5〕選挙違反・犯人蔵匿・証人威迫事件がある。A方にかくまわれたXの捜査官に対する供述には，蔵匿中にA夫婦と交わした会話内容等につき変遷が存するが，控訴審判決は，「XがA夫婦と交わした会話内容やその前後について訂正，変更があるのも，Xにおいて，Aらに迷惑を掛けることをできる限り避けようと考え，捜査官に対して，A方に宿泊した期間について虚偽の供述をし，その結果，A方に宿泊している間のA夫婦との会話内容が不自然，不合理なものとなったこと，また記憶違いにより，A方に宿泊している間のA夫婦との会話内容が，混ざり合い，前後が逆になったりしたこと，そして後にXが事実を述べ，また記憶違いがあることが判明した部分を訂正したためであることが認められる」旨判示している。

（注26）　その例としては，〔肯定32〕覚せい剤使用・譲渡事件控訴審判決がある。

（注27）　例えば，〔否定23〕山中事件上告審判決は，「Xの第1審における供述には，Aとの共謀の日時とその内容につき，著しい変遷，動揺がある。」とした上，「このような供述の変遷，動揺は，現実に体験していないことを想像に基づいて供述しているために生じたのではないかと疑う余地がある。」と判示している（事例カードの上告審判決の要旨5参照）。

（注28）　例えば，〔否定20〕シンナー窃取・所持事件の公訴事実は，AがXと共謀の上シンナーを窃取するとともに，その一部をYに預け，Y方においてこれを所持していたというものであるが，第1審判決は，訴追されなかったものの共犯者的立場にあるYが，Aからシンナーを預かった時期・状況につき，捜査段階の当初は「窃取した日には預かっていない。2週間位後にAがY方に持参してきたので預かった。」旨供述していたが，その後「よく思い出すことができないが，当日預かったのかもしれない。」との供述を経て，「窃取した日に，自分が車から降りると，Aも降りてきて，預かってくれと言った。」と供述を変更し，更に公判廷での証言では「窃盗後の帰途の途中の車内において，Aから預かってくれと頼まれたので，Y方で降車した際，トランクからシンナー缶を持ち出してY方に搬入した。」旨供述を変更していることにつき，「Yにとって自

らの刑事責任の有無を岐ける重要な事項について，捜査段階から右のごとくあいまいかつ変転した供述をしていたことは，『Aから預かった』旨の同人の公判供述の信用性に強い疑問を抱かせるものである」と判示している。

ⅱ 対向犯型の場合

原則として，被告人の犯行態様が根幹部分ということになろう。具体的事例に即していえば，薬物の授受事犯や贈収賄事犯等において薬物や賄賂を授受した日時・場所やその具体的状況に関する供述に変遷がある場合には，その点に合理的な理由が認められない限り，その供述の信用性に疑問が生ずることになる。[注29]

また，実行行為そのものでなくても，それと密接に関連する部分は根幹部分に準じて考えることができるが，密接に関連するか否かは，当該事件の全体的な証拠構造にかかっている。[注30]例えば，贈収賄事件においては，賄賂そのものが押収される例が少なく，賄賂の存在自体に客観的裏付けのないことが多いため，そのような事案の贈賄者の供述に，賄賂の出所元，調達方法に関する供述の変遷が存する場合には，賄賂の存在自体にも影響しかねず，贈賄したという供述の信用性にかなりの疑いが生ずるものとされる事例が少なくない。[注31]これと対照的に，薬物の授受事件においては，当該薬物の少なくとも一部が押収されていなければ起訴されない取扱いが一般的であるため，譲渡人が薬物の入手先について秘匿したり，不自然・不合理な供述をしたり，又はその供述に変遷があったりしても，それによって当該薬物の存在自体に影響することはないため，右薬物との同一性に疑問を生じさせるものでない限り，譲渡したという供述の信用性評価において必ずしもマイナス材料とは評価されていないように思われる。このような差異は，また，薬物の譲渡人が当該薬物の入手先を供述すれば，供述者と関係の深い入手先に訴追の危険を

及ぼすことになりかねないなどの理由から，必ずしも真実を供述するとは限らないのが実情であるのに対し，贈賄者が賄賂の出所元を供述しても，そのようなリスクが考え難いことにも起因しているように思われる。

　なお，起訴された覚せい剤取引に先立つ余罪としての覚せい剤取引がいつから始まったのかというような事実は，事案によっては起訴された取引に相当関連するであろうが，一般的には当該取引の存否と直接の関連を有しないことが多いと思われるから，このような点に供述の変遷があっても，特別の事情がない限り，当該取引に関する供述自体の信用性には直接的な影響を及ぼさないものと思われる。(注32)

　既に述べたように，根幹部分に供述の変遷があっても，変遷に合理的理由がある場合には信用性に影響を及ぼさない。このような理由で共犯供述の信用性が肯定された事例も少なくない。(注33)

（注29）　薬物や賄賂を授受した日時・場所やその具体的状況に関する供述が変遷していることを重視して共犯者の供述の信用性を否定した事例としては，次のようなものがある。いずれも，当該各判決の概要である。
〔否定10〕覚せい剤譲渡事件控訴審判決
　　譲受人Ｘは，本件覚せい剤を譲り受けた日時につき，Ａが逮捕される以前の時点においては，当初，釧路に帰ろうと千歳空港へ行ったが飛行機に乗り遅れたため，Ｔホテルへ行き，同ホテル内のＡに連絡して譲り受けたもので，１月16日ころであったと述べていたが，その後，飛行機に乗り遅れた日の前日（１月15日）にＺホテルからＴホテルのＡに連絡して譲り受けたと供述を変えたばかりか，Ａが逮捕された後の供述調書では，初めに１月15日に間違いない旨供述しながら，最後にこれを読み聞かされると，１月16日に買った記憶しかないと言い張り，同日夜にＡがＴホテルに宿泊したとの記録がないとするホテル従業員の方がむしろ勘違いしているとまで強弁している。このような供

－145－

述の変転，食い違いはまことに異常というほかない。

〔否定17〕町長収賄事件第1審判決

　贈賄者Xの証言は，A宅を訪れて現金100万円を供与したとする訪問の日時が不自然かつ場当たり的に動揺し，結局どれが真実であるか分からない上，供与したとする現金の出所についても極めてあいまいで裏付けがなく，要するにその現金供与に関する供述は，他の客観的な出来事との間に関連性を欠き，その意味で具象性がなく，抽象的である。かつ，右のような動揺を重ねていることや，捜査段階で本件現金の出所であると述べていた裏金預金の引出しが実は他の用途に充てられていたとされるに至ったことなどを考慮すれば，Xの証言の信用性は甚だしく疑問である。

〔否定25〕覚せい剤共同譲受け事件第1審判決

　譲渡人Yは，譲渡した覚せい剤の値段について，捜査段階では1グラム1万円と供述していたが，公判段階では，検察官の主尋問に対し「1グラム2万円で売ってくれ。」とAに言われた旨証言し，弁護人の反対尋問を受けると「1グラム2万円という話は出たと思うが，ちょっと分からない。」と証言を変更した。覚せい剤の取引における最も重要な価格の点に関し，証言が何故このように揺れ動くのか，その理由がやはり明らかにされておらず，この点も，Yの証言が確実な記憶に基づくものではないのではないかとの疑いと結びつくものである。

　また，譲渡に際し代金の一部をAから受け取ったか否かについても，Yは，8月16日付警察官調書では，「約1グラムを入れてAに渡すと，Aはこれを受け取り若い男に渡し，Aが1万円を私に渡した。」とされていたのが，9月6日付警察官調書及び検察官調書では，「Aにパケを渡すとAがすぐに1万円を渡したと話したのは勘違いで，1万円は，私がTに電話して，Aらと一緒に兄弟分（R）の家に向かう途中，組の事務所に着くまでの車の中でAから受け取った」こととされ，更に公判証言では，当日Aから1万円もらったというのは勘違いで，実際にはもらっていないとするに至った。Yは，公判廷において，捜査段階で勘違いをした理由について，一応合理的と思われる理由を説明して

いるから，右の点については，ともかく自分なりに記憶を喚起して証言したものと認めてよいと思われるが，逆に右のような重要な点について，Yが捜査段階から大きな思い違いをし，しかも取調べの都度，その情景をもっともらしく説明してきたということは，Yが公判廷でもっともらしく証言している事実の中に，思い違いで客観的事実に反するものが含まれている可能性があることを示唆するものといえよう。

〔否定35〕覚せい剤譲渡事件控訴審判決
　　譲受人Xの第1審での証言と控訴審での証言との間に，覚せい剤の具体的譲渡方法及びその前後の状況に関し，顕著な理解し難い相違点があり，これは自己の体験した事実を物語る証言にとっては致命的な欠点であるといわねばならず，その信用性に多大の疑問を生じさせる。

(注30)　なお，対向犯型に限らないが，一見あまり重要とも思われない犯行前後の状況に関する供述の変遷が，供述全体の信用性評価にかかわるような問題点を示している場合がある。例えば，〔否定25〕覚せい剤共同譲受け事件第1審判決は，譲渡人Yの供述につき，概略，「Yは，犯行当日Aらと最初に会った場所・状況について，8月16日付警察官調書では，自宅アパートに訪ねてきたAを部屋の中に入れたとき，『1万円くらい覚せい剤があるか。』と聞かれたとしていたのに対し，9月6日付検察官調書では，自宅アパートに訪ねてきたAと玄関先で話したあと，内妻がうるさいので階段を下りてアパートの前へ行ったとするに至り，これが公判証言では，突如として，S店内でAと会い，『薬欲しい人がいる。』『1グラム2万円』という話が出たということになった。X証言及びAの供述に照らし，Yの捜査段階の供述は明らかに誤りであるが，本件取引のわずか2日後に逮捕されたYが，記憶の最も新鮮な段階で明らかに事実に反すると思われる供述をした理由について，Yは，結局，何らの説明もすることができない。したがって，Yが，シャブぼけで記憶が定かでなかったのに，Aに対する敵意に基づいて適当に供述した結果であると考える余地が十分にある。そうであるとすると，Yが日時の経過とともに記憶を回復したという確証もないから，Yは，公判廷においても，確実な記憶がないまま，その後得た情報に基づき，適当に証言している疑

-147-

いがないとはいえず，右証言については，その意味で疑いを容れる余地がある。」と判示している。

（注31）　例えば，〔否定12〕土木事務所主査収賄事件控訴審判決は，贈賄金の調達方法や贈賄の実行日に関する供述の変遷につき，「贈賄というような軽からざる罪を犯した者が，贈賄金の調達方法や贈賄の実行日の如き重要な事項を間違うというのは甚だ不審であ」ると判示している。

　　　　また，前注29の〔否定17〕町長収賄事件第1審判決も同様の判断を示している。

（注32）　例えば，〔肯定82〕覚せい剤譲渡事件控訴審判決は，概略，「Xの譲受け供述には，前刑出所後初めてAから覚せい剤を入手して使用するようになった時期などにつき若干の供述の変遷があるものの，本件覚せい剤譲受けの事実は一貫して供述していたばかりでなく，右供述の変遷についても，当初自己の罪責を軽くしようとしてAとの関係を少なく供述することも理解できることであるから，右変遷をもってXの供述の信用性がなくなるわけではない。」と判示している。

（注33）　変遷の合理性が肯定された事例は，以下のとおりである。

　　〔肯定11〕老女覚せい剤譲渡事件

　　　　公訴事実は，Aが10回にわたって覚せい剤をXに有償譲渡したというものである。第1審は，Xの供述変遷を主たる理由として第5ないし第10訴因につき無罪を言い渡したが，控訴審判決は，それを破棄し，全訴因につき有罪とした。

　　　　まず，Xが逮捕翌日の警察官調書中で，第5の譲受けにより得た100グラムの覚せい剤につき，真実は100グラム全部を更にMに譲渡したのに，50グラムMに譲渡したと虚偽の供述をした点につき，第1審判決は，これをX供述の措信し難い理由の一つとしたが，控訴審判決は，概略，「覚せい剤の譲受け数量は犯人の刑責に多大の影響を及ぼすべき重要な要素であるから，かかる犯罪の被疑者に擬せられたXが，取調べの冒頭において数量を過少に自供することは，自己の刑責の免脱ないし軽減を図ろうとする被疑者の心理として決して不自然なものとまではいえず，殊に本件では逮捕状記載の被疑事実では右数量は50グラムとされていたのであり，この時点では捜査官においてもこれに沿う

程度の採証にとどまっていたものと考えられるから，これらに合わせて被疑者が供述することは被疑者一般の心情にも合致するごく一般的な事象であって，かかる供述が冒頭に存するからといって，その後になされたＸの供述全体の信用性にまで強い影響を及ぼすものと考えるのは正当な証拠の評価とは考えられない。そして，Ｘは，その約１か月後の警察官調書において右数量を100グラムと変更して以来，一貫してその数量を供述しており，これは他の関係者の供述調書とも符合するもので，この点に関する変更後の供述は十分信用できる。」と判示している。

また，Ｘの供述が，譲渡の年月日についても度々変遷し，殊に第５の譲渡に関しては，その供述する年月日に最大約２か月の開きがあるところ，控訴審判決は，「犯行時から供述調書作成時まで５か月ないし９か月，原審供述時まで８か月ないし２年もの期間がそれぞれ経過していることや，その犯行回数が多数で相互間に錯綜を生じやすい状況にあったこと等に徴すれば，右程度の犯行時期のずれは記憶の希薄化，混乱等によりまま生じ得る事柄であるのに比し，相手方，場所，数量，代金など本件各犯罪のその他の主要部分に関しては，確信ある供述をしていることにかんがみるとき，犯行時期に関する前記程度の変動は，Ｘの供述全体，殊に犯罪事実の主要部分に関する供述の信用性にまで影響を及ぼすものとは考えられない。」と判示している。

〔肯定23〕暴力団幹部覚せい剤譲渡事件

Ｘ（暴力団幹部であるＡの舎弟）は，捜査段階ではＡから当座のしのぎに使えと言われて覚せい剤をもらったと述べていたが，第１審公判では有償の譲受けであったと証言するに至った。この点につき，控訴審判決は，Ｘが「捜査官に対し有償性を秘したのは，当時まだ気持が動揺していてＡをかばうためであったが，暴力団から脱退する決意ができたため原審では真実を吐露したというものであって，右供述の変遷の理由も首肯できる。」と判示している。

〔肯定31〕覚せい剤譲渡事件

譲受人Ｘの供述につき，数回に及ぶ覚せい剤授受の日時・場所・取引数量等の点で著しい変遷があるから信用性がないとする主張に対

し，控訴審判決は，それぞれ以下のような判断を示して，その信用性を肯定している。
① 最初の覚せい剤取引日について
　Xは，昭和55年5月23日に逮捕された直後においてはその3か月位前であったと供述しながら，その後，同年2月上旬とか前年の11月か12月ころなどと供述し，最終的には昭和55年3月16日ころであったとしていて，変更が多い。しかし，その最初の取引日の特定については，捜査段階の初期から既にAと覚せい剤の取引を始めるに至った経緯の供述が伴っており，従前Aから覚せい剤を仕入れて密売をしていたSが覚せい剤事犯で逮捕された妻の訴訟費用を捻出する必要に迫られて覚せい剤を再びAから仕入れようとしたものの，当時Aとの折合いが悪くなっていたためXに仲裁方を依頼したことからXとAとの接触が始まり，結局その仲裁が効を奏さないうちにSが覚せい剤事犯で逮捕されるに至り，その直後にX自身がAから覚せい剤を仕入れるようになったというのであり，捜査の当初はその仕入れの時期を記憶のみに頼って供述していたため不確実であったのが，捜査の進展に伴いSの逮捕日が昭和55年3月6日であったことやその翌日から同月10日までXが韓国に旅行していたことが明確となったため，最終的には同月16日ころと確言できるようになったものである。
② 最後の覚せい剤取引日について
　Xの供述は，5月20日，5月17日，4月下旬，5月中旬などと変遷しているけれども，この点についてもXが逮捕された5月23日の何日か前であったとする確実な手掛かりについての供述を伴っている点では一致しており，ただ本人の記憶のみに頼った供述であったためその日の特定が困難であったところ，最終的に5月中旬の夕方雨のときに自動車の中で取引をしたことの記憶を喚起したことから当時の降雨の記録に照らして5月15日又は16日と確定されるに至ったものである。
③ 覚せい剤取引の場所について
　Xのこの点に関する供述変更は，4，5回の取引場所がすべて甲高校前路上であったとしていた従前の供述を，最終の取引場所について乙興業前であったと変更したことに限られており，しかも，両者は30

メートル位しか離れていないのであり、供述の変更の理由も降雨時であったため自動車内で取引をしたことを思い出したことに伴い従前の供述の誤りに気付いたというものであって、合理性を有するから、少しも供述の信用性を損なうものではない。

④ 覚せい剤の取引回数及び数量について

Xのこの点に関する供述は、200グラム、100グラム、50グラム、70グラムの順に4回にわたり合計420グラムをAから譲り受けたという供述から、100グラム、50グラム、100グラム、50グラム、70グラムの順に5回にわたり合計370グラムをAから譲り受けたという供述に変更されているにすぎないばかりか、その変遷の理由として最初の取引の際もともと200グラムとする話が出ていたものの結局100グラムとなったという経緯のあったことを思い出し、これに伴いその数量や経緯の詳細が明らかになったことが述べられていて、合理性を有している。

〔肯定54〕組員内妻への覚せい剤譲渡事件

内縁の夫Mの兄であるAから覚せい剤を3回にわたり譲り受けたとするXの供述は、捜査段階での供述、自己の公判での供述、Aの事件における期日外尋問での供述と時を経るにつれ具体性や内容が乏しくなっている。この点につき、控訴審判決は、概要、「Xが最初にその供述を後退させた際、XはMとの間の二児を連れてNの妻となっており、M又はAのことが原因となって現在の境遇に波風が立つようなことは避けたいという気持ちが強かったと認められること、しかもその直前XがおのNとともにMと再会しXの従前の供述を変更することが可能かどうかが話題とされていることなどからすれば、Xとして、その時点においては、それまで明言していたAからの覚せい剤入手の事実をそのまま維持し続けることにかなりの心理的抵抗があり、さらに、無実を主張しているA（かつての自己の内縁の夫の実兄）が同席していた期日外供述においてその気持ちは一層強かったため、前記のようなあいまいな供述をするに至ったと解する余地が大きい。」旨判示して、供述の後退はXの供述の基本的信用性を減殺するものではないとしている。

〔肯定59〕覚せい剤譲受け事件

Xは，Aに覚せい剤を譲渡した日につき，捜査段階において，当初10月15日と供述していたが，その後10月12日と供述している。控訴審判決は，この変遷につき，「Xは，親しいTの名前を秘匿するために，捜査官に対しAとの本件取引の日（10月12日）をずらし，この取引と同月15日のTとの取引をすりかえる供述をしたことはあるけれども，Aが逮捕され，Aに同月15日のアリバイがあることを知るに及んでからは本件事実を率直に認める供述をしており，その際，Tをかばったため虚偽の供述をしたことも明らかにしているのであって，Xが当初虚偽の供述をした理由及びこれを翻して真実を供述するに至った経緯などは十分明らかにされているということができる。」と判示している。

iii　共謀共同正犯型（又は教唆犯型・幇助犯型）の場合
　原則として，被告人と共犯者との共謀形成や犯行準備の具体的状況，被告人の教唆・幇助行為の具体的状況及びこれらと密接に関連する事実が根幹部分と考えられる。(注34)具体的事例に即していえば，共同謀議の日時やその具体的内容（注34記載の〔否定15〕等），被告人と共犯者のいずれが犯行計画を持ちかけたか（同〔否定42〕等），報酬の取決めの有無とその内容（同〔否定46〕等），教唆行為の日時・回数やその具体的態様（同〔否定2〕，〔否定13〕等），犯行準備状況（同〔否定13〕，〔否定14〕，〔否定15〕等）などは，いずれも共謀や教唆・幇助の本質にかかわる事柄であるから，共犯供述の根幹部分に該当し，この点の変遷は原則として供述全体の信用性に強い疑問を抱かせることになる。
　しかし，供述の根幹部分に変遷があっても，それが合理的な理由に基づく場合には，他の類型の場合と同様，供述の基本的信用性に影響を及ぼさないことも十分あり得る。(注35)

　（注34）　共犯者の供述の信用性を否定する理由として供述の変遷を指摘

した事例としては，次のようなものがある。

〔否定2〕青酸カリ毒殺教唆事件

　　公訴事実の要旨は，Aが，恋愛関係にあったXにその婚約者Vを殺害させようと企て，5月22日昼，「話がつかなかったら前に言ったように青酸カリもあることや。今日青酸カリを持ち出せ。今晩もう一度会おう」などと暗にVを殺害するように教示し，同日夜，更に「青酸カリをウイスキーに混ぜるのが一番いいのや」などと言い，ウイスキーの小びんを示してVを殺害する方法を教示し，XにV殺害の決意をさせ，Xにおいて翌23日Vに青酸カリを服用させ中毒死させたというものである。

　　控訴審判決は，①Xは，第3回警察官調書（5月26日付）で，取調官の膝に伏せて泣きながら前回は嘘を言って申し訳がない，これから本当のことを言うと前置きしながら，自己の単独犯行である旨を供述し，しかも虚実織り混ぜて供述しており，更に第4回警察官調書（5月28日付）でも，今まで嘘ばかり申してすまないと前置きして，初めて本件教唆に関する供述をしたものの，その後もその供述には種々の変遷が認められること，②Xは，第4回検察官調書（6月11日付）までは，本件犯行前Aに会ったのは5月22日の昼休みのときであって，その際Aから「今晩また会おう」と言われたが会わなかったという趣旨のことを繰り返し述べておきながら，第7回検察官調書（6月30日付）に至って突然5月22日の夜にもAと会った旨の供述を始め，その後も同供述を維持しているところ，このように重大な供述変更につき，その理由が明らかにされていないのみならず，本件と利害関係のない関係者らの供述を総合すると5月23日以前の最後の昼に両人が会ったのが同月22日ではなく同月21日であると認められ，そうである以上，Aから今晩会おうと言われて5月22日の夜Aと会ったというXの供述は容易に信用できないことなどの事情を認定して，Xの供述は信用し難いとしている。

〔否定13〕対立暴力団組長殺害教唆事件

　　上告審判決は，被教唆者Xの供述の信用性に関する問題点として，X検察官調書とX警察官調書との間には，AがXに殺人教唆を行った

とされる日（4月1日）にAからの呼び出しの電話があった時刻，AがXにけん銃と実包を手渡したとされる日（4月5日）ころのA方訪問の回数，態様，Aから渡されたときのけん銃，実包，現金の状態など「必ずしも些細とはいえない点で供述のくい違いがあり，これらを単に記憶違いということで説明し尽くすことは困難ではないかと思われる。」旨判示している（事例カードの上告審判決の要旨1(3)参照）。

〔否定14〕岩国の暴力団首領殺害事件

実行行為者Xは，犯行当日（昭和52年4月25日）逮捕されて以来単独犯を主張し，凶器であるけん銃の入手経路についても前年の6月ころにEから購入して以来所持していた旨供述していたが，昭和52年5月27日に至って初めて同年4月7日にAからV殺害の指示があった旨供述するに至った。Xは，その後も，当初は，Aからけん銃の交付を受けたのは殺人指示の日と異なる4月18日である旨供述していたが，その後の検察官調書中において4月7日の殺害指示当日にAから交付を受けた旨供述している。しかし，第1審及び控訴審では，再びEから購入した旨証言している。また，けん銃の保管状況についても，Xは，空地の土の中又は洋服ダンスに隠しておいた，あるいは身体から離さず所持していたなどと供述を変遷させている。

控訴審判決は，上記のような供述の変遷状況に加え，Xが暴力団総長の直近の護衛役として4月7日以前にけん銃を所持していた疑いが極めて強いことなどをも考慮に入れると，Xの検察官調書中，同日Aからけん銃の交付を受けたとする供述部分には合理的な疑いを差し挟む余地があると判示している（事例カードの控訴審判決の要旨1(1)参照）。

〔否定15〕梅田事件

再審開始決定，その抗告審決定，再審判決は，変遷部分の一部の評価に違いこそあれ（例えば，抗告審決定は，再審開始決定の指摘する変遷事項の一部には「会合の日時，場所，会話の内容等記憶の困難な事柄や枝葉末節にわたる事柄も含まれている」と判示している。），いずれも共犯者Xの供述内容には全般にわたって不自然かつ顕著な変遷があることをその信用性を疑問とする大きな理由に挙げている。例え

－154－

ば，再審判決は，22項目につきその供述変遷の経緯・状況等を詳細に分析検討の上，これらの変遷事項をもってX供述の信用性にかかわり合いのない枝葉末節に属するものとして切り捨てるのは相当でなく，その変遷ぶりは大きな消極的要素として作用せざるを得ないとしている（事例カードの再審判決の要旨6参照）。

〔否定42〕浅虫温泉放火事件

　共犯者Xは，第1審第2回公判と第6回公判では，Aから犯行の計画を持ちかけられた状況につき，その際にAが発した言葉を復元してまで具体的かつ詳細に述べていたが，第22回公判に至って従前の供述を覆し，それが全くの作り話であったと全面的に供述を変更するに至った。この点につき，控訴審判決は，前記2(3)注10，110頁記載のように判示し，その変更部分が供述全体に占める位置ないしXの供述の一般的な傾向をも考え併せると，やはり軽視することのできない重要な供述の変遷である旨判示している。

〔否定46〕覚せい剤空路密輸入事件

　控訴審判決は，共犯者Xの供述が，本件において運搬を予定していた覚せい剤の量，Xの報酬額とその算出基準について一貫性がなく，本件によってXが取得するという100万円の報酬が過去の例を変更したというのか，したとすればこの点についてAとの間でいかなる話合いをしたというのかについて何ら具体的かつ説得力のある供述をなし得ていないなどとして，その信用性を否定している（事例カードの控訴審判決の要旨1(2)ウ参照）。

（注35）　変遷の合理性が肯定されたものとしては，以下の裁判例がある。

〔肯定6〕マニラ保険金殺人事件

　共謀者Xは，第1審において，Aとの間でVの殺害を共謀し，AがマニラでVを殺害したことを証言したが，その後，第1審第6回及び第8回公判において，それまでの供述を変え，VもAを殺害するためにマニラに赴いたもので従前の証言は嘘であると供述したものの，その後の第1審及び控訴審においては再び右供述を取り消して，従前の証言が正しいと述べた。また，Xは，弁護人に対する手紙において，一旦は，A以外の第三者がV殺害に及んだという趣旨を書きながら，そ

の後これを取り消す手紙を書いている。以上のような供述の変遷の理由につき，Xは，その後の第1審及び控訴審における供述中で，Aが犯行を否認していると聞き，自分自身の裁判が終わった後はどのようなことを話しても自分には影響しないので，Aを助けてやろうと思ってAに有利になるような話をしようと思ったが，Aの弁護人が何の連絡もして来ないため，打ち合わせをして話の内容を決めることもできないので，Aを助けるための供述をするのはやめたと述べている。上記供述変更につき，控訴審判決は，供述の変遷に関するXの右のような弁解も，Xの極めて自己中心的とうかがわれるその性格に照らし，必ずしも虚偽であるとは考えられず，変更前の供述については内容的に信用できる情況が認められることに照らし，右のような変転をもってXの供述全体にわたってその信用性が直ちに否定されるものではないと判示している（事例カードの控訴審判決の要旨2参照）。

〔肯定18〕窃盗教唆事件

被教唆者Xは，AがXに第1の窃盗を教唆した日時につき，当初，ある特定の日時を証言したものの，その日時につきAのアリバイが成立したり，その場所（喫茶店）につき当日は休業中であったことが判明したため，別の日時に証言を変更した。この点につき，第1審判決は，Xは刑務所を出所して以来，約1年間にAと7，8回以上会っているのであるから，Aと会った時期の記憶が正確でないことがあっても，さほど不自然とはいえないと判示している（事例カードの第1審判決の要旨3(1)参照）。

〔肯定74〕けん銃発射脅迫事件

暴力団の副組長Xは，組長Aの指示により，同組幹部Yに対し，発砲して脅迫する旨の本件実行命令を伝達したと証言しているところ，Aが指示した日につき供述が変転している。この点につき，控訴審判決は，「当時，Xは，組事務所で寝泊まりし，常時Aと顔を合わせ会話を交わしていたのであるから，相当以前にあった日時についての記憶に混乱があったとしても格別不自然とはいえない。」と判示している。

イ　変遷の原因

共犯者の供述に変遷が認められる場合には，前述のとおり，その変遷事項の重要性について的確に判断することが必要であるとともに，その変遷の原因についても探究する努力が必要である。供述の変遷がその供述の信用性にどの程度の影響を及ぼすかは，その変遷事項の重要性と変遷態様の合理性との相関の下に判断されるため，変遷の原因を検討することが変遷態様の合理性を判断するに当たって不可欠となるからである。(注36)

　そこで，以下においては，前項で紹介した変遷事例に基づき，変遷の主たる原因を類型別に整理して，変遷の原因が供述の信用性に及ぼす影響の程度を検討する。

（注36）　もっとも，変遷事項の重要性や変遷の態様によっては，変遷の合理的な原因を考える余地がなく，直ちにその供述の信用性に重大な疑問が生ずるという場合もあり得よう。

a　単なる認識や記憶の混乱，不確実さ等に由来する供述の変遷

　肯定例の多くが指摘しているように，供述の変遷が認識の混乱や不確実さ，あるいは日時の経過等による記憶の薄れや混乱等に由来しているものと認められる場合には，当該変遷が供述全体の信用性を左右することはない。そこで，当該変遷が単なる認識や記憶の混乱，不確実さ等に由来するものか否かの見極めが必要となるが，研究対象事例を概観した限度では，その際に留意すべき事項として，以下の諸点を指摘することができる。

　まず，第1に，変遷している事項が，当該事案においてどの程度強く共犯者の記憶に残るような特徴を有していたかが問題である。事柄の性質上，明確な記憶に残らなかったとしても不自然とはいえないような事項に関するものであれば，供述の変遷が単なる認識や記憶の混乱，不確実さ等に由来すると考えられやすいであろう。しかし，逆に，容易に記憶違い等が生ずるとは思われない事項について供述の変

遷がある場合には，ほかに合理的な理由がない限り，供述の信用性に疑いが生ずることになろう。したがって，同じ覚せい剤譲受けの日時であっても，事案によっては，供述の変遷が信用性に疑いを生じさせないこともあれば（前注33記載の〔肯定11〕老女覚せい剤譲渡事件等），疑いを生じさせることもある（前注29記載の〔否定10〕覚せい剤譲渡事件等）わけである。

　前項で紹介した研究対象事例のうち，単なる記憶の混乱等による供述の変遷であるとして信用性が肯定されたものとしては，前注35記載の〔肯定18〕窃盗教唆事件（教唆の日時），〔肯定74〕けん銃発砲脅迫事件（犯行指示の日）等がある。逆に，単なる記憶の混乱等としては説明できないとして信用性が否定されたものとしては，前注34記載の〔否定13〕対立暴力団組長殺害教唆事件（XがA方を訪問した回数，態様，Aから渡されたときのけん銃，実包，現金の状態）等がある。同様に，強く記憶に残るはずの事項についての供述の変遷であるとして信用性が否定された例として，〔否定15〕梅田事件再審判決（事例カードの再審判決の要旨6参照），〔否定16〕債務者殺害事件控訴審判決（前記2(3)注16，115頁参照），〔否定25〕覚せい剤共同譲受け事件第1審判決（前注29参照）等がある。

　なお，供述変遷の契機が供述者自身の記憶の喚起によるものではなく，捜査官による暗示や誘導によるものと考える余地がある事件において，変遷にかかる事項が，その性質上記憶に残りにくい事柄であるとして，その点の変遷が記憶に強く残ると思われる事項に関する供述の信用性を減殺するものではないとされた例として，〔肯定60〕暴力団組長賭博参加事件がある。
（注37）

　第2に，供述者の記憶は，その事柄が記憶に残りやすいものであるか否かによってその保持の程度に濃淡が生ずるはずである。したがって，正確な記憶を保持することが困難と思われるような事柄について供述の変遷があっても，それより記憶に残りやすいと思われるような

事柄についての供述が安定しているような場合は，その供述の変遷は記憶の混乱や不確実さに由来するものと考えることができる。しかし，逆に，より記憶に残りにくいと思われるような事柄についての供述の方が安定しているような場合は，不自然な供述の変遷ということになろう。例えば，前注35記載の〔肯定18〕窃盗教唆事件控訴審判決は，被教唆者ＸがＡから窃盗を教唆された日時についての供述の変遷が，さほど不自然とはいえないと判断しているが，その背景には，教唆の場所やＡの教唆の具体的内容というその他の部分についての供述がほぼ一貫しているという事情があることを見落とすことはできない。同様の事情の存在が指摘された例として，前注33記載の〔肯定11〕老女覚せい剤譲渡事件控訴審判決等がある。

　第3に，変遷の程度が一見すると著しいようであっても，それらが日時・場所等の犯行の特定に関する部分の変遷であり，基本的には当初から安定した供述がなされていると認められるような場合には，その変遷は重視するに値しないことが多いであろう。例えば，前注33記載の〔肯定31〕覚せい剤譲渡事件控訴審判決は，数回にわたる覚せい剤譲渡行為の一部についての日時，場所，取引数量等の犯行の特定に関する部分の変遷につき，捜査の進展に伴って客観的事実が確定され，それを手掛かりとして供述が次第に安定化した経過を認定して，これらの供述の変遷がその供述の信用性を損なうものではないと判断している。

　第4に，同種の犯行を反復しているような場合は，かなり重要な部分についての記憶であっても，前後の犯行と混同する場合があり得るから，この点を考慮に入れて，変遷の重みを判断する必要がある。例えば，前注33記載の〔肯定11〕老女覚せい剤譲渡事件控訴審判決は，Ｘの供述が，覚せい剤譲渡の日時に関して顕著に変遷していることにつき，犯行時から供述時まで相当期間経過していることに加えて，その犯行回数が多数で相互間に錯綜を生じやすい状況にあったことなど

を指摘し，犯行時期のずれは記憶の希薄化，混乱等によりまま生じ得る事柄であるとして，右変遷が犯罪事実の主要部分に関するＸの供述の信用性にまで影響を及ぼすものではないと判示している。同判決が指摘するような合理的説明が可能であれば，供述の変遷があってもその供述の信用性を減殺しないといえよう。

　もっとも，反復していた同種の犯行のうち，当該犯行に被告人が関与していたか否かが争点である場合のように，その記憶の混乱が被告人の責任の存否を決するような事項に関するものであれば，それを看過することはできない。例えば，前記１⑶ア注29，88頁掲記の〔否定39〕駐車自動車ガソリン窃取事件控訴審判決は，犯行当夜Ａの乗っていた自動車の車種についての共犯者らの供述の変遷が，当該犯行にＡ以外のだれかが加わったものであるのにＡが加わったと供述してしまったために生じたものと疑うに足りる合理的な理由があると判示している。

　第５に，当然のことではあるが，以下に述べる各種の意図的供述変更をうかがわせる事情が存在する場合には，単なる認識や記憶の混乱，不確実さ等に由来する供述の変遷と考えるわけにはいかない。

　なお，他の判断要素によって供述の信用性につき肯定的心証を固めてしまうと，供述に変遷があっても，それは単なる認識や記憶の混乱，不確実さ等に由来するものであるとして，安易に検討対象から除外してしまうおそれがないとはいえないが，以下で検討するとおり，共犯者の供述の変遷には種々の原因があり，虚偽供述の徴候が意外に些細な変遷に現れている例も少なくないから，注意しなければならない。

（注37）　〔肯定60〕暴力団組長賭博参加事件の賭客や開張者であるＸらが，捜査段階の当初，当時服役中で賭場に出現することの不可能なＭなる人物がＡとともに賭場に現れた旨供述していたことにつき，控訴審判決は，当

日の賭場にAが現れたという事実は強く銘記されると考えられる反面，その同伴者がだれであったかについて確実な記憶が残らなかったとしても，必ずしも不合理ではないから，捜査官からMが一緒ではなかったかと尋ねられて，あるいはそうであったかと誤った記憶を喚起してその旨の供述をするというのもありがちなことであり，そうであるからといって，同伴者がだれであったかというようなこととは全く次元を異にする当日賭場へAが現れて張取りをしたことの有無に関するXらの供述が誤りであるということにはならないと判示している（事例カードの控訴審判決の要旨1(3)エ参照）。

 b 意図的な供述変更

  共犯者は，意図的に供述を変更させる場合があるから，供述の変遷が意図的なものではないか常に検討する必要がある。意図的な供述変更の動機・目的には種々のものが考えられるが，その主なものを類型化して，それぞれの典型的な変更形態を例示すると，次表のようになろう（なお，ここでいう単独犯供述には，被告人以外の者との共犯という供述も含まれる。）。

	供述変更の真の動機・目的	典型的な変更形態
Ⅰ	被告人をかばう，又は，被告人の面前で真実を述べることの心理的抵抗のため	真実の共犯供述⇒虚偽の単独犯供述〔前注19，138頁掲記の公判段階単純変転型の信用性肯定例の大多数〕
Ⅱ	被告人に責任の全部又は一部を転嫁するため	真実の単独犯供述⇒虚偽の共犯供述（否定例の3，7，48等）
Ⅲ	真実を述べるため－その1－責任転嫁をやめるため	虚偽の共犯供述⇒真実の単独犯供述（否定例の3，48等）
Ⅳ	真実を述べるため－その2－真の共犯者を述べるため	虚偽の単独犯供述⇒真実の共犯供述（肯定例の51，59，77等）

  このうち，Ⅰの類型とⅢの類型，Ⅱの類型とⅣの類型は，それぞれ

供述変更の態様を同じくすることが多く,しかも供述者自身は,変更の理由を問われれば,「真実を述べるため」などと答えるのが常であるから,供述変更の真の動機・目的がいずれにあるのかを見極めることが必要となる。

また,ⅡとⅣの各類型の判別の指標等については,前記3(1)イbの項(123頁)において,ⅠとⅢの各類型の判別の指標等については,前記3(2)アaの項(136頁)において,それぞれ述べたところを参照されたい。いずれの場合も,共犯者自身の供述する変更理由の自然性・合理性を検討することが第一次的な作業となろうが,その検討のみでは不十分であり,むしろ情況証拠や共犯者が供述した際の共犯者を取り巻く状況等の客観的事実関係から多角的にその動機・目的を推論することが必要と考えられる。

c　共犯者の属性に由来する供述の変遷

共犯者が意図するか否かにかかわらず,その性格や知的能力等の属性が重要な原因となって供述の変遷が生ずる場合がある。しばしば問題となるのは,共犯者に虚言癖があることに由来する場合や,共犯者の知的能力に障害があることに由来する場合である(共犯者の属性の一般的な問題については,前記第1の3参照)。

このうち,共犯者に虚言癖がある場合には,その供述の信用性に多くの疑問が生じ,共犯者自身が述べる変遷の理由についても注意してその真偽を検討しなければならない。研究対象事例中,虚言癖が指摘されたものは,〔否定4〕日本岩窟王事件のX,〔否定15〕梅田事件のX,〔否定18〕朝霞自衛官殺害事件のX,〔否定42〕浅虫温泉放火事件のX等であり,いずれもその供述の信用性が否定されている。

これに対し,共犯者の知的能力に障害がある場合には,その供述に変遷があっても,直ちにその信用性に疑問があると判断することはできない。例えば,〔肯定86〕アルミサッシ窃取事件控訴審判決は,てんかん性精神病の病歴を有し知的能力に障害があるXの供述内容に関

し，その精神的負因にかんがみると，サッシの解体に要した時間，犯行時に現場に至るまでの経緯，犯行前日にＡから犯行に誘われた文言等に関する証言内容の変転はやむを得ないものと考えられ，その信用性が直ちに損なわれるものとはいえないと判示している。しかし，一般的に，知的能力に障害がある者は通常人以上に被暗示性が強いことから，捜査官等による誤った示唆・誘導に起因して供述の変遷や動揺が生じたものではないか吟味する必要がある。例えば，〔否定４〕日本岩窟王事件再審判決，〔否定23〕山中事件上告審判決，〔否定32〕泥酔女性強姦致傷事件控訴審判決等は，いずれもこのような観点からの検討を行っている。

d　捜査の進展に伴い捜査官の示唆・誘導によりなされた供述の変遷

　　捜査が進展し，客観的証拠が収集されるにつれて，共犯者の供述においても，それまであいまいだった供述部分，殊に比較的記憶保持が困難と思われるような部分が次第に明確になっていくことは，往々見受けられるところである（例えば，前注33記載の〔肯定31〕覚せい剤譲渡事件等である。）。このような変遷が捜査官の示唆に基づくものであっても，それを契機として供述者が自発的に記憶を喚起したのであれば，このこと自体は信用性判断においてマイナス事由と解する必要はない。しかし，逆に，供述の変遷が，供述者の自発的意思からではなく，専ら捜査官の示唆・誘導という働きかけによって生じたのであれば，それは供述の不安定性を物語るものである。殊に，そのような示唆・誘導が，信用性の保障が十分とはいい難い他の共犯者や被害者の供述に基づいてなされた場合には，その供述の信用性に疑問を生ずると，当該共犯者の供述の信用性にも疑問が生ずることになる。例えば，〔否定１〕三鷹事件，〔否定11〕酔客に対する傷害・殺人事件，〔否定32〕泥酔女性強姦致傷事件等は，いずれもこのような疑問のある供述証拠に基づく捜査官の強い誘導によって虚偽の共犯供述がなされた疑いがあるとされた事例である。

このようなことから，供述の変遷が捜査官の働きかけによって生じたものであるか，供述者の自発的な意思によるものであるかを見極める必要がある。もちろん，この点の解明は困難なことも多く，事案によっては両者が分かち難く結びついていることもあるが，解明の方法としては，変遷部分が記憶保持の困難と思われる事項に関するものか否かなどを検討すべきことになろう。強く記憶に刻されると思われるような事項についての供述の変遷は，自発的なものではなく，捜査官の働きかけによるものと考えられることが多いからである。また，このほか，捜査官による示唆・誘導等の働きかけの内容とその程度についても検討する必要があるが，その場合には当時の捜査の進展状況等を的確に把握する必要があろう。
　e　供述の変遷の原因が解明されない場合
　　供述が変遷した原因を解明するには，既に述べたように，共犯者自身の説明を検討するだけでなく，情況証拠や共犯者が供述した際の共犯者を取り巻く状況等の客観的事実関係から検討する必要がある。ところが，共犯者自身が変遷の合理的理由を説明できず，情況証拠や客観的事実関係を検討しても供述の変遷の原因が解明されないという場合には，意図的に虚偽供述をしているためではないかという疑いを払拭し難いから，供述全体の信用性に疑問を生じさせることが多いであろう。殊に，変遷部分が共犯供述中の重要部分であればあるほど，その疑問が強くなるといえよう。例えば，〔否定2〕青酸カリ毒殺教唆事件控訴審判決，〔否定4〕日本岩窟王事件再審判決，〔否定25〕覚せい剤共同譲受け事件第1審判決，〔否定46〕覚せい剤空路密輸入事件控訴審判決等は，いずれも重大な供述の変更であるにもかかわらず，その理由について共犯者が何ら納得し得る説明をせず，変遷の原因が解明できないことを，信用性否定の一つの根拠に挙げている。
　ウ　一貫性のある供述の評価
　　一般に，共犯者の供述につき，その供述全般にわたって，あるいはそ

の根幹部分において一貫性が認められる場合には，その信用性は高いということができる。研究対象事例の中でも，信用性肯定例の多くが供述の一貫性を肯定理由の一つに挙げていることからも，このことをうかがうことができよう。

しかし，他方，否定例の中に，根幹部分において供述の一貫している事例が少なくないのもまた事実であって（例えば，〔否定12〕土木事務所主査収賄事件，〔否定16〕債務者殺害事件等），このことは，供述が一貫しているからといって，それだけで直ちに信用性が肯定できるわけではないということを示している。殊に，共犯者の供述においては，被告人本人の自白の場合と異なり，意図的に引き込み供述が行われる場合も稀ではなく，このような場合に供述が一貫しているのはむしろ当然のことである。したがって，一貫性のある供述が公判廷でなされたからといって，このことだけで肯定的心証を形成してはならず，他の事項の検討を怠らないようにしなければならない。

(3) 供述の時期とその後の経過

既に検討した供述の変遷の問題とも密接に関連するところであるが，共犯供述が訴訟手続のどの段階でなされたかを考えることは，共犯者の供述の信用性を判断する上で，かなり有意義な観点を提供してくれる。そこで，以下においては，手続の段階を画して，各段階でなされた共犯者の供述の信用性の問題について検討する。

ア 捜査官に対する共犯供述が存するにとどまっている場合

共犯者が，共犯供述を捜査段階でしたにとどまり，その後公判段階でこれを覆した場合には，後記イ，ウの場合のように公判段階でもこれが維持された場合に比して，その信用性評価に慎重を要すべき面があるのは当然である。しかし，公判段階で共犯供述を覆した場合には，その後の共犯者の公判廷での供述態度，供述の安定性，供述内容等を，共犯供述の信用性を検討するための判断材料とすることができるし，また，共犯者自身に対し，端的に，捜査段階において共犯供述をし，かつ，その

後これを覆した理由を確かめ，また弾劾することができる。そして，その変更の合理性を検討するとともに，公判供述と捜査段階での共犯供述を対照しながら，いずれの供述が信用できるか吟味することになる（前記3(2)アａｉ，136頁の公判段階単純変転型に関する論述参照）。

　これに対し，共犯者が公判段階で宣誓や証言を拒否したり(注38)，あるいは，死亡(注39)，外国滞在(注39)，所在不明等(注40)の事由により，公判段階で共犯者の供述を求めることができない場合に，共犯供述の信用性の判断材料を何に求めるかが問題となる。この場合にも，共犯供述自体について，他の検討事項を吟味するのは当然であるが，このほか，共犯者が証人尋問に際して宣誓や証言を拒否した場合には，その理由を解明するよう努める必要がある。共犯者が宣誓や証言を拒否しても，そのこと自体で直ちに信用性が減殺されるわけではなく，その拒否の理由によっては，共犯供述の信用性を減殺しないことも十分あり得るものと考えられる。現に研究対象事例中の宣誓・証言拒否事例においては，その数が少ないので一概には論じられないものがあるが，いずれも結果的には共犯供述の信用性が肯定されている。

　ところで，共犯者が宣誓や証言を拒否する理由についておおまかに分けると，①捜査段階では真実の共犯供述をしたものの，関与を否認している被告人の面前でその供述を維持するのをためらい，あるいは，組織から裏切りと非難されるのをおそれ，さりとて公判廷で虚偽の供述をするのもためらわれるなどの理由から，宣誓や証言を拒否する場合，②捜査段階で虚偽の引き込み供述をしたものの，被告人の面前で更に引き込み供述を繰り返すのは心苦しく，さりとて公判廷で真実の供述をして，それまでの供述が虚偽であったと発覚するのもためらわれるなどの理由から，宣誓や証言を拒否する場合などが考えられる。しかし，研究対象事例を概観すると，共犯者が虚偽の共犯供述を維持しようという場合は，たとえ被告人の面前であっても積極的にその供述を繰り返すことが少なくないし（後述イ，ウの否定例参照），逆に，真実の供述に改めたい

と思う場合も，公判段階で積極的にその点を述べて虚偽供述を覆すことが多いから，②のような場合は例外的であり（ただし，特異なケースではあるが，②に該当する事例として，〔否定4〕日本岩窟王事件における再審開始前の事実調べの段階でのXの証言態度がある。事例カードの再審判決の要旨2(5)参照），①の場合の方が多いように思われる。とはいえ，個々の事案ごとに宣誓・証言拒否の動機は異なるから，共犯者自身が拒否の理由を説明するか否かにかかわらず，共犯者を取り巻く状況等から真の理由を探究するという努力を怠ってはならない。

（注38）　宣誓・証言拒否の例としては，〔肯定4〕革労協内ゲバ事件，〔肯定20〕横浜国大革マル襲撃事件，〔肯定78〕保険金目的放火事件，〔肯定89〕戦旗派ゲリラ事件等がある。
（注39）　死亡及び外国滞在の例としては，〔否定5〕ラストボロフ事件等がある。
（注40）　所在不明の例としては，〔肯定53〕覚せい剤譲渡事件等がある。

イ　共犯者自身の公判でも共犯供述を維持している場合

　共犯者と被告人とが併合審理されていない場合において，共犯者が捜査段階に引き続き共犯者自身の被告事件の公判廷でも同様の共犯供述をしているときは，その後の被告人の公判で共犯供述を覆したとしても，一般的には，前記アの場合よりも共犯供述の信用性が増強されるものと考えることができよう。もっとも，共犯者自身の公判では，審理の重点が同人の罪責の有無と程度等に置かれ，他の者（被告人）の罪責の存否・程度等は，当該事件の判断に必要な限度で審理されるにすぎない上，被告人もその弁護人も立ち会っていないため，被告人の罪責に関する供述に対する弾劾は必ずしも十分なものではない。したがって，共犯者が公判廷でも共犯供述を維持したことが信用性増強事由となることは疑いがないものの，被告人の面前においてなされたものではなく，宣誓の上
(注41)

での供述でもないために，後記ウの場合ほど信用性増強事由として高く評価することはできない。現に，このような事例で最終的に共犯供述の信用性が否定された事例も見受けられるから（例えば，〔否定10〕覚せい剤譲渡事件控訴審判決等），この場合も，アの場合と同じように，共犯供述と公判供述を対照しながら，信用性を吟味する必要がある。

　また，起訴前の証人尋問（刑訴法227条）で行われた共犯者の証言についても，その信用性については概ね上記の場合と同様に解することができる。ただ，専ら被告人の罪責の存否・程度に焦点を当てた尋問がなされ，共犯者も宣誓している点で，上記の場合より信用性増強の程度は高度であるということができよう。(注42)

　　（注41）　イの事例としては，〔肯定28〕覚せい剤譲渡事件，〔肯定66〕暴力団抗争殺人未遂事件，〔肯定82〕覚せい剤譲渡事件等がある。
　　　　　なお，別の共犯者の公判における証人尋問に際し，捜査段階の共犯供述を維持した事例として，〔肯定54〕組員内妻への覚せい剤譲渡事件がある。
　　（注42）　起訴前の証人尋問での共犯供述の信用性が肯定された事例としては，〔肯定81〕暴力団抗争殺人事件控訴審判決等があり，逆に，否定された事例としては，〔否定１〕三鷹事件控訴審判決等がある。

　ウ　被告人の公判でも共犯供述を維持している場合
　　共犯者が，被告人質問（被告人と併合審理されているとき）又は証人尋問（併合審理されていないとき）において，捜査段階に引き続き同様の共犯供述を維持している場合には，一般的に，その供述の信用性はかなり高度であるといえる。(注43)共犯者といえども，被告人の面前において引き込み供述を維持，継続することは並大抵のことではないように思われるからである。ところが，それにもかかわらず，信用性否定例のかなり多数がこの類型に属しているのが現実である。(注44)このような事実にかんがみると，共犯者が被告人の面前で共犯供述を維持している場合であって

も，それだけで直ちに信用性について肯定的心証を固めてしまうのは危険であり，このようなケースにおいても，共犯供述をすることによって得る利益・不利益の内容・程度や，客観的証拠との符合性その他の個々的事項の検討を怠ってはならないことを改めて確認する必要がある。^(注45)

なお，やや特異な例ではあるが，共犯者が，自己の事件の公判や被告人の事件の公判で，当初，被告人との共犯関係を否定したものの，その後共犯供述をするようになり，被告人の事件における証人尋問に際しても共犯供述を続けている事例がある^(注46)。被告人の事件の公判段階において，被告人の面前で共犯供述をしている点では本類型と同様であるが，それ以前に公判廷で被告人との共犯関係を否定していたことがあるだけに，本類型以上に慎重にその信用性を判断する必要があろう。

(注43) 研究対象事例中の肯定例の大半がこの類型に該当する。
(注44) ウの類型の否定例としては，2，4，6，7，9，11，12，15，16，17，18，19，20，21，22，23，24，25，26，28，29，30，33，35，37，38，39，41，42，43，45，46，49，50等がある。
(注45) このような見地からすると，〔否定25〕覚せい剤共同譲受け事件第1審判決が，Xの証言の信用性に関する具体的検討に入る前に，基本的留意事項として，以下のように判示するところは参考となる。「Xは，右証言当時，自己の事件につき判決待ちの段階で，本件犯行につきどのような役割を果たしたかの事実認定につき，重大な利害関係を有する立場にあった。のみならず，かりにXが，右証言当時においては，自己の事件に関する処分結果に関心を抱いていなかったとしても，少なくとも捜査段階において，自己の刑責の軽減を図って他人に刑責を押しつけたいという心境になることは，初めて被疑者として身柄を拘束され連日厳しく追及されるという衝撃的な体験をした当時22歳の若い男性にとって，ある意味では当然の成行きであり，一旦捜査官に対し，第三者を主とし自己を従とする供述をしてその前提で事件処理をされた者が，右第三者の事件の証人として尋問された際，従前と異なる証言をすることにより不利益な処分（例えば，偽証罪による追及）を受けるこ

とを懸念して，できるだけ捜査段階の供述を維持しようと考えるのも，あり勝ちなことと考えられる。」「従って，X証言については，それが，右のような微妙な立場にある共犯者の証言であることを，まずもって十分意識して，その信用性を慎重に評価する必要がある。」
（注46）　例えば，〔肯定17〕覚せい剤所持・譲渡事件の所持の共犯者Xは，捜査段階やX自身の事件の公判（第1審）では既に死亡している第三者から覚せい剤を預かった旨供述していたが，その後X自身の事件の公判（控訴審）で一転して真実はAから預かったものである旨供述し，Aの事件の公判でも右供述を維持している。また，〔肯定49〕殺人共同実行事件の共犯者Xは，Aの事件の第1審段階ではAとの共同実行を否定していたが，その後X自身も当該殺人事件で起訴されて，Aとの共同実行を詳細かつ具体的に供述するに至り，Aの事件の控訴審段階でもそのとおり証言した。

エ　共犯者自身の処分の確定後も共犯供述を維持している場合
　　a　不起訴処分を受けた場合
　　　共犯者が不起訴処分を受けたとしても，不起訴処分には法律上の一事不再理効がなく，訴追を受けるおそれがいまだに残っているのであるから，不起訴処分を受けたことを信用性評価の上であまり重視することはできない。（注47）

　　　この点が実務上しばしば問題となるのは，薬物譲渡の事案である。譲受人が既に薬物の所持罪等で起訴され，場合によっては有罪判決も受けていると，譲受罪については不起訴となることが実務上しばしば見受けられるところであるが，このような場合に，当該譲受人の入手先に関する供述にどの程度の信用性を認められるかが問題となる。薬物の所持者にとっては，その入手先を供述しないと情状面で不利な評価を受けたりするおそれがある一方で，仮に譲受けの事件を起訴されても追加的に受ける不利益はさほど大きくなく，しかも，薬物の取引行為自体に個性が少ないため，他の者から入手しながら被告人から入手したと供述したり，被告人から入手したのは他の機会であるのに当

該機会であったと供述したりするのも困難ではないことなどから，被告人に罪責が及ぶことをあまり真剣に顧慮することなく，虚偽の供述をするおそれも十分あり得る。以上のことは，被告人の事件の公判でも被告人から覚せい剤を譲り受けたと供述している場合を念頭に置いているが，公判で供述を覆した場合には，より一層信用性評価を慎重に行う必要があろう。

　なお，実務上は，時効によって訴追されるおそれがなくなった贈賄者の供述の信用性が問題となることがあり得る。このような理由で不起訴となった場合は，訴追のおそれが消滅しているため，起訴猶予などの理由で不起訴となった場合よりも，強い信用性を認めることができよう。

　　（注47）　例えば，〔否定20〕シンナー窃取・所持事件第1審判決は，不起訴処分を受けた実質的な共犯者Yの証言の信用性を否定している（前記1(3)ア注27, 86頁参照）。

　b　略式命令を受けた場合
　　aの場合と異なり，略式命令が確定した場合には法律上の一事不再理効が生ずる。したがって，共犯者が略式命令を受けた後もなお従前の共犯供述を維持している場合には，少なくとも自己の刑責を軽減するために虚偽の供述を続ける必要性が乏しくなるのであるから，この点は信用性の増強要因として評価することができよう。
　　なお，これとは逆に，共犯者が略式命令確定後に共犯供述を覆している場合は，後記オで述べるように，共犯供述の信用性を慎重に判断する必要がある。

　c　正式起訴されて有罪判決が確定している場合
　　正式起訴された共犯者が，有罪判決を確定させ，それ以上に不利な処罰を受けるおそれがなくなった後にも従前の共犯供述を維持してい

る場合は，一般的にいえば，その供述の信用性は相当高度であると評価することができよう。(注48)責任軽減の利益は，共犯者自身の有罪判決が確定すれば，その既判力の及ぶ範囲内で利益の獲得も確定するから，それ以上に責任軽減の利益を得ることはできなくなるからである（前記第1の2(1)アd，27頁参照）。しかし，虚偽の共犯供述をする動機は，責任軽減の目的に限られず，真犯人をかばうことが目的である場合のように，共犯者自身の有罪判決が確定してもその動機が存続することもあり得るから（前記第1の2(1)イd，33頁参照），共犯供述をすることによって共犯者がどのような利益を得るのか検討する必要がある。

　また，有罪判決が確定しても，共犯者の心理においてはなお複雑なものがあり，例えば，①それまで虚偽供述をしていたことを自認し，実際には自分がより大きな役割を分担していたとか，被告人が主犯と述べたが実は被告人は無関係であるなどと述べれば，社会的には新たな非難を招き，ますます信用を失うことになりかねないことなどから，従前の供述を正当化しようと考える者もあり得るし(注49)，②同種余罪を被告人と繰り返していた共犯者の中には，被告人も同じようなことをしていたのだから，被告人が本件とは無関係であっても，この際一緒に処罰されるべきだなどと考える者がいたり(注50)，あるいは，③共犯者が被告人に対して強い敵意や反感を抱いている場合には，自己の処分とは無関係に，被告人を引き込もうという心理が生ずることも否定できない。(注51)したがって，有罪判決の確定後も共犯供述を維持していることを過度に重視するのは危険である。現に，既に刑の確定した共犯者が公判廷で被告人の面前において行った共犯供述の信用性が否定された事例も，〔否定7〕八海事件を初めとして，決して稀ではないのである。(注52)

　　（注48）　この類型の肯定例は多く，例えば，4，6，11，12，17，37，44，

－172－

51, 55, 56, 69, 71, 73, 74, 77, 78, 84等がある。

(注49)　例えば，前注45,169頁掲記の〔否定25〕覚せい剤共同譲受け事件第1審判決や，前記第1の2⑴アd注9,28頁で紹介した〔否定42〕浅虫温泉放火事件第1審判決は，そのような点を指摘している。

(注50)　例えば，〔否定46〕覚せい剤空路密輸入事件控訴審判決は，有罪判決が確定し服役中においても，なお従前のAとの共犯供述を維持しているXの証言につき，過去に覚せい剤を共同で輸入したことがあり，その後いわばXをのけものにして覚せい剤を輸入していたAが何ら責めを負わない結果となるのを不満に思って，Aらを本件の共犯者とすることが全くないとはいいきれない旨判示している（事例カードの控訴審判決の要旨3参照）。

(注51)　例えば，〔否定25〕覚せい剤共同譲受け事件第1審判決は，譲渡人Yにつき，広義の共犯者ではあるが自己の刑責の軽減を意図してAを事件に巻き込む危険性はないところ，その証言は，本件により既に有罪の確定判決を受けて服役中になされたものである上，その内容が不合理であるとか客観的証拠に抵触するとかいう欠点もなく，Aの共同譲受人Xの供述に比して全体として信用性が高いと一応指摘しつつも，他面，Yが自認しているように，逮捕されたのはAが警察に密告したためであると確信し，Aに対して激しい敵意を抱いた結果，捜査段階でAにことさら不利益な供述をしたものであり，その影響は特段の事情の変更のない公判段階においても程度の差こそあれ残存し，いわゆるシャブぼけで記憶が定かでない事項につき，意図的にAに不利益な供述をした疑いがあると判示している。

(注52)　前注49ないし51で紹介した各事例のほか，〔否定17〕町長収賄事件，〔否定21〕山田市長収賄事件等がある。

オ　共犯者自身の処分の確定後，従前の共犯供述を変更した場合

　エとは逆に，共犯者自身の処分が確定した後，例えば受刑中や出所後，従前の共犯供述を覆して，被告人に有利な供述をするに至る場合もある。このような場合に，変更後の供述の信用性を的確に判断することは，かなり困難な問題である。供述を変更した理由の合理性，変更後の

供述の真摯性・安定性等を探究するとともに，従前の共犯供述と対照しながら既に述べた各種の検討事項を多角的に検討して，いずれの供述がより信用できるのかを決するほかない（注53）。否定例の中には，共犯者が服役中又は服役後被告人に対して引き込みの事実を謝罪したことなどを従前の共犯供述の信用性を否定する理由に挙げているものが少なくない（注54）。

　なお，共犯者が略式命令確定後に共犯供述を覆した場合は，それまでの共犯供述の信用性を慎重に判断する必要がある。一般的に，犯罪者の認識として，略式命令で罰金刑の処罰を受けることは，公判審理を経た後に自由刑の処罰を受ける場合に比して，その処分の重みという点でも裁判を受けることによる心理的負担という点などでも格段の差異が存するものと思われるから，共犯者によっては，正式起訴を回避して略式命令にとどまることを欲するあまり，安易に捜査官の示唆・誘導に迎合して，虚偽の共犯供述をすることもあり得ないことではないためである（注55）。

　　（注53）　このような判断例として，〔肯定52〕覚せい剤譲渡事件がある。譲受人Xは，覚せい剤使用等の事実により少年院送致となったが，第１審がXの収容先の少年院で実施した証人尋問において，概ね公訴事実に沿う証言をした。その際，立ち会っていたAは，反対尋問の機会を与えられたのに尋問しなかった。ところが，Xは，少年院退院後，Aの控訴審において再度証言し，従前の供述を覆して，「本件覚せい剤をAから譲り受けたと言ったのは嘘で，実際は新宿の売人から買ったものである〔譲渡人の風貌，譲受けの状況についても詳細に証言しているが，省略〕。覚せい剤を買った後のころの夜遅く，組の関係のことを相談するためA方に行ったことはあるが，そのとき覚せい剤をくれとは言っていない。Aは覚せい剤をやっていないし，本当のことを言っても信じてもらえなかったので，Aに迷惑がかかるのを承知の上で，軽く考えて，Aの名前を出した。控訴審で本当のことを言う気持ちになったのは，無実の人を巻き込んでしまったという後ろめたい気持ちがあったからである。証言を変えなければいけないと考え出したのは，少年院を退院する２か月位前からである。少年院を出てから，すぐ取調警察官に電話してAが控

訴中であることと弁護人の名前などを教えてもらい、その後弁護人の事務所に行って真実を述べ、Aに対する謝罪の手紙を弁護人に渡した。」などと供述するに至った。これに対し、控訴審判決は、①Xは、捜査の当初には新宿の売人から覚せい剤を買ったと供述していたが、その旨を一貫して供述することなく、中途から入手先としてAの名前を出していること、②Aの名前を出せばAが刑事責任を問われるおそれがあることは明白であるから、Xが控訴審で述べるように「本当のことを言っても信じてもらえなかったから、軽く考えて名前を出した」というのは甚だ不合理であって到底納得し難いこと、③もしAから覚せい剤を譲り受けたのが虚偽であるならば、少年院での証人尋問期日の直前における検察官との打合せや証言の際などに供述を訂正する機会があったのにそうしていないこと、④少年院退院後にわかに警察官に電話してAの裁判状況や弁護人の氏名を聞き出した動機は、Aに謝罪するためであったこと、⑤新宿の売人との取引は約5分間で終わったというのに、約1年2か月を経過した控訴審で売人の体格、髪形、着衣を具体的に供述しているのはやや不自然であること、⑥Xが深夜A方を訪れた目的として供述するところはAの供述と符節を合わせるかのようであるが、そのような目的だけで深夜A方を訪れたというのは不自然であり、仮にそのような目的があったとしても、その相談をするのと併せて覚せい剤を譲ってくれと頼むのも不自然ではないこと、⑦控訴審で取り調べたXの検察官調書においても、XはAから覚せい剤を譲り受けた状況を明確に供述し、これを明らかにした動機に関する供述も納得できるものであること、⑧Xとともに覚せい剤を使用した友人のFも、Xから「検察官に本当のことを言ってしまった」と聞いた旨証言していることなどを指摘して、Xの第1審証言の信用性を肯定し、「Xは真実を述べたためにAが訴追を受けるに至ったことに責任を感じ、当審において証言を変更したものと見るほかはない。」として、控訴審証言の信用性を否定した。

(注54)　例えば、〔否定4〕日本岩窟王事件再審判決は、XとYが刑を終えて出所した後Aに対し謝罪的言動をとったことを信用性を否定する理由の一つに挙げている（事例カードの再審判決の要旨2(4)参照）。

　　これに対し、〔否定34〕地面師詐欺事件のXは、控訴審において、第1審段階での共犯供述を覆し、Aは犯行に全く関与しておらず、犯行の背後にあっ

て中心的役割を果たしたのはBであること，Bの名前を出さなかったのはBが命の恩人であり，Bの背後に暴力団の大物がついていて，真相を明かすと危害が及ぶと告げられていたためであること，Aに罪をかぶせたのは，Aに対し公判廷では明かし得ない私生活上の恨みを抱いていたためであるが，服役中に罪のないAに受刑の苦しみを味わわせることの非を悟って真相を述べるに至ったことなどを証言している。しかし，控訴審判決は，Bが実在の人物ではあるが既に死亡した者であることなどの点を指摘して，変更後の供述を理由に直ちにXの控訴審証言を採用することなく，むしろ，Xの第1審での共犯供述が客観的事実と符合しないことなどの点を重視して，共犯供述の信用性を否定している（前記1(1)ウ注14，74頁参照）。

（注55）　例えば，〔否定12〕土木事務所主査収賄事件の贈賄の共犯者Yは，略式命令前には，Aに対する贈賄につき贈賄者Xとの共謀を認めていたが，略式命令確定後に共犯供述を覆している。控訴審判決は，「取調べを受けた際には腰痛の持病があって長時間の取調べに耐えられなかったのと，裁判が長引けばその間勤務先の会社の指名停止が続き，得策ではないということから，捜査官に迎合して虚偽の自白をした。略式命令を確定させたのも，今更争ってみても既に新聞報道によって世間に流された汚名を拭いきれるものではなく，早く忘れてしまいたかったからである。」などと述べるYの証言の信用性を肯定して，略式命令前のYの検察官調書の信用性を否定している。

(4)　共犯者に対する取調状況

　供述経過を検討する場合，特に，捜査段階でなされた共犯供述の信用性が問題となっている場合には，共犯者に対する取調状況を検討しなければならない。この点は，既に共犯供述を始めた際の捜査の状況（(1)ウ），供述が変遷した際の捜査の状況（(2)イd）等の問題として触れているが，ここでは，それらを前提として，違法あるいは不当な取調べが行われた場合の問題について検討する。

　違法・不当な取調べは，共犯者の引き込み供述を誘発する危険性がある。殊に，暴力団犯罪等の組織的な犯罪では，たとえ組織末端の者が自己の犯

行を自白している場合であっても，ほかにも犯行に関与した者，特に上位の指示者等が存在するものと予想されることから，捜査官の取調べの重点はその者の割り出しに向けられ，その結果不当な利益誘導による取調べ，過酷な取調べ，捜査官の思い込みに基づく取調べ等がなされるおそれがないとはいえない。そのために，共犯者が，過酷な取調べに屈伏してやむなく被告人を名指しする場合も考えられるし，また，予断をもった捜査官から被告人の名前を挙げて厳しく追及され，その追及を免れるとともに真犯人を隠蔽しようとして，被告人を名指しする場合も考えられるところである（注56）。取調べの際の捜査官の言動等に関する客観的資料は乏しいことが多いから，取調べの日時，取調官の氏名，取調べの対象事実，調書作成の有無などの取調べに関連する客観的状況を記載した取調経過一覧表の提出を検察官に求めることを考慮するとともに（注57），捜査の進行状況や共犯者の供述経過等を検討することによって，どのような取調べがなされたのかを探索する必要がある（被告人本人の自白に関する田崎外16頁以下参照）。

　被告人本人に対して自白を迫る場合と異なり，共犯者に対して共犯供述を求める場合には，捜査官が共犯者に対して暴行・脅迫等に及んだという例は数少ないようであるが，共犯者に対する処分の軽減その他の利益の供与を種に共犯供述を誘導する危険性は十分に考えられるところである。このように不当な利益誘導として研究対象事例中で少なからず問題とされたものに，接見等禁止中の近親者等との無断面会許可がある。例えば，〔否定13〕対立暴力団組長殺害教唆事件上告審判決は，被教唆者Xの供述の信用性に関する問題点として，Xは，逮捕以来約2か月間にわたる連日のような取調べの後初めて教唆者としてAの名前を出したものであるところ，この間に，取調官から，接見等禁止中であるにもかかわらず，内妻と長時間面会させるなどの便宜供与を受けた事実が介在していたことを指摘している。また，〔否定27〕野球賭博開張図利事件控訴審判決も，Xが勾留中の大晦日から正月にかけて，接見等禁止中であるにもかかわらず，正規の手続を経ることなく，妻との面会が認められ，酒と正月料理が差し入れられた

事実を認定し，さらに，〔肯定25〕暴力団組長狙撃犯人蔵匿事件控訴審判決も，取調官が，接見等禁止中であるのにＺに妻と面会させ，取調室で食事をともにさせた事実を指摘している。いずれも暴力団関連の事件であるところ，罪証隠滅防止のためになされた裁判所の接見等禁止決定が，逆に取調官によって利益誘導の種に悪用される危険を含んでいることを例示するものとして，看過できないものがある。ただ，このような利益誘導が共犯者の供述の信用性にどの程度の影響を及ぼすかは事案によって異なり，〔否定13〕の上告審判決がＸの供述の信用性に疑問を抱かせる事情の一つとして指摘しているのに対し，〔否定27〕の控訴審判決は右事実がＸの供述の信用性に及ぼす影響については何ら判示せず，〔肯定25〕の控訴審判決は，Ｚらが暴力団の幹事長補佐であり，その組の理事長であるＡに恨みや反感を抱く原因はうかがわれず，取調官から若干の利益供与を受けたからといって，Ａを陥れるような虚偽の供述をする理由はないと判示して，Ｚらの供述の信用性を肯定している。このように，接見等禁止中の無断面会等は，確かに共犯者の虚偽供述を誘発した可能性を示唆する一つの事情であるが，特に相手方が暴力団関係者のような場合には，その利益は共犯供述をすることによって受ける不利益（前記第１の２(2)ア，45頁参照）に比してさほど大きなものではなく，そのことによって共犯者が引き込み供述をするという直接的な危険性は比較的少ないものと思われる。むしろ，右事実に象徴される共犯者と捜査官との馴れ合い的関係が，捜査・取調べの過程全般を通じて虚偽の共犯供述を生む素地を形成していないか，例えば，特定の者の供述にのみ依存する結果，その供述内容を批判的に検討したり，他の者の弁解に耳を貸そうとするのを怠るようになっていないかにこそ留意すべきものと思われ，このような意味において，右事実は，共犯者の供述をより多角的，批判的に検討するための一つの重要な契機として位置づけるのが相当と思われる。

　なお，特異な例であるが，検察官による共犯者の事情聴取ないし取調べが被告人の公判審理中も継続して行われ，そのことが当該共犯者の公判廷

での証言内容に影響している疑いがあると指摘された事件もある。(注59)検察官・弁護人による証人との事前の打合せは許容されるが，それが異常な態様となった場合には，証人として出廷する共犯者に対して不当な影響を及ぼす危険があることを例示するものである。

(注56)　例えば，〔否定27〕野球賭博開張図利事件控訴審判決は，Xに対する取調状況につき，Xの最初の逮捕・勾留，再逮捕・勾留の期間を通じ，I警部補が終始穏やかであって自白を強要するような態度をとらないで取調べを行っていたが，Xの再々逮捕後気分一新のために交代したO警部補が連日長時間にわたりXに自白を迫る厳しい取調べを行った（この間の取調べ中にXに対し何らかの暴行が加えられた疑いも否定できない。）ため，Xが取調官の交代を要求し，右要求に応じたI警部補が再びXの取調べを担当した当日（最初の逮捕後約35日目）に初めてXがAとの共謀を自白した供述調書が作成されている事実経過を詳細に認定した上，「Xとしては，あくまでAの関与を否認していたものの，結局自供することになると考え，どうせ自供するならば，Oと異なり，穏やかな取調べをしてくれて，組長の関与を自供した場合のいわゆる追い込みに対する恐怖ややくざとしての体面からXが強く希望している，Yがまず自供し，後からXが自供する形にするといった取引にも応じてくれることが期待できるIに自供しようと考え，取調官をIに交代させることを要求するに至ったことが推測できる。」「Xとしては，取調官のIへの交代を求めて，これが認められた段階で，Iに対する義理もあって，Aの関与を自供しなければならないという心境になっていた可能性もあり，真実ではないが，行きがかり上認めざるを得ないと考えて自供したとの疑いを全く否定することはできない。」と判示している。

(注57)　共犯者の取調状況の把握についても，いわゆる取調経過一覧表が活用されるべきであろう。取調経過一覧表に関する実務の運用状況，問題点，活用事例等については，「特集・取調経過一覧表をめぐって」判例タイムズ765号7頁以下，767号4頁以下を参照されたい。

(注58)　なお，〔否定13〕対立暴力団組長殺害教唆事件の第2次控訴審判決は，本文指摘の事情はXの供述調書の信用性の評価に当たって無視できない

要因の一つに挙げられる旨判示しているものの，無罪理由の重点は，Xに働きかけた者としてA以外の者が考えられなくはないこと，Aのアリバイ主張を排斥できないことのほか，Xの検察官調書と警察官調書との食い違い，Xの検察官調書と客観的事実との不一致等の点に置かれているものと解される（事例カードの第2次控訴審判決の要旨参照）。

(注59)　〔否定33〕担保提供名下詐欺事件のXは，第1審でX，V，Yの証人尋問やAの質問が行われた前後，起訴検察官でもある公判立会検察官から前後27回事情聴取ないし取調べを受けているところ，控訴審判決は，概略，「これは，被告人の事件の公判対策のためであるところ，証人尋問等を効果的に行うために許された事前の打合せと解するにしても回数が極めて多く，その際に検察官から，Xの供述をVやYの供述と矛盾しないAに不利な方向に明確にするために何らかの示唆があったのではないかとの疑念が生ずる。」旨判示し，Xは，Aを共犯者に引き込んで自己の刑責を軽減させるためとVからの非難の矛先を鈍らせるために，あえてAを自己と同じ立場に置こうとしたものと推認することができ，その供述の信用性は乏しいと結論づけている。

4　供述態度の検討

　共犯者の供述は，しばしば裁判官の面前において行われる。研究対象事例をみると，例えば，公判廷での共犯供述の信用性が問題となった事案では，共犯者の公判供述が執拗な反対尋問に耐えて動揺を示していないことなどを理由の一つに加えて，その信用性を認めた事例や，逆に，投げやりな態度であいまいな供述に終始したり，検察官に迎合するような態度を示したりしたことを指摘して，その信用性を否定した事例がある。また，捜査段階での共犯供述の信用性が問題となった事案でも，共犯者が公判廷では組織の上位者である被告人に気兼ねして，場当たり的で支離滅裂な供述に終始し，ことさらに被告人に不利益な供述を避けようとしたことなどを重視して，公判供述とは相反する捜査段階での共犯供述の信用性を認めた事例が見受けられる。(注1)このように，共犯者の供述態度が，その供述の信用性を判断するための資料となることは明らかである。

ところが，供述態度の評価は客観的に検証することが困難なことも多く，また，裁判官各人のパーソナリティーによってその評価を異にすることも少なくない。しかも，眼前において披瀝される共犯者の供述態度は，裁判官に必要以上に強い心証を植えつけやすく，より客観的な他の検討事項につき分析，検討を行う努力を怠らせる危険がないとはいえない。共犯者の供述の場合，鉄面皮の共犯者が意図的・計画的に平然と虚偽供述を行うことも稀ではないから，この危険性は増大することになる。

　したがって，共犯者の供述態度のみから直ちに信用性の評価に関する肯定的心証を形成するのは避けるべきであり，他方，その供述態度に問題がある場合にも，このことから直ちにその信用性を否定するのではなく，むしろより客観的な他の判断要素を検討する際の手掛かりとしてこれを扱うのが妥当であるように思われる。（注2）

　　（注1）　研究対象事例中，公判供述の信用性を高める供述態度として評価された例としては，共犯者Xが，首謀者としての責任を感じて，他の被告人らの罪責に関しては供述を逡巡していること（〔肯定1〕交通事故偽装保険金詐欺事件第1審判決）などがある。

　　他方，捜査段階における共犯者の供述態度も，その段階でなされた共犯供述の信用性を判断するための資料となる。例えば，詳細な自白をした共犯者の捜査官に対する供述調書に，「今日，いろいろと話をするうち，罪の深さに気づき，逃げを打つ気持ちを一切ぶっきり，深く反省し，やったことを正直に話したいと思っております。」などと記載されていること（〔肯定30〕手形詐取事件），あるいは，これまで共犯者自身が関係した犯行のすべてについて責任をとって清算し，人生の再出発を計りたいと考え，余罪である当該事件についても進んで正直に述べる旨記載され，しかもなお一人だけで犯行の責任を負いたいと考え，他の共犯者らの名前を秘する旨記載されていること（〔肯定4〕革労協内ゲバ事件控訴審判決）などが，その供述の信用性を肯定する理由の一つに挙げられている。

　　しかし，捜査段階における共犯者の供述態度については，供述調書の記載

が大きな根拠とされるが、その記載は取調官の理解と選択と表現を経たものであり、供述者の真意がそのまま記載されているとは限らず、しかも、裁判官がその供述を直接眼前で確認できるものではないだけに、あまり多大な評価を与えるのは相当でないであろう。このことは、以下の例からも明らかである。例えば、〔否定２〕青酸カリ毒殺教唆事件のＸは、第３回警察官調書中で、取調官の膝に伏せて泣きながら「前回は嘘を言って申し訳がない。これから本当のことを申し述べる。」と前置きして供述したとされながら、虚実織り混ぜて供述し、更に第４回警察官調書中でも「今まで嘘ばかり申してすまない。」と前置きして初めて本件教唆に関する供述を行ったとされているものの、その後も種々供述を変遷させている。また、〔否定13〕対立暴力団組長殺害教唆事件のＸも、検察官の取調べに対し涙ながらにＡから殺害教唆されたことを供述した旨公判段階においても自認しているが、上告審や第２次控訴審において、供述の変遷、客観的証拠との不整合、Ａのアリバイ成立の可能性等を理由として、Ｘの検察官調書の信用性は否定されている。

（注２）　この点で参考となるのは、〔肯定48〕殺人共同実行事件である。第１次第１審判決は、共犯者Ｘの証言につき、「具体的かつ明確であって特に不自然なところもなく、弁護人の反対尋問にもよく耐え動揺もない」ことを一つの理由としてその信用性を肯定した。

　これに対し、第１次控訴審判決は、Ｘの証言に対する上記評価は必ずしも直ちに支持することができないとした上、Ｘの証言にあいまいな点や不自然・不合理な点が多々あるほか、ＸがＡの殴打をことさらに強調しているようにみえること、犯行時刻や凶器である鉄パイプの処分等に関する供述の変遷にみられるように、Ｘが検察官に迎合し、Ａを共犯として引き込もうと意図的な証言をしている疑いを払拭できないことなどの諸点を挙げて、その供述の信用性には疑問があるとし、第１次第１審判決を破棄して差し戻した。

　しかし、その後、第２次控訴審判決は、概要、「Ｘの供述の内容の一部には、Ｖの死体をダンプカーに積み込む方法、状況、Ａの使用した凶器とされる鉄パイプの処分方法等について、かなりあいまいな点、若干不自然ではないかと思われる点が存在するほか、Ｘに一部無責任かつ投げやりな供述態度がうかがわれるが、右供述が犯行後５年と数か月を経た時点における供述であることや、本件犯行の付随的若しくは周辺的な細部にわたる事項であるこ

となどにかんがみると，右供述のあいまいさ，不自然さもある程度やむを得ないものというべきであって，不合理な供述とはいい難く，また，右のような無責任な供述態度もさして重要とも思われないような事項についての供述に見られるのであって，これがXの供述の信用性を左右するほどのものとも考えられない。そして，以上の点も考慮してXの供述を全体的にみれば，それ自体十分に信用できるものであることは明らかである。」と判示した上，その信用性は，本件の共犯者（幇助者）であるY，Zの各証言，XからV殺害の事実を打ち明けられ，Aも一緒にいてVを殴ったと聞いたという甲の供述，犯行後Aからその犯行状況を打ち明けられたとする乙，丙，丁の各供述によっても十分に担保されていること，共謀内容に関するXの供述は十分に納得し得るものであり，不自然性，不合理性は存しないこと，共謀の日時，場所についてのXの供述には不明確な点や供述の変遷が認められるが，これも，XとAとが雇主と従業員の関係にあり，事務所と工事現場との間を絶えず行き来し接触している間の一時点において共謀が遂げられたものであり，犯行時から供述時まで5年数か月の年月を経過しているという事情などを考慮するならば，何ら異とするには当たらないことなどを指摘してXの供述の信用性を肯定し，第2次第1審の有罪判決を支持した。

　以上のように，この事件では，供述態度の点も含めXの供述の信用性全般について，第1次控訴審と第2次控訴審の判断にかなりの差異がある。両判決が結論を異にするに至ったのは，Xの供述が他の関係者らの供述によって裏付けられていると考えるか否かなどの点にあったようであり，供述態度の評価も，それらの判断に大きく左右されたものと考えられる（前記1(3)ア注23，83頁参照）。

(1) 反対尋問に対しよく耐えていることの評価

　信用性肯定例のうち，共犯供述が裁判官の面前でなされたものの多くは，その判決理由中で，共犯者が反対尋問に対しよく耐えていることを信用性肯定の根拠の一つに挙げている。確かに，弁護人・被告人，更には裁判官からの信用性弾劾の質問に対しても共犯者が動揺を示さなかったことは，多くの場合，その供述内容が真実であることを示唆するものとして評
(注3)

価できよう。しかし，一般的に，反対尋問が効を奏するか否かは，弁護人の訴訟準備の充実度，手持ち証拠の豊富さ（特に，共犯者の捜査段階での供述調書の開示を受けているかどうか），尋問の巧拙などと，共犯者側の引き込み供述を行う利益の強さ，意思の強さ，演技力などとの相関関係によって決せられる面が多いように思われる。特に，共犯者が，計画的・意図的に引き込み供述を行おうとしている場合には，予め反対尋問を想定してこれに対する応答を準備していることも考えられるから，共犯者が反対尋問に対して動揺や決定的な破綻を示さなかったからといって，直ちに信用性を肯定することはできない。

　以上のことは，次のような信用性否定例からもうかがうことができる。例えば，〔否定7〕八海事件においては，第3次控訴審判決が，Xの供述態度につき，「なかんづく当審の審理を通じてのXの態度から，Xは自己の真の記憶に基き真相を述べるため最善の努力を尽したとの心証を強くした。わけてもAらの反対尋問に対しては聊かの動揺をもきたさなかったことが認められたのである。」と判示してその供述の信用性を肯定したのに対し，第3次上告審判決は，Xの供述の著しい変遷，Xの利害関係，裏付けとなる物的証拠の不存在等を根拠としてその供述の信用性を否定している。また，〔否定48〕デートクラブ殺人事件のXは，逮捕当日こそ単独犯行と供述していたものの，その2日後からX自身の事件の控訴審の途中まで一貫して，Aから指示されてVを殺害した旨供述し，この間，Aの事件の公判にも証人として7回出廷し，弁護人の厳しい反対尋問にもかかわらず，共犯供述を維持していたものの，最終的にはその供述の信用性が否定されている。さらに，〔否定16〕債務者殺害事件控訴審判決は，Xの供述につき，「Xは，当審証人としても，一見，きわめて真しに，かつ，理路整然と事実関係を供述し，弁護人の鋭い反対尋問によっても，その供述に，決定的な破綻を見せていない。従って，右の点だけからみる限り，Xの供述の信用性は極めて高いという見方も成り立たないわけではない。」としながらも，他の要素を検討した結果，最終的にはその供述の信用性を否定してい

-184-

る。
　このように，共犯者が反対尋問に対しよく耐えていることは，信用性を増強する一つの要素ではあるものの，そのことのみによって直ちにその信用性が高度であると結論づけることはできない。前記第1で検討した共犯供述をすることによる共犯者の利害関係の内容や強さを念頭に置き，前記第2の1ないし3で指摘した各事項を検討し，併せて反対尋問の経過等をも十分考慮して，その信用性への影響の度合いを決するほかないように思われる。

　　（注3）　この点が指摘された肯定例としては，11，18，29，33，35，36，39，40，45，53，54，55，69，71，76等がある。

(2) 問題にすべき供述態度
　ア　出頭回避・供述回避の態度
　　共犯者が，裁判所から証人として召喚されているにもかかわらずことさらに出頭を回避しようとしたり，あるいは尋問に対して供述を回避しようとしたりする場合がある。共犯者が公判段階で宣誓又は証言を拒否した場合における捜査段階での供述の信用性の評価については既に述べた（前記3(3)ア，166頁参照）が，ここで論ずるのは，出頭回避・供述回避の態度が認められたものの結果的には公判供述がなされた場合である。この場合の公判供述・捜査供述の信用性の評価も，宣誓又は証言を拒否した場合と同じように，一概には論じられないものがあるが，研究対象事例をみると，捜査段階において虚偽の共犯供述をしたことの申し訳なさやこれを公判廷で繰り返すことの心苦しさから出頭回避・供述回避をするというよりは，むしろ，捜査段階において真実の共犯供述をしたものの，犯行を否認する被告人の面前で共犯供述をすることへのためらいや組織から裏切りとして指弾されたくないなどの理由によって供述を回避しようとすることの方が圧倒的に多いのが現実である。したがって，

このような供述態度は，共犯関係を否定する公判供述の信用性に疑問を生じさせる事情となることが多いし，また，供述回避的な態度をとりながらも公判廷において共犯供述を維持した場合には，そのような態度は必ずしも公判供述の信用性を減殺する事情とはならないものとされる。このように，公判廷において供述を回避しようとする態度は，その公判供述の信用性を判断する資料になるとともに，公判供述と相反する捜査段階での共犯供述の信用性を判断する資料ともなる。

（注4）　このような例としては，以下に紹介する各判決のほか，〔肯定2〕現場共謀殺人事件控訴審判決，〔肯定61〕覚せい剤所持事件控訴審判決等があり，いずれも供述回避の態度をAとの共犯関係を否定する公判供述の信用性に疑問を投げかける事由として指摘している。

　　まず，〔肯定22〕K一家覚せい剤密売事件の譲受人Yは，捜査当初からY自身の事件の公判を通じ，一貫して本件覚せい剤取引につきAの関与も含め詳細な自白をしていたが，Aの事件の第1審及び控訴審において証言した際には，一転して従前の供述を翻し，本件犯行当時から自己の事件の公判を通じ「覚せい剤中毒によって頭が狂っていて，何も分からなかった」と述べて，本件譲渡を否認した。控訴審判決は，第1審及び控訴審におけるYの証言につき，AがYの所属する組織の首領であるという関係，裁判所の証人尋問に対して出廷拒否を繰り返していたYの態度，Aに不利益な証言をことさら回避しようとするYの供述態度全般から考えて，本件犯行に関する事実関係についてはもちろん，Y自身の精神状態についても，その証言は信用できないと判示している。

　　次に，〔肯定41〕覚せい剤譲渡事件の譲受人Xは，第1審ではAからの覚せい剤譲受けを具体的に証言していたが，控訴審における1回目の証言において，第1審と同趣旨の証言をしたかと思えば，一転してこれを否定するなど前後矛盾し，あいまい，不明確な証言をするに至った。控訴審判決は，「関係証拠によれば，原審証言時にはAが立会っておらず，当審第1回証言は，Aの面前における初めての証言であったこと，Aは暴力団組長の実子分であること，Xの供述に基づきAの本件行為が発覚した経緯があること，XとAと

の間には従前から覚せい剤取引を含む種々の交際があったことが認められ，これらの諸事実に徴すると，XにはAの面前で直接その刑責を裏付けるような証言を避けようとする配慮が働きがちであり，現にXは，当審第1回証言の際には，Aの面前では証言しにくいと何度も述べ，Aの刑責に関連する核心に迫る質問に対しては沈黙したり，あいまいな証言を繰り返し，証言を回避しようとする態度がみられたことなどを考慮すると，当審第1回証言の内容は直ちに信用し難い点のあることを否定できない。」と判示している。

(注5) 共犯者が供述回避的態度をとりながらも公判廷で共犯供述を維持した場合につき，供述回避的態度にはそれなりの理由があるとして，その公判証言の信用性を肯定した事例には，前記2(3)ウ注15，113頁掲記の〔肯定37〕覚せい剤譲渡事件控訴審判決と〔肯定72〕覚せい剤譲渡事件控訴審判決等がある。

イ 場当たり的・迎合的供述

　共犯者が真に被告人との犯行を体験し，その事実を真摯に供述しようとしているのであれば，記憶の変容，減退のため供述内容が多少あいまいになることがあるとしても，各尋問者に対して場当たり的，迎合的に供述を変えるとは本来考えられないはずである。その意味で，このような供述態度は，一般的に，その供述内容が虚偽ではないかとの強い疑いを生じさせることになる。
(注6)

　もっとも，共犯者の場当たり的，迎合的な供述態度は，共犯者の知的能力の障害や被暗示性・被影響性の強い性格，特性に起因する場合がある（前記第1の3(1)，52頁参照）。このような特性を持つ者が供述する際に，このような供述態度が見受けられた場合，それが虚偽の共犯供述をしたためであることもあるが，逆に，たとえ真実の犯行体験を有していても，前記のような負因によって場当たり的，迎合的な供述にならざるを得ないということもあり得る。したがって，共犯者に右のような特性がうかがわれる場合には，このような供述態度が存するからといって直ちに信用性否定の心証を固めてしまうことなく，その供述態度をその供
(注7)

述の信用性をより慎重に検討する手掛かりとして考慮するのが妥当なように思われる。

(注6)　共犯者の場当たり的，迎合的な供述態度が判決中で指摘されている事例は，いずれも信用性否定例である。後注7掲記の各事例のほか，〔否定17〕町長収賄事件第1審判決，〔否定24〕覚せい剤共同使用事件第1審判決等がある。

(注7)　前記第1の3⑴注3，53頁掲記の〔否定23〕山中事件上告審判決及び〔否定50〕覚せい剤譲渡事件控訴審判決等参照。

第3　総合評価

1　分析と総合

　以上のように，第2においては，共犯者の供述の信用性を判断するに当たって検討すべき個々的事項について述べたが，これはいわば分析的な検討であるから，その作業とともにそれらを総合的に検討する作業が必要であることはいうまでもない。その際には，第1において検討した外在的事情を念頭に置いて，個々的事項の検討で明らかになった問題点の内容とその程度が供述全体の信用性に及ぼす影響を判断することになる。既に述べたように，「引き込みの危険性」が強い場合は，個々的事項に関する比較的小さな問題点であっても，それを契機として信用性に関する疑問が増大し，供述全体の信用性を否定するまでの効果を有することがあり，逆に，その危険性が弱い場合は，個々的事項にかなりの問題点があっても，合理的説明が可能なことも少なくないから，問題となっている共犯供述の核心部分の信用性に影響しないということも十分あり得るわけである。また，個々的事項の問題点の内容と程度によっては，それが共犯供述の核心部分の信用性に影響することもあれば，影響しないこともあるから，それが核心部分の信用性に影響するような問題点であるか否かを適切に判断しなければならない（なお，ここで核心部分とは，他の箇所で重要部分あるいは根幹部分と記述したものとほぼ同趣旨であるが，被告人が犯行に関与したか否かというような中心的な争点を供述する部分を主として考えている。）。もっとも，この総合的作業を的確に行うことは，まさに言うは易く行うは難し(注1)であり，総合的作業が十分でなく枝葉末節にとらわれた判断であると批判される危険性も，反対に，分析的作業が十分でなく大雑把な判断であると批判される危険性も多分に存在する。

　共犯供述の核心部分自体について個々的事項に問題がある場合，それが当該供述部分の信用性に影響するものであるか否かは，既に，客観的証拠との符合性（前記第2の1(1)）や，供述の変遷（前記第2の3(2)イ）との関連などにおいて検討したとおりである。そこでも述べたとおり，その問題点が質

的あるいは量的に重大なものであれば，核心部分の信用性を否定することになるが，その問題点が合理的説明の可能なものであるならば，必ずしも信用性を否定することにはならない。そこで，以下においては，共犯供述の核心部分に問題点が存在する場合と，それ以外の部分に問題点が存在する場合に分けて，それが核心部分の信用性に及ぼす影響について検討する。

 （注1） 例えば，〔否定7〕八海事件の第2次上告審判決は，共犯者Xの供述が変遷していることに関し，「凡そ事実審裁判官は被告人の供述であれ証人の供述であれ，供述の部分部分の分析解明にのみ力を致すべきでなく，（勿論そのことが大事でないとは云わない）部分部分の分析解明から事件全体の把握を怠ってならないことは云うまでもなく，また全体の把握から部分部分の分析に及ぶべきであることも勿論である。」「同じ供述でも採用出来る部分もあれば，出来ない部分もあるのであって，大事な点はその供述が大筋を外れているかいないかである。」として，Xの供述は大筋を外れていないと判断した。これに対し，第3次上告審判決は，「Xの供述（上申書を含む）には，逮捕から1次上告審の段階に至る間，共犯者の有無，人数，顔触れにつき10回余りもの供述の変遷がみられるのであって，このこと自体がXの供述全般の信用性を疑わしくしている」とした上，Xの利害関係に照らし引き込み供述のおそれがあるところ，その供述を裏付ける物的証拠もないなどとして，その信用性を否定している。総合的評価の難しさを考えさせられる事例である。

2 共犯供述の核心部分に問題点が存在する場合

 共犯供述の核心部分自体に問題点が存在し，それが合理的説明の困難なものである場合には，他の供述部分に秘密の暴露と認められるものが存在したり，客観的証拠と符合したりして，その部分の信用性を強く裏付ける事情があったとしても，当該核心部分の信用性は否定されるものと考えられる。[注2]

 これに対し，核心部分に問題点が存在する場合であっても，その問題点が合理的説明の可能なものであるならば，必ずしも信用性を否定することにならないから，客観的証拠との符合性や供述の変遷などに関連して既に述べた

ような諸点を検討して，その問題点の内容と程度を的確に把握することが必要となる。もっとも，核心部分に問題点が存在するような場合には，他の供述部分にも問題点のあることが少なくないが，そのようなときには，核心部分の問題点が合理的説明の可能なものであるか否かの判断は，その問題点が他の供述部分の問題点とどれだけ結びついたものであるかということにも左右されるから，次に3で述べる核心部分以外に問題点が存在する場合の影響の有無についても併せて検討する必要がある。

　　（注2）　例えば，秘密の暴露が存在したものの，それが被告人の関与に関する部分ではなく，共犯者自身の行為に関する部分についてのものであり，結局は共犯者の供述の信用性が否定された事例として，〔否定7〕八海事件，〔否定15〕梅田事件，〔否定23〕山中事件等がある。

　　　また，〔否定27〕野球賭博開張図利事件控訴審判決は，Aとの共謀を認める実行正犯Xの捜査段階における供述の信用性につき，「供述の核心的部分であるAとの資金援助の話し合い，実際に行われた負け金の処理，利益の分配，資金援助の方法についての部分については，具体性がなく，内容空疎な感じの部分もあったり，不自然不合理であったりして，自供に至る経緯にも問題があり，供述全体を通じて秘密の暴露と認められるものがなく，その信用性には疑問が残る。」とし，Xが賭客甲に支払うべき野球賭博の清算金76万9000円をAがそれと知りながら出したことは，ある程度右供述の信用性を裏付けるものであるが，十分なものではないと判示している。供述の核心部分以外の点ではその供述を裏付けるかなり強い証拠があったものの，核心部分自体に問題があり，その部分には裏付けもないことなどから，その信用性が否定されたものと思われる。

　　　なお，〔否定26〕住居侵入・窃盗事件第1審判決は，共犯者Xの供述の信用性につき，Xの供述のうち，Aが見張りをしたという点は，その目的及び見張りの場所等において不自然であり，また，V方2階への侵入方法に関する部分は，捜査・公判を通じて度々変遷し，さらに，被害品の処分に関する部分は，他の証拠に照らし重大な疑いがあるなどと指摘した後，「被害品の処分状況についてのX供述が信用できないとしても，その点だけがXの記憶違い

であるとの見方もできないわけではないように思われる。しかし，Aの共犯性を決定づける重要な点であるV方への侵入状況等についてのX供述にも，前記のような動揺があり，全体としてやはり十分な信頼をおくことはできない。」と判示している。この事案も，実行行為の分担という核心部分に問題がある以上，他の供述部分の問題点を合理的に説明できる余地があるとしても，共犯供述の信用性を肯定できないとされた一例と考えられる。

3 共犯供述の核心部分以外に問題点が存在する場合

　共犯者の供述のどの部分にもその信用性に疑問を生じさせるような点がないときは，全面的に信用性を肯定できることに問題はない。逆に，共犯者の供述の核心部分自体の信用性に疑問がある場合には，既に述べたように，その信用性が否定されることになるのは当然である。ところが，実際の事件においては，このように単純明快な場合はそれほど多くなく，供述の一部に問題点が存在し，それが供述の核心部分の信用性に影響を及ぼすか否かが問題になることが少なくない。核心部分に問題点が存在する場合については既に前記2で検討したので，ここでは，その他の供述部分に問題点が存在する場合について検討する。

　個別具体的な事件を離れてこの問題を論ずるのは困難であるが，研究対象とした裁判例のうち，上級審によって破棄された下級審の判決をみると，この点に関する理解が十分でなかったためと思われるものが少なくないので，研究対象事例を参考にしてあえて一般論を試みると，極めて常識的な結論ではあるが，その信用できない部分が核心部分と密接に関連すればするほど，あるいは信用できない点が大きければ大きいほど，多ければ多いほど，また，信用できない理由が記憶の誤りなどの過失によるものでなく，意図的な虚偽供述である疑いが強ければ強いほど，さらに，核心部分を裏付ける他の証拠が薄弱であればあるほど，当該共犯供述の信用性に影響を及ぼすことになるといえるように思われる。そして，個々の事件の共犯者の供述は，これらの複数の基準の相関関係によって，信用性が判断されることになるものと

思われる。以下，この点について詳述する。
(1) 供述の核心部分との関連性
　ア　関連性が強い場合の影響

　　　共犯者の供述の一部について信用性に疑問が生じた場合，それが当該供述全体の信用性に影響を及ぼす可能性があることは否定できない。特に，その一部が，争点となっている供述の核心部分，すなわち，被告人が共犯者と共同して実行行為を行ったとか，被告人が共犯者に対して実行行為を指示したとか，被告人と共犯者との間で賄賂，薬物等の授受がされたという部分と密接に関連すればするほど，その影響の度合いは強く，核心部分の信用性にも疑問を生じさせることになる(注3)。このことは，既に，客観的証拠との符合性や供述の変遷などとの関連で述べたとおりである。

　　　例えば，〔否定14〕岩国の暴力団首領殺害事件の上告審判決は，「被告人とV殺害を結びつける供述の中核をなす部分の信用性に合理的な疑いがあるというのであれば，特段の事情のない限り，これと密接に関連する爾余の供述の信用性にも重大な疑惑の生ずることは明らかである」というが，このような趣旨の判示と理解される(注4)。

　　（注3）　例えば，〔否定34〕地面師詐欺事件のXは，第1審では，Aの指示で犯行に及び，偽造権利証もAが用意したものでXは偽造に関与していないと証言していたが，控訴審で供述を覆し，Aは犯行に関与しておらず，犯行の背後にあって中心的役割を果たしたのはBであり，Bが偽造権利証を用意し，Xも偽造に関与したと証言するようになり，筆跡鑑定の結果，Xが権利証の偽造に関与していたことも明らかになった。控訴審判決は，Xの第1審での共犯供述の信用性につき，Xが権利証の偽造に関与したか否かという事実は，Aが犯行の背後にあって中心的役割を果たしたというXの証言の基調にかかわる重要な事実であるから，被告人の共謀関与の形態に関する部分の信用性にも影響すると判示している（前記第2の1(1)ウ注14，74頁参照）。共犯者自身が共犯供述を否定した例であるが，変更前の共犯供述の核心部分と密接に

関連する重要な事項について，客観的証拠と矛盾することが明らかになったのであるから，共犯供述の信用性が否定されたのは当然と思われる。

(注4)　〔否定14〕岩国の暴力団首領殺害事件のXは，検察官調書において，Aからの指示内容等の具体的事実として，①V殺害の指示とけん銃の交付，②Vの行きつけのキャバレーの下見，③Vの暴力団事務所の下見，④電話連絡，⑤レンタカー代5万円の交付の各事実を供述していたところ，控訴審判決が①ないし③の部分を信用できないとしながらも，④と⑤の部分の信用性を認めて殺人幇助の成立を認定したのに対し，上告審判決は，本文のように判示した上，④と⑤の部分も共犯供述の中核をなす①ないし③の部分と密接に関連するなどとして，その部分の信用性も否定している（事例カードの上告審判決の要旨2参照）。

イ　関連性が希薄な場合等の影響

　信用性に疑問の生じた部分が，核心部分とは次元の異なる事項に関するものであるとか，事件の流れという面からみると核心部分との内容的な関連性がかなり希薄であるというように，その部分と核心部分を切り離して考えることができるときや，あるいは，その疑問が質的にみて些細なことであるというようなときは，核心部分の信用性に影響を及ぼさないものと考えられる。

(注5)　例えば，〔肯定60〕暴力団組長賭博参加事件の共犯者らの一部は，捜査の当初の段階で，AのボディガードMがAとともに賭場に現れたと供述していたが，Mは当時服役中で本件賭場に出現することが不可能であることが判明した。この点につき，控訴審判決は，当日の賭場にAが現れたという事実は，共犯者らが全く予想していなかった事態で，強く銘記されたと考えられるのに対し，同伴者がだれであったかというようなことは，Aが賭場に現れて賭博したことの有無とは全く次元を異にし，共犯者らの関心も薄く，確実な記憶として残らなかったとしても必ずしも不合理ではないから，同伴者についての供述部分に誤りがあるとしても，Aが賭場に現れて賭博をしたという供述部分が誤りであるということにはならないと判示している（事例

カードの控訴審判決の要旨1(3)エ参照)。
(注6) 例えば，〔肯定11〕老女覚せい剤譲渡事件控訴審判決は，譲受人Xの供述中には，多額の代金を払ってAから譲り受けた多量の覚せい剤を2か月間も雑木林の中に埋めておいたというような一見不自然な供述もあり，真実を隠蔽し虚偽の供述を押し通したのではないかと疑われるが，その信用し難い供述部分は本件各犯罪事実の立証に不可欠な直接関連のあるものとはいえない事実に関するものであり，本件犯罪の主要部分に関する供述の証拠価値までも否定しなければならないものとは考えられないと判示している。

また，〔肯定69〕スナック「ダイヤ」殺人事件控訴審判決は，Xの供述中には，細部に矛盾点もないわけではないが，それらは，もともとX自身の記憶が明確でなかったり，Xの人間性に関する問題であったり，あるいは，男女間の機微に属する事柄であったりすることなどに起因するものと考えられ，内容的にみてもそれほど重要な点ではなく，到底Xの証言全体の信用性まで否定するものではないと判示している。

(注7) 例えば，〔肯定38〕覚せい剤譲受け事件第1審判決が，譲渡人Xの証言とAがXから覚せい剤を譲り受ける際にAに同行した甲の検察官調書との間で，その場での覚せい剤の使用状況等について供述の食い違いがあることなどを理由に，Xの証言には払拭し難い疑問があるとした。これに対し，控訴審判決は，両供述が大筋において一致しているのであるから，第1審判決は些細な食い違いを過度に重視するものであり，Xの証言の信用性に疑念を入れるに足りるほどのものではないとしている。

また，〔肯定39〕覚せい剤所持事件控訴審判決は，共犯者Yの供述とAの指示で覚せい剤の密売を手伝ったという組員Zの供述が，その相互間で細部に食い違う部分が見られるほか，それぞれの内容自体にも記憶が不鮮明であいまいな点があったり，供述の日時を異にすることによって同一事項についての供述内容が相違するなど前後矛盾する部分があるものの，両名とも，表現に異同はあっても，捜査段階から一貫してAが覚せい剤の密売に関与し，本件覚せい剤もAが仕入れてきたとの供述を維持しており，弁護人の執拗な尋問にもかかわらず変わるところがないとして，公訴事実に沿う部分は十分に措信できると判断している。

ウ　核心部分が他の証拠によって強く裏付けられている場合の影響

　信用性に疑問の生じた部分が供述の核心部分と密接に関連している場合であっても，核心部分が他の証拠によって強く裏付けられているとき（例えば，間接事実によって被告人との共謀がかなり強く推認できるとき，核心部分の骨組みが他の客観的証拠と符合しているときなど）は，核心部分の信用性に影響しないこともあり得る。(注8)

　逆に，供述の核心部分を裏付ける証拠が薄弱であるようなときは，他の部分の疑問点が核心部分の信用性に影響することになる。(注9)

　　（注8）　例えば，〔肯定34〕保険金目的放火事件控訴審判決は，Xの証言のうち，Aも放火の実行行為を分担したという部分の信用性を否定しながらも，Aとの事前共謀に関する部分は十分信用できるとしている（事例カードの①事件に関する控訴審判決の要旨参照）。この事案は，Xが利得するにはAの関与が不可欠であり，結果的に不当な利益を得たのはAのみであるというような，Aの関与を推測させるかなり強い間接事実が存在していたこと，Aからの指示内容について秘密の暴露と認められる事実が存在したことなどがあったために，Aが実行行為を分担したか否かというような核心に近い部分に虚偽があっても，それが事前共謀に関する供述部分に影響しないと判断されたものと思われる。

　　　また，〔肯定3〕日建土木保険金殺人事件〔山根関係〕控訴審判決は，Xの供述の信用性につき，概略，「Xの供述中には，明白な客観的事実に反する点，供述内容に変遷が認められる点，他の共犯者の供述と食い違う点などたやすく措信し得ない部分も存在するが，それらは，いずれも，Xの記憶の混乱に起因する単なる記憶違いないし表現上の誤りなどとして説明できるものであるから，直ちに本件各犯行についてのAとの共謀の存否等主要で根幹的な供述部分の信用性を左右するに足りない。また，Xの供述中には，Ｉ殺害の方法の提案者をZとする点やＩ殺害未遂事件に関連した保険会社振出の小切手金の入金先を知らなかったとする点など少なからぬ諸点でたやすく措信し難いものがあり，これらの点はいずれもXが本件一連の事件において果たした自己の役割やその比重を低減させて刑責の軽減を図るべく虚偽の供述を

-196-

したのではないかとの疑いを差し挟むべき余地がある。しかし、これらの措信し得ない供述部分は、直ちにXの供述全体の信用性を左右するに足りるものではなく、かえって、それらの諸点を除いた主要で根幹的な部分についてのXの供述は、Xにとって不利益というほかない点を含めてZら他の共犯者らの供述によく符合している上、Zらが二度にわたりI殺害を試みた際には、いずれの場合にも、AはIと飲酒する機会をもち、その結果Iは自動車を運転して深夜に帰途につき、一度は難を免れたものの、二度目には危難に遭遇するに至っているのであるが、このような重ねての暗合が全くの偶然によって生じ得るものとはいかにも考え難く、Xの供述するところは、かかる状況とも符合している。これらの諸事情をも併せ考えると、Xの供述中には右のようにたやすく措信し得ない部分が含まれるものの、なおAとの共謀の点を含むその主要で根幹的な供述部分については、客観的な情況証拠によっても真実性が担保されており、十分信用に値するものということができる。」と判示している。

(注9)　例えば、〔否定19〕覚せい剤譲渡事件第1審判決は、譲受人Xの所持していたメモ帳に当時Aが使用していたポケットベルの番号が記載されているなど、Xの証言の信用性を否定し去ることの困難な事情があるとしながらも、Xの証言が、他の重要な点において信用性を欠き、捜査段階の供述から不自然に変遷している箇所も多いところ、ほかに被告人と犯人との結びつきをうかがわせる情況証拠が皆無に等しいため、Xの証言によって右結びつきが立証されたとは到底いえないと判示している。

エ　関連性の判断が微妙な場合の他のアプローチ

信用性に疑問の生じた部分と供述の核心部分が密接に関連するか否かという判断は、かなり微妙であり、研究の対象とした裁判例をみても、審級によってその点に関する判断の異なるものが少なくない（例えば、〔否定14〕岩国の暴力団首領殺害事件の控訴審判決と上告審判決等）。そこで、関連性の判断が必ずしも容易でないような事案においては、仮に密接な関連性が認められるとした場合に、それが供述の核心部分の信用性に影響するか否かという側面から、問題を検討することの有益な場合

がある。例えば，〔肯定2〕現場共謀殺人事件控訴審判決は，このような方法で信用性を検討し，信用できない部分と核心部分との関連性に触れることなく，供述の核心部分が他の証拠によって強く裏付けられていることを指摘し，その信用性を肯定している。もっとも，このようなアプローチができるのは，当該共犯供述を除く他の証拠によっても核心部分に関する事実の骨組みを概ね認定することが可能な事案に限られるように思われる。

(注10) 〔肯定2〕現場共謀殺人事件控訴審判決は，共犯者Xの供述につき，前後若干食い違う部分があって細部に至るまで全面的に信用することはできず，特にAの犯行前後における具体的言動に関する供述については，XがAに対する悪感情から，Aに不当に責任を転嫁する危険のあることにも配慮して信用性を検討しなければならないとしながらも，Xの供述は全体的にみて高い信用性を有するものと考えられ，Aの具体的言動に関する部分も，現場にいた関係者で具体的な供述をしている共犯者Y，Zの供述と符合する限度においては十分信用に値するとしている。

オ　証拠調べの程度との関連

　審理の中心テーマはあくまでも被告人の刑事責任の有無（公訴事実の存否）とその程度であるから，そこから遠ざかるほど証拠調べの程度が希薄になるのは当然である。そのために，共犯者の供述のうち，周辺事実に関する部分に問題点がある場合，周辺事実の存否，共犯者の供述との相違の程度などに関する十分な証拠調べがなされていないということもあり得る。仮に，それが共犯者の供述の核心部分の信用性にまで影響し得る事柄であり，裁判所がそれまでの証拠調べから抱いている心証と異なってくる可能性がある場合には，前記のような別個の観点からの検討によって信用性の判断ができるのでない限り，更に証拠調べすることが必要になるのは当然である。しかし，逆に，それが供述の核心部分の

信用性にまで影響しない事柄であるとか，裁判所が抱いている心証と異なってくる可能性がないというような場合には，それ以上の証拠調べが不要であることも明らかである。
(2) 記憶の誤り等と意図的な虚偽供述
  ア 意図的な虚偽供述
    共犯者の供述の一部が信用できない場合，その理由が，記憶の誤りや日時の経過による記憶の薄れなどの共犯者の過誤によるものではなく，共犯者の意図的な虚偽供述によるものであればあるほど，その余の供述部分の信用性を否定する方向に影響するものと考えられる。意図的な虚偽供述がある場合には，共犯者の人格的な側面と関係するといえないこともないため，その供述部分が核心部分と密接に関連するものではない場合であっても，供述全体の信用性が否定される傾向にある。以上のような観点から共犯者の供述の信用性を否定したものとして，〔否定16〕債務者殺害事件控訴審判決(注11)がある。
    これに対し，意図的な虚偽供述の疑いはあるものの，それが共犯供述の核心部分の信用性に影響しないとされた事例も少なくない。それらは，いずれも，他の部分では意図的な虚偽供述の疑いがあっても，核心部分ではその疑いがないことについて，合理的な説明が可能な場合である。言い換えれば，共犯者が虚偽供述をする動機としては種々のものがあり得るところ（前記第１参照），その動機をある程度解明することができる場合には，虚偽供述の疑いの存する部分を特定することが可能となるから，供述の核心部分については虚偽供述の疑いがないとされることもあり得るわけである。(注12)

  （注11） 〔否定16〕債務者殺害事件控訴審判決は，Ｘの供述につき，概略，「Ｘの供述の信用性を判断する場合に，Ｘが捜査段階の当初から一貫して供述し，捜査機関もその真実性を疑わなかった事実が，明白な虚偽と判明し，Ｘも事実に反することを認めるに至っている点を無視できない。Ｘの捜査段

階における当初の自白も，極めて詳細かつ具体的で，迫真性に富み，その内容に格別不自然，不合理な点は存在していないが，そうであるとすると，その余の点に関するＸの供述も，一見理路整然としているというだけの理由で，直ちに信用できるということには必ずしもならないのであって，かかる供述中に自己の責任を被告人に転嫁するための虚構の弁解が混入していないか，より慎重な検討が必要である。」と判示し，結局，殺害の経緯に関するＸの供述の信用性を否定している。明白な虚偽とされたのは，殺害に至るまでに被害者を監禁した複数の場所のうち，その一部を隠していたという点であり，Ａも殺害の実行行為に加担したかという争点とは多少離れている。しかし，虚偽供述をした動機が途中まで犯行に加わったＸの兄をかばうのみでなく，Ｘ自身の責任をＡに転嫁するためでもあるとの疑いがあり，そうであるとすると，殺害の実行行為に関する核心部分についても，同じ動機による虚偽供述の疑いが残ると考えられたものと思われる。

(注12) 例えば，〔肯定88〕土地贈与契約書等偽造事件控訴審判決は，Ｘの供述の信用性につき，内容が自然で，さして不合理な点がなく，重要な関係事実が他の共犯者や関係者らの供述と合致するほか，他の関係証拠によって裏付けられている点も少なくないことを指摘して，「終始Ａの主導のもとに本件犯行が行われたことを強調することによって自らの刑責の軽減を図ろうとする態度が看取されないわけではないが，事件全体の流れについては真相を述べているものと判断でき，大筋において十分信用できる。」と判示している。

また，〔肯定81〕暴力団抗争殺人事件控訴審判決は，Ｘの供述の信用性につき，犯行に使用したけん銃の入手先を秘匿しているが，この一事から直ちにＡの指示命令に関するＸの供述の核心部分の信用性にまで動揺を与えるものではなく，また，直属の親分であるＴに累が及ぶおそれのある供述を回避しているが，Ｘの立場からすれば，あえて自らの生命に危害が加えられるおそれすら乗り越えて，Ａに指示命令されたという真相を供述してしまった上に，Ｘが敬愛していたＴにまで疑いの目が向けられるような供述をすることは耐え難いことであったと考えられるから，Ｘの供述の全体的な信用性を否定することはできないと判示している（事例カードの控訴審判決の要旨2(3)(4)参照）。

さらに，〔肯定8〕暴力団組員けん銃等不法所持事件第1審判決は，Ａ方に

けん銃を隠匿したことを認めるXの供述の信用性につき，Xが，けん銃等の入手や隠匿にXの属する暴力団の幹部が関与しているか否かについて幹部をかばっている疑いが濃厚であるが，幹部をかばうこととけん銃等の搬入を手伝わせた者が舎弟のAであると述べることとは，必ずしも密接に関連するものではないなどとして，Aの関与に関する供述部分の信用性は肯定できるとしている。共犯者が一部の者をかばって虚偽供述をしている疑いが濃厚であるとしながらも，そのこととAの関与を述べる核心部分と切り離して考えられるとされたものである。

イ 核心部分が他の証拠によって強く裏付けられている場合の影響

　もっとも，意図的な虚偽供述がなされた場合であっても，核心部分が他の証拠によって強く裏付けられているときは，核心部分の信用性に影響しないこともあり得る。(注13)

（注13）　例えば，〔肯定13〕誹謗ビラ頒布事件控訴審判決は，Xの証言のうち，自分からビラの頒布を勧めたことはなく，Aに頼まれてビラの印刷頒布を決意したという部分の信用性を否定しながらも，AがXに対して対立候補者らを誹謗する内容のメモを渡し，それに基づくビラの印刷と頒布を依頼したという限度では信用できるとしている。この事案は，Xが自己の責任の軽減を図って共謀の経緯について虚偽供述をしている疑いがあったものの，Aとの共謀の有無という核心部分については，AがXの目の前で右メモを作成したことをAが自認していた上，そのメモが現にXの手に渡って印刷頒布されたという，共謀を強く推測させる間接事案が存在していたために，その信用性が肯定されたものと思われる。

　なお，前注8掲記の〔肯定34〕保険金目的放火事件控訴審判決も，この例である。

ウ 記憶の薄れ，誤り等

　逆に，一部の供述が信用できない理由が，日時の経過による記憶の薄

れ，あるいは記憶の混乱や誤りなどのいわば善意の誤りといえる場合には，供述の核心部分の信用性に影響を及ぼさないものとされる（前記第2の3(2)イa，157頁参照）。（注14）

(注14) 例えば，前記第2の3(2)アbⅱ注33，148頁掲記の〔肯定11〕老女覚せい剤譲渡事件控訴審判決のほかに，以下の裁判例がある。

まず，〔肯定16〕融資資金詐欺事件控訴審判決は，X，Yの証言には，名義貸しの依頼をだれがしたか，申込書にだれが記載したかなど当時の具体的状況の一部について，相矛盾する部分があり，申込者の証言と一致しない部分もみられるが，Aが本件に関与した状況については大筋において一致しており，これらの証言が犯行後2年ないし4年を経過してされたものであることを考慮すれば，その信用性を全面的に否定することはできないと判示している。

次に，〔肯定66〕暴力団抗争殺人未遂事件控訴審判決は，Xの供述中には，時間の経過による記憶違いと思われる供述の誤りが多少あるが，いまだ本質的で重大なものとはいえず，Xのその余の供述の信用性にまで影響を及ぼすものではないと判示している。

(3) 核心部分の補強証拠の程度

ア 核心部分が他の証拠によって強く裏付けられている場合

既に述べたとおり（前記(1)ウ及び(2)イ参照），信用性に疑問の生じた部分が供述の核心部分と密接に関連している場合であっても，あるいは，意図的な虚偽供述がなされた場合であっても，核心部分が他の証拠によって強く裏付けられているときは，核心部分の信用性に影響しないことがあり得る。（注15）

(注15) 例えば，〔肯定57〕大学理事恐喝事件控訴審判決は，Xの証言につき，犯行後Aと対立関係が生じたことから，犯行が発覚すればX自身も有罪となることを免れないにもかかわらず，あえて警察に申告するとともに，V

に対しても被害の告訴を促したことがあるほか，Vから喝取した現金のAへの交付方法について首肯し難い証言をし，また事後におけるVとの接触状況については明確な証言を拒否している事実があるけれども，Aの本件恐喝行為への関与の有無自体についてまで，Xがことさら架空の事実を供述したものとは到底考えられないと判示している。この事案では，Aの関与を推測させる多くの間接事実が存在していた上，他の共犯者や幇助者らの供述もXの証言と概ね一致していた。このようなことが，Xの供述の核心部分の信用性を肯定する実質的な理由になったものと思われる。

また，〔肯定54〕組員内妻への覚せい剤譲渡事件控訴審判決は，譲受人Xの供述の信用性につき，Xが内縁の夫に不利な事実をことさら秘匿している疑いがあるため，全面的に信用性を認めることには躊躇を感じるとしながらも，供述内容が具体的かつ詳細であり，自ら体験することなく供述できるようなものでないこと，供述が一貫しており，弁護人の反対尋問を受けても供述を維持していること，AがXの内縁の夫の実兄であること，Xが当時臨月あるいは出産直後であり，自己の才覚で大量の譲渡を取り仕切るのは不自然であること，重要な点で他の関係証拠によって裏付けられていることなどを理由として，供述の核心部分の信用性を肯定している。

なお，前記(1)ウ及び(2)イに記載した各裁判例も，このような例である。

イ 核心部分の裏付けが薄弱な場合

逆に，供述の核心部分についての裏付けがほとんどないとか，極めて薄弱であるというような場合には，信用性に関する疑問点が比較的小さなものであっても，あるいは，核心部分との関連性が希薄なものであっても，核心部分の信用性に影響を及ぼすことも少なくない。このような観点から共犯者の供述の信用性を全面的に否定した裁判例として，前注9掲記の〔否定19〕覚せい剤譲渡事件第1審判決のほか，〔否定49〕覚せい剤譲渡事件控訴審判決がある。(注16)

（注16） 〔否定49〕覚せい剤譲渡事件では，譲受人Xの証言には裏付けとなる

証拠がなかったが，第1審判決は，右証言が具体的かつ詳細であることなどを指摘して信用性を肯定した。これに対し，控訴審判決は，具体性があるという部分も本件とは直接的関連がなかったり，検察官の誘導尋問に答えたもので具体性に欠けるとし，Xが自己の親しい覚せい剤密売人の名前を出したくないために，Aから譲り受けたと供述している疑いがあると判断している。裏付けとなる証拠がないからといって，その供述の信用性に直ちに疑問が生ずるものではないが，裏付けが薄弱であるだけに，比較的小さな疑問が生じただけでも，簡単に信用性が否定されることになった一例と考えられる。

第3部　手続上の問題

　手続上の問題としてまず指摘すべきは，改めていうまでもないことながら，審理の充実ということである。共犯者の供述の信用性を判断する場合，その供述が事件全体の枠組の中で占める位置と程度，その供述をすることによって共犯者が得る利益あるいは不利益の内容と程度，共犯者の属性など，共犯者の供述の外在的事情の検討が不可欠であり，これを念頭に置きつつ，その供述と他の証拠との符合性の有無・程度，供述の内容，供述の経過，供述の態度といった供述の個々的事項の検討を行い，さらに，供述中の一部に信用できない点や疑問点があった場合に，それが供述の核心部分の信用性に及ぼす影響の有無・程度といった総合的な評価を行うことによって，初めて過不足のない，十分な信用性判断ができるのであり，共犯者の供述のみを他から切り離した形で判断できるものではない。しかも，このような判断が可能となるためには，事件全体の証拠構造を把握できるような，丁寧で充実した審理が求められているのである。

　次に，研究対象の裁判例を検討するうちに遭遇した，手続上の若干の問題点を挙げてみる。

第1　弁論の分離・併合の相当性

　共犯者らが同時に起訴されると，一般的には，公判手続を共通に行い得る時点まで併合しておき，共通の書証，証拠物，証人等を取り調べることになるが，その後は，被告人らの利害相反の有無・程度や，個別的な証拠調べに要する審理期間などを考慮して，弁論を分離するか併合したまま審理を続けるかを判断することになる。ところが，共同被告人の一方が責任を全面的に認めるのに対し，他方が事件への関与自体をも争うような事案の場合は，被告人間の利害が相反するのみでなく，審理の主要な論点や証拠調べの方法が被告人ごとに大きく異なることになるため，公判手続の最初の段階からか，証拠調べの早い

段階で弁論を分離する例が多く，弁論を併合したままで共犯者に対して被告人質問を行う例は少ないように思われる。

　もっとも，今回の研究対象裁判例を検討した限りでは，共犯者の供述の信用性の判断において，弁論の分離・併合，すなわち，共犯者が証人として供述したか共同被告人として供述したかということが，その判断に影響したとかがわれるものは見当たらなかった。

　共同被告人らの供述が相反する場合であっても，直ちに被告人の権利を保護するために弁論の分離が必要となるわけではなく（刑事訴訟法313条，刑事訴訟規則210条参照），証拠関係がほぼ共通しているようなときは，同一事実の合一確定の要請や訴訟経済上の利益から，弁論を併合したまま審理し，共同被告人に対しいずれも被告人質問として供述を求めるのが相当なことも少なくないように思われる。しかし，共犯者の一方が責任を全面的に認め，他方が関与を全面的に否認しているような事件においては，争点に関する証拠関係が基本的に異なることが多いから，そのような場合に弁論を分離することなく，共同被告人のまま共犯者に供述を求めるのは，手続的にすっきりしないというばかりでなく，心証形成上も問題があり，被告人の権利を保護するためにも弁論を分離することが望まれる。また，このような場合には，人的に余裕があるならば，共犯者のそれぞれの公判を別構成の裁判体で担当するのが好ましいように思われる。

第2　共犯者の供述の取調方法の問題点

1　証人尋問

　共犯者を証人として尋問する際には，共犯者の供述の真実性，虚偽性の微妙な心証を得ることができるように，多方面からの尋問に努めるのみでなく，被告人自身による反対尋問を行わせること，あるいは，証人と被告人とを相互に対質することなども，積極的に考慮してよいと思われる。

　なお，共犯者の証言を録取した速記録の正確性に問題があって，控訴審で信用性に疑問が投げかけられて破棄差戻しとなり，差戻後の第1審が再び同

じ共犯者を証人尋問したときには、当初の証人尋問の際とは証言内容が著しく異なってしまったという事例（〔否定47〕暴力団幹部の連帯借用証書等偽造行使事件）がある。正確な証人尋問調書を作成することがいかに大切かを痛感させる一事例である。

2 共同被告人としての被告人質問

共犯者の一方が認め、他方が否認している場合には、既に1で述べたように、弁論を併合して共同被告人のまま被告人質問を行うよりも、弁論を分離し、否認している被告人の関係では共犯者を証人として尋問する方が、信用性を判断する上で好ましいように思われる。

もっとも、1で述べたように、共同被告人のまま被告人質問をするのが相当な場合もあるが、その場合にも、他の被告人との対質など、その信用性を判断しやすくなるよう工夫することを考慮すべきである。

3 共犯者の捜査官に対する供述調書、他の公判における供述（公判調書）の取調べ

共犯者の供述の信用性を判断する上で、供述の経過、特に、供述の変遷の存否・態様・原因等を検討することも必要である（前記第2部第2の3⑵、135頁以下参照）。したがって、共犯者の供述の信用性が深刻に争われ、重要な問題点となっている事件では、共犯者の捜査段階における供述調書のほか、共犯者自身に対する被告事件の公判で供述した内容（公判調書中の供述記載）などを取り調べるのが望ましい場合が多いように思われる（前記第2部第2の3⑴エ、134頁参照）。

第3 供述経過の立証上の問題

1 捜査段階における共犯者の供述の経過

既に述べたとおり、共犯者の供述は、一面において目撃者その他の関係者の証言と同一の性質を有するとともに、他面においては犯人の自白と同一の性質を有するのであるから、その信用性を判断する上で、その供述が最初になされた状況や、その後の供述の変遷の存否・態様・原因等の検討が重要で

ある（前記第2部第2の3参照）。特に，共犯者の場合は，他の関係者と違って，捜査過程において通常何回かの取調べを受けて供述調書が作成されていることが多いから，共犯者の供述の信用性が争われる事件においては，検察官がその取調べを請求していない供述調書でも，必要があれば，裁判所から共犯者の供述の経過を立証する非供述証拠としてその取調べ請求を促すとか，少なくとも弁護側への開示を促し，場合によっては弁護側からの取調べ請求を検討させるなどして，積極的にこれを取り調べる運用が望まれるところである。例えば，前記第2部第2の3(1)エ注18，135頁で紹介したように，〔肯定62〕淡路島生き埋め殺人事件及び〔肯定60〕暴力団組長賭博参加事件においては，第1審では提出されなかった共犯者らの捜査段階における供述調書が非供述証拠として取り調べられ，それらが控訴審判決の信用性判断の基礎となっている。

　また，共犯者の供述が否認，単独犯供述，共犯供述などと揺れ動いている場合には，捜査責任者の証人尋問，捜査官の作成した捜査メモ等の取調べ，当時報道された新聞記事の取調べなどによって，捜査の進展状況を明確にし，それと照らし合わせながら共犯者の供述の変動の過程を検討すべき場合がある。この場合，捜査メモ等は，供述の信用性を供述経過の側面において検討する上での一つの情況証拠として重要な位置を占めるものであるから，その積極的な活用が考慮されるべきである。

2　共犯者の捜査段階における供述を取り調べることの要否

　共犯者が証人として尋問を受け，捜査段階において供述したところと実質的に異なる供述をした場合，特信情況が備わっていれば，その検察官に対する供述調書を刑事訴訟法321条1項2号によって取り調べ，あるいは，その他の供述調書を同法328条によって取り調べることは，通常行われているところであるが，これとは逆に，証人尋問の際に捜査段階の供述を基本的に維持している場合であっても，その捜査段階における供述調書を，証言の信用性をテストするための資料として必要な範囲で取り調べるべきであろうか。

　現行刑事訴訟法の直接主義，口頭主義の要請をどう考えるかということと

も関連する困難な問題であり，共犯者の証言の信用性を検討するための資料にとどまるとはいえ，被告人側が証拠とすることに同意しなかった共犯者の供述調書を裁判所が積極的に取り調べようとすることには，慎重でなければならない。しかし，共犯者の供述の信用性の判断が直ちにその事件の結論となるような事件であれば，共犯者の捜査段階における供述調書を取り調べる必要が生ずる場合もあるであろう。現に，研究対象裁判例の中には，〔肯定48〕殺人共同実行事件の第1次控訴審判決のように，共犯者の証言から，被告人を共犯に引き込む意図でなされたかもしれないと疑わしめる状況が認められるとした上，そのような事情を根拠に，共犯者の捜査段階における供述調書を取り調べるべきであり，これを取り調べることなく審理を終結して判決した原裁判には審理不尽の違法があるとしたものがある。また，〔肯定83〕対立暴力団組員傷害事件のように，第1審判決が，共犯者の証言は真実犯行に関与している他の第三者をかばい，被告人をその身代わりとして仕立て上げた可能性があると判断して無罪を言い渡したところ，控訴審において，共犯者の捜査段階における司法警察員に対する供述調書等が取り調べられ，供述経過を子細に検討した上，第三者をかばうため被告人を身代わりにすべく供述したとは考えられないとして，原裁判を破棄し，有罪を言い渡した事例もある。

　以上のように，当該事件の証拠構造にもよることであるが，他の直接証拠や情況証拠が被告人の関与の有無を認定する上では決定的でなく，単独犯行，共同犯行のいずれも可能性があり，共犯者の供述が信用できるか否かが決定的であるというような事件においては，その捜査段階における供述調書を取り調べるべきであり（その際には，両当事者に対し，共犯者の証言の信用性を検討するための資料とするにとどまり，犯罪事実の存否を直接立証する証拠とするものではないことをよく理解させておく必要があろう。），取調べの必要性の程度によっては，それが欠けると審理不尽となることもあり得るものと思われる（前記〔肯定48〕殺人共同実行事件第1次控訴審判決参照）。

3 供述経過の立証の工夫

　被告人本人の自白の経過の立証に関して指摘されているところは，そのまま共犯者の捜査段階における供述経過の立証についてもあてはまる。共犯者が被告人の名前を出した時期，単独犯供述から共犯供述に変わった時期，捜査の進展の状況との対応関係など，その信用性判断において重要な事項が供述経過に含まれていることは，既に述べたとおりである（前記第2部第2の3参照）。

　自己の関与も否定する供述や，自己の単独犯行であったとする供述等の捜査段階での供述調書は，供述経過を検討する上での重要な証拠であり，上述のように，共犯者の供述の信用性を判断する上で，その取調べが必要な場合もある。また，共犯者の捜査段階における供述状況ないし調書作成状況の立証に当たっては，捜査官の証言のみでなく，これを裏付ける捜査メモ（捜査日誌），取調べメモ（原稿）等のほか，ビデオテープ，録音テープ等の積極的活用が期待されるところである。

附属資料Ⅰ　事例カード

附属資料Ⅱ　裁判例一覧表

【肯定6】マニラ保険金殺人事件

　　Ⅰ　東京地判昭63.3.16未公刊（有罪・控訴）
　　Ⅱ　東京高判平元.7.19判時1323-159（控訴棄却・上告）
　　Ⅲ　最2小決平3.10.15未公刊（上告棄却・確定）

〔第1審認定事実の要旨〕

　　Xは，第三者を保険に加入させ，国外に連れ出して殺害し，多額の保険金を騙取しようと企て，AやBにその意図を打ち明けたところ，Aらもそれに賛成したため，Aの愛人Cや求人広告に応募してきたDを国外に連れ出して殺害しようとしたが，いずれも失敗した。そこで，XとAは，求人広告に応募してきたVを殺害の対象とすることに決め，2度にわたってVをマニラに渡航させ，刺殺あるいは毒殺しようとしたが，失敗に終わった。Aは，なおもあきらめ切れず，Xと図ってVの殺害と保険金の騙取を共謀の上，再度，Vを被保険者，Aを保険金受取人とする海外旅行傷害保険契約を締結した後，いわゆる「じゃぱゆきさん」の募集のためと称してVをマニラに渡航させ，昭和61年2月19日，Aが，マニラ湾防波堤付近において，金属製鈍器でVの後頭部を強打し，岩場に投げ落とし，海中に水没させて放置し，殺害した。その後，Aらは，保険会社に保険金を請求したが，保険会社が不審を抱いて請求に応じなかったため，その目的を遂げなかった（殺人，詐欺未遂）。

〔事件の経過〕

1　Xは，X自身に対する被告事件の公判廷でも本件を認め，懲役12年に処せられて服役している。また，Xは，Aに対する被告事件の公判廷でも，同様の証言をしている。もっとも，Xは，第1審公判の途中で供述を変え，VもAを殺害するためにマニラに赴いた旨証言したこともあるが，その後，右証言を取り消し，元の供述が正しいと述べている。

2　他方，Aは，捜査・公判を通じて犯行を否認し，マニラへは「じゃぱゆきさん」募集のために行ったものであり，Vの殺害の共謀にも，実行行為にも全く関与していないと主張している。

〔第1審判決の要旨〕

　Xの証言は，その大部分にわたって他の客観的証拠によって裏付けられており，十分信用することができる。

　すなわち，A，X，Bらが一連の保険金目的の殺人を計画し，これを実行に移そうとした点については，Aらとその計画の対象とされたC，D及びVの海外渡航状況，保険への加入状況等がいずれも客観的証拠によって裏付けられている上，Bは，C及びDに関する殺害計画について，Xの証言にほぼ沿う趣旨の証言をし，特にDに対する第1回の殺害計画については，AがDの殺害計画に関与し，その実行に及んだことを具体的事実を挙げて明言している。さらに，Vに対する1，2回目の殺害計画，犯行の準備状況等については，右計画に加わったXの知人E，Aの妻等がそれに沿う証言をしているほか，それに沿う念書等も存在する。

　また，AのXに対する報告については，Xの前妻が，AがマニラでVをトンカチで殴って殺したとXが言うのを昭和61年5月末ころ聞いたと供述している上，右報告の内容を裏付けるに足りる多くの証拠が存在する。例えば，Aが昭和61年2月18日夜，Bを滞在先のホテルに訪ね，翌19日未明に自己の宿泊するホテルに戻ったことがホテル従業員らの供述によって認められ，Vの死体の頭蓋骨骨折の形状は，Aが述べたという殺害態様に符合し，Aがホテルに戻った際，Aの着衣が濡れ，泥で汚れていたことは，Vの死体が動かされたとうかがわれることと符合する。また，Vの死体発見現場付近に燃焼痕跡のある段ボール紙片様のものが落ちていたことは，Aらが現場で段ボール紙に火をつけたというAの報告内容に符合するとともに，Xの右供述は秘密の暴露に該当し，その供述の信用性を高めるものである。

　このように，Xの証言は，V殺害に関するAからの伝聞の部分を含めて，他の多くの証拠によって裏付けられたものである上，X自身が，Xに対する公判において，事実を全面的に認めて懲役12年の判決を受け，現在服役中であることをも勘案すると，Xの証言は十分信用に値する。

　なるほど，Xは，第6回及び第8回公判において，Vが3回目にマニラに

渡航したのは，Vもまた保険金目的でAを殺害するためであり，従前の証言のうち本件に関する部分は嘘であると供述を変えたが，その後の証人尋問の際には，前回の証言はAを助けたいがためのものであって，当初の証言が真実であると供述している。Xの第6回及び第8回公判での証言は，VもAを殺害しようとしていたという部分に力点が置かれており，AがVを殺害したことを積極的に否定する趣旨のものではないこと，先に指摘したように当初の証言を裏付けるに足りる証拠が多数存在することなどを勘案すると，右変遷があったからといって，直ちにXの証言の信用性が減殺されるものではない。また，Xは，弁護人に宛ててA以外のXの知人が本件の犯人であるという手紙を書いているが，右内容はその後のXの弁護人宛の手紙によって否定されている上，Xは公判廷等では一切右のような内容の証言をしておらず，右手紙を想像で書いたと供述していること，Xの証言を裏付ける関係証拠が多数存在するのに対し，右手紙の内容に沿う証拠は皆無であることに照らし，Xの証言の信用性に疑いが生じるものではない。

〔控訴審判決の要旨〕

　AがV殺害の実行行為を行ったと認定した原判決は正当であり，当審における事実取調べの結果によっても疑念を抱く余地はない。

1　関係各証拠によれば，Vは昭和61年2月17日午後2時半過ぎころマニラ市内の甲ホテルにチェックインしたこと，Aが同日午後10時半ころ同市内の乙ホテルにチェックインしたこと，Vが翌18日に宿を変え，同日午後1時15分ころ丙ホテルにチェックインしたこと，Aは同日午後9時半ころVの宿泊している丙ホテルの客室を訪れていること，Aが翌19日午前3時半ないし4時ころ，乙ホテルに外出した様子を見せて立ち帰って来たこと，その際Aは急ぎ慌てた様子を見せ，また，着衣の両肩や背中の部分が濡れ，数か所にさびの色のような汚れがついていたこと，同日午前6時半ころVの死体がマニラ湾岸壁近くの海中で発見されたこと，その死体には頭頂部右側の頭蓋骨に直径2.4ないし4.2センチメートル内外の円形の陥凹骨折が存在し，その死因は外傷性頭蓋内損傷であって，死亡推定時刻は同日

午前6時ないしその2，3時間前以内であると考えられること，なお，Xが18日午前8時45分ころと午後零時55分ころの2回X方から乙ホテルに電話してAと話をし，また，同日午前9時15分ころX方から甲ホテルに電話してVと話をしていることなどが客観的状況として認められる。

　こうした客観的状況に加え，Aも，捜査段階から，18日午前零時過ぎころ甲ホテルに行ってVに会い，その後Vと約束して昼にVと乙ホテル近くのレストランで食事をし，午後7時ころにもVと会って食事をし，更に午後9時半ころ丙ホテルのVの部屋を訪ね，部屋の中で1，2時間話をし，次いでロビーでお茶を飲むなどしたが，翌19日午前零時ころVから外に出ようと誘われて，1時間ないし1時間半位2人でマニラの街を歩いた旨供述していること，すなわち，AもVとは当夜Vの殺害された直前ころまでVと行動をともにしていたことを認める供述をしていることを合わせ考えれば，AはVが殺害された時刻ころVと行動をともにしていたと推認し，かつ，Vの殺害された現場付近に赴いていたものと考えることに十分合理性があるとした原判決の判断はこれを維持することができる。

2　もとより，AがVを殺害する行為に及んだ事実を認めるに当たり，その直接的な証拠となるのは，Xの原審公判廷における供述である。そして，Xの供述はいわゆる共犯者の自白であって，その信用性の判断に慎重な考慮を要することはいうまでもないが，Xの供述は，その大部分が客観的状況と符合ないしは他の客観的証拠によって裏付けられている。

　例えば，2月18日に電話をVに1回掛けてホテルを変えさせたこと，Aに2回電話を掛けてその点を連絡したことなどについて述べる部分は，客観的状況と符合している。また，帰国したAからVを殺害した状況について報告を聞いたとして述べる部分も，殺害場所が岸壁であることや，持って行っていた玄能で頭部を殴打したことなどに関しても客観的な事実と合致し，とりわけ，Aの報告内容として，Aにおいては本件岸壁でVの頭部を殴打する直前に，Vに対し，Xが船で海の方から来るので合図してやらなければならないなどと言って，段ボール紙を燃やして海に向かって振っ

たということを聞いたと供述しているところ，実際に焼け焦げた痕のある段ボール紙が本件岸壁で発見されており，この点ＸがＡから聞いたことを忠実に述べている証左とみることができ，さらに，本件に至るまでの約半年の間，一連の保険金目的の殺人を計画し，その企てを実行に移そうとしたことに関しても，これに関係した者らの供述と一致し，その具体的な状況についても他の客観的証拠によって十分に裏付けられている。したがって，Ｘの供述は，内容的にみて，十分に信用性が肯定できる。

　もっとも，Ｘは，原審第６回及び第８回公判廷においてそれまでの供述を変えて，ＶもＡを殺害するためにマニラに赴いたと供述し，その後原審及び当審においては右供述を取り消して，従前の証言が正しいと述べ，また，弁護人に対する手紙の中ではＡ以外の第三者がＶ殺害に及んだという趣旨のことを書き，更にその後これを取り消す手紙を書いている。さらには，Ｘは，その後の原審及び当審における供述中で，供述がこのように変転したことについて，Ａが犯行を否認していると聞き，自分自身の裁判が終わった後はどのようなことを話しても自分には影響しないので，Ａを助けてやろうと思ってＡに有利になるような話をしようと思ったが，Ａの弁護人が何の連絡もして来ないため，打ち合わせをして話の内容を決めることもできないので，Ａを助けるための供述をするのはやめたという趣旨のことを述べている。そして，供述の変転に関するＸの右のような弁解も，Ｘの極めて自己中心的とうかがわれるその性格に照らし，必ずしも虚偽であるとは考えられず，Ｘの供述が前示のように変転する以前のものについては内容的に信用できる情況が認められることに照らし，右のように変転したことをもってＸの供述全体にわたってその信用性が直ちに否定されるものではなく，結局，Ｘの供述中，原判示認定に符合する部分は十分に信用できるものとした原判決の判断に誤りはないと考えられる。

【肯定18】窃盗教唆事件

Ⅰ　東京地判昭53.3.28未公刊（有罪・控訴）
Ⅱ　東京高判昭55.6.30未公刊（控訴棄却・上告）
Ⅲ　最2小決昭56.3.27裁判集221-273（上告棄却・確定）

〔第1審認定事実の要旨〕

①　Aは，昭和51年10月ころ，東京都目黒区内の喫茶店甲において，Xに対し，下館の旅館から骨董品や刀を盗ってきたら60万円払うなどと話し，更に同年11月19日ころから12月10日ころの間の夕方，同区内のA方において，Xに同様の話をして窃盗の決意をさせ，その結果Xにおいて昭和52年2月4日午前零時ころ，茨城県下館市内の乙ホテル玄関ホールにおいて，日本刀2振ほか15点を窃取し，窃盗の教唆をした。

②　Aは，昭和51年8月ころ，喫茶店甲において，Xに対し，弘前の寺の仏像の刀を盗ってくれ，刀身が入っていなければ50万円，入っていれば100万円払うなどと話し，更に昭和52年2月5日ころ，A方において，Xに対し，10万円上乗せするなどと話して窃盗の決意をさせ，その結果Xにおいて同月11日ころ，青森県弘前市内の長勝寺御影堂において，太刀拵1振を窃取し，窃盗の教唆をした。

〔事件の経過〕

Aは，捜査・公判を通じ，一貫して窃盗教唆の事実を否認しており，本件教唆に関するほとんど唯一の証拠は，被教唆者Xの証言である。

第1審は，Xの証言の信用性を肯定し，Aに対し懲役1年6月を言い渡した。控訴審も，弁護人の多岐にわたる主張をいずれも排斥し，ほぼ全面的に第1審の判断を支持した。控訴審判決は，弁護人の個々の主張に応答する形で構成されていて，Xの証言の信用性についてまとまった形では判断を示していないので，以下その是認する第1審判決の要旨を紹介する。

〔第1審判決の要旨〕

第1審は，「本件は2件の窃盗教唆事件であるが，被教唆者が同一で，教唆

時期，窃盗時期はいずれも密接な関連をもって進行しており，一連の事件として評価すべきもの」とした上で，下記のような理由を挙げ，「X証言は部分的にあいまいな点があるとしてもいずれも記憶の不正確性に基づくものであって作為性は見られず，X証言の大筋は十分措信し得るものであって，その他右証言の合理性を疑わせる証拠はない」として，X証言に依拠して前記犯罪事実を認定した。
1　X証言の重要部分が他の証拠と合致することについて
　(1)　弘前からの電話について

　　　　Xは，②の窃盗で弘前に行った際，喫茶店の公衆電話からA方に電話した旨，第1審公判における証言で初めて明らかにしたところ，その後右証言に合致する電話の発信交換証が押収された。その内容は，窃盗当日である昭和52年2月11日午後1時49分に弘前市内の喫茶店からA方に3分以内の通話があったというものである。

　　　　この事実は捜査官も知り得なかったことであるから，捜査官側の誘導やXの迎合という可能性は全くなく，Xがあくまで事実を語ろうとしていて，架空の事実を作為的に語っているものではないことを結果的に明らかにするものであり，X証言の信用性を強く裏付けている。さらに，この事実は，窃盗当日の弘前からA方への長距離電話として特色のある態様であるから，その会話内容のいかんにかかわらず（会話内容に関するX証言には変遷があるが，Aに場所と盗品の確認を求めたという点は一貫している。）(注1)，①の窃盗事件とAとの結びつきをうかがわせる有力な証拠であるほか，本件が一連の事件である関係上，X証言全体の信用性を高め，①の犯行の存在をも補強するものである。

　(2)　M証言について

　　　　Xの内妻Mの証言によれば，Mは，昭和52年1月20日ころ，洋菓子店でXや子供らとともにAから御馳走になった際，AがXに対し，下館と弘前の仕事をすればマンションの頭金300万円を出すなどと話すのを聞いたことがうかがわれる（なお，Mは，Xに近い立場ではあるが，Xに

迎合しようとの作為的態度はみられず，かえって自己に不利益な事実をも率直に述べ，弁護人の反対尋問にも不自然な動揺を示さないものであり，その証言には信用性が認められる。）。このように下館と弘前という特定の地域に関しXとAが話し合っていた事実は，それ以前から教唆を受けていたとするX証言の信用性を補強するものと認められる。
2 X証言の一般的信用性について
(1) Xの供述態度について

Xは，公判廷で長時間にわたり尋問を受けたが，全く虚構の事実を供述していると仮定した場合に予想し得るところの用心深い，形式的表現，不自然な固執あるいは動揺，自信のなさといった様子はみられず，日時・場所等記憶のあいまいな点では混乱しながらも，教唆を受けて窃盗を実行した点については弁護人の詳細な反対尋問によってもなおその自然な表現は崩れず，信用性が認められる。(注2)
(2) X証言の背景について

仮にXが捜査段階から巧妙な虚偽供述を継続しているとした場合に考えられる動機としては，(ｱ)以前に逮捕されたときに密告されたと思いAへの怨みを持っていること，(ｲ)共犯者を作って自らの罪を軽くしたいと考えること，(ｳ)警察での待遇などに絡んで捜査官に迎合することなどが考えられる。

しかし，X証言によれば，前回の事件後昭和51年2月に出所した際，Aに対し「お前がさしたから逮捕された」と申し向けたことを率直に述べているし，その後は友人としての交際が復活し，Aの供述によっても1年位の間に7，8回位会っていた事実が認められ，その間に険悪な空気はなく，その後XがAに対しまた深い怨みを持ち始めた様子はうかがえないから，(ｱ)の可能性は薄い。

(ｲ)につき，Xは，当初本件を供述せず，余罪追及の際に述べたものであるが，本件以前に自白していた靴の大量窃盗の罪で相当重い処罰を受けることを覚悟せざるを得ない状況下にあり，あえて本件の教唆犯を作

り出すことによって罪が軽くなることを予想したとは考えられない。

(ｳ)についても，せいぜい内妻との週1，2回の面会が認められた程度である上，Xは捜査担当のM署ではなくH署の預かりとしての在監期間が長く，特に有利な扱いを受けた形跡はない。

したがって，いずれの点についても，執拗に虚構を申し向けるような作為を想定する動機としては薄弱である。

(3) 窃取された物と場所の特色について

本件窃盗が行われた場所は全く相互に関連のない遠方で，かつ盗品については明らかに一定のねらいをもってなされたもので，無作為的に窃取されたものでないことが明らかである。反面，Xの以前の窃盗前科の手口は，さほど遠方でもない場所で，金目のものは手当たり次第取ることに特色があるところ，Xが本件のように特徴的な窃盗を行ったことについては，教唆犯の存在を考えることが一応首肯できる。

他方，Aについては，下館はAの妻の実家で，弘前は以前旅行したことがあって長勝寺を知っていること，いずれの場合も本件の盗品と思われるものをXがAの自宅へ一旦持ち込んだこと自体はAも自認していること，Aは妻名義で古物商を営み，刀剣・骨董に趣味があることなどを考慮すると，Aと本件との間に偶然と思われない関連を推測することは不合理でなく，X証言の自然性を裏付けるものである。

3 X証言の内容の個別的問題点について

(1) 弁護人は，Xが，①の教唆行為に関し，当初証言した年月日につきAのアリバイが成立したり，当初証言した場所（喫茶店甲）につき当日は休業中であることが判明したりすると，証言を改めるに至ったという供述の変遷の経過からして，X証言は信用できないと主張する。

しかし，Xは，昭和51年2月に刑務所を出所して以来約1年間にAと7，8回以上会っているのであって，XがAと会ったことを供述する場合に，会った場所は記憶があるが時期が正確でないということがあってもさほど不自然ではなく，日時の記憶が月単位程度しか特定し得ず，ま

たある程度幅を持ったものであっても無理からぬところであり，X証言の上記のような変遷は特に不自然とはいえない。
(2)　その他，弁護人は，X証言に関し，窃盗の手口，弘前からの帰りの列車時刻，長勝寺の侵入手口等に関する供述が変遷し，不明確であること，②の教唆に関し，Aは長勝寺の太刀が竹光であることを以前から知っていたから，刀身が入っていれば100万円払うなどと教唆するはずがないこと，X証言によれば，Aは被害品の価格に比して不相応な金額をXに支払ったことになり不自然であること，Xは，本件と同じ時期にほかにもAから窃盗教唆を受けていたと供述するところ，その窃取すべき場所に関するXの証言は不自然に変遷していることなど種々の点を挙げて，X証言の不自然さを指摘するが，いずれも容易に説明がつく問題であるか又はXの記憶のあいまいさに由来する問題であって，X証言の信用性に影響を及ぼすものではない。

　　(注１)　控訴審判決によれば，会話内容に関するX証言は，当初，夕方５時ころまで寺を探したが分からないので，帰ろうと思って電話したというものであったが，その後，長勝寺を見つけたことと，同寺のウィンドーにある日本刀を窃取することについて話したと変わり，さらに，刀２振の買取り値段の交渉をしたことが加わり，ついには，弘前へ行く前からウィンドー内に日本刀があることを聞かされており，刀２振の窃取を教唆されたと変遷している。
　　(注２)　控訴審判決によれば，Xは，質問を受けた場合に，自分の答えようとする事柄を予め頭脳中で整理してから発言するような性格の持ち主ではなく，質問に直ちに反応して答を口に出してしまうため，その供述には不用意な表現，舌足らずの表現，誤解を招く表現が多々見られ，そのため後で訂正を余儀なくされたり，矛盾を追及されて弁解に苦しむ場面もかなりうかがわれるが，それがかえって供述が作為的なものでないことを示すものと解されている。

-222-

【肯定34】保険金目的放火事件

Ⅰ　静岡地判昭52.1.31未公刊（有罪・控訴）
Ⅱ　東京高判昭57.1.25未公刊（破棄－有罪・上告）
Ⅲ　最3小判昭58.2.8裁判集230-21（上告棄却・確定）

〔争点に関する第1審認定事実〕

保険代理店を経営していたAは、火災保険金を騙取しようと企て、
① 資金援助をしていたレストラン経営者であるXと共謀の上、昭和46年12月6日、Xらの居住する建物に放火して2階の一部を焼燬させ、保険会社から約1590万円の保険金を騙取し（現住建造物放火、詐欺）、
② Yと共謀の上、昭和47年5月16日、Yの賃借中の自宅に放火して建物と家財を全焼させ、保険会社から約555万円の保険金を騙取した（現住建造物放火、詐欺）。

〔事件の経過等〕

①事件の共犯者Xは、Aと共謀したばかりでなく、放火を共同して実行したと供述しているが、Aは、Xとの共謀及び共同実行を捜査・公判を通じて否認している。また、②事件の共犯者Yも、Aと共謀したことを供述しているが、Aは、Yとの共謀を否認し、放火とは知らずにYの依頼で保険金請求をしたにすぎないと主張している。いずれの事件も、X又はYによる放火であることに疑いはなく、Aが事件に関与しているのではないかと疑わせるかなり多くの間接事実があるが、Aと各犯行とを結びつける直接証拠は、共犯者らの供述のみである。

第1審判決は、XとYの各供述の信用性を全面的に肯定し、①事件ではXとの共謀及び共同実行を、②事件ではYとの共謀を認定したが、控訴審判決は、以下のように、Xの供述のうちAとの共同実行を述べる部分の信用性を否定したものの、他の部分の信用性を肯定し、Yの供述の信用性も肯定して、①、②事件ともX又はYとの共謀によるものと認定した。

なお、Aは、別件である詐欺、詐欺未遂（いずれも有体動産の損害保険、

傷害保険等の水増し請求の事案），贈賄（警察官に対するもの）と併せて処罰されている。

〔①事件につき認められる外形的事実〕
1　Xの経済的境遇
　　Xは，昭和46年5月，N社に請け負わせて本件建物（①事件で放火された建物）を建築し，8月中旬ころレストランを開店し，その2階に家族と居住していた。Xは，自己資金が少なく，格別の後援者もいないのに，他からの融資を期待して営業しようとしたため，知人らから借財を重ねてもたちまち苦境に陥り，開店前に既に業者への支払いに窮し，8月20日と9月6日には小切手の不渡りを出し，銀行の取引停止処分を受けた。
2　AとXとの関係等
　　Aは，Xがレストランを開店した後，保険への加入を勧誘し，本件建物や家財についての火災保険契約（保険金6000万円の総合保険，2500万円の営業用什器備品に関する保険，2500万円の営業利益にかかる保険等）に加入させた。そのころ，Aは，Xから資金援助を求められ，知人から借りて金を作り，8月23日ころ約束手形と引き換えに300万円を貸し付け，レストランの営業部長W所有の土地をその担保とした。ところが，Xが期限に支払わなかったため，右土地に抵当権等を設定し，10月11日にXとWに対して手形金請求訴訟を起こし，12月6日に遅延利息等を含めた329万円余の支払いを受けて，翌7日に裁判上の和解をした。
3　Xの債権者らの態度
　　Xの債権者は，建築請負人N社（残代金500万円余），個人的な貸付金債権者，従業員のほか，建築・営業に伴う内装・諸設備・什器備品・商品等を提供した多数の業者である一般債権者に分けられるが，一般債権者は，開店前後から支払いを強く求めていた。10月末にXが債権者会議を催す旨の通知書を一般債権者らに送ると，一部の債権者が反発し，納入してあった厨房設備等を同店から搬出したため，店の営業は停止状態に陥り，11月中旬ころ閉店するに至った。また，一般債権者の一人Mは，Xに対して営

業の実権を譲るよう求め，10月31日Ｘに店の鍵を渡すよう要求し，これに応じないＸに乱暴したりしたが，他の一般債権者らの態度も極めて硬化し，Ｍらを代表として団体的に行動するようになった。

4　本件建物をめぐる権利関係とＡの画策

　　Ａは，ＸがＭに乱暴された際に居合わせてその場を納めた後，Ｘに本件建物の処分を勧め，Ｘからそれを依頼されると，11月7日ころ知人の医師Ｋが本件建物を買ってくれる見込みであるとＸに告げ，他方でそのころ本件建物で営む計画のクラブ経営をＧに委託した上，同月26日ＸからＧに本件建物を2000万円で売り渡し，明渡しと代金支払いを12月15日とする旨の契約を締結させ，所有権移転登記手続を経た。また，Ａは，本件建物が処分されると聞き知った一般債権者から追及され，実際の買主はＫ医師であると発表する一方で，Ｋ医師に名目上の買主となるよう依頼し，一般債権者の代表にＫ医師から買取りの意思のあることを言明させた後，12月5日に一般債権者に支払われる代金1800万円を対価としてＸに対する債権の譲渡を求め，その了承を得た。Ａは，本件建物の保険のうち6000万円の総合保険が失効していたので，11月29日Ｇ名義で3000万円の同種保険に加入した。また，Ａは，12月5日，その日に指定してあったＫ医師からの代金支払予定日を7日に変更した。

5　火災の発生とその後のＡの行動

　　12月6日未明に本件火災が発生し，2階の一部を焼燬したのみで消し止められたが，Ａは，一般債権者に，火災のため事情が変わり，Ｋ医師が買取りを拒否したと説明し，本件建物をＡが引き取る代わりに合計800万円を限度として債権譲渡を受けると申し入れ，12月11日一般債権者から債権額の5，6割の価格でＸに対する債権を譲り受け，代表者に現金と約束手形で合計803万円を交付して，Ｘと一般債権者との間の問題を解決した。その後，同月13日にＡが代表をするＴ社に本件建物の所有権移転登記手続を済ませ，同建物に事務所を移した。

　　Ａは，本件建物及び動産に付されていた各種保険の保険金請求を行い，

N社に交付された194万円余を除き，合計1396万円余がAないしAの代表するT社に帰属したが，Xには保険金は交付されていない。

〔①事件に関する控訴審判決の要旨〕
1　Xの供述を裏付ける間接的事実等

　　Xが本件火災当時経済的苦境に陥っていたことは事実であるけれども，Xは，一般債権者からは既に相手にされず，直接責め立てられる時期は過ぎており，またK医師の代金支払いが間近いということで，X自身も近く責任を解放される段階にあったこと，Xの火災前後の行動が特に異常であったとはみられないこと，放火の方法も失火の弁解が通用するような隠秘な手段であったこと，Xの性格が打算的であること等からすれば，Xが自暴自棄となって激情的に無目的な放火をしたとは到底考えられず，Xが特定の目的のもとに行った放火と認められる。

　　その反面で，XがA以外の第三者と通謀していたと疑う事情が皆無であること，Xは，本件建物の所有名義をほかに移し，自己名義での主な保険金の請求資格を失っていたから，火災による保険金を入手するためには，保険実務に精通し，本件建物に支配権を有していたAの関与が不可欠であったこと，Aは，火災の発生がない場合又は遅延した場合，Xの一般債権者らから本件建物の代金支払いを求められ，やがて真相を知られて，GやK医師の実際の役割も発覚し，苦境に陥ったであろうこと，また，Aは，資力が豊富であったとは認められないのに，本件建物の代金1800万円ないし2000万円の調達に努力した形跡がないこと，一旦指定されていたのに事情の変更もなく延期された代金支払日の直前に本件火災が発生したこと，その少し前にAの指示どおりになるGの名義で高額の火災保険を付していること，本件火災の結果不当な利益を得たのはAのみであることなどに徴すると，Aが本件火災の発生及びその時期を正確に予測し，これを期待していたものと推認することができ，Xの供述のうち，Aと犯意を通じて保険金入手の目的で放火したという部分は，十分の裏付けをもつものであって，措信することができる。

しかも，Xの妻は，11月29日ころX及びY夫妻とともにAから夕食に招かれた際，席上Aが世の中は金がなければならないから家に火をつけて保険金を取ったらよいと言うのを聞いたほか，同月30日Xから，Aに本件建物への放火を勧められていると打ち明けられ，夫婦喧嘩の末実家に逃げ帰り，同日遅くAに連れ戻されたことなどを証言しており，Xの供述を裏付けている。

2　Xの知り得ない事項についての供述

　Xは，11月7日ころAから「どうだ火をつけないか」と誘われてからは，しばしば放火を勧誘され，11月30日には「今夜は知っている刑事が当直だし，俺は俺でアリバイを作っておくから，今夜やれ」とまで言われ，更に連日のように決行を促され，12月4日には「5日の夜も知人の刑事が当直だからやれ，やらないなら自分は手を引く，そうすれば債権者に追いかけられるぞ」などと言われたと供述している。

　Aの働きかけのなかで，本来Xの知り得ない事項である警察官の当直に言及があったとの点は，Xの創作によるものとはいい難い上，Aが警察官に贈賄するなどして親しくし，交通事故発生時の便宜等のため継続的に当直表を貰っていたこと，11月30日と12月5日の夜は知人の警察官が実際に当直していたという客観的事実に符合するばかりでなく，Aが本件火災の発生に重大な利害関係を有し，その早期発生を切望する立場にあったのであるから，AがXに執拗に放火の実行を促し，最後には焦っていたという点も，Aの立場によく符合しており，AがXに保険金詐欺の目的で放火を執拗に勧誘していた事実は，認めざるを得ない。

3　犯行の実行に関するXの供述部分の信用性

　以上のように，Xの供述のうち，Aと放火の共謀をしたという部分は十分信用できる。これに対し，Aが犯行当夜の午前3時ころ突然部屋に入って来て，Xに犯行を強く促し，Xのまいた灯油では足りないとして，A自身も灯油缶を逆さにして畳の上にまき，点火に失敗したXに代わってマッチで点火し，その直後に部屋から出て行ったという部分は，捜査段階から

一貫しているばかりでなく，当夜その一つ隣りの寝室で床に就いていたＸの妻が出火を知る直前出火場所の方の物音を聞いた旨及び寝室に来たＸから「Ａが来て一緒に火をつけた。Ａにしばらく待ってから逃げろと言われた」と言われた旨述べるところにも符合している。しかも，Ａにとって本件建物の焼燬を必要とする期限が切迫していた状況に徴すると，Ａが12月5日まで放火を実行しなかったＸを鼓舞あるいは強要し，何とか放火を実行させようとして，本件建物に赴いたというＸの供述も信用できるようにみえる。しかし，この点については，それ以上にこれを直接裏付ける客観的証拠がないほか，Ｘの供述する放火方法はＸ1人でも十分可能であるのに，Ｘの分担した実行行為はいかにも消極的かつ軽少であって不自然であること，Ｘの供述にＸが鎮火後すぐＡ方に連絡の電話を掛けてＡにしかられたと述べられているが，このような電話はＡが現場に現在しなかったときに初めて必要であるとみられること，更にはＸの供述当時の立場と性格をも斟酌すると，この点に関する供述には更に慎重な検討が必要である。

　　Ａは，公判廷で，本件火災の夜はクラブのマダムの誕生会に出席していたと供述しているところ，Ａの事務所に以前勤務していたＵがそれに沿う証言をしているほか，Ｕの日誌手帳の記載があり，これに全面的信頼を与えることには躊躇せざるを得ない事情が多々あるが，とはいえ，右疑問にもかかわらず，それを全く虚偽のものと断定するに足る客観的証拠もなく，一概に排斥し難いものが残り，反面で，Ｘの右部分の供述の問題点をも併せてみると，その信用性にはなお合理的疑いを差し挟む余地がある。

　　そうすると，本件においては，Ａに共同実行行為まであったと認定するにはなお合理的疑いの余地がある。
4　結　論
　　Ｘの供述のうち，Ａとの共同実行を述べる部分の信用性には疑問が残るが，Ａとの事前の共謀を述べる部分の信用性は肯定することができる。
〔②事件につき認められる外形的事実〕
1　Ｙの経済的境遇

Yは，長年東京都内で婦人服製造販売業を営んでいたが，昭和45年秋から経営が傾き，昭和46年11月15日約束手形の不渡りを出し，同月26日銀行の取引停止処分を受けた。なお，Yは，以前から本件建物（②事件で放火された建物）を賃借して家族とともに居住し，後記のようにAを頼って沼津市内に滞在した後も，再び本件建物に戻っていた。

　Yの債権者らに対しては，昭和47年1月の債権者会議で債権整理の方向が示され，5月11日にはそれまで対立のあった債権者同士の話合いがついて，配当案が受け入れられ，配当額以外の債権を放棄する手続がなされた。また，税務官庁から昭和43年度所得税・地方税等も督促されていたが，倒産後はその手続が中断されていた。

　なお，Yは，知人の紹介で昭和47年4月21日から化粧品・繊維製品の会社に嘱託として採用され，本件建物から通勤していた。

2　AとYとの関係等

　Aは，外車Sの購入者の会の会員として知り合ったYに対し，昭和46年春から3回合計380万円を貸したが，いずれも返済された。Yは，同年11月中旬倒産見込みとなると，債権者からの追及を避けてAのいる沼津市に逃れ，Aの庇護を受けて12月20日ころまで同市に滞在した。

　Aは，沼津に滞在中のYに本件建物及び家財についての火災保険を勧誘し，同年11月26日，保険契約者及び被保険者をYとし，保険金額を建物につき300万円，家財一式につき4700万円とする保険契約が結ばれたが，Yが保険料10万円を現実に出費することはなかった。

3　火災の発生

　Yは，昭和47年5月16日午前3時ころ，本件建物に放火して建物と家財一式を全焼させた。右火災による保険金として555万円余が給付されたが，その約半分の230万円余がAに帰属している。

〔②事件に関する控訴審判決の要旨〕

1　Yの供述を裏付ける間接的事実等

　本件放火実行の当時において，Yは，倒産会社の債務整理を終わらせ，

債権者や徴税官庁からの督促も一段落し，一応就職して勤務上も支障がなかったのであるから，Ｙだけの事情によって放火したとは到底考えられない。また，本件放火が保険金詐取の目的でなされたことは明らかであるが，Ｙの経済的苦境に比して不均衡な金額の保険加入も，Ｙの自発的意向ではなく，Ａの勧誘や便宜供与により受動的に決定されたものであって，その保険金請求においてもＡの手を煩わせなければならず，Ｙが共謀の経過として述べるところは客観的事実に符合して矛盾する点がない。しかも，Ｙは，恩義を感じていたＡから沼津滞在中に保険金詐欺目的の放火を誘われ，再起を図るために放火の実行を約束したものの，帰京しても実行に至らず，再三Ａから電話で催促され，最後には脅迫まがいの強要を受けてついに実行した経緯を詳細かつ自然に述べており，措信せざるを得ない。

さらに，Ｙの妻は，Ａから昭和46年11月中旬にＹと昼食に，同月末ころＹ及びＸ夫妻とともに夕食にそれぞれ招かれた際，Ａが放火して保険金を取るとよいと放言するのを聞いたほか，昭和47年１月Ｙから，Ａに放火を勧められていると告白されて反対したこともあると証言しており，この点でもＹの供述は裏付けられている。

2　その他

弁護人は，ＡがＹから保険金を折半して貰う約束をしたのは，Ｙが保険会社から借家を持家と偽った申告義務違反による契約無効の通告を受けた際，Ｙから哀願されて保険会社との交渉を承諾し，その成功報酬として念書によってなされた約束であるから，共謀の根拠とはならないと主張する。しかし，右念書は，既に保険会社からＹに放火の疑いがかけられている段階において，保険金折半という今更隠し難い事実を放火の共謀と結びつけさせないために工作した外形ともみられるから，念書を根拠に放火の共謀を否定することはできない。

3　結　論

Ａとの共謀を述べるＹの供述は，信用することができる。

【肯定60】暴力団組長賭博参加事件

 Ⅰ 大阪地判昭59.9.14未公刊（有罪・控訴）
 Ⅱ 大阪高判昭61.5.9未公刊（控訴棄却・上告）
 Ⅲ 最2小決昭61.11.11未公刊（上告棄却・確定）

〔事案の概要〕

 暴力団Y組三代目組長の若頭補佐として組織内で隠然たる勢力を振るっていた同組傘下A組組長Aは，昭和57年1月21日ころ，A組若頭補佐（同組内E組組長）X1開張の賭場（Hビル402号室）において，サイ本引き賭博に張り客として参加し，賭博をした（常習賭博）。

〔事件の経過等〕

1 Aは，捜査段階で一旦自白したものの，公判段階では賭博への参加を徹底して否認し，当夜は情婦S方に泊まって外出していない旨アリバイを主張している。また，本件賭博に参加したほかの者らも，公判段階では，捜査段階での供述を覆し，Aが賭場に現れたことはないと供述している。

2 第1審判決は，以下の各証拠によってAの賭博への参加を認定した。

 (1) Aの昭和57年8月18日付警察官調書，同日付検察官調書（その要旨は，そのころX1の開張した賭場に赴き，ゲンツケのため3，4回勝負して，100万円位負けてやったというもの）

 (2) X1のほか，その配下で開張者側の者としてX2（E組副組長），X3（同副長補佐），X4（同舎弟）と，賭客として現場に居合わせた者としてX5（Y組系U組組長代行），X6（Y組系C会内D会副会長）の各検察官調書（その各要旨は，概ね，当夜賭場にAが現れ，何回か張取りをして帰ったというAの自白にほぼ相応するもの）

 (3) Sの検察官調書（その要旨は，当夜，AがS方を訪れたが，午後8時ころ出ていって，翌日午前零時半ころ戻ってきたというもの）

 (4) A専属の運転手Tの検察官調書（その要旨は，Tが，当夜午後8時か9時ころ，Aの指示でS方へ車で迎えに行き，Hビル付近まで送った

-231-

が，Aは，X1の若衆2人と同ビル内に入り，約30分後X1に送られて出てきたので，再びS方へ送り届けたというもの）
3 控訴審は，本件の特殊性に照らし，(1)X1らの事件関係者の第1審公判未提出の捜査官に対する各供述調書（上申書を含む。）を供述の経過ないし内容を明らかにするとの立証趣旨のもとに取り調べ，(2)第1審では調べられていなかったX7らの事件関係者や捜査の主任検事を取り調べたほか，(3)関係者らの身柄の状況を明らかにする書面等を取り調べた。

〔控訴審判決の要旨〕
　控訴審は，以下のように判断して，Aの賭博への参加を認める共犯者・参考人及びAの各供述調書の信用性を肯定し，アリバイ主張を排斥した。
1 共犯者・参考人の供述調書の信用性について
　(1) 本件捜査及びX1らの供述調書作成の経過は，次のとおりである。
　　ア 警察は，昭和57年5月25日ころ，別件の賭博開張事件で勾留中のX1らに対し，捜査の過程で明らかとなってきた本件賭博にAが関与したのではないかと一斉に追及を開始したところ，X7とX2が即日Aの参加を認め，その後X3，X1，X4，X5らも順次同旨の供述をしたので，逐次警察官調書を作成した。検察官も，X1，X2，X3，X4，X7については5月28日付で，X5については6月24日付で同旨の検察官調書を作成した。なお，X6については，Aが来たことのみを認め張取りを否認する検察官調書が同日付で作成された。
　　イ 関係者の大部分の者が保釈された同年6月下旬に至り，X1，X2，X3，X4，X7らからほぼ一斉に検察官あてに上申書が提出された。その内容は，概ね，本件賭博にAが参加したというのは事実でなく，警察官からAが来ていたはずだと責められ，ほかの者らの調書に合わせるような調書の作成に応じてしまったというものである。
　　ウ 他方，Aは，7月29日に本件で逮捕されて以来，賭博への参加を否認していたが，8月11日付警察官調書では，単純賭博で罰金にしてもらえるならすんなり本件を認めるつもりである旨の微妙な供述をし，

同月13日の取調べでは作成された自白調書に署名を拒否するという経緯を経て，延長された勾留期間満了の前日である同月18日に，犯行を全面的に認める詳細な自白をして，同日付で警察官調書，検察官調書が作成された。また，それと同日付で，Ｘ１，Ｘ２，Ｘ４，Ｘ５，Ｘ６，Ｘ７につき，提出した上申書の内容は嘘であり，本当はＡが賭博に参加していた旨のＡの自白に符合する詳細な警察官調書又は検察官調書が作成され，その後Ｘ３についても同趣旨の調書が作成された。

(2) 上申書まで提出してＡの賭博への参加を否定していたＸ１らが，状況の変化がないのに突如一致してＡの参加を認める供述をするとは考えられないから，8月18日以降のＸ１らの調書は，取調官からＡの自白を告げられたことによるものと認められる。弁護人は，ＡにＸ１らを面会させたり，電話で指示させたりした旨主張しているところ，Ａの勾留期間満了の切迫に焦慮していた捜査当局が，接見禁止中のＡにＸ１らを面会させることはともかく，電話で連絡させ合う程度の行為に出ることはあり得ないことではないと思われるから，いずれにしても，この段階で作成されたＸ１らの調書の信用性は慎重に判断しなければならない。

(3) そこで，以下においては，その段階における供述調書の信用性についてはひとまずおき，5月末から6月初めにかけて作成されたＸ１らの供述調書の信用性について検討する。

右の段階においては，8月18日の段階と異なり，極道社会の上下関係の逆利用というような捜査方法が介在する余地はない。一般に，極道社会において，子分が親分の犯罪事実を警察官に供述すること，とりわけ事実に反して親分の犯罪行為への加担を供述するようなことは，容易ならざる事態であって，右の段階で一時的にとはいえ，Ｘ１らが一致してＡの賭博への参加を認める供述をしたことは，採証上極めて重要な意味を有すると考えなければならない。共犯者の自白については，その者が他の共犯者を引き込むことにより自己の刑責を免れ又は軽減しようとする傾向があるが故に，その信用性に問題があると指摘されているが，本

件のように，自白した共犯者等がＡの極道社会における直接又は間接の配下であり，しかも，右共犯者等の刑責がＡの賭場への出現の有無によって何ら左右されないと認められる事案においては，Ａの賭場への出現及び賭博への参加を認めるＡの配下組員の供述（自白）には，ほかに特段の事情のない限り，高度の信用性を認めざるを得ないところ，本件において，右各供述の信用性を疑わせる特段の事情は見出し難い。

　さらに，Ｘ１らの供述調書の作成経緯等を前提として，その調書の内容をみると，以下のような理由で，その信用性は否定し難い。

ア　Ａの直接又は間接の配下であるＸ１らが，比較的短期間の取調べによってＡの本件賭博への参加を認めた点は，重要な意味を有する。

イ　Ｘ１らの供述調書の内容は，Ｘ１が賭博を開張し，午後10時過ぎＸ３が一番胴を取った際にＡが賭場に現れてしばらく勝負して帰ったとする点並びにその際賭場にいた人物の大体の顔触れ，位置等事件の大筋では一致しているものの，細部においていくつかの食い違いがある。このことは，右各調書が，当初自白した者の供述に合わせて作り上げられたものでないことを暗に示唆するものと考えられる。

ウ　採証上特に重視せざるを得ないのは，Ｘ１の調書である。同人は，Ａ組内での枢要な地位にあり，本件賭博の開張者でもあるところ，その供述には，他の関係者の供述にはない極めて特異かつ具体的な事実の経過（Ｔからの電話で，Ａから飲みに行こうと誘われたが，賭博の開張中であるとして断ると，Ｈビルへの道順を聞かれ，その後Ａが着いたとの連絡を受けたので，迎えに出て賭場に案内したところ，Ａはそのうちに自ら張取りを始め，しばらくして引き上げていった旨）の記載がある。かかる供述が取調官の誘導によるとは考え難い上，右供述中のＴとのやりとりの部分は，Ｔの検察官調書及びＡの自白調書に裏付けられており，その信用性を強く保障するものである。

　なお，Ｘ１が弁疎するように，「他の者が既に供述していて，これ以上放っておくと大きくなるし（Ａが開張者に仕立て上げられるとの趣

-234-

旨と思われる。），認めて落ち着けたら，後日無罪が証明されるだろうと思って」やむなく虚偽の事実を認めたのだとすれば，最少限度ほかの者の供述に現れている事態の大筋のみを認めておけば足りるはずであり，後日の無罪証明を願う者としてはむしろそのような態度に出るのが当然と思われるから，X1の弁解は信用し難い。

　同様に，X2，X3，X5，X7らが，警察官から格別暴行を受けたり，著しく長時間の取調べを受けたわけでもないのに，比較的短時日の取調べによって，大親分Aの賭博への参加という重大な事実をなぜ認めるに至ったかについての公判廷における弁解は，人をして納得せしめるに足りる合理性を有するものではない。

エ　もっとも，X2，X3，X7の検察官調書又は警察官調書には，本件当時服役中で賭場に出現することの不可能なMが，当日Aとともに賭場に現れたことになっており，その後Mが服役中であることが捜査当局に判明してから作成された調書では，X2らはいずれもその点を訂正するに至っている。この点は，関係人に対する取調べに，捜査当局によるある程度の暗示や誘導の介在したことを示唆するものであるから，かかる問題の存する関係人の供述調書の信用性の判断には，慎重を要しよう。しかし，当日の賭場にAが現れたという事実は，X2らが全く予想していなかった事態のはずであって，同人らに強く銘記されたと考えられる反面，その同伴者がだれであったかについては同人らの関心も薄く，確実な記憶として残らなかったとしても必ずしも不合理ではなく，捜査官から，かねてAのボディガードをしていたMが一緒ではなかったかと尋ねられれば，X2らが，あるいはそうであったかと誤った記憶を喚起してその旨の供述をし，その余の関係者においても，右供述を前提とした捜査官の尋問により，同旨の供述をするということも，ありがちなことと思われるが，そうであるからといって，同伴者がだれであったかというようなこととは全く次元を異にする当日の賭場へAが現れて張取りをしたことの有無に関するX2

らの供述が誤りであるということにはならない。ちなみに，X1，X5の調書には，Mが現れた事実は全く記載されていないが，既にX2らからMに関する供述を得ていた捜査当局が，X1，X5に対してだけはその点の追及をしなかったとは考えられないから，右両名の調書にMの出現の記載がないことは，当局の関係人に対する暗示・誘導もそれほど強いものではなかったことを示唆するものと考えるべきである。

(4) 以上の諸点に照らすと〔弁護人のその余の主張に対する判断については省略する。〕，X1以下の取調べの初期の段階における検察官調書は，本件当日Aが賭場に現れて張取りをしたとの事実を立証する上で極めて高度の証拠価値を有すると認めざるを得ないのであり，右各調書の間に，既に指摘した点のほか，弁護人が指摘するようないくつかの細部における食い違いがあること，右の段階における検察官調書が概して簡潔であり，賭博の具体的状況を確実に把握するにはやや物足りない内容のものであること等を考慮に容れても，右の結論は左右されない。そして右の段階における各検察官調書が基本的に措信し得るものであるとすると，これとほぼ同一内容を更に具体化して詳述した同人らの各検察官調書の信用性も，後にAの自白調書の信用性の判断の際に指摘するAの当夜の所持金及び賭金の額の点を除き，措信し得ることになる。

2 Aの自白調書の信用性について

(1) 前記のとおり，Aの捜査段階における供述には大きな変転があるので，捜査の最終段階で作成された自白調書の信用性の判断が慎重になされなければならない。しかし，Aの地位，前科歴等に照らすと，Aは，取調べ当時，常習賭博罪で有罪となれば懲役刑の実刑を免れ難いこと，X1以下の配下の組員を含む多数の関係者につき，Aの賭博への参加を認める自白調書が作成されていて，A自身が自白すれば，後刻自己の無罪を立証するのが極めて困難になることを，十分理解していたものである。したがって，Aが本件につき真実無罪であるとするならば，捜査官

による多少の誘導等によって犯行を自白するとは, にわかに考え難い。
 (2)　Aの虚偽自白を誘発する強い要因があったとは認められない〔その判断の詳細については省略する。〕。
 (3)　自白内容の不合理性を指摘する弁護人の主張は, いずれも採用できない〔以下の点を除き, その余の判断については省略する。〕。
　　　自白調書中には,「背広の内ポケットに入れた400万円も入るオーストリッチの黒い財布に300万円位持っていたので, そこから100万円位出して, 張取りをして負けてやった。」旨の記載がある。しかし, 1万円札で300万円位入る財布は市販されておらず, その代用品としても, 背広の内ポケットに入るようなものは, 特別注文の物以外あり得ないから, 右自白中, 少なくとも, 400万円入るオーストリッチの黒色財布に300万円位の所持金があったとの部分は, 客観的事実に反する疑いが極めて強い。
　　　しかしながら, Aが当日オーストリッチの黒色財布から賭金を出して張ったとの点は, X1の6月2日付警察官調書に現れているが, その財布が大きなもので100万円もの大金で張取りしたということは, Aの署名のない8月13日付警察官調書で初めて述べられたことであり, 賭金に関する関係者の従前の供述は, 50万円位とか, 2,30万円というように, 比較的少額であった。また, 当日賭場へ行く予定で家を出たわけでもないAが, 平素と異なる300万円もの大金を懐中にしていたと考えるのは不自然であって, 捜査官もこの点に気付かないはずはないと考えられることなどからすると, 当日の所持金及び賭金等に関するAの供述は, 捜査官の誘導によって得られたものではなく, Aが見栄を張って大言壮語した結果によるものと考える方が, むしろ常識に合致する。
 (4)　以上のとおり, Aの自白調書については, その作成経過及び内容のいずれからみても, 信用性を強く疑わせるような事情は認め得ない。
3　アリバイ主張について
　　アリバイ主張は理由がない〔判断の詳細については省略する。〕。

【肯定62】淡路島生き埋め殺人事件

Ⅰ 神戸地判昭58.6.24未公刊
（傷害致死・死体遺棄につき有罪，殺人につき無罪・控訴）
Ⅱ 大阪高判昭61.8.27未公刊（破棄自判－全事実につき有罪・上告）
Ⅲ 最2小決平元.2.20未公刊（上告棄却・確定）

〔公訴事実の要旨〕

大阪市内でゲームコーナー「ピエロ」等を経営していたAは，ピエロの従業員Xと共謀の上，

① 甲，乙がピエロのゲーム機から現金を窃取したことに憤激し，昭和55年6月27日午前3時15分ころから同45分ころまでの間，ピエロにおいて，甲の全身を多数回にわたり殴打，足蹴にする暴行を加え，午前4時ころ同所において脳硬膜下出血等により死亡させ（傷害致死），

② 右犯行を隠蔽するため，乙と共謀の上，同日午後4時ころ，淡路島内の残土処理場において，甲の死体を地中に埋没して遺棄し（死体遺棄），

③ 以上の犯行を隠蔽するために乙をも殺害しようと決意し，同日午後4時ころ，前記残土処理場において，乙の後頭部等を石塊やくわで数回殴打した上，土中に埋没し，窒息死させて殺害した（殺人）。

〔第1審判決の要旨〕

第1審判決は，②事実のほか，①事実についても，暴行の態様について一部公訴事実と異なる認定をしたものの，ほぼ公訴事実どおりの認定をして，Aを有罪とした。しかし，③事実については，乙の殺害をAと共謀して実行したというXの捜査段階での供述と公判廷における証言には相互に矛盾が多く，その内容は客観的証拠とも食い違っていて，信用性に疑いがあり，ほかにこれを認めるべき証拠はないとして，Aに無罪を言い渡した。

これに対し，検察官と弁護人の双方から控訴が申し立てられた。

〔控訴審判決の要旨〕

①事実については，Aの実行行為とAとの共謀を認めるXの供述のほか

に，Xの供述のすべてを裏付けるものではないものの，Aの暴行についての目撃証言も存在するのに対し，③事実については，Aが殺人に関与したかどうかにつき，Xの供述以外に直接証拠はなく，Aの刑責の有無はXの供述の信用性いかんにかかっている。ところが，Xの供述の信用性の評価については，第1審と控訴審とで結論を異にしているので，以下，殺人の関係を中心に控訴審判決の要旨を紹介する。

1　確定的事実関係の要旨

　　以下の事実は，客観的証拠の裏付けがあったり，あるいは，A及び本件関係者間で争いがないなど，ほぼ間違いのない事実と認められる。

⑴　Aは，昭和43年ころ愛人Sとともに喫茶レストランを経営していたが，昭和45年ころXがSの妹Hと結婚することになったので，結婚式の費用を負担し，Xを従業員として雇い入れ，新居を借りてやるなどした。その後昭和47年に同店がXの失火により焼失したので，Aは，Xを別の喫茶レストランで働くように世話をした。

　　Xは，昭和49年まで同店で勤務した後，トラック運転手として稼働し，他方，Aは，昭和54年10月ころ，愛人Mとともにゲームコーナー「ピエロ」を開店し，昭和55年1月からXにその一角で別のゲームコーナーを営ませ，併せてピエロの見回りも依頼した。

⑵　A，X，Xの実弟Kらは，昭和55年6月27日午前3時ころ，ピエロの店内で甲と乙がゲーム機から現金を盗んでいるのを発見したため，甲，乙両名に対して暴行を加えたり，衣服を脱がせて所持品検査をしたりした。特に，甲に対しては，その全身を殴る蹴るの暴行が加えられて，甲は全身に傷害を負い，ぐったりとなった。乙が謝罪して帰らせて欲しいなどと懇請し，Xのゲームコーナーに他の客も来たことから，AとXは，甲，乙両名を西宮まで送ることとし，午前4時ころ，両名が乗って来たレンタカーに甲を運び入れ，乙を同乗させた上，Xが同車を運転して出発し，Aも別の車を運転してレンタカーを追尾した。

⑶　ところが，走行途中で甲が既に死亡していることが分かると，乙は，

それまでの態度を一変させ，口止め料等として500万円要求し，Aはその支払いを承諾した。そして，Aの発案により甲の死体を淡路島に埋めることになり，右レンタカーの助手席にAが乗り後部座席に甲の死体と乙を乗せ，Xの運転で，神戸市内のフェリー乗り場に向かった。

(4) Aらは，午前7時25分発のフェリーに乗って淡路島に渡り，通称「なびら谷」の残土処理場にさしかかり，ほかにより適当な場所を探そうとして通過したが，再び残土処理場の上の県道に戻って停車した。ここで乙とXとの間で口論があり，XがAに対し「いわしてもうたろか」と言ったが，自動車が通りかかったために口論をやめた。その後，甲の死体を車のトランクに移し替えたり，穴掘り用のスコップ及びくわ各数本を盗み出したり，飲食物を購入したりしながら，他の場所を探したが，適当な場所がなかったため，またも残土処理場に戻った。

(5) Aら3名は，残土処理場の斜面を下り，午後3時過ぎまでかかって甲の死体を埋める穴を掘った。その後，死体を運ぶ際に他人の目につかないよう青色ビニールシートなどを拾って車に乗り，少し離れた空地に移動して死体をビニールシートで包み，ひもで縛ってトランクに入れ，再び残土処理場に戻った。そして，甲の死体を取り出して穴まで運び，シートに包んだまま穴に入れ，乙が主になってシートを外して穴の外に捨てた後，乙がかがみこむようにして甲の着衣をはぎとり始めた。

(6) Xは，乙の後頭部めがけて石を投げつけて命中させ，乙がうつぶせに倒れると，更に石を乙の後頭部めがけて投げつけ，続いて，両手でくわの取っ手付近を握り，刃のついた方の先端で乙の後頭部をきねつきの格好で数回殴打した。その後，AとXは，甲の死体と乙の体の上にスコップとくわで土をかぶせるなどして埋め，乙を窒息死させた。

(7) AとXは，車でフェリー乗り場に向かい，その途中でスコップ，くわ，甲の着衣などを海中に投棄した。

農作業中の者が，Aらが青色ビニールシート包みを運搬している状況を目撃して不審を抱き，レンタカーの番号を確認して警察に通報したこ

とから捜査が開始され，同日夕方，死体が発見された。AとXは，須磨港に到着したところで任意同行を求められ，同日午後11時，甲に対する殺人及び死体遺棄の容疑で逮捕された。
2　殺人の事実に関するX供述の要旨
　控訴審において，Xの司法警察員に対する供述調書が「Xの捜査段階での供述内容とその変遷」との立証趣旨で非供述証拠として取り調べられた。以下は，殺人の共謀と実行行為に関する供述が含まれたXの供述調書あるいは証言の要旨である。
①　6月27日付警察官調書
　死体を入れる穴を掘っていると，Aが「警察に行く」と言い出し，乙が「今さら何を言うとんや」と大声で怒鳴り，くわでAに殴りかかったが，Aが一度避け，2回目に殴りかかられたとき転んだので，Xが石で乙の後頭部を力一杯殴ると，乙が穴の中に転んだため，穴に埋めた。
②　7月4日付警察官調書
　甲の死体を穴に埋めて，着衣を脱がせているとき，Aが「こんなこわいこともうやめて警察に行こうや」と言うと，乙が「何ぬかす，今まで俺にやばいことばかりさせやがって，このがきいわしてもうたろか」と言うなり，くわでAに殴りかかったので，Xは今殺さなければ一生つきまとわれると思い，石で後頭部を力一杯殴った。乙が穴の中にうつぶせになって倒れたので，Xが更に頭めがけて石を投げると，Aもくわで背中を2回くらい殴りつけた。乙はかすかに息をしていたが，Aが靴を脱がし，2人で土をかぶせて埋めた。
③　7月5日付警察官調書
　乙がうめき声を立てていたので，とどめをさすため，くわできねつきのような形で頭めがけて2回突き刺した。その後Aもくわで背中を2回殴りつけた。それでも乙がうめき声を出し，足がぴくぴく動いていたので，頭の部分から土をかけると，Aも足の部分から土をかけた。
④　7月6日付警察官調書

これまでの供述には嘘があったので訂正する。これまで嘘をついていたのは，店の者や身内の者に迷惑をかけないようにしようという気持ちと，Aには平素資金面と家庭的に面倒を見てもらっているので，今度の事件はできるだけ自分が罪をかぶろうとしたためである。

⑤　7月14日付警察官調書

　　今までX一人の意思で乙を殺したと言っていたが，実はAからやってしまえという話があった。今までそれを言わなかったのは，Aに商売の資金面，家庭の生活面で面倒を見てもらった義理立てからだが，日がたつにつれてやはり本当のことを言うことによって仏の霊に報いようと思った。残土処理場の上の県道に停車したとき，Aと乙が口喧嘩を始め，車外に出た。Xも腹が立ったので，乙に「お前もいわしてもうたろか」と脅かすと，乙が逃げ腰になった。そのときミキサー車が通りかかり，乙が手を挙げて助けを求めたので，Aはあわてて頭を車の中に突っ込み，Xも乙を助手席に押し込み，ミキサー車に「何でもない」と言ってそのまま通過させた。乙に「冗談やないか，あほなことするな」となだめると，乙は「俺もしんどいんや，早くしてくれ」と言った。その後，Aから話があると言われて車外に出ると，Aは「どないすんねん，あいつそのまま帰らすか，どない思うてんのか」と言い，Xが「一生つきまとわれると思う」と答えると，「ほんなら松ちゃん〔Xのこと〕やれよ，チャンスは必ずある」と言って殺すよう命令した。Xも，乙の態度に腹を立て，いつかやってやろうと思っていたので，「やらなあしょうおまへんな」と言って車に戻った。それから乙をやる機会をねらっていたが，穴掘りが3分の1位進んでXが道路まで上がったとき，Aが来て「松ちゃんやれよ」と言った。休憩後，Aから目と顎で合図があったが，こわくなりやれなかった。穴の中に入れた甲の上着を脱がせ，ベルトも放り出したとき，Aがまた合図したので，乙がうつむいた瞬間，石を両手で持ち上げ，振り下ろして後頭部を殴りつけた。さらに，頭あたりをめがけてコンクリート石を投げつけ，くわできねつきのように後頭

部を突くと，Ａもくわで背中あたりを２回くらい殴りつけた。
⑥　７月15日付検察官調書〔下記供述のほかは概ね⑤と同旨である。〕

　できるだけ事件のことを思い出してありのままに話そうと努めているが，先日来話しているとおりのＡとの関係で，どうしてもＡをかばい，Ａの言ったこと，したことをできるだけ罪の軽いように言おうという気持ちをどうしても完全に拭い切れない。それでも甲，乙の霊のため正直に話そうと思うし，弁護士からもこだわりを捨て正直に話すよう諭されているので，正直に述べる。

　残土処理場付近に戻った際，Ａと乙の間で口喧嘩が起こり，乙がミキサー車に助けを求める出来事があり，Ａから乙殺害を命令されて承諾し，Ａの指示でトランクに死体を入れ，道具探しに行き，現場に戻った。穴を掘る場所はＡが指示し，交代で掘った。その後，少し離れた空地に行って死体をテントに包み，ビニールひもで縛ってトランクに入れ，現場に戻り，死体を穴に入れ，Ａと乙がひもをはずし，乙が着衣を脱がせ，かがみこんでいるとき，Ａの合図があったため，石を両手で持って乙に力一杯投げつけると，乙は穴の中に倒れた。Ｘがくわできねつきした後，Ａがくわを振り上げて打ちおろし，刃先で乙の背中を殴った。

⑦　裁判官の証人尋問調書（７月19日付）
〔下記供述のほかは⑤，⑥とほぼ同様の供述である。〕

　殺人の共謀につき，「甲の死体をトランクに移し替える直前にＡと話したことはないか」との問いに対して，「トランクに入れるときに，あいつどうすると言われた。Ａから，こんなん帰ったらつきまといよるで，松ちゃんやれ，チャンスは必ずあると言われた」とか，「穴が掘り上がる少し前と休憩中目と顔で合図された。石で殴る前にも２回ほどやれとの合図があった」と答え，また，「当初Ｘが一人でやったと言っていたのに，Ａも加わっていたと供述が変わったのは何故か」との問いに対して，「できるだけ私一人で罪をかぶって行こうと思っていたが，嘘もつき通せんようになったし，弟のことも出てきたし，弁護人からもＡがＸ

にばかり罪をなすりつけていると聞いたから」と答えている。
⑧　第１審12回公判調書
　　共謀の時期につき，「Aと乙が口論し，乙がミキサー車に救いを求めた後，Aと話し合って殺人を共謀した」と証言し，また，「Aをかばったのは，今まで世話になったし，淡路島で起こったことは命令されたといっても私もそんな気持ちがなかったわけではなく，罪をかばいたかった。しかし，今は関係ない弟にまで罪をきせて自分は何とか助かりたいというAの腹を見て，本当のことを言い出した。警察の人から，Aはお前が思うてるほどしとらん，お前のことむちゃくちゃ言うとるぞと言われ，弁護士からもほんまのことを言えと言われた。最初のころ，Aは関係ない，乙がAにかかっていったからくわで殴ったと説明したのは，Aが車中で，あいつが先につっかかってきたから松ちゃんがやったんやでと言っていたからである」などと証言している。
⑨　第１審14〜19回，32回各公判証言等
　　14ないし17回公判では，弁護人の反対尋問に対し，⑧の証言を更に敷衍して詳細に証言し，その中で，死体を埋める場所を定めた時期，場所，Aと乙の間で口論のあった時期，これと死体をトランクに入れ，道具探しに行き穴を掘った時期との前後関係，殺人共謀の時期について，やや混乱した答がなされているものの，右各時期とその順序を除く点では⑧と同一の証言をし，穴付近にAとXがいた場所について，Xが穴の下側（海側），Aが乙の頭の方と図示し，Aがくわで殴ったのは右Xの位置であった旨証言した。
　　18回公判の検察官の再主尋問に対し，「検察官調書の最終的に訂正された分は間違いない。暴行の態様，順序等は今はややこしくなって分からない」と答え，19回公判では，図面を書いて自動車の向きは海の方で，その右後方で殺人の共謀をしたことを示し，裁判所の検証時にも同じ指示をし，32回公判では穴付近でAとXがいた位置につき17回公判と同様の図示をしている。

⑩　控訴審公判証言

　　共謀，死体の入れ替え等の前後関係について，頭が悪く順序立てて話すのは苦手なので，原審で色々食い違った証言をしたと思う。共謀したときの車の向きは捜査段階では山側に向いていたように図示しているが，今の記憶は海側に向いていたように思うし，捜査官にもそのように言っていたと思う。Aがくわで乙をたたいたとき，Aは穴の道路側で乙の頭の北側に位置していた。

3　X供述の信用性

　確かに，XはAを共犯者とすることによって自らの刑責あるいは弟や友人の刑責を軽減し得る立場にある上，Xは当初からAとの共謀，Aの実行行為を認めていたわけではないから，かかるXの供述の信用性については特に慎重に検討すべきことはいうまでもなく，第1にXの供述の変遷はどのような時にどの事項につきどのようになされたのか，その変遷には十分納得し得る根拠があるのか，第2にXの供述内容に客観的証拠と矛盾する不合理な点はないか，第3に本件が甲，乙のゲーム機荒らしに始まり，同人らに対する暴行の結果甲が死亡し，その死体遺棄を行った過程で乙も殺害されるに至ったもので，甲の死亡も乙の死亡も右一連の経過のひとこまであって，密接不可分の関連にあることにかんがみ，Xの供述内容が右一連の経過中の確定的事実関係に沿うものであるかどうかが検討されるべきである。そしてさらに，本件では右一連の経過に終始かかわっていたのはX以外にはAがいるだけであり，しかもその供述はXの供述と重要な点で全く相反しているから，Aの供述もXの供述と同様の方法でその信用性を検討すべきであり，さらにA，Xの各供述の信用性に重要な関係のある甲に対する傷害致死の目撃者の各供述の信用性も検討することとする。

(1)　供述の変遷は首肯し得るか

　ア　Xの供述経過をみると，当初は甲に対する傷害致死，乙に対する殺人について，ほとんどXの単独犯行のように供述していたが，その後甲に対する暴行は主としてAが行い，乙に対する殺人はAとの共謀に

よってＸが主として行ったと大きく変遷している。このように大きく変わった理由としてＸの供述するところは，前述（④～⑧）のとおりであって，その理由は一応首肯することができる。

しかし，犯罪者が自己又は親しい者の刑責を減ずるため，あるいはある人に対する嫌悪，憎悪の情から，ことさら特定の人を共犯者にし，あるいはその者を主犯者にするなど虚偽の供述をするおそれがあり，ことに当初自己の単独犯であると供述していたのが，その後ほかの者を共犯者，主犯者とする供述に変更した場合，変更後の供述が虚偽であるおそれは一層強いと考えられるから，Ｘの供述の変更がことさらＡに虚偽の刑責を負わせるためなされたものかどうか，更に検討を要する。そして，もし変更後の供述にあまりに嘘が多く，変更前の供述に裏付けの証拠があるとか，変更前の供述に比し変更後の供述による方が供述者の刑責が著しく軽減されるとか，一旦変更後も二転，三転して一貫性が認められないようなときは，供述者において自己の刑責を減ずる等のため虚偽の供述をした疑いが濃厚であると考えられるが，逆の場合はその疑いはほとんどないと解することができる。

これをＸの供述の変遷についてみるに，まず，(a)逮捕直後から７月３日ころまでの供述内容のうち，甲に対する暴行の場所，態様は，前述の確定的事実関係と全く異なり，虚偽であることが明白であり，これに反し変更後の供述のうち甲に対する暴行については，目撃者の供述等の若干の裏付け証拠が存在し，(b)乙に対する殺人についての当初の供述は，前述のとおり乙がくわを振り上げてＡに襲いかかったため，Ｘが石で乙の後頭部を殴り倒したというもので，何らかの防衛行為に当たるとの趣旨を含むものであり，これがもし真実とすると，ことさら変更後の供述のようにＸがＡとの共謀によりＡに何ら襲いかかっていない乙に対し殺害行為に及んだという，Ｘにとってかえって刑責が重くなるような話を作る必要はなかったのではないかと考えられ，さらに，(c)Ｘが７月14日に乙に対する殺人についてＡと共謀した

旨供述してからは，控訴審公判に至るまで大筋においてほとんど変わらない供述をしており，その途中で当初の供述に戻るとか，前記確定的事実関係に反する供述をしていないことが認められるから，Xがことさらに虚偽の刑責を負わせるため当初真実の供述をしていたのを変更するに至ったものとは認め難い。

なお，Aの当初の供述とXの当初の供述がほぼ類似していることはその供述内容を比較すると明らかであり，場合によっては類似していること自体がその内容の真実であることの証左といえるのであるが，そういえるためにはAとXとの間で逮捕前全く打合せがなかったか，打合せがなくてもX，Aのどちらかが一方の供述内容を知る機会が全くなかったことが前提条件である。

これを本件についてみるに，まず打合せの有無については，Xは前記⑧のように死体を埋めてから後の車中でAが「あいつが先につっかかってきたから，松ちゃんがやったんやで」と言っていたと供述しており，右供述が信用できるとすると，AとXの間で一種の打合せがあったと見られる。しかし，打合せがなかったとしても，Xが6月27日に逮捕された直後から本件について具体的供述をしているのに，Aは7月2日から具体的供述を始めたもので，特に乙に対する殺人については7月4日から供述していること，Xの当初の供述中甲に対する暴行の場所，態様は確定的事実関係と全く異なっているのに，Aの当初の右事実についての供述内容はXの供述と類似していること，当初A及びXの弁護人であったY弁護士は7月1日にAとXに接見し，7月4日にAに接見していること等の事情に照らすと，Xより後に供述を始めたAがXの供述の大筋を何らかの方法で知り，これに合わせて供述した可能性があり，そうすると右前提条件が本件で成立したとは認め難く，単にXの当初の供述がAの供述と類似していることをもってその内容が真実であることの証左ということはできない。

イ　Xの供述は7月14日以降大筋において変更はないが，殺人の事実に

ついては，⑥の検察官調書と⑦以降の公判証言との間，あるいは公判証言相互間に若干の相違若しくは相違を疑わせる点があるので，これらの点を検討する〔以下，殺人の共謀の時期，共謀の場所・位置関係，空地に入った回数，Aがくわで乙を殴った位置の各点につき，変更があったと認められる供述の解釈，変更による供述全体の信用性への影響の大小等につき検討されているが，この点は省略する。〕。

このように，Xの捜査段階における供述と公判証言との間あるいは公判証言相互間に相違ないし相違を疑わせる点はあるが，右相違については納得し得る理由が考えられ，少なくとも右相違の存在から直ちに共謀の存在，Aの殴打についてのXの供述が不確実な記憶に基づくものとか，故意に誤ったものであるとはいえない。

(2) 供述内容に客観的証拠と矛盾する点はないか

第1審判決は，(a)甲に対するAの暴行について甲の頭を床にぶつける行為をしたとのXの供述は甲の傷害の態様と矛盾する，(b)Aがくわで乙の背中を殴打したとのXの供述は乙の傷害の態様と矛盾する，(c)Aが乙の背中を殴打したときのAの位置は乙の傷害の態様と矛盾する，(d)乙殺害についてAと共謀した位置についてのXの供述は不自然・不合理であるなどと説示している。

しかし，これらの点については，控訴審で取り調べた証拠等を検討すれば，Xの供述内容は客観的事実と矛盾するものではなく，不自然・不合理であるとはいえない〔その判断の詳細は省略する。〕。

(3) 供述内容に全体として不自然な点はないか

Xの供述のうち，確定的事実関係に付加されたAの言動，すなわち，(a)AがXとともに甲に対して暴行を加えたという点，(b)Aが淡路島に渡ってからの自動車の進路の指示を行い，Xが残土処理場の上の県道上で乙の態度に立腹して「いわしてもうたろうか」と脅し，乙がミキサー車に助けを求め，それをなだめて近くの空地に車を移動させたところで，AとXとの間で殺人の共謀が行われたという点，(c)Aの指示に従っ

て死体の移し替え，道具の準備，穴掘り，死体運搬がなされたという点，(d)Aもくわで乙の背中を殴打したという点も，いずれも確定的事実関係に何ら矛盾せず，むしろこれに合致するところが多い。
 (4) 結　論
　　以上のとおり，Xの供述は捜査当初において重要な変遷があり，捜査段階と公判段階との間，公判段階相互間で多少の相違点がみられるけれども，右変遷，相違にはそれぞれ納得し得る理由があり，これがあるからといって右供述の信用性を失わせるものではなく，また供述内容に客観的証拠と矛盾すると認められる点もなく，更に確定的事実関係にも沿うものであるから，同供述は十分信用性があるものと結論される。
4　Aの供述の信用性
　　一方，傷害致死に関するAの供述は，真実であるとは到底認め難く，故意に事実を隠蔽して，自己の刑責を免れようとしていると思われても仕方がない。また，殺人に関するAの供述は，傷害致死についての供述ほどの混乱はなく重要な変遷もない。しかし，右供述中その核心をなすAが「警察に行こうか」と言ったという点が信用し難く，そのほかにも確定的事実関係に矛盾し，少なくともそぐわない点が含まれているので，殺人の共謀，くわで殴打したことを否定する供述もにわかに信用し難く，その信用性はXの供述に比しはるかに劣る〔その判断の詳細は省略する。〕。
5　結　論
　　結局，殺人に関するXの供述はAの供述に比し十分信用できるので，Xの供述のほか関係各証拠によると，AがXとの間で乙に対する殺人を共謀し，Xが右共謀に基づき，残土処理場に掘られた穴の中の乙に対しその後頭部めがけて石を投げつけ，そこに倒れこんだ乙の後頭部に石を投げつけ，くわでこづく暴行を加え，Aもくわで背部を殴打した上，更に土をかけて乙を土中に埋没させ，窒息死させたことを認めるのに十分である。

【肯定81】暴力団抗争殺人事件

Ⅰ 和歌山地判昭62.2.19未公刊（有罪・控訴）
Ⅱ 大阪高判平元.3.14未公刊（控訴棄却・上告）
Ⅲ 最１小決平2.3.16未公刊（上告棄却・確定）

〔第１審認定事実の要旨〕

　甲組組長Aは，組の勢力の維持を図るため，対立関係にあった乙一家総長Vの殺害を企て，その具体的方法を計画し，実行責任者として甲組内Y組長Yを選ぶとともに，昭和57年９月26日，甲組内丙会若頭代行でAの直轄若衆でもあるXに対し，Yと共同して実行する若衆２名の人選とYへの指示を命じた。Xは，同日ころ，Y，丙会組員W，甲組内丁組組員Zに対し，上位者からの指示命令であることをほのめかして暗にV殺害を指示した。Aは，Xから２名の人選の報告を受けると，Xに対し，２名が実行日まで待機する家屋の選定・整備，殺害に使用するけん銃・実包の用意等を指示した。このように，Aは，X，Y，W，Zと共謀し，Yら３名は，右共謀に従い，同年10月３日Vを射殺した（殺人）。

〔事件の経過〕

　Xは，殺害実行の当日に逮捕されたYらの供述により，10月11日に逮捕されたが，当初は，X自身の関与は認めながらも，背後の指示者の氏名を明らかにしなかった。しかし，同月19日に至り，F警部補の取調べに対しAの指示に基づいて本件犯行に及んだ旨自供し，検察官に対して右供述を維持しただけでなく，刑訴法227条による証拠保全手続においても，裁判官の面前で右供述を維持した。ところが，Xは，第１審公判廷では供述を覆し，Xが上位者である何者かの指揮に基づいて本件犯行に及んだことは肯定しながらも，その命令者はAでなく，真実の命令者の氏名を明らかにすることはできないと証言し，控訴審でも同様の供述を維持している。これに対し，Aは，捜査・公判を通じ一貫して本件への関与を否定している。

　第１審判決は，Xの検察官調書と証拠保全手続における証人尋問調書の信

用性を肯定して，Aの共謀を認定し，控訴審判決も，以下のように，右判断を是認した。

〔控訴審判決の要旨〕

1　Xの自供の経緯

　　F警部補は，Xの自供の経緯につき，「Xは，当初指揮命令者の存在を否定していたが，Vを殺害した動機や，上位者に当たるYに犯行を指示できた理由等について取調べを続けたところ，Aの命令で本件を犯した旨を自供するに至った。その際，Xは，親父（丙会会長T）かそのほかの幹部から指示命令されたのであれば話しやすかったが，実は親分（A）から直接命令されたので，なかなか言えなかった。Aの名前を出した以上，自分の命もねらわれるかもしれない。刑務所に行っても，親分を売ったとか組をつぶしたやつということでいじめられるか分からない旨，涙を流しながら述べた。」と証言している。右証言は，涙を流しながら真実を告白したなどという部分において，確かにお決まりの常套文句を用いているきらいがあるが，だからといって右証言の信用性を否定するのは早計であり，かえって，右証言は，総じて自然かつ合理的であり，Xの自供の経緯やXの自供時の心境を概ね率直・的確に伝えているものと評価できる。

　　さらに，Xは，その後の検察官の取調べばかりでなく，手続の性格に照らし信用性の情況的保障が高いと認められる刑訴法227条による証人尋問の際にも，裁判官の面前において，Aの指揮命令に従って本件犯行に及んだ旨の供述を一貫して維持している。また，Xは，原審及び当審において，命令者の氏名を明らかにするのを拒んだものの，捜査段階でAの名を出した理由につき，単に，「事件を起こしたショックで，眠れない，飯も食えないという状態が続き，頭がぼけていたとしか思えない。」と述べるのみで，ことさら真実に反する供述をした合理的な事情を説明できない。このような事情に徴すると，Aの関与を認めたXの供述が，あえてAに濡れ衣を着せる目的で虚偽の事実を述べたものであるとか，Aを逮捕する機会をつかもうとねらっていた警察当局の不純・不当な目的に基づいて作為的

に作り出されたものであるとの疑問を差し挟む余地はない。

　なお，Aは何といっても甲組組員の生殺与奪の権限を一手に握る最高権力者であるから，Xの自供によりAが警察に逮捕されるような事態が起こった場合，その原因を作ったXに対して加えられる報復・制裁の厳しさは，Tら幹部の名を出した場合とは比すべくもないと考えられる。現に，Xの自供に激怒したAは，身柄拘束中でありながら，面会に訪れた組幹部らに対し，Xに差入れする者を徹底的に洗い出せと指示した事実が認められ，この点ひとつを見てもAの支配力の強さが如実に現れている。したがって，XがAの名を出してしまった以上生命をねらわれかねないという不安を抱いたとの心情を吐露しているのも，ごく自然である。

　以上のとおりであるから，XがAの共謀関与の事実を自供し，Aが首謀者であると供述した経緯に特段の疑問を抱かせる事情は見当たらず，してみると，Xは自らの決断と選択に従い進んで自発的にAの共謀関与の事実を自供したものと認められ，かかる供述に及んだからには，将来出所後に得られるべき暴力団員としての論功行賞を全くふいにするばかりか，生命の危険すら伴う厳しい報復を覚悟しなければならないのであるから，こうした事情のもとでなされたXの供述の信用性は極めて高い。

2　X供述の内容とその評価

(1)　所論は，AがXのような人物に重大な犯行を指示したり，実行行為者の選定，けん銃の調達など重要な事柄を一任したのは理解し難いと主張する。しかし，Xは，Aの直轄若衆であり，少なくとも組内部ではAのボディガードと見られ，現にAが外出する際にはけん銃を携行して護衛役を務め，本部事務所にほとんど常駐していたのであるから，Aが諸々の指示をするについて最も好都合な人物であった。もともと，この種事犯では，秘密の事前漏洩を懸念して犯行計画に参与する人物の範囲を広げないよう配慮されるのが通常であり，暴力団組織のトップの座にある者が本件のような犯行を企てるに当たっては，種々の思惑から最高幹部等に諮問することなく，同人らに内密で事を進めることもあり得るか

ら，一概に不合理であると決めつけるわけにはいかない。むしろ，当時甲組が置かれていた情勢に徴すると，Aが，最高幹部に累を及ぼすような危険な手段に出るよりも，X程度の人物に直接指示するという手段をとる方が安全かつ賢明であると判断したとしても，決して不可解とは考えられない。また，原審におけるAの供述等によると，Aは，仮にXが逮捕されても，XがAの名を出すことはまずあり得ないと信じ込んでいた上，捜査の手がAまで伸びる前に組幹部のだれかが自発的に命令者として自首し，Aの保身を図ってくれると期待していたとうかがえる。これらの事情に照らすと，AがXに本件犯行を直接指示するなどしたことが，必ずしも不合理とは即断できない。

(2) 所論は，Aが出所後間もないYを指名したり，Xがはるかに格上のYに本件犯行を指示したのは不自然であると主張する。しかし，Xの供述によると，Aは，凶器を持たないYがVを訪ね，たまたまYとVが口論になりかけたところで，Yに随行していたWとZがVを射殺するという犯行形態をとるようXに教示していたというのであるから，Aは，Yのために「自分の知らないうちにWらが偶発的にVを殺害してしまった」という弁明の道を残してやっている。しかも，Xは，上位者からの指示命令であることをほのめかしてYに犯行加担の意思の有無を打診しているのであるから，不自然であるとはいえない。なお，Xの供述によると，AはXを介してYに50万円を交付したにとどまるが，Yが逮捕されなければ，更に多額の報酬が提供されていたかもしれないから，たまたま現実に授受された報酬の金額だけを理由としてYが本件のような犯行を引き受けるとは考えられない旨の所論は，失当である。

(3) Xは，本件犯行に使用したけん銃の入手先につきその供述を二転三転させた末，最終的にはA宅で発見したと述べている。Aが自宅でけん銃を保管するというような危険な行動に出るとはたやすく措信できないから，Xが何者かをかばうためにけん銃の真の入手先を秘匿しているというほかないものの，この一事から直ちにAの指示命令に関するXの供述

の核心部分の信用性にまで動揺を与えるとは即断し難い。
(4)　さらに，Tの証言によると，Tは本件犯行の当日Xから右犯行に関与していることを打ち明けられ，10月6日にはXの申し出に基づきAに用立ててもらった44万円をTからXに手交したものと認められるところ，Xは，当初44万円はAから直接受け取ったと供述していたほか，犯行当日Tに真相を告白した事実を述べていなかったものであって，Tに累が及ぶおそれのある供述を回避していたとうかがわれる。しかし，Xの立場からすれば，あえて自らの生命に危害が加えられるおそれすら乗り越えて，Aに指示命令されたという真相を供述してしまった上に，Xが敬愛していたTにまで疑いの目が向けられるような供述をすることは耐え難いことであったと考えられ，そのようなXの供述態度から，X供述の全体的な信用性を否定したり，あるいは，Tこそ本件犯行の首謀者であると憶測するのは失当である。
(5)　以上のように，所論が指摘する諸点を検討しても，Xの捜査段階の供述の信用性に疑念を抱かせるような事情があるとは認められない。
3　X供述によってAの共謀関与を肯認することの合理性
　　Xが捜査段階で供述している事実経過のうち，直接Aとかかわる部分を除くその余の経緯に関しては，いずれもXの供述を裏付けるか補強する証拠がそろっており，その証明が十分であるところ，これらの事実の中には，Aが本件犯行を具体的に計画立案したことを前提として初めて合理的に説明し得る諸事実が存するから，Xの供述の信用性は極めて高い。
(1)　実行行為担当者らの組織内部における地位と所属する組関係
　　犯行を実行したYは甲組内で自らの名を用いて独立の組を持つことを許された同組の幹部である上，甲組の一員に加わって日が浅く，他の組幹部とはいまだ密接なつながりを有していない者であり，WはX同様Tが会長をつとめる丙会の若衆，Zは甲組内丁組の若衆であるから，Xを背後から操りながら右3名を実行行為者とすることは，Aの指示命令や共謀加担があったからこそなし得たものと考えられる。

(2) 犯行の準備に使用された場所や物品

　　また，Xは，Yが本件犯行に協力してくれるか否か，その意向を打診したり，Yに金員を交付したりする際に，本部事務所2階の一室を使っているばかりでなく，犯行当日までWらを住まわせる空家の見分に出向いたり，本件犯行の準備を進めるための具体的な行動をなすに当たって自動車を使用する際に，常に当時のAの専属の運転手Mを使い，さらに，右空家でWらが寝具として用いる布団類もすべて本部事務所から持ち出している。これらのXの一連の行動は，その背後にAが控えていたという仮説を立てて初めて合理的に説明できる。

　　これがもし，所論のいうように，Aが不知の間に計画・実行された犯行であったとすれば，その首謀者や共犯者らにおいて，Aに察知される危険性の高い前示のような手段に出たとは到底考えられない。

4　他の者の供述による裏付け

　　Xの供述のうち，Wらを住まわせる空家に電気を通じさせるため，Xの名前で関西電力に申し込むとAに告げると，Aから「お前あほか，入る者の名前にしたらええやないか」と言われ，Wの名前で申し込むことになり，Mに連絡してもらったという部分は，Mの検察官調書によって裏付けられている。すなわち，Mは，関西電力に電話すると，だれの名前にするかと聞かれたので，Xにその旨尋ねたところ，Xは組長室の入口まで行き，「だれの名前でしましょうか」と聞くと，Aは，大声で「おんしゃあほか。だれの名前でもええやないか」と怒鳴りつけたと供述している。

5　本件がTらの陰謀による犯行である可能性

　　所論は，本件につき，TらがAを組関係の世界から抹殺するための陰謀として，Xを使って敢行した犯行であると主張するが，証拠を検討しても，そのような疑念を抱かせる余地はない〔その詳細については省略〕。

6　アリバイ主張

　　アリバイ主張は採用できない〔その詳細については省略〕。

【否定4】日本岩窟王事件

Ⅰ 名古屋地判大3.4.15判時327-26（有罪－死刑・控訴）
Ⅱ 名古屋控判大3.7.21判時327-28（破棄－無期・上告）
Ⅲ 大判大3.11.3判時327-30（上告棄却・確定）
Ⅳ 名古屋高決昭36.4.11高刑集14-6-589（再審開始・異議申立）
Ⅴ 名古屋高決昭37.1.30高刑集15-1-11
（取消－再審請求棄却・特別抗告）
Ⅵ 最大決昭37.10.30刑集16-10-1467（破棄－異議申立棄却）
Ⅶ 名古屋高判昭38.2.28高刑集16-1-88（無罪・確定）

〔確定裁判の認定事実の要旨〕

　Aは，X，Yと共謀の上，Vを殺害して所持金を強奪しようと企て，大正2年8月13日夜，AがXとともにVを電車軌道に沿った道路に誘い，その場でYが突然Vの後ろから玄翁でVの頭部を殴打し，Vが地上に倒れると，Aが尺八笛で更にVの頭部を乱打し，かつ，Vの褌を外してこれをその頸部に巻きつけるなどの暴行を加えてVを殺害した上，V所有の1円20銭在中の財布1個を強取した（強盗殺人）。

〔再審開始に至る経過〕

　本件については，大正2年8月15日予審請求がなされ，大正3年2月7日名古屋地方裁判所の公判に付する旨の決定がなされた。同裁判所は，審理の結果，Aを死刑に，XとYの両名を無期懲役に処する旨判決し，XとYはそのまま服役した。Aのみ控訴したが，名古屋控訴院は，第1審判決を破棄したもののAを無期懲役に処し，大審院も，上告を棄却したため，控訴審判決が確定した。

　その後，Aは，服役し，昭和10年3月21日仮釈放により出所したが，在監中から出所後にわたって数回に及ぶ再審申立てを行い，第5次再審請求に対して，名古屋高裁が再審開始決定をするに至った（なお，異議申立てにより，同決定は取り消されたが，最高裁が，原決定を取り消して異議申立てを

-256-

棄却する旨の決定をしたため，再審開始決定が確定した。)。

〔証拠関係の概要等〕

　本件訴訟記録の大部分と証拠物件は既に滅失し，わずかに捜査から予審終結決定に至るまでの手続に関する1冊と，原第1，2審の判決書が残っているにすぎない。

　原第1，2審判決の挙示する証拠のうち，A，X，Yの各供述以外のものをみると，Aの犯行を積極的に裏付ける有力なものはなく，結局，Aと本件犯行とを結びつけるに足る唯一の証拠は，XとYの供述のみである。(注)他方，Aは，一貫して本件犯行を否認している。

　　　（注）　犯行現場付近の湯屋経営者の妻Tは，予審調書において，犯行当夜の午後9時半ころ自宅前の路傍に立って夕涼みをしていたとき，薄闇のなかに偶然見かけた吃りの男が繭籠を載せた荷車を引いた男に道を教え，「俺も一緒に行ってやる」と言っており，その時吃りの男の後についていたもう一人の男が自分の前を足早に通り過ぎるのを見かけたが，その男の肩の張り具合背格好からみてAに似ているような気がする旨供述している。なお，Tは，犯行翌日の検事の証人訊問調書中では，Aを示されて，「背丈け等は車引きの前を通り越した男に似ているが，この男であると断言することは到底できません」と述べていた。

〔捜査の経過とX・Y供述の要旨〕

　本件捜査については，初めから3名の容疑者があったわけではなく，むしろ前記Tが現場付近で見かけた荷車引きと同行した2人の男を追求する形で捜査が開始され，そのうちの一人が吶弁であったということから，まずXが，次いでXと同じ番小屋に起居しているYが疑われ，道を教えた状況を尋ねられても，Xは「言語曖昧にして要領を得ず」，Yに尋ねても「両人の言符合せず，内心大いに恐れを抱きおり頗る不審」な様子が認められたので，警察署に連行して取調べが開始されたものである。

その後のX・Yの供述経過とその要旨は，以下のとおりである。
① Yに対する検事の第1回訊問調書（大正2年8月14日付）
〔X・Yの2人共犯の自白〕
　　Yは，Vから金員を強奪しようとXから言われて，Yは玄能，Xはのみを持って飛び出して行き，Yが車を引いていくVの後方から玄能で2回Vの頭部を力を込めて打つと，Vが「助けてくれ」と叫びながらその場に倒れたが，更に玄能でVの頭部を2，3回打った。XがVの帯の財布を巻いてある辺を切り，Yが財布を取った。その時，電車が来たので，2人ともしばらく傍らの畑の中に隠れ，電車が通り越してから，YがVの褌を外し，Xがその首に巻きつけ，2人とも小屋に帰った。財布は，YがXに渡したので，Xがどこかに始末している。
② Xに対する検事の第1回訊問調書（8月15日付）
〔犯行への関与を否認し，Yと「石ヤン」が敢行したと思うと供述〕
　　（Vを殺したことはないかとの問いに対し）Xは，荷車引きに別れて番小屋に戻り，Yに「車引きを送ってきた。繭を買い出しに行く者で，石ヤンがおったらやるだろう，ただではおくまいに」と言うと，Yが「人がおったか」と聞くので，「石ヤンらしい人が車引きに付いていた」と言うと，Yは飛び出して行き，Xも後から行った。Xは，1丁くらい手前に控えていたので，Vを殺したのはYと石ヤンである。YがXに財布を渡したので，どのくらい入っているか聞くと，1円2,30銭位と言うので，欲しければだれでも持って行けとYに投げたが，Yがぐずぐずしていたため，石ヤンがその財布を持っていった。石ヤンは，氏名は分からないが大阪の者で，強姦や喧嘩をし，自分よりずっと上手の者であるから，服従していた。
③ Yに対する検事の第2回訊問調書（8月15日付）
〔X・Y・「石ヤン」の3人共犯の自白〕
　　石ヤンが車引きの男をバラして強盗することを企てた。Xから「石ヤンが，お前のところにいる男はお前の友達だろうから，あの男にバラしてもらってくれと頼んできた」と言われたため，犯行に加わった。Yが，Vの

後方から玄能で2回続けざまにVを殴りつけると，Vが「助けてくれ」と悲鳴を挙げて少しよろめき，籠の方にぶつかって仰向けに後ろへ倒れた。すると，石ヤンが，何か分からないが手に持っていた物で，倒れたVの頭の辺りを2つ3つ殴りつけた。XはVの帯を切り，Vの褌を首に巻きつけた。取った財布は，Yが番小屋に持って行ったが，石ヤンが一時使わせてくれと言って，財布ぐるみ持ってすぐ出て行った。石ヤンは，住所も氏名も知らないが，数日前に番小屋へXを訪ねてきて，親方に使ってくれるよう頼んでくれと言うので，Xが親方に話すと，今は必要ないと断られた。石ヤンとは以前会ったこともないし，話もしていない。
④　Xに対する検事の第2回訊問調書（8月15日付）
　　〔関与を一部認めるも，「石ヤン」の犯行とし，具体的な犯行状況に関する供述なし〕
　　Xは，石ヤンに巻きつけよと言われて，倒れているVの首に褌を巻きつけたことに相違ない。石ヤンがVに凶行に及んだことも相違ない。
⑤　Xの第1回予審調書（8月15日付）
　　〔Aの名前が初めて登場し，X・Y・Aの3人共犯の自白〕
　　Xは，製造所に行き，Yに対しAが繭の空籠を引いた車引きをつけて行ったと話すと，Yがすぐ玄能を取り出して車引きを追いかけたので，Xもついて行くと，車引きが途中で倒れていた。Yは傍らにポカンと立っており，Aは車引きの頭の辺を抱え，腹ばいのようになっていた。Aが「何をしている，早くやらんか」と言うので，Xは，車引きの既に解けていた褌の先を引っ張り，これをAに渡した。するとAがその端をVの口か咽喉の辺に当てたので，Xは褌を頸の下から一重か二重回し，Aがその余りの褌でギュッと締め，もうこれでよいと言った。Aは，「財布はYが持っているが，今夜のことは人に言うてはならん」などと言って，行ってしまった。その後に来たYに財布はと聞くと，Aが持って行ったと言っていた。
⑥　Yの第1回予審調書（8月15日付）
　　〔Aの名前が登場し，X・Y・Aの3人共犯の自白〕

Yは，犯行当夜，工場内にいると，Aが走り込んで「今夜はエイ仕事があるから手伝ってくれ」と言うので，「俺はこれまで悪いことをしたことはないが，貴様に頼まれりゃ仕方がないわ」と答えた。すると，Aは出て行き，今度はXが走って来て「今エイ仕事があるから行ってくれ」と言うので，玄能を持って出た。Aは荷車の後をつけて行き，Yに対し早くやっつけよと言ったので，Yが玄能を振り上げ力一杯2回ほどVの頭を殴ったら，Vは後ろへ倒れる前に一度荷車に積んだ空籠に頭を触れ，そのまま仰向けに南枕となって倒れた。Aは，倒れたVの頭を手に持っていた尺八で更に3回ばかり殴った。そのときVがウンウン唸っており，声が聞こえてはならんということから，その場へ来たXに言いつけ，Vの褌を取って口のところへ巻きつけ，もうこれでいいと言った。そこへ電車が来たので3人とも一時身を隠し，電車が通過してからYが懐中改めをしたところ，財布があった。しかし，Aが「俺は東京へ行かねばならんので，旅費の足しにするからくれよ。貴様らには追って入合わせをつける」と言うので，財布をそのまま渡した。

⑦　Yの第2回予審調書（8月20日付）
　　〔X・Y・Aの共謀による3人共犯の自白〕
　　Yが犯行当夜小屋で寝ていると，Xが「今繭売りが荷車を引いて電車道を北へ行く。少なくとも100円や150円は持っているから，バラして金を取るためAが行っておるから手伝ってくれ」と言った。犯行状況は⑥第1回予審調書の内容とほぼ同様であるが，Vの褌を外した者はY自身である。また，Vの懐中改めをした状況は，Yが死体の側へ行き，Vの傍らに落ちていた財布を拾ったところ，Aが「お前ら2人に分け前をやらねばならんが，一時俺が預かる」というので，渡した。（その後，予審判事に再度確認されて）Yが拾い取り，XやAに対し，ここに財布があったと言って，Yの懐中に入れて小屋へ帰り，ランプの明かりで数えた。

⑧　Xの第2回予審調書（8月20日付）
　　〔再び本件犯行への関与を否認〕

（予審判事から押収中のVの褌を示されたのに対し）その場へ行っておりませんから判りません。（しからば先回の取調べで何故現場へ行ったと述べたかと追及されて）警察では3人で現場へ行ったと言いましたから，さよう言わねばいかんと思いましたが，事実は行っておりません。

　　　Xが，犯行当夜，夕食後表へ出て夕涼みをしていると，Aが来て「今夜泊めてくれ」と言ったので承知した。Aは立ち去り，それから約40分後小屋に帰る途中，Vに道を尋ねられて教えていると，Aがジリジリ寄ってきて，「俺が案内してやる」と言うので，3人連れだって行くと，Aは水を飲んでくると言って先へ行き，XとVが電車道へ出たところ，Aが待っており，Vと2人で電車道を北へ行き，Xは小屋へ帰ったが，Yは小屋にいなかった。Yは大便へ行ったものと思い，待っていると，電車が2度くらい通ったと思うが，そのうちにAが来てXを呼び起こしたので，何かと聞くと，「今俺はこの先で人を殺してきた」と言った。

⑨　Yの第3回予審調書（大正3年2月2日付）
　　　〔⑦第2回予審調書とほぼ同じ内容〕
⑩　Xの第3回予審調書（同日付）
　　　〔⑧第2回予審調書とほぼ同じ内容〕
⑪　Yの控訴審公判における証言（大正3年7月3日及び10日）
　　　〔X・Y・Aの3人共犯の供述〕
　　　犯行当日Vを殺害し金を取ったに相違なく，Xがその財布を取り，かつVの褌を外しやすくするためXがのみで帯を切断した。Vを殺害したのはYとXとAの3人の所為に相違ない。
⑫　Xの控訴審公判における証言
　　　〔X・Y・Aの3人共犯の供述〕
　　　Xは，犯行当夜，夕食後表へ出ていると，Aが来て挨拶し，そこへ繭籠を載せたVが西の方から来たので，Xらもその後をついて電車道まで行き，途中Vに道を教え，一緒にその道を行くと，AはXに対しVから金を奪おうと告げた。Aは足早にVのところに行き，俺が道を教えてやるから

—261—

こちらに来いと言って，Vを連れて行った。その後，Aは番小屋で水を飲んでくると言って一旦立ち去ったが，XとVが電車道まで行くと，Aは既にそこに来ていた。Xはそこで別れて番小屋に帰ると，Yが「Aが今夜金を奪おうと言っていた」と言い，玄能を持って出て行くので，Xものみを持ち，その後から電車道に南の方から来たが，その時YがAと何か私語し，Yが玄能でVの頭部を殴打し，Vが倒れると，Aが更に尺八でVの頭部を殴った。そのうちに電車が来たので，YとAは畑に隠れ，Xも車の陰に隠れ，電車が通過した後，XがのみでVの帯を切り，AがVの褌を外し首に巻き声を出さぬようにし，それからXが財布を取った。Aが「財布は俺に渡せ」と言うので，Aに財布を渡すと，Aはその場からいずれへか立ち去り，Xは玄能とのみを持って番小屋へ戻り，Yは夕食のため主人方へ行った。

〔再審判決の要旨〕

　名古屋高裁は，下記のような理由により，「本件は，X，Y両名の共同犯行と認むべきものであって，すなわち，Yが検事に対する第1回の訊問調書において，Xとの共同犯行について語ったその自供こそ，もっとも真相に近いものであったといわねばならぬ。Yのこの自供はその内容よりするも，自白の経緯からみても，将又他の関係各証拠と対比しても，十分に措信するに足るものであって，その後右自供を翻し3人犯行を主張するに至ったYの供述や，変転つねなきXの供述はとうてい措信するに値しない」として，Aに無罪を言い渡した。

1　Yに対する検事の第1回訊問調書（①供述）の信用性
　(1)　自供に至る経緯
　　　　関係証拠によれば，M巡査は大正2年8月14日午前2時30分ころ，犯行現場付近を捜査中，犯人のものらしき足跡を認めたので，稲葉でその左足の拇先から踵に至る長さ及び横幅の広さを測り，その稲葉を切って持ち帰り，同日午後7時ころ容疑者の一人Yの足型をとり，右稲葉と比較したところ，符合するので，Yを詰問すると，Yは「にわかに顔面

蒼白となり身体に震いを生じ，殆ど失神状態となり」，その夜ついに①供述をするに至ったことが認められる。

このようなYの本件犯行の自供の経緯からみて，その自供はYがもはや逃れられないものと観念し，絶望と良心の呵責に堪えかねて，凶行の翌日にしたことがうかがい知られ，①供述の信用性は相当高く評価されてしかるべきである。

(2) ①供述の内容の自然性

①供述は，X・Y両名間における共同謀議についても，実行行為の分担についても，その語るところは，いささかの矛盾撞着もなく，まことにすっきりした内容のものである。

また，Yは，本件犯行の動機についても，①供述中では，「盆がくるし，主人の家では金は借りられないし，小遣に困りさような考えになりました。」と明快に語っている。

さらに，その供述の最後で重ねて検事からVを殺害して金を強取する考えで玄能をもってVを殴打したに相違ないかと念を押されて，「それに相違ありません」と答え，それではXと共謀の上該犯行をなしたに相違ないかと更にだめを押されても，「Xと相談の上ともに出掛けたに相違ありません」とXとの2人犯行を認め動揺するところがなかった。

(3) 他の証拠との符合性

Yは，①供述中で，Vから奪った財布に関し，「現場から小屋に帰り，自分が財布を取り出して金を調べてみましたところ，20銭銀貨5個，10銭銀貨2個計1円20銭ありましたが，Xが俺のところに一時寄越しておけと言いましたから，Xに渡したので，財布はXがどこかに始末しております。その財布は小さき縞柄に見えました。首にかけるような長い青いひもがついていました。」と供述しているが，財布の中身や特徴に関する供述内容は，Vの妻の供述（聴取書）と符合している。

2 ①供述以外のYのその他の供述（③供述以降）とXの供述の信用性

(1) 両名の供述の変遷と不自然性

①供述以外のYの供述は，共同謀議の点につき供述の都度内容が顕著に変遷しているほか，犯行状況に関する供述内容も変遷している。Xの供述も，否認，自白，否認，自白の変転著しく，また否認供述相互間，自白供述相互間でもその供述内容に著しい相違が認められる（また，その供述変更の理由も不明である。）。さらに，共同謀議や犯行状況等に関しては，X・Y両名間でも供述が符合せず，また供述内容も不自然な点が極めて多い。
(2)　X・YとAとの関係
　　X・Yは，当初，「石ヤン」なる人物との共謀と供述していたが，両名の意図としてAを指してその供述を行っていたのか疑問がある上（Xが自己の犯跡をくらますために架空の人物を必要とし，とっさに口にした石ヤンという名前に，Yがそのまま乗っていき，両名の刑責軽減の意図とも相まって，実在のAを引き込む結果となった可能性も否定できない。），石ヤンにせよAにせよ，犯行までの両名との関係は極めて希薄であり（殊にYとは全く面識もない間柄であった。），そのような男となぜ突如としてこのような重大な犯罪に及び，また，Yにおいて当初石ヤンをかばう供述をしていたのか疑問がある。
(3)　客観的証拠との不整合
　　ア　X・Yが供述するような犯行態様で，Yが玄能でVを殴打し，更にAが尺八でVを乱打していたとすれば，検証調書にあるような現場の血液の飛散状況からして，当然Aの着衣や尺八にも多量の血液が付着してしかるべきであるのに，Aの着衣の9つの汚点のうちのわずか1小斑点のみが人血にとどまり（当時のO作成の鑑定書。しかし，再審公判におけるF鑑定によれば，これは人血とすら断じ得ないものがある。），また，尺八に血痕の付着していた形跡が認められない（O作成の鑑定書）のは不合理である。
　　イ　F鑑定によれば，Vの頭部の4つの傷は，玄能と尺八のいずれでもできる可能性があるが，法医学的にはこの両者が使用されたのではな

く，そのうちのいずれか一つが凶器として使用されたと考えるのが相当であり，傷の状況からすると尺八よりは玄能により生じたと考えるのが適切である。このような鑑定結果に前記アの事実をも併せ考えると，Vの頭部の4つの傷を与えた凶器である，T鑑定にいわゆる「相当重量を有する鈍体」とは，玄能だけであって，尺八を含むものではないことが認められ，この点で，X・Yの供述するAの犯行態様は客観的事実と矛盾するものというべきである。

(4) 受刑後におけるX・YのAに対する謝罪等

X・Yの両名は，いずれもその刑を終えて出所後，同じく刑を終えて遅れて出所したAとめぐり会い，両名ともそれぞれ第三者の立会のもとに，Aに対し無実の罪に引き入れたことを謝罪したほか，Xのごときは（Yはその後間もなく死亡）第三者に対しても再三再四同様の供述をしている（昭和10年4月25日付名古屋新聞掲載のYとAとの対談記事及びYの覚書，昭和11年12月15日付都新聞掲載のXの詫状，当時それに立ち会った新聞記者らの証言，Xに対する法務事務官の昭和28年4月10日付，昭和30年6月22日付各調査書，ラジオ東京企画によるAとXの対質訊問録音〔昭和31年7月6日収録〕の速記録）。

(5) X・Yの性行

関係証拠によれば，Yは，「性愚鈍，善悪の判断力乏しく他人に煽動され易い性格の持主」（警察署長作成の素行調書），「放縦（魯鈍）」（刑務所長作成の回答書添付の身上調書写）であり，「アホ芳」の異名もあった。

一方，Xは，「性頑固にして凶悪かつ機敏，吃なるも弁舌巧にして喧嘩口論すること多く，雇主ももてあますほどであった」（警察署長作成の素行調書），「無類の嘘つき」（警察署長作成の回答書），「Xは頭は悪いことはなく，吃りで一見真面目そうに見えるが，嘘が多くその嘘がばれたりして都合が悪いときは，吃りのせいかわざとするのかその点はよくわからないが，とにかく口を開けてウァー，ウァーと訳の分からぬことをいう癖があった」（当時の雇主の証言）ことが認められ，さらに，再審開

始前の事実調べの段階でも，Xは，証人として出廷し，前提的な質問に対しては証言を行っておきながら，本件犯行の内容に関する尋問に入ろうとすると，たちまち顔を伏せてうなずいたり首を横にするだけで一言も発せず，顔を上げて答えるよう注意すると，今度は口を大きく開けて，ただウァー，ウァーというだけで，皆目その供述の内容は分からないという状況であった。

3　Aの供述と性行等

　　Aは，最初の取調べから再審段階に至るまで一貫して否認供述を続けているが，その供述はいずれも自信に満ちあふれたものであり，いささかの動揺の跡も認められない。また，Aは，当時前科を有する者でなかったことに加え，その性行に関しても，当時の雇主が「Aは真面目で，人柄もよく，仕事もよくやっていた」と再審開始前の事実調べで証言している。

　　また，関係証拠によれば，Aは，X・Yの逮捕後も逃走しようとせず，また逮捕されても動ずるところがなく，また凶器とされる尺八や犯行当時着ていた単衣も，XやYのように，これを洗ったり隠したりすることなく，それらが「棚の上にただ何となく」置かれていた状況であった。

　　さらに，注目すべきは，Aは捜査から，予審，公判を通じ，終始一貫その犯行を否認し，無実を叫び続けていたものであるところ，判決確定後もつねに冤罪を訴え，入監しては囚衣をまとい労務に服するを肯ぜず，ために不労囚の烙印のもとに北辺の網走刑務所に送られ，その間懲罰を受けること53回に及んだが屈せず，再審の請求をなすこと数回，司法大臣に対し情願をなすことまた数回，いずれもその目的を達するには至らなかったが，こうしてたゆまざる闘争嘆願に明け暮れているうちに二十有余年の歳月が流れ，昭和10年3月21日ようやく仮釈放の恩典に浴し，刑務所を出所するに至ったものである。

4　Aのアリバイの主張

　　〔この点に関する判断は省略〕

【否定7】八海事件

Ⅰ 山口地岩国支判昭27.6.2刑集11-11-3019
（有罪－Ａ１死刑，Ａ２～４無期懲役・控訴）
Ⅱ 広島高判昭28．9.18刑集11-11-3028
（Ａ１棄却，Ａ２～４破棄－懲役12～15年・上告）
Ⅲ 最３小判昭32.10.15刑集11-11-2731（破棄差戻）
Ⅳ 広島高判昭34.9.23刑集16-6-1038（破棄－無罪・上告）
Ⅴ 最１小判昭37.5.19刑集16-6-609（破棄差戻）
Ⅵ 広島高判昭40.8.30刑集22-11-985
（破棄－Ａ１死刑，Ａ２～４懲役12～15年・上告）
Ⅶ 最２小判昭43.10.25刑集22-11-961（破棄－無罪・確定）

〔公訴事実の要旨〕

Ａ１ないしＡ４は，Ｖ夫妻を殺害して金銭を強奪することをＸと共謀の上，昭和26年１月24日午後10時50分ころ，Ｖ方寝室において，長斧で就寝中のＶ１の頭部及び顔面を数回殴打して殺害し，就寝中のその妻Ｖ２の口を塞ぎ頸を締めて殺害した後，寝室のたんす内から現金１万6100円を強取した（強盗殺人）。

〔事案の概要〕

1 証拠上疑いの余地がない外形的事実

犯人が，昭和26年１月24日夜，Ｖ方寝室において，長斧でＶ１の頭部顔面を数回殴打して殺害し，Ｖ２の頸を締めて殺害し，なにがしかの金員を強取した上，右犯行をＶ両名の夫婦喧嘩に偽装するため，Ｖ２を隣室の鴨居にロープで吊り下げ，その手足にＶ１の血を塗りつけたり，火鉢の灰をまき散らしたりした後，Ｖ方を内側から戸締りし，床下口から逃走したことは，証拠上疑いの余地がない。

2 Ｘが犯人であること

犯人が１人であるか（単独犯）あるいは数人であるか（多数犯）につい

てはしばらくおき，Xが犯人であることについては，Xが犯行後間もなく逮捕されてから現在に至るまで終始自白していることと，次の証拠とによって極めて明らかである。
(1) V方裏口外側に放置されたサイダー瓶からXの左手中指の指紋が検出されたこと
(2) Xの着用していたジャンパーにV1と同じ血液型の血痕及びくもの巣が付着し，またXの手足の指の爪等にも血痕が付着していたこと
(3) Xが翌25日午前零時40分ころタクシー業者に支払った10円札5枚と登楼して支払った10円札10枚は，V方寝室のたんす内から発見された10円札7枚と記号が同一で，同一版面で印刷され，同時に断裁されたものであること
(4) Xの自供に基づき，V方への侵入に際しガラス窓枠をこじ開けるのに使用されたというバールが第1審公判係属中に偶然発見されたこと
(5) Xの自供に基づき，V方台所と炊事場の境の板戸に刃物の先で突いたような9つの傷穴があることが第1審検証時に初めて発見されたこと

右のうち(1)，(2)，(3)は，いずれの一つを採り上げても本件において極めて有力な証拠（いわゆる決め手と称される証拠）であり，また，(4)と(5)は，それのみでは必ずしも決定的な証拠とはいえないが，これらのものがXの自供に基づいて初めて発見されたという事実は，自供の真実性を強く裏付けるものであり，自白と相まってXが犯人であることを疑いの余地なく物語るものである。

〔事件の経過〕

Xは，犯行の2日後である1月26日未明，楼閣で逮捕され，当初は単独犯行と自供したが，複数犯人による犯行と確信していた捜査官の追及を受けて，翌日にはAら4名を含む6人共犯を自供した。右自供によって，28日と29日に他の5名が逮捕されたが，うち1名にはアリバイがあったため釈放された。そのころから，Xは，Aら4名との5人共犯の供述をするようになり，第1審と第1次控訴審では，5人共犯の供述を維持したものの，犯罪の

動機，態様等については供述内容が変転している。Xは，上告申立て後，弁護人に対してはAら以外のB某，C某あるいはD某との2人共犯と供述し，他方，検察官に対しては5人共犯の供述を維持するというように，相互に数回その供述を繰り返したが，第2次控訴審，第3次控訴審では，5人共犯の供述を維持した。

なお，Xは，第1審と第1次控訴審でAらと共同審理を受け，無期懲役に処せられ，上告取下により確定している。

他方，Aらは，捜査段階では一旦自白したが，公判廷では一貫して犯行への関与を否認している。

〔各審級の判断の概略〕
1　第1審判決

　　Xの公判供述と，Aらの自白（警察官調書）などにより，Aらの犯行への関与を認めたが，Xの供述の信用性に関する特段の判示はない。

2　第1次控訴審判決

　　Xの供述の変遷について，Xが年少者で，性格的に弱い点があること，Xが本件犯行によって心理的に衝撃を受け，興奮し，恐怖，驚愕，狼狽等の感情に支配されていたと推測されること，本件は多数人の犯罪であるから，Xが本件の全般にわたり十分にして正確な記憶を期待するのは困難であることを指摘し，「Xの供述に矛盾不正確な点があるの故をもってXの供述特に共同正犯に関する供述を虚偽の自白であると断ずることはできない。又Xの悔悟の現状よりみるときは，Xが自己に有利な結果を招来せんとしてことさらに他の被告人等を共犯者に引きいれていると断ずることも真相に合した見解といい得ない。」などと判示して，Xの供述の信用性を肯定した。

3　第1次上告審判決

　　以下のような理由で原判決を破棄し，差し戻した。

(1)　本件がX単独の犯行及び偽装工作である可能性もある。

(2)　XとAらの供述調書の内容は多くの点においてまちまちであり，いず

れが真実であるか容易に理解できないものがある。すなわち，集合場所についての謀議の日時，謀議の内容，V方への侵入口，殺害の態様，奪取金額とその分配等の点について，同一被告人の数回にわたる供述相互間の食い違いは甚だしく，同一調書中でも前後食い違っているものがあり，さらに，他の被告人の供述と対比すれば，食い違いは全く甚だしい。また，供述内容は，共謀の内容（V方に長斧とロープがあることを知っていて，だれがそれらを探すかまで共謀したという点，あらかじめ殴打順まで打ち合わせていたという点），V1殺害の方法（数人がV1を代わる代わる長斧で順次強打した点）等につき不自然な点もある。

(3) 犯行と被告人らとの結びつきを供述以外から推測させる物的証拠について，更に証拠調べすべき点がある。

4　第2次控訴審判決

Xが事柄の軽重を問わず容易に虚言を弄する性癖があることを指摘した上，Xの供述内容を詳細に検討した結果，「Xの供述はそれ自身変転又変転して，止るところを知らない実情であって，何れの供述も軽々に信用し難いのであるが，特に共同犯行を前提とする諸供述は概ね不合理不自然さが目立ち，その多くは関係証拠とも矛盾抵触するから，これを以って直ちに被告人等の断罪の資料に供する訳にはいかない。」と判示している。また，Aらの自白調書についても，任意性に疑問があるばかりでなく，各被告人の供述の変転と相互の不統一ないし食い違いが数多くみられる上，その内容は不合理なものあるいは信用に値する関係証拠に矛盾するものが幾多発見され，ほとんど信用に値しないと判示し，さらに，他の物的証拠についても，Xについては動かすことのできない証跡が数多く存在するのに反し，4名もいるAら全員については何一つとして罪証に値する証拠がないのは，もしAらがXとともに本件凶行を犯したものとするならば理解し難い奇怪な現象であるなどと判示し，結局，「AらがXと通謀の上本件の凶行をなしたものとは認め難く，むしろ各種の関係証拠を総合すれば，右凶行は，Xが単独でなした疑いが濃厚である」としている。

5　第2次上告審判決
　　以下のような理由で原判決を破棄し，差し戻した。
(1)　Xの5人共犯の供述は大体において信用することができる。
(2)　犯行現場の客観的状況は，犯人1人の力や思いつきの限度をはるかに超えており，多数の犯人の実行したものと考えられる。
(3)　Aらに有利な証言をしていた証人甲女，乙，丙はいずれも従前の供述が虚偽であったとしてこれを翻し，Aらに不利益な新供述をするに至り，従前の虚偽の証言について偽証罪として有罪判決を受け，その判決は確定している。この偽証罪の判決は重大な証拠価値がある。そして右証人らの新供述は，Xの5人共犯の供述に支柱を与え，本件が5人の共同犯行たることを思わせる。
(4)　Aらの警察における自白は任意性を欠くものとは認められず，大筋において信用できる。
(5)　V夫妻の胃の内容物から認定した原判決のV死亡時刻の認定は誤っている。

　　Xの供述が信用できると判断した理由として，第2次上告審は，Xの供述は四転五転ほとんど底止するところを知らないほどであるが，「ここで裁判官として大事なことは幾変遷したXの供述の中にも，何か真実に触れるものがないであろうかと疑ってみることである」ところ，「記録を反覆熟読すれば，X供述の中には真実に触れ，これを如実に物語っている部分のあることを到底見通し得ない」とした上，「凡そ事実審裁判官は被告人の供述であれ証人の供述であれ，供述の部分部分の分析解明にのみ力を致すべきでなく，（勿論そのことが大事でないとは云わない）部分部分の分析解明から事件全体の把握を怠ってならないことは云うまでもなく，また全体の把握から部分部分の分析に及ぶべきであることも勿論である。」「おしなべて被告人の供述にしろ，証人の供述にしろ，供述というものは枝葉末節に至るまで一致するものではない。記憶違いもあり，喰い違いもあり，しゃべり過ぎて嘘のある場合もあるであろう。だからと云って，その

ような供述が常に不正確で採用に値しないものということはできない。同じ供述でも採用出来る部分もあれば，出来ない部分もあるのであって，大事な点はその供述が大筋を外れているかいないかである。」として，Xの供述につき，Aらの供述との比照において部分的嘘や矛盾撞着のある点は原判示のとおりであるが，Xの5人共犯の供述に大体において信を措き，大筋に外れていないものと考えざるを得ないと判示している。

6　第3次控訴審判決

「Xの警察以来の供述には幾変遷があるが，しかしそれも2次控訴審判決が強調するような極端なものではない。そこで，その供述経過をみると，先ず単独犯あるいは6人共犯の供述は昭和26年1月26日の逮捕後警察での第1回供述から同年2月1日の第5回供述までの僅か1週間内に過ぎず，同月2日の警察での第6回供述以後昭和28年9月18日1次控訴審判決までの2年有半の間は，細部の点に幾多供述の変化があって，その全部を信用しがたいにしても，終始一貫Aらとの5人共犯を供述しており，さらに2人共犯の主張は昭和29年1月頃から翌30年3月末頃までの間であって，その後は当審に至るまで従前の5人共犯の供述を変更したことは全くない。殊に本件の認定資料たる一審以来の供述には概ね変化なく，且つその重要部分につき幾多裏付けのあることは前段までの認定によって明らかで，本件の真相を物語るものであることは2次上告審判決が説示するとおりである。なかんづく当審の審理を通じてのXの態度から，Xは自己の真の記憶に基き真相を述べるため最善の努力を尽したとの心証を強くした。わけてもAらの反対尋問に対しては聊かの動揺をもきたさなかったことが認められたのである。」「XがGから謝り酒代金の請求を強く迫られた事実は証拠上全く見当たらない。してみれば，Xが26日の逮捕当日司法警察員に対してした『Gから謝り酒代金の請求を強く迫られて窮余本件を犯すに至った』旨の供述は，その後の取り調べあるいは公判審理などに際しての同旨の供述と共に真実に反し，本件を自己の単独犯行と偽るための虚構のものであったと認めざるを得ない。また，2人共犯の自供が架空人を相手

とした全く信用できないものであったことは記録上明白である。今にして思えば，Ｘの単独・６人共犯・２人共犯の自供は，Ｘ供述のとおりＡ１から教えられたいわゆる『チャランポラン』の供述ないしは拘置所内でのＡらからの執ような働きかけによる動揺の結果であったとみるのほかはない。」などと判示し，Ｘの供述の信用性を肯定した。

〔第３次上告審判決の要旨〕
1　Ａらの加功の有無
 (1)　物的証拠

　　　Ａ１ないしＡ４がＸの犯行に加功しているか否か，換言すれば，Ａらと本件犯行との結びつきを証明すべき証拠の存否につき検討するに，Ａらについては，Ｘにつきみられるいわゆる決め手ともいうべき有力な物的証拠は何一つとして存在しない。もっとも，第１審及び第１次控訴審当時においては，Ａらについても，あたかもＡらを犯行と結びつけるかのような物的証拠が一応は存在した。

　　　しかし，第２次控訴審において更に詳細な証拠調べが重ねられ，結局，①Ａらの着衣については必ずしも血痕付着の証明はなく，また，②Ａ１が逮捕された際に伴っていた甲女所持の10円札とＡ４方から押収された10円札は，Ｖ方の10円札と記号が同一であるとはいえ，異なる版面で印刷され，別の機会に断裁されたものであることが明らかとなった。さらに，③八海川下流から発見された手拭，手袋，Ｖ宛金銭請求書等は，これらを投棄したとのＡらの自供が自らの経験に基づくもので，それが端緒となって発見された場合に初めて，Ａらを本件犯行に結びつける物的証拠となり得るものであるが，第２次控訴審では，Ａらの右自供は，Ｘの供述に追随してなされたもので，自らの経験に基づいてなされたものでないとの疑いが生じた。したがって，以上の３点については，Ａらと犯行との結びつきは一応解消してしまった。ただ，第３次控訴審において，新たにＡ１の作業用上衣に人血が付着していることが明らかとなったが，Ａ１が犯行当夜右上衣を着用していたかどうか必ずしも明

白でなく，人血の血液型も不明であり，いつごろ付着したものかも全く解明されておらず，直ちにＡ１を本件犯行に結びつけるものではない。

次に，本件において，Ｖ夫妻が同時に殺害されているのに，その手段を異にしていることや，犯人が殺害後Ｖ夫妻の夫婦喧嘩を偽装する工作をしている状況は，本件犯行が，単独犯ではなく多数犯であることを一応推測させるものである。しかし，Ｖ１の８個の創傷は，すべてＶの左側からの攻撃によっても可能であり，また，Ｖ２の首吊り工作は，１人によっても可能であるとされていることからみれば，本件犯行は単独犯でも可能であることが認められるのみならず，右の諸点が単独犯でなく多数犯であることを一応推測させるとしても，必ずしもＡらの加功と必然的に結びつくものではないのである。

(2) 供述証拠

かように，Ａらと本件犯行との結びつきを証明すべき証拠については，Ｘの場合と異なり，いわゆる決め手ともいうべき有力な物的証拠は存在せず，Ｘの５人共犯の供述と，甲女ら５名の証人のいわゆる新証言を中心とする供述証拠が存するにすぎない。

ところで，供述証拠は，物的証拠と異なり，まずその信用性について，供述者の属性（事件と無関係で供述者に本来的なもの，例えば能力，性格）及び供述者の立場（事件との関係によって生ずるもの，例えば当事者に対する偏見，利害関係）の全般にわたり充分な検討を加えて信用性の存否を判断した上，その供述の採否を決しなければならない。

まず，Ｘ供述の信用性につき考察するに，Ｘの供述（上申書を含む）には，逮捕から第１次上告審の段階に至る間，共犯者の有無，人数，顔触れにつき10回余りもの供述の変遷がみられ，このこと自体がＸの供述全般の信用性を疑わしくしているが，それにつけても，Ｘについてはその利害関係，なかんずく自己の刑責の軽重との関係について特に注意を要する。けだし，平和な老後をおくるＶ夫婦を残虐な手段によって殺害した上金員を強取し，社会の耳目をそばだたしめた本件凶行の刑責は，

優に極刑に値するであろうとは，何人もこれに想到し得るところであって，かかる場合に，犯人が自己の刑責の軽からんことを願うあまり，他の者を共犯者として引き入れ，これに犯行の主たる役割を押しつけようとすることは，その例なしとしないからである。もっとも，この点のみによってX供述を虚偽ときめつけることの相当でないことはいうまでもなく，その供述内容が他の証拠によって認められる客観的事実と符合するか否かを具体的に検討することによって，更に信用性を吟味しなければならない。しかし，この場合に，符合するか否かを比較される客観的事実は，確実な証拠によって担保され，ほとんど動かすことのできない事実か，それに準ずる程度のものでなければ意味がないと解されるところ，本件においては，Xの供述は，それが自己の行為に関する部分については，確実な物的証拠により裏付けられているが，他のAらの行為に関する部分については，必ずしもかような物的証拠は存在しない。

次に，甲女ら5名のいわゆる新証言の信用性についてみるに，右証人らは第2次控訴審も終わりの段階において，従前のAらに有利な証言から一転して極めて不利益な証言をなすに至ったことに注意を要する。いわゆる新証言が，証人らの反省悔悟そのほかの理由による真実の告白であるのか，Aらに対する偏見，利害情実等に基づく虚偽の陳述であるのかについては，本件記録を繰り返し検討しても，ついにこれを決定するに足る十分な資料を見出し難い。しかも，これらの新証言の信用性を裏付ける物的証拠も何ら存在しない。

2　原判決（第3次控訴審判決）の検討

原判決は，Xの5人共犯の供述と，甲女ら5名の証人のいわゆる新証言を中心とする供述証拠に信用性を認め，Aらと本件犯行の結びつきを肯定している。

しかし，原判決がX供述につき，それが犯行現場の状況等の客観的証拠と合致する故に信用性を認めたことに関する説示は，必ずしも全てが首肯し得るとはいい難い。けだし，原判決は，X供述の裏付けとなるべき証拠

として，屋内侵入と脱出前後の状況，屋内侵入後の状況に関連する諸般の証拠を挙げるが，それらはいずれもＸの行為自体に関連するものとしては有力な証拠であり得ても，Ａらの行為を裏付けるものとはいい難いからである。

また，いわゆる新証言は，長年にわたって維持されてきた旧証言の内容を一変したものであるから，その信用性を判断するには，その供述態度に注目するだけでは足りず，求め得るすべての資料によってその動機状況をも検討するほか，特にその供述内容が客観的証拠に符合するか否かについて慎重な吟味を加えなければならない。しかるに，この点につき原判決中には充分首肯し得るに足る説示を見出し難い。

しかのみならず，本件においては，Ｖ方からの奪取金の金額及びその分配に関し，Ｘの供述とＡらの警察自白は相互に抵触し，また，同一人の供述も前後矛盾して帰一するところを知らず，右の事実は全く確定できない。このことは，犯行の目的が金員の奪取以外にはない本件においては，致命的な証拠上の欠陥である。この点についても，Ｘのみに関する証拠と，Ａらに関する証拠は極めて著しい対照をみせている。すなわち，Ｖ方からの奪取金の総額は明らかでないが，証拠によれば，Ｘが本件犯行によって合計6,650円をＶ方から奪取したことは，極めて容易に認定できる。しかし，右金額を超える金員がＶ方から奪取されたと認められる証拠は皆無であるのみならず，Ａらが本件犯行後において，まとまった金員を所持していたこと，あるいはこれを費消したことに関する裏付け証拠もまた全く存在しない。のみならず，Ａ１のごときは，金銭に窮し，甲女に空腹をしのぐに足る程度の食事すら与えることができなかったことがうかがえる。

この点に関し，原判決は，Ａらが金銭の費消については特段の注意を払ったものと考えられるから，Ａらが余分の金を所持していたと認むべき証拠がなく，奪取金の費消先につき証明が得られないとしても毫も本件認定の妨げとはならないとする。しかし，Ａらが本件犯行後において余分の金銭を所持せず，費消した証跡もないことは，Ａらが本件犯行の行われた

時点において，何ら金員を取得する機会を有しなかったと推測するのがむしろ自然であり，このことは，ひいてはＡらの本件犯行への加功について疑惑を抱かしめずにはおかない。Ｘの場合のごとく，犯罪の実行行為そのものが全く疑いの余地のない程充分な証拠により直接に証明される事案においては，原判決のようにいい得ても，Ａらの場合のごとく，その実行行為に関する直接の証明が右の程度に至らない事案においては，Ａらが本件犯行後において，余分の金銭を所持しあるいは費消したことに関する証拠は極めて重要であって，これを一蹴する原判示は合理性を欠き，到底支持することはできない。そもそもＶ方からの奪取金の金額とその分配に関し，Ｘの供述とＡらの警察自白が相互に矛盾抵触しているのは，ＡらがＶ方における金員奪取に関与し，これを分配したという事実が存在しないため，ついに供述が帰一するところを得なかったのであり，ひいては，Ａらの本件犯行への加功の事実も架空であることの証左ではなかろうかとの疑念は，なおこれを払拭されたということができない。

3　結　論

本件記録中には，既述のとおりＡ１の着衣に人血の付着が認められること，Ｖ１の創傷の態様，殺害手段の一様，殺害後の室内の状況等，本件がＡらを含む多数犯行によるものではなかろうかとの払拭し切れない疑惑を生ぜしめる種々の資料が存するのであるが，さりとて，Ａらと本件犯行との結びつきについて，疑いを差し挟む余地のない程度に確信を生ぜしめるような資料を見出すことができないことも，また叙上のとおりである。結局，疑わしきは被告人の利益の原理に従い，Ａらに無罪の宣告をする。

【否定13】対立暴力団組長殺害教唆事件

Ⅰ　福井地判昭54.2.15刑集38-6-2536（有罪・控訴）
Ⅱ　名古屋高金沢支判昭56.4.14刑集38-6-2552（控訴棄却・上告）
Ⅲ　最3小判昭59.4.24刑集38-6-2196（破棄差戻）
Ⅳ　名古屋高金沢支判昭60.12.19判時1204-148（破棄－無罪・確定）

〔公訴事実の要旨〕

　Aは，甲組傘下A組組長であるが，V組が甲組から離反した上，甲組傘下B組内乙会が福井市内に事務所を開設したのに対し，V組組員により襲撃されたことなどから，V組と甲組傘下の各組との間に反目感情が激化した。Aは，V組組長Vの殺害を企て，昭和52年4月1日午後7時ころ，大阪市内の自宅で，配下のA組組員Xに対し，V殺害を教唆し，4月5日ころ自宅でXに対しけん銃2丁と実包12発を手渡した。そこで，Xは，B組若頭補佐Y，A組内丙組組員Z，乙会組員Wと共謀の上，4月13日Vを射殺した（殺人教唆，銃砲刀剣類所持等取締法違反，火薬類取締法違反）。

〔事件の経過等〕

　Xら4名がVを殺害したことと，それがXら4名のみによって計画立案されたものではなく，その背後に暴力団組織の上位の者からの指示命令があったとしか考えられないことは明らかであり，問題は，Xの背後にいた者がAであるか否かである。Aは捜査段階から一貫してこれを否認し，Xも公判廷ではこれを否定しており，本件の直接証拠としては，刑訴法321条1項2号後段の書面として取り調べられたXの検察官調書があるのみである。

　第1審判決，控訴審判決とも，Xの検察官調書の信用性を肯定し，第1審判決はAを懲役20年に処し，控訴審判決はAの控訴を棄却したが，上告審判決は，アリバイ主張とも関連してその信用性に疑問を呈し，差し戻された第2次控訴審判決は，その信用性を否定した。

〔第1審判決の要旨〕

　Xの検察官調書は，親分から殺人の教唆を受けたという重大な事案に関す

-278-

るものとしてはいささか簡略であり，必ずしも教唆を受けた前後の状況をすべて説明し尽くしたものとはいい難いが，以下のような事情に徴すると，高度の信用性が認められる。
1　Xの検察官調書の記載内容は，Aから教唆を受けた日時，Yとの会合など教唆の事実と密接に関連する客観的事実（Xが4月1日夜から大阪出発の前日である7日まで内妻Eや知人数名を伴って遊興を重ね，XとYが同月3日か4日にV殺害に関する会合を持ったこと）と符合し，XがV殺害を決意した動機や所属組織を異にするYと結びついていった過程に合理性を与えるものであるから，内容において十分に信用できる。
2　Xにとって，Aは所属組織の長であり，恩義を受けてきた者であるから，たとえ捜査官の背後関係の追及から逃れたいという心境にあったとしても，教唆者の名前だけをAにすり替えて供述するということは，その結果当然予測されるAの逮捕という重大な事態を考えれば，理解できない。しかも，Xは，検察官調書作成当時，暴力団から身を引く決意を固め，涙を流しながらAからの教唆事実を述べ，また，A逮捕直後は，A組関係者からの面接を拒絶し，接見に訪れた弁護人に対しても，十分な弁護をしてくれない旨の不満を洩らしているなど，Xの検察官調書の作成状況等には，供述内容の信用性をうかがわせる多くの事実が存在する。
3　Xは，Aから教唆された旨の供述を翻した後は，Yから応援を依頼されて本件に及んだ旨，到底措信し得ない内容の供述を繰り返し，また，V殺害に用いたけん銃2丁の入手先についても唐突な供述に終始していて，納得できるものがほとんどなく，Aの教唆事実を隠蔽しようとしたものと考えざるを得ない。

〔第1次控訴審判決の要旨〕
　以下のような理由により，Xの検察官調書の信用性を肯定することができる。
①　Xの4月1日から7日ころまでの間の飲酒遊興等の行動は，上位者から突然自己の望まないV殺害の指令を受けた衝撃に起因するものとして初め

て了解可能である。
② その際の逸楽の伴侶としては，その衝撃を与えた者やこれと密接な関係を有する者ではなく，内妻EやXを慕うZのようにXが愛惜の情をおく者を選定するのがむしろ自然の人情である。
③ Xは，当初こそ，犯行関与者を実行行為者4名に限り，累を他に及ぼさないという逮捕前4名で打ち合わせていた筋書に従って供述していたものの，逐次前供述の捏造部分や秘匿部分を明らかにしており，その供述が真相に近づいていく様子を看取できる。
④ 背後の関係者の名前を供述すればその者に対して捜査の手が伸びることは必至であることを十分認識していたはずのXが，D警部補に対して，真実を述べるからとして1週間の猶予を求め，熟慮の挙句，Aが教唆者であると供述し，T検事に対しても，涙ながらに同旨の供述をしたのであるから，Xが後に弁解するように，D警部補の取調べが執拗で堪えきれなくなり，いい加減な嘘をついておけば後ですぐ供述の虚偽性が証明されるからという軽い気持でしたものと認めることはできず，真実に反して義理も恩もある親分の名を述べたとは考えられない。

〔上告審判決の要旨〕
1 Xの検察官調書の信用性について
原判決がXの検察官調書の信用性を肯定すべき理由として指摘する事項のうち，①②③の点はともかくとして，④の点は，特段の事情がない限り，右調書の信用性の評価に際し，ほとんど決定的とも思われる点であって，これのみで，右調書の信用性は，その細部についてはともかく，Aが教唆者であるとする大綱において揺らぐことはないとしてよいくらいである。すなわち，組織的にみて，Xら実行行為者4名はいずれも甲組傘下の各組に属し，AもXの直属の親分としてその組織系列の上位に属するのであって，対立抗争中の他の組の親分を殺害するというA組にも影響が及ぶ重大事をXが親分であるAに無断で敢行するとは通常考え難いところ，Xが捜査官の取調べにおいて教唆者としてAを名指しした以上その信用性は

極めて高いと考えられて当然であろうし，Ｘの公判供述も変遷を重ねているが，教唆者はＡ以外の者であるとしながら，その名前は言えないと述べ，けん銃２丁の出所や約200万円の現金の調達方法について全くの作り話としか思えない供述を繰り返しており，しかも，何故捜査官に対しＡが教唆者であると述べたのか納得のいく説明ができないでいる。

　しかしながら，Ｘの検察官調書の信用性については次のような諸事情も認められ，全く疑問を容れる余地がないともいいきれない。

(1) Ｘの検察官調書を信用できるものとしても，Ｘら実行行為者４名の背後関係の全貌が明らかになったというにはほど遠い。特に，同じ甲組傘下とはいえ，所属組織を異にするＸとＹが結びついたのはどうしてかが明らかでなく，Ｘの背後にいた者としてＡを想定することが容易であるのと同程度に，Ｙの背後にいた者としてその直属の親分にあたるＢ組組長Ｂや同組副組長Ｃが想定され，更にそのまた背後に，ＡやＢらより上位の甲組関係者の存在が想定されなくもないが，これらはあくまでも推測にとどまり，Ｘにしても検察官調書においてこれらについて知っているすべてを供述しているものとは認め難く，また，Ｙが自己の背後関係を秘匿していることも明らかである。したがって，③の点もさほど重視することはできず，Ｘの検察官調書中にも虚偽が含まれており，しかもＸが虚偽を述べた理由を秘匿し続けている可能性を全く否定し去ることはできない。

(2) Ｘに対する教唆者としてＡ以外の者が全く考えられないわけではない。すなわち，Ｘは，Ａと同じ呉市阿賀町の出身で，昭和30年代中ごろＡの子分となった後もＢ組の者らと親しく交際し，特にＣとは早くから兄弟分の契りを結んで親密な関係を保ち，昭和36年ころ丁組と戊組とが北陸方面で対立抗争した際，Ａに無断でＣらとともに戊組の応援に駆けつけたため，Ａとの間で気まずい雰囲気が生じ，Ａに対しＢ組に移籍することを認めて欲しい旨申し入れてＡの不興を買い，Ａから呉に帰っているように言われて事実上の破門処分を受け，Ａの許を離れたのであるが，

昭和47，8年ころAの許への復帰を許されるまでの約10年間は，Cから経済的援助を受けており，その後もCの紹介でCの住居及び事務所の近くに居を構え，毎日のようにCの事務所に顔を出すなどしてCと親密な交際を続けていた。また，V組と直接対峙していた乙会はB組の組織下にあり，B組内でも特にCは昭和52年3月1日の乙会の事務所開きに自己の配下の者20名余を引き連れて出席するなどして乙会を支援していた。これらのことを併せ考えると，Xが，原審において，V殺害は名前の言えない人から頼まれたとしつつも，その人について，「親分（A）から破門を受けて行くところがなかったとき随分世話になって極道の義理として頼みを断れない人である」旨のかなり具体的な供述をしていることを全く無視することもできない。原判決の①の点は，教唆者がAでなくほかの者であるとしても説明できるのであり，また，②の点も，飲酒遊興の相手方が内妻EやZのみでなくCを含むB組組員も含まれており，しかもCらによってXの送別会まで開かれているのであって，これらの事実からすれば，Xの背後にいた者として，A以外の者が考えられなくはないということができよう。

(3)　Xの検察官調書と警察官調書との間には，4月1日にAから呼出しの電話があった時刻，4月5日ころのA方訪問の回数，態様，Aから渡されるときのけん銃，実包，現金の状態など必ずしも些細とはいえない点で供述の食い違いがあり，これらを単に記憶違いということで説明し尽くすことは困難ではないかと思われる。また，Xの検察官調書では，Xは4月1日も同月5日ころのいずれも，だれの案内も受けずにA方応接間に通り，応接間にはAが一人で待っていたとなっているが，A組事務所となっているA方には，インターフォンが設置されており，組員であっても常駐している当番の組員の案内なしには応接間に入れない仕組みになっていることと矛盾するなど，供述内容に不自然なところもないではない。

(4)　Xの警察官調書の作成時期について，検察官調書作成の2，3日前で

―282―

あるというXの公判供述を排斥することは困難である。そうすると，Xは，昭和52年4月15日の逮捕以来約2か月間身柄拘束下でほとんど連日D警部補らの取調べを受けた後，初めて教唆者としてAの名前を出したことになり，その間に，D警部補によるXに対する便宜供与，すなわち，接見禁止中であるのに独断でXの内妻Eと長時間面会させるなどした事実が介在しているのであって，この点もXの検察官調書の信用性の評価において考慮されなければならない。

このように，Xの検察官調書の信用性は，必ずしも確固不動のものとまではいい難く，例えば有力なアリバイ立証などがあれば，右の諸事情と相まって，Aが教唆者であるとする核心部分の信用性まで根底から覆りかねないということができよう。

2　アリバイの成否について

Aは，捜査段階と第1審においては，4月1日の自己の行動につき記憶がないと述べていたが，その後弁護人ら関係者に調査してもらった結果明らかになったとして，原審公判廷において，同日午後7時ころには大阪市内のスナックで飲酒中であった旨のアリバイを主張している。

右アリバイの成否に関する原審の審理判断は粗略の感を免れず，結局，原審で取り調べられた証拠のみによってAのアリバイ主張を排斥することは許されない。

〔その判断の詳細については，省略〕。

3　結　論

本件においては，AのXに対する殺人教唆等についての唯一の直接証拠であるXの検察官調書について，その証拠価値に疑問を容れる余地がないとはいえず，Aのアリバイの成否については幾多の疑問が残されているのであって，原審がその説示するような理由で，Xの検察官調書の信用性を認めて本件につきAを有罪とした判断は，このままでは支持し難い。

〔第2次控訴審判決の要旨〕

1　Xの検察官調書の信用性の検討

本件の動機，原因は，少なくともＢ組の下部組織である乙会とＶ組との対立抗争にあり，北陸地方で最大規模の暴力団組織の長であるＶを殺害するという重大なことについて，平素さほどの親交もなかったＸ，Ｙ，Ｗらが独自に計画して敢行したとは到底考えられず，組上層部からの指示，命令に基づいて実行されたことはほぼ疑いの余地がない。そして，かかる計画が実行されると，Ｖ組からの報復が予想され，深刻な対立抗争に発展する危険をはらんでいるから，このような重大事をＸが直属の親分であるＡに無断で敢行するとは通常考え難い。しかも，Ｘは，Ｖ殺害に至る経緯について納得のいく供述をしておらず，捜査官に対してＡが教唆者である旨虚偽の供述をした理由として述べるところも，到底首肯できる説明とはいい難い。以上の諸点に徴すれば，Ｘの検察官調書の信用性を認めた第１審判決の判断も，それなりに理解できないわけではない。

　しかしながら，Ｘの検察官調書の内容及び同調書の作成過程について，更に詳細に吟味すると，以下のような少なからざる疑問点を払拭することができない。

(1)　関係証拠によって認められる事実〔前記上告審判決の１(2)等の事実〕に徴すると，Ｘの背後にいてＶ殺害を教唆した人物として，Ａが想定できるのと同じように，ＣやＢを想定することも不可能ではなく，これを裏書きするかのように，Ｘは，第１次控訴審において，Ｖ殺害は名前の言えない人から頼まれたと供述しており，Ｘの右供述を一概に虚偽と断定して排斥するわけにはいかない。

(2)　Ｘの検察官調書の内容も，その内容が簡略すぎるという程度にとどまらず，次のような問題点がある。すなわち，Ｘの検察官調書と警察官調書との間には，４月１日Ａから呼び出しの電話があった時刻や訪問の態様，４月５日ころのＡ方への訪問の回数と態様，Ａがけん銃を用意するまでの経緯，Ａから渡されたときのけん銃，実包及び現金の状態といった諸点について，記憶違いないし些細な内容の食い違いとして軽視できない供述の相違が存する。また，検察官調書の内容は，Ａ方を訪問した

際の状況につき，証拠によって認められるA方の構造，Aとの面会の仕組みと甚だしく相違している。
   (3) Xの検察官調書の作成経過についてみても，逮捕以来約2か月間に及ぶ身柄拘束下でほぼ連日D警部補らの取調べを受けた結果，Aによる教唆の事実を供述し，その上，D警部補によるXに対する便宜供与が存在しており，これらの事情は，信用性評価に当たって無視できない要因の一つである。
   以上のようなXの検察官調書が内包する問題性は，当審における事実取調べの結果によっても解消されるに至らなかった。
2　アリバイ主張
   また，Aのアリバイに関する主張については，これを裏付ける幾多の証拠が存し，しかも，検察官の立証にもかかわらず，これらの証拠の信用性を覆す事情を見出すことができないから，Aのアリバイ主張を虚偽だとして排斥することはできない。
3　結　論
   以上のように，Xの検察官調書の信用性については，同調書の内容及び作成過程に問題点が存し，記録を精査し，当審における事実取調べの結果によっても解消しなかったことに加え，同調書の内容と両立し難いAのアリバイ主張を排斥できないことに照らせば，結局，同調書の信用性は否定されなければならない。

【否定14】岩国の暴力団首領殺害事件

Ⅰ　山口地岩国支判昭56.12.2判時1194-142（殺人につき有罪・控訴）
Ⅱ　広島高判昭58.6.23判時1194-144（破棄－殺人幇助認定・上告）
Ⅲ　最1小判昭60.12.19判時1194-138

（第1，2審判決破棄－無罪・確定）

〔事案の概要〕

1　本位的訴因は，「暴力団甲一家傘下N組組長Nの舎弟分であるAは，N組組員Xと共謀の上，かねて対立していた暴力団乙会首領Vの殺害を企て，昭和52年4月25日，岩国市内の路上において，Xがけん銃でVを射殺した」という殺人の事実である。

2　控訴審で追加された予備的訴因は，「Aは，XがVを射殺した当日，その情を知りながら，これに先立ち，広島市内の喫茶店Kにおいて，Xが犯行現場に赴くために使用するレンタカーの借賃等として，Xに現金5万円を交付し，Xの犯行を幇助した」という殺人幇助の事実である。

3　Aは，捜査・公判を通じ，一貫して公訴事実（本位的訴因，予備的訴因とも）を否認している。

4　Xが単独で殺害の実行行為を行ったこと自体は関係証拠によって明白であるが，XとAとの共謀を直接立証するための決め手となる証拠としては，Xの検察官調書があるのみである。

〔Xの検察官調書の骨子〕

Xの検察官調書の骨子は，以下①ないし⑤のとおりである。

①　殺人指示及びけん銃交付の事実

昭和52年4月7日，Aが，Xの起居していた徳山市内のD方に赴き，Xに対し，「これは言いにくいことじゃが，今度お前がVをやることになった。道具はこれじゃ。」と言って，実弾入りけん銃1丁を交付した。

②　キャバレーR下見の事実

4月14日，AとXは，Vがよく飲みに行くという岩国市内のキャバレー

-286-

Rの下見をした。
③　乙会事務所下見の事実
　　4月16日ころ，AとXは岩国に赴き，岩国駅前からタクシーに乗り，Aの案内でゆっくりタクシーを走らせながら乙会事務所を下見した。
④　電話連絡の事実
　　4月20日ころ，Xは，V殺害の未実行をAが心配しているのではないかと思い，Aに電話して，「誕生日が過ぎたら絶対にVをやるから心配しないように。」「レンタカーを借りて，乙会事務所の近くでVを待ち受け，その顔を確かめてからやろうと思っている。」と話した。
⑤　5万円交付の事実
　　Xは，4月24日，広島に赴き，ホテルTに偽名で宿泊し，翌朝，Aに電話してレンタカーの借受け方を依頼した後，タクシーで広島市内のA宅に赴き，近くの喫茶店Kで，Aに対し，これから岩国に行ってVを殺害すると話したところ，Aは，「それじゃ頼むぞ。これはレンタカー代だ。」と言って，5万円を渡してくれた。その後，Xは，A宅へタクシーを呼んでもらい，同市内のF方に赴き，Fの運転する自動車に同乗して，同市内のレンタカー会社の営業所に行き，Fがレンタカー1台を借り受けた。

〔第1審判決の概略〕
　　第1審判決は，Xの検察官調書の記載内容は，その供述の経緯，態様，内容ともごく自然なものであり，他の各証拠によって認められる各事実ともよく照合し，十分信用するに足るものであるとして，その信用性を全面的に肯定し，AがXの背後にいてXにV殺害を指示したものと認定し，本位的訴因である殺人の共謀共同正犯の事実を認めた。

〔控訴審判決の要旨〕
　　これに対し，控訴審判決は，Xの検察官調書の信用性について下記のとおり判断し，事実誤認を理由に第1審判決を破棄し，控訴審で追加された予備的訴因である殺人幇助の事実を認定した。
1　Xの検察官調書の内容は，全体として詳細かつ具体的である上，その一

部，すなわち4月25日朝のXの行動についてはほかの証拠による客観的な裏付けも存する。しかも，Aは甲一家の組員ではないが，同一家と深いつながりを持つ人物である上，かねてXとも親交のあったことからみて，AがXに対し甲一家幹部の意向を伝え，けん銃を交付し，犯行を容易ならしめるため下見などの援助行為に出たとしてもさほど不自然ではなく，Xの検察官調書を全く虚偽のものであると断定することはできない。

しかしながら，下記の諸点を総合して考えると，Xはその所属する組織上部の者に責任が及ぶことを恐れて，殺人指示，けん銃交付，乙会事務所の下見に関し，Aの名前を出したのではないかとの疑いも残り，Xの検察官調書のうち，①ないし③に関する部分については，その内容に合理的な疑いを差し挟む余地があり，全面的に措信することはできない。

(1) Xは4月7日以前からけん銃を所持していた疑いがあること
　　その認定根拠は，以下の事実である。
　ア　Xは，本件犯行当日逮捕されて以来，単独犯と述べていたところ，5月27日に至って初めて，4月7日にAからV殺害の指示があった旨供述したものであるが，凶器であるけん銃の入手経路について，当初は昭和51年6月ころEから購入して以来所持していた旨供述し，Aがけん銃を持ってきた日についても，当初は殺人指示の日と異なる昭和52年4月18日である旨供述していたもので，その後の第1審及び控訴審の公判廷では再びEから購入した旨証言していること
　イ　けん銃の保管状況に関する供述が変遷していること
　ウ　Wが，昭和52年1月ころXがけん銃を所持していてWに「ピストルじゃ」と言って見せた旨供述していること
　エ　Xは，昭和52年3月ころから甲一家総長Cの直近の護衛役を勤めていたこと
(2) 甲一家及びその傘下のN組と乙会は対立抗争しており，N組のNと乙会のVは，かねて互いに相手を抹殺すると公言していたところ，Xの直属の親分であるNは，3月20日ころから4月8日ころにかけて，Gに対

し，「Vをやるため若い士を岩国に送り込むので部屋を捜してほしい。」と依頼し，Gが部屋を借りた後である4月10日ころ，GにXを引き合わせている事実，XがNの指示により3月下旬の甲一家臨時総会に出席している事実，Xが4月4日ころ甲一家総長宅の当番をやめている事実等に徴すると，XはAからV殺害を指示されたという4月7日以前に，既に甲一家及びN組の組織上部の者からV殺害の指示を受けていた疑いがあること

(3)　Xは，Gから岩国市内に潜伏場所の提供を受けた後，約1週間以内の間に，G運転の車に同乗して，Vの自宅と乙会事務所を下見していることが認められるのに対し，Xの検察官調書にある，これとほぼ同じころXとAの両名が行ったというキャバレーRや乙会事務所の下見の事実については，これを裏付ける証拠がないこと（Xは，乙会下見の事実について，下見に利用したタクシーに乗車した日時，場所，走行経路，運転手の年齢等を比較的詳しく供述しているところ，昭和52年4月当時の岩国市内のタクシー台数は255両であることが認められるのであるから，X供述を裏付けるタクシー運転者の存在を明らかにすることは比較的容易であると思われるのに，X供述に沿うタクシー運転者が存在した形跡は見当たらない。）

(4)　Xの検察官調書には，Gによる潜伏場所の提供や同人とともに行った下見の事実が一切述べられていないこと

2　しかし，Xの検察官調書は，その一部に合理的な疑いを差し挟む余地があるとはいえ，そのすべてを虚偽であるとして排斥し得るものではなく，AがXに対し積極的に殺人を指示してけん銃を交付し，乙会事務所等の下見をさせる行為と，AがXの求めに応じて犯行場所に赴くためのレンタカー借賃を交付する行為は，もともと別異の側面に属するものであり，Xがレンタカー代を借り受けた相手方について，ことさらに作為的に虚偽の供述をしなければXの属する組織上部の者に刑責が及ぶというおそれは全く認められず，Aと甲一家及びXとの親密な関係，さらには，Xが4月10

日ころ，Nから引き合わされたGとともに岩国市内の潜伏場所に赴いた際，Aも別の自動車で同行していたとみられることなどの事実に徴すれば，Aが事前にXの犯行を知り，かつXの求めに応じて岩国市へ赴くためのレンタカー借賃等を交付することに，何ら不自然，不合理なところは存しないばかりか，「5万円交付の事実」に関する供述部分については，これに符合する事実を認定し得る証拠があり，Xの検察官調書のうち，④の「電話連絡の事実」中，犯行にレンタカーを用いることを相談したという部分と，⑤の「5万円交付の事実」に関する部分は，十分に措信し得る。

〔上告審判決の要旨〕

上告審判決は，下記のとおり，Xの検察官調書の証拠価値には多くの疑問がある上，控訴審判決がXの検察官調書の一部について，その信用性を裏付けるに足りるとして挙示する間接事実についてみても，証拠の証明力に対する評価及び証拠に基づく推理判断の過程になお多くの疑問が残るとして，第1審及び控訴審判決をいずれも破棄し，無罪を言い渡した。

1 原判決の説示のうち，Xの検察官調書の①ないし③に関する部分を措信し得ないとした判断は，証拠に照らし是認し得る。しかし，その余の認定，判断部分は，以下に述べる理由により到底首肯し難い。

2 Xの検察官調書の内容は，AがXにVの殺害を指示してけん銃を交付し，その犯行を容易ならしめるため，Xとともに犯行現場の下見をし，一方，Xは自己に犯行を指示したAに対し，Vを殺害するについてレンタカーを用いる心積もりである旨その計画を明かして，自らの決意が固いことを報告し，AはXの求めに応じてXにレンタカーの借賃を交付するという経過をたどっているのであり，全体として，V殺害の指示に始まる一連の相関連する一個の事態の推移に関するものである。したがって，Xの検察官調書のうち，AからVの殺害を指示されたという，AとV殺害を結びつける供述の中核をなす部分の信用性に合理的な疑いがあるというのであれば，特段の事情のない限り，これと密接に関連する爾余の供述の信用性にも重大な疑惑の生ずることは明らかである（原判決がXの検察官調書の

一部を信用できない理由としてあげる諸点は，むしろXに対しV殺害を指示した者は甲一家の幹部であり，Xは，その者に累を及ぼさないよう，Aを背後者に仕立て上げる供述をした疑いを抱かせるものといい得る。）。
3　原判決は，Aがいかなる経緯でXの犯行決意を知ったのかについて特に触れることなく，本件では，Aが，事前にXの犯行決意を知り，かつ，レンタカーを使用することを知った上で，Xの求めに応じてレンタカー借賃を交付した事実を裏付ける間接事実があるとの判断を示しているが，その説示するところは，以下(1)ないし(3)に示すとおり納得し難い。

(1)　まず，原判決は，AがXの犯行決意を知っていたことを裏付ける間接事実として，Aと甲一家及びXとの関係をあげている。その理由として原判決のあげる事実関係は，概ね次のとおりである。

　Aの実父Bは，かつて徳山市で博徒B組を結成していた。その当時，甲一家総長のCはBの配下であり，昭和29年ころ，Bが死亡した後，CはB宅に事務所を置いてC組を結成した。このような関係があるため，Aは，Cが2代目甲組総長の地位についた後も，C組事務所に気安く出入りし，またCの直系の配下であるNのことを兄貴と呼び交際を続けていた。しかし，Aは甲一家の組員になったことはない。

　他方，Aは，昭和48年ころ，Xと知り合い，以後，両名は消火設備，配管等の事業を共同で経営したこともあったところ，昭和51年10月ころ，Aはかねて知己の間柄にあったC組組員が広島刑務所から出所する際，Xを連れてこれを出迎えに行き，その際，XをNに紹介したところ，それが切っかけとなり，XはNと交際するようになって，同年12月その配下となった。

　しかし，右の原判決認定事実は，Aと甲一家の繋がりが専らAとC総長との縁故によるものであり，またXとの交際も甲一家の組活動とは関係がないむしろ個人的な色彩の濃厚な関係にあったことを示しているものとみるべきであろう。したがって，これをもってAが甲一家の組織の中で，組織上の機密に属するV殺害計画に加わるとか，積極的にその計

画に加担するような立場にあったとは考えにくい。特に，V殺害は，対立抗争中の暴力団の一方が他方の首領の殺害を企図した計画的な犯行であり，Xの直属の親分であるNがその背後にあってXの犯行を容易ならしめるため，潜伏場所を手配するという行動に出ていることを考慮すると，Aの知情を推認するための間接事実として，Aと甲一家とのつながりやXとの交友関係をあげることだけでは，到底十分な理由とはいえない。

(2) 次に，原判決は，Xが4月10日ころ，Gの案内で岩国市内の潜伏場所に赴いた際，Aも別の自動車でXに同行したとして，これをAがXの犯行決意を知っていたことを裏付ける間接事実としてあげている。

しかしながら，関係証拠によると，4月10日ころ，GはNの指示により徳山競艇場でXと待ち合わせ，Xを連れて岩国市内の潜伏場所まで赴くことになったこと，一方，Aは，これとは関係なく同日自動車で徳山市から広島市へ赴くことになっていたところ，Xから，徳山競艇場で人と会う約束となっているので，同所まで同乗させて欲しいと依頼されこれに応じたこと，Xは同所でGと落ち合い，今度はGの運転する自動車に同乗し，岩国市へ向け出発し，Aの乗った自動車がこれに続き，しばらくこれに追従していたが，下松市付近に差しかかって後，両車は別行動をとり，それぞれの目的地に向かったこと，しかも，GとAは当時面識がなく，右両名が互いに名前を知ったのは，GがXに潜伏場所を提供しXのV殺害の犯行を容易ならしめたという殺人幇助の嫌疑で逮捕された後であることが認められ，これと抵触する証拠はない。また，原判決も認定するように，Xは，Gの手配で岩国市内に潜伏場所の提供を受けてから1週間くらいたった4月中旬ころ，Gの案内でVの自宅や乙会事務所の下見に行っているのに，Aがその事実を知っていたと認むべき証拠はない。

このように，本件において，XがGの案内で岩国市内の潜伏場所へ赴くに際し，Aがこれに同行したと認定するに足りる証拠はなく，原判決

のこの点に関する説示は首肯し難い。
(3)　さらに，原判決は，Xの検察官調書のうち「5万円交付の事実」に関する供述記載部分についてはこれに符合する事実を認定し得る証拠があり，これが，Aの知情を裏付ける根拠となるとしている。

　原判決の認定，判断のうち，Aが同認定の日時，場所において，Xに対し現金5万円を交付したとの部分は，挙示の証拠関係に照らし是認できないわけではない。しかし，原判示に示す現金交付の事実が認められるからといって，そのことが直ちに，右現金交付の趣旨までをも裏付けるものでないことは明らかであり，原判決の指摘する点は，Aの知情を推認すべき根拠として決して十分なものではない。

4　このようにみると，原判決が，Xの検察官調書の一部を措信し得る理由として挙示する点は，全体として論拠が薄弱であり，支持し難いというほかない。

【否定15】梅田事件

   Ⅰ　釧路地網走支判昭29.7.7未公刊（有罪・控訴）
   Ⅱ　札幌高判昭31.12.15未公刊（控訴棄却・上告）
   Ⅲ　最1小判昭32.11.14未公刊（上告棄却・確定）
   Ⅳ　釧路地網走支決昭57.12.20判時1065-34（再審開始・即時抗告）
   Ⅴ　札幌高決昭60.2.4判時1141-36（即時抗告棄却）
   Ⅵ　釧路地判昭61.8.27判時1212-3（無罪・確定）

〔確定裁判の認定事実の要旨〕

　Aは，昭和25年10月8日ころ，軍隊時代の戦友であったXから，ホップ取引に藉口して営林局会計課支出係員Vを殺害の上所持金を奪取し，死体は穴に埋めるとの計画を打ち明けられて，これに応じ，Xとの間で，同月10日夜ホップ取引のブローカーと取引すべく北見市内のM木工場付近に現金を持って来ることになっているVを，Aがブローカーとして山径に誘導し，野球用バットでその頭部を殴打した上，縄で絞頸する等の方法で殺害し，その死体を前もって掘っておく山径下谷沢の穴に埋め，所携の現金を奪取することなどを打ち合わせた。Aは，右謀議に従い，同月10日午後7時ころ，M木工場前道路において，短く加工した野球用バット，結節数個をつけた麻製細引，柄に布を巻いたナイフ等を準備携帯して，Vを待ち受けたところ，午後7時20分ころVがやって来たので，同行して「ホップ」取引予定地に向かった。午後8時ころ，北見市内の仁頃街道から分岐した山径において，Vの左側を歩いていたAは，隙をみて右足を後方に引き，Vの背後から，隠し持った前記バットを取り出し，これを振るってVの右側頭部を強打し，Vが昏倒すると，ナイフでその頭部を突き刺し，次いで，麻製細引をその頸部に巻いて緊縛し，Vを殺害した上，所持していた現金約19万円を強奪し，そのころ，前もってXが掘っておいた付近の谷沢底部の穴に，Vの死体を埋没して遺棄した（強盗殺人，死体遺棄）。

〔事件の経過〕

本件は，Xの巧智にたけた手段により，Vが自ら公金を拐帯して失踪したものとされていた。ところが，本件より約8か月後の昭和26年6月11日に営林署庶務課会計係員Kが現金472万円余を持ったまま行方不明になり，昭和27年4月15日ころ白骨化した死体となって発見され，同年9月初めにYが別件傷害事件で逮捕されて，右事件（K強殺事件）がXとYの共謀によることが発覚したため，Xは9月17日右事件により逮捕された。その後，右事件の取調べが進められたが，Kから強奪した金員の使途についての取調べが進展しない時期である9月30日夜，Xが自発的にVの失踪事件について知っているとしてV殺害の自供を始めた。Xは，当初，本件を単独で犯したものと自供し，その手段方法，死体の埋没箇所を指示し，これに基づいて捜査した結果Vの死体が発見されたが，その発見死体の状態や絞殺に用いたという麻紐の長さなどが必ずしもXの自供と一致せず，K事件のこともあり，本件もまたほかに共犯者がいるのではないかと疑われてこの点が追及されたところ，Xは，10月2日，本件についてはAが加担して実行行為に当たったものであると供述するに至った。そのため，Aは，同日夜逮捕され，翌3日警察官に本件犯行を自供するに至ったが，翌4日副検事Sに弁解録取書を取られた際に右自供を一旦翻したものの，翌5日裁判官Wの勾留質問に対しては，「ただ今告げられた事実中，Xと共謀したという点を除き，その余の事実は大体間違いありません。私はすべてXの指図に基づいてただ今読み聞けられたようなことをしてしまったのです。」と陳述した。Aは，逮捕後警察署の留置場に留置されていたが，10月12日網走刑務所に移監され，10月22日まで同刑務所に勾留されている間，検事Hの10月16日から19日までの4日間の取調べに際しても，本件を否認することなく自供を続けた。
　Aは，Xとともに本件によって起訴されたが，Xは，K事件でも起訴され，併せて審理を受けた。第1審は，いずれの事実についても有罪として，Xを死刑，Aを無期懲役に処したところ，控訴審は，両名の控訴を棄却し，上告審も，両名の上告を棄却した。Xはその後処刑されたが，Aは再審を請求し，第1次請求は棄却されたものの（釧路地網走支決昭39.4.24棄却，札幌

高決昭43.6.15即時抗告棄却，最2小決昭43.7.12特別抗告棄却），第2次請求が認められ，再審が開始された。
〔第1審判決の要旨〕
　証拠の標目にAとXの供述等が挙げられているのみで，Xの供述の信用性に関する特段の説明はない。
〔控訴審判決の要旨〕
　XとAの共謀に至る経緯については，「Xは特にAを本件の渦中に陥れようとしているのではなく，そもそも本件犯行を企図するに当たり，Vとはかつて机を並べた仲の同僚であり，直接これに手を下すことはさすがに忍びないのと，ほかに共犯者があればこれに実行させることによって自らは軽い刑責で済むとの奸智から，その共犯者を物色中，ここにはからずもAの訪問を受けるや，Aとは軍隊生活をともにしたこともあって，その気質性格を知るところから，大事を決行する屈強の人物としてこれを選ぶに至った」とXの供述するとおりの事実を認定した。
　Xの供述が変遷している点，Xの供述とAの自白が食い違う点につき，Xは，Aから本件犯行の現場を教えられたと言いながら，その教えられたときの場所，状況につき，T食堂でXの手帳に大体の略図を書いてくれたと言うかと思えば，図書館で同様なことがあったとも言い，またAの手帳に書いたと言っているなど，その都度供述内容を異にし変遷しており，また犯行日が昭和25年10月10日で，同月8日に両者が会って打合せしたことについて両者の供述が一致しているほかは，それ以前の謀議の日時場所，犯行当日犯行直前に両者が会ったかどうか，犯行日の後に両者が会ったことがあるかどうかについてAの自白とXの供述はことごとく相違しており，殊にVを殺して金員を強取する旨をXがAに打ち明けて同意を得たという重要な点につき，Aは，同月8日Xとホップ取引の場所へ行くということで，その途中本件犯行現場付近まで行った際にそこでなされたと供述し，Xは，同年9月20日ころT食堂で話したと供述していて，ひどく食い違っているのであるが，このようにXの供述自体における多少の食い違いや，Xの供述とAの供述との食い

違いがあるのは，前説示〔「おおよそ，人の記憶は印象の深い部分とか，意を留めていた部分が比較的に残り，時の経過とともに次第に薄らぐものであり，また事実を供述するにあたっても，被告人心理の常として多少の誇張や隠蔽のあることは免れないこと，本件は事件後約2年を経て発覚したものであること」〕に照らして，うなずける筋合いであって，このことから，にわかにＸの供述を虚偽としてその真実性を否定し得ないと判示している。

〔上告審判決の要旨〕

　事実誤認をいうＡの上告趣意につき，「原判決の説示は，これを正当として是認できるから（ことに，本件記録上相被告人Ｘが，被告人Ａに対し何らかの恨みを抱く事情の認むべきものがないし，また，被告人Ａと共謀して本件犯行をしたと主張することによって特にＸ自身の利益となるものとも認められないから，原判決がＸの供述を虚偽としてその真実性を否定し得ないとした判示は首肯することができる），所論は採るを得ない。」とする。

〔再審判決の要旨〕

　共謀に基づきＡが実行行為を分担したとのＸの供述部分は，共犯者Ｘの置かれた立場や利益，右供述をしなければならない必要性の有無，供述に至った経緯・動機，供述内容自体の合理性，他の証拠により認められる事実との整合性，Ｘの人格等，あらゆる観点から，その信用性について慎重な吟味を要するものといわなければならない。

１　秘密の暴露

　Ｘの供述内容のうち，強盗殺人，死体遺棄の根幹部分については，秘密の暴露があるが，Ａを共犯者として名指しする部分の信用性については，なお慎重な吟味を要する。

２　供述に至る経緯，動機

　ＸがＫ事件の強取金の行方追及を免れるための一時的な時間稼ぎのためにＶの死亡を言い出したとは，考えられない。不用意にＶの死亡を口にしたところをきっかけに捜査官の追及を受け，その殺害を自供してしまったものと認めるのが，相当である。しかし，これを後悔していた経緯がある

ほか，その後もD主犯説を唱えて争っていたこと等の事情からみて，Xが真実悔悟してV事件の自供を始めたものとは必ずしも認め難い。

　Xが自己単独犯行供述を撤回して共犯者としてAの名前を挙げた経緯についてみると，頸部緊縛に用いた縄の長さ，結び目の数，絞頸等の状況に関し，当初のX単独犯行供述と死体の客観的状況が食い違っていたことは明らかで，その原因が，Xが犯行現場に臨場しておらず，自ら頸部緊縛等の実行行為に手を出していないことに起因すると考えることも当然可能である上，Xは実行行為を担当する方が担当しない者より罪が重いと考えており，K事件においても実行行為はYにやらせていたことを考えると，自ら実行行為を担当していない可能性も強くうかがわれ，追及されて単独で実行したとの嘘が通らなくなり，やむなく実行担当者としてAの名前を出したとのX供述は，一応自然で合理的といえなくはない。

3　虚偽供述の理由，必要性

　本件当時AとXが何らかの利害関係を生ずるほど親密な交際状況になかったことは明らかで，XがAに対し事実に反しことさら虚偽を述べてAを罪に陥れなければならないような恨み，悪感情等を有していたことをうかがわせる事情も全く存しない。しかし，Xが当時身を寄せていた実姉N夫婦とは，単なる親戚以上の密接な関係があり，Nの夫は現実にK事件の容疑者の一人として逮捕された経緯もあること等の事情からすると，Xの近親者がV事件の共犯者であるか，あるいはK事件を含めXの犯行に何らかの関与をしているのであれば，Xがその近親者をかばうために，関係のない第三者の名前を出す可能性を一概に否定し去ることはできない。

4　XのAに対する犯行の指示内容と客観的状況との整合性

　X供述では，10月8日ころ，Aとともに本件犯行現場へ下見に行った際，Aに対して犯行の手段，方法の細部まで指示したことになっているところ，客観的状況，死体の状況は，Xが指示したという内容と符合しているが，死体の状況は供述当時既にXも捜査官も知っていたし，Xが真の共犯者の代わりにAの名を出したのであれば，この符合関係は当然である。

5　Aの行為との密着性等

　　犯行当日Aと会い，種々説得して一人で犯行を行うように承諾させ，V殺害直近までAとVの様子をうかがいつつ尾行し，その後これに近接した時間，場所でAから殺害されたVの着衣，バット，強取金を受け取り，Aに5万円を分配したとのX供述は，犯行に密着した体験に基づくもので，臨場感に富むが，仮に，XがAでない真の共犯者との体験に基づいて供述したのであれば，その内容に臨場感，具体性が伴うのも当然であろう。

6　供述の変遷，供述内容自体の合理性

　　X供述は，大筋においては変わっていないが，細部においては，相当の変遷がみられる。これが，信用性に影響を及ぼすような不合理な変遷であるか，供述内容自体に実体験者の供述として不自然，不合理な点があるかについて，検討する。

　〔再審判決は，Xの供述のうち，①Aを共犯者に選定した契機，②第1回目の会合の日時，③犯行勧誘の話，④第2回目会合の時刻と状況，⑤Vの名前，職業を告げた日時，⑥偽名使用，⑦ブローカー料，⑧殺害場所決定の日時，手帳記載，⑨取引品名，⑩第3回目会合の日時及びVがXに対し10月10日に現金が用意できる旨伝えた日時，⑪犯行態様，凶器についての相談日時，⑫刃物の使用，⑬殴打者の予定と予行演習，⑭脱衣場所及び死体運搬経路，⑮Aに対する脅迫的言動，⑯犯行直前の待ち合わせ時刻，⑰犯行後の待ち合わせ場所，⑱Aが帰還するまでのXの待機時間，場所等，⑲現金，衣類等の受領場所，⑳強取金額，㉑強取金の分配，㉒強取金の行方と順次分析を進め，次のように判断している。〕

　「以上で明らかなように，X供述の細部には数多くの変遷があるところ，これらは，Aとの第1回目会合の日時，Aを共犯者に選定した契機から，謀議の内容，犯行の準備状況，Vに対する欺罔内容を経て犯行直前直後の状況に至るまでのAと密接に関連する犯行の全過程に及んでいるものである上，その中には，特に，犯行の予行演習と殴打者〔⑬〕，死体運搬経路〔⑭〕にみられるように，相当強く記憶に刻み込まれたはずの事項につ

いても供述が大きく変遷している部分があること，変遷の仕方については，一旦ある事項について相当具体的，詳細に供述しながら，次の機会にはこれとは食い違う内容をまたも相当具体的に述べるなど，果たして真の記憶に基づき誠実に供述をしようとしているのか疑問を抱かざるを得ないような不自然，不合理な部分が相当数存すること〔⑤⑦⑨⑬⑭⑮〕，そのほかにも，やや不自然と思われる変遷が相当数存すること〔①②⑥⑫⑯⑱㉑〕が指摘できる。そして，このような変遷ぶりは，Xが実体験に基づいて供述しているのかどうかのX供述の信用性について判断するに当たり，大きな消極的要素として作用せざるを得ないと思われる。これらの変遷事項をもってX供述の信用性にかかわり合いのない枝葉末節に属するものとして切り捨てるのは相当ではない。

また，X供述中には，その内容自体やや不合理な部分〔③⑰⑱〕や，他の証拠により認められる事実と食い違っている疑いの強い部分〔⑩㉒〕が含まれており，これらもX供述の信用性を判断する上で消極要素となるものである。」

7　Xの性格

Xの性格について，本件犯行の全過程を精査して感得できるのは，高度の知能に裏付けされた物事の企画計画性の緻密，周到さ，相手の心理を看取する力や行動力の卓抜さである。

また，このことは，(1)会計課長宛封書すり替え工作（Vが行方不明になった直後，営林局会計課長宛に営林局幹部の不正行為を警告しながらVの現金拐帯を官憲に届け出ることを牽制すべく，Vの生前にVの手で手紙を書かせ，自分で書いた下書きとすり替え，投函した）にみられる高度の企画力，(2)X秘密文書（Xが昭和35年3月初めころ，Aの弁護人と拘置所内の面会室で面会した際，看守の目を盗んで密かに同弁護士に手渡したとされる秘密文書）にみられる物欲，狡猾さ，比類なき企画力，行動力，(3)K事件の強取金を共犯者Yから受領した経緯にみられる巧みな虚構を作出して成功させることのできる能力，(4)Xの上告趣意書にみられる，自己の

主張のためにはとにかく巧妙に理屈をつけて強弁する性向などにも裏付けられる。

8　Xの自己矛盾供述

Xが，札幌大通拘置支所在監中，無期刑囚人Oに，「Aは犯人ではない，真犯人の名を出せば近親者に触れなければならないので，Aを引きずり込んだ」と告白した旨のO供述の信用性は高い。Xの右供述は，自己矛盾供述としてXの供述の信用性を減殺するものである。

9　まとめ

以上の検討によると，X供述には，死体埋没場所の指示というV事件の核心部分についていわゆる秘密の暴露があって，XがV事件の犯人であることは疑いがなく，したがって，一般論としていえばこのような秘密の暴露を含むX供述の信用性は高いといえよう。また，K事件に引き続き別の重大事件も自供するXが心中相当の覚悟をもって臨んだことも推測するに難くなく，共犯者としてAの名前を出すに至った経緯，動機も一応自然で合理的であり，XがAに対し個人的な恨みを抱いていたような事情もないし，X供述中のAに対する指示内容の相当部分は死体に関する客観的状況と整合し，その供述も一応具体的で，一部には臨場感の伴う部分も存在するといえよう。これらの観点からみても，Aを共犯者であるとするX供述全般の信用性は相当高いといえなくもない。

しかし，既に述べたように，共犯者の供述（自白）は，自己の刑事責任の軽減を図るため，あるいは，真の共犯者らをかばうために全く無関係の者を犯行に引っ張り込む等の危険性を有するものであるから，Aが共犯者であるという右X供述部分の信用性については慎重な吟味を要するところ，V事件の供述を開始した当時のXの供述態度については，Xは，当時捜査の先行していたK事件について警察へのレジスタンスとして強取金の所在についてことさら虚偽を述べる等，取調べ警察官をてこずらせており，全面的に素直に悔悟して潔く罪に服するという状況にはなかったし，V事件に関しても不用意にVの死亡を口に出したのがきっかけとなって死

体埋没場所を供述する羽目に陥ったものであり，Xが真摯な反省の結果，極刑をも覚悟の上事実のすべてを正直に供述するという状況にあったものとまでは必ずしも認め難いこと，犯行当時のXの行動状況や拘置中のOに対する告白等に徴し，Xには，真の共犯者の替わりにAを共犯者に仕立てることにより真の共犯者あるいはK事件を含めて一連の犯行に関連を有する者をかばう必要性があったという見方も全く根拠のないものとはいい難く，Xが共犯者について虚偽を述べているのではないかとの疑いは，単に一般論として指摘される共犯者供述（自白）の危険性以上のものがあること，Xの供述内容自体については，Aに対するXの指示内容の相当部分が死体の客観的状況と整合するとはいっても，この点がX供述の信用性判断に特に有益なものともいえないし，何よりもX供述中には，Aと関連する部分の全過程において多数の不自然，不合理と思われる供述の変遷があり，Xが果たして真実の体験を記憶に基づき真摯，誠実に再現しようとしているのか甚だ疑わしい状況，例えば，一見いかにももっともらしく，具体的で，時には臨場感の伴うような供述をしておきながら，次の機会にはこれが全く別の具体的供述に変化してしまうようなことが指摘できるのであり，これは，奸智にたけ虚言をもって目的実現のため策謀をこらす性向が顕著であって，安易に信頼がおけないというXの人物像にまさに相応するものと考えられ，この点はX供述の信用性判断の上で大きな消極要素といわなければならないこと，また，X供述には，内容自体やや不自然，不合理なものや他の証拠により認められる事実と食い違っていて虚偽を述べている疑いの強い部分が存在すること，Aが共犯者であるとのX供述に矛盾するX自身の供述もあること等の事情も指摘することができる。そして，これら消極要素を考慮すれば，X供述中，Aを共犯者とする部分の信用性が高度のものであるとは到底いえないのであり，X供述が，Aにつき本件の実行を分担した共犯者であると認定し得るほどの証拠価値を有するものとは認められない。

【否定23】山中事件

　　Ⅰ　金沢地判昭50.10.27刑集43-6-511（有罪・控訴）
　　Ⅱ　名古屋高金沢支判昭57.1.19刑集43-6-545（控訴棄却・上告）
　　Ⅲ　最1小判平元.6.22刑集43-6-427（破棄差戻）
　　Ⅳ　名古屋高判平2.7.27判時1375-35（破棄―無罪・確定）

〔事案の概要〕

　争点となっているのは，殺人・死体遺棄事件（①事件）であり，その要旨は，次のとおりである。

　Aは，Xに借金させた上，Xを殺害してこれを強取しようと企て，昭和47年4月下旬ころ，Xに貸金業者Mへの30万円の借り入れを申し込ませたところ，保証人が必要となったため，友人であるVにその旨依頼して承諾を得た。Aは，Vを殺害してXも殺害すれば自己の犯行を隠蔽することができると考え，同年5月7日夜，Xに対し，「Vを誘い出してバラそう。俺はナイフでやるから君はまさかりでやってくれ。Mもやってしまえば金を返さなくてもよいから，2人ともやってしまおう。」と持ちかけ，V殺害の共謀を遂げた。AとXは，5月11日夜，A運転の自動車に根切りよきとスコップを載せた後，Vを誘い出して乗車させ，林道の奥に連れ込み，停車した自動車内で，Aがいきなり切出し小刀でVの左脇腹を1回突き刺した上，胸倉をつかんで車外へ引きずり出し，車の後方へ逃げたVを追いかけ，腹部等を数回突き刺し，さらに，Xから受け取った根切りよきの峰で倒れているVの頭部を1回殴打し，Vを殺害した。その後，AとXは，Vの死体を付近の谷川の橋下に投棄した。

　なお，Aは，Xを殺害してその所持金を強取しようと企て，5月14日夕方，Xを林道に連れ込み，切出し小刀でその右脇腹を1回突き刺した上，顔面，胸部等に切りつけたが，Xが抵抗して逃げ出したため，傷害を負わせたにとどまり，殺害及び金員強取の目的を遂げなかったという強盗殺人未遂事件（②事件）でも訴追された。

〔事件の経過〕

　Aは，②事件の犯行当夜，被害を受けたというXの供述に基づいて緊急逮捕され，同年5月31日に右事件で起訴されたが，捜査段階では右犯行を概ね自白していた。その後，同年7月26日に至ってVの死体が発見され，Vの家族の供述からXとAがVと一番最後に会った者らしいと判断した捜査官は，同月27日と28日に，Xを参考人として取り調べたところ，XがAと共同してVを殺害し，死体を遺棄した旨を自白したため，XとAの両名を①事件で逮捕した。また，同月29日には，Xが犯行後Vの靴を投棄したと述べた場所から，Vの履いていた靴が発見された。

　Xは，その後の捜査，公判を通じて右自白を維持し，第1審裁判所によって懲役8年に処せられ，その刑に服している。これに対し，Aは，①事件については一貫してその関与を否認し，②事件についても，公判廷では，その外形的事実を認めながらも殺意と金員強取の意思等を争っている。

　Vは何者かによって殺害されたもので，頭蓋骨骨折を生じさせた鈍器による打撃，あるいは着衣の損傷から認められる刃物による刺突によって死亡したのではないかと考えられるものの，Xの供述を除くと，Vが殺害された日時，場所，犯行態様を確定するに足りる証拠は存在しない。また，右事件の犯人が単独であるか複数であるかを確定するに足りる客観的証拠もなく，Aと犯行とを結びつける直接証拠は，Aから誘われてAとともに犯行に及んだというXの供述のみである。

　第1審判決は，Xの供述の信用性を肯定し，①と②の両事件につき，いずれも有罪と認定して，Aを死刑に処し，控訴審判決も，Aからの控訴を棄却した。しかし，上告審判決は，①事件につき，Xの供述の信用性について幾多の疑問があるとして，控訴審判決を破棄し，差し戻された第2次控訴審判決は，Xの供述の信用性を否定し，①事件につき無罪，②事件につき懲役8年に処した。

〔第1審判決の概略〕

　Xの供述の信用性については，Xの能力及びその利害関係にかんがみて十

分な吟味を要するが，Xの能力，性格，利害関係，供述態度，供述内容，供述の経緯及び取調状況等を検討しても十分信用に値する〔その判断の詳細については省略〕。

〔第1次控訴審判決の概略〕

　　Xの供述中には不明瞭な部分もないではなく，弁護人の尋問に対してしばしば沈黙したりする部分も見受けられるが，それにもかかわらず，右供述はAとの共謀による①事件の犯行に関する部分を②事件の犯行との関係において考察すると素直に了解でき，①事件の犯行を共謀するに至った経緯，犯行状況，犯行後の行動等に関する供述は大筋においてほぼ一貫しており，経験した者でないと供述し得ないような事実を含み，客観的証拠との矛盾や不自然不合理な部分もないから，十分信用できる〔所論に対する個々の判断の詳細については省略〕。

　　なお，原判決は，V刺突の刃物と②事件でAがXを刺突した切出し小刀とが同一物であるとし，これがAと①事件とを結びつける有力な物的証拠となるとしているが，両者が同一物であると推認するに足る証拠は認められないから，事実を誤認したといわざるを得ないものの，右誤認は判決に影響を及ぼさない。

〔上告審判決の要旨〕

1　原判断に沿うと思われる間接的事実

　　第1，2審判決の指摘する以下のような点は，X供述の信用性を補強し，AがXの共犯者ではないかと推論する方向に作用するものである。

(1)　V宅から死体発見場所までと，死体発見場所から靴の発見場所まではかなり離れている上，死体発見場所が相当の山の中であることに照らすと，犯行のいずれかの段階で自動車が利用された蓋然性が極めて高いが，Xは自動車運転に習熟しておらず，運転免許も有していないから，他の者との共同犯行と考えるのが自然である。

(2)　犯行日前後のXの行動をみると，Xは，Aと繁く接触し，連日のようにAの運転する自動車に同乗して行動をともにしている。

(3) 犯行に及んだとされる5月11日夜の行動に関し，Aは，捜査段階及び第1審公判の当初，友人宅を訪ねていたと供述していた。ところが，右友人らが公判廷でその点を明確に否定すると供述を変え，Aが同夜自宅にいたというAの父の証言に沿う供述をするに至っている。これに対し，Kは，同夜，ゴルフ練習場で会ったAの父から，Aが車に乗っていったから帰りに乗せて欲しいと頼まれ，自車にAの父を同乗させた旨証言しており，Kの記憶に誤りがなければ，同夜Aは父の使っていた普通乗用自動車に乗って外出したものと考えられる。

(4) Aは，Xの金借に際し，Mに対して偽名を使い，後にはXとともにM方前まで赴きながら自分は表面に出ず，また，Vの母親から住所を尋ねられて嘘を言っているが，これらの行為は，AがXの金借に関係していることを隠すためのものと解する余地がある。

(5) ①事件の犯行の態様は，人気のない林道において小刀で刺すという点において，②事件と類似していると考えることが可能である。

(6) 前記普通乗用自動車の後部座席のビニールカバーの縫い目の糸の部分から人血が検出されている。

(7) 凶器である根切りよきの形状についてのX供述は，死体の頭蓋骨骨折面から推認される凶器の形状と矛盾しない。

以上のうち(1)ないし(5)の各点は，X供述の信用性を補強し，AがXの共犯者ではないかという疑いを相当程度抱かせるものであるが，それらのみでは，いまだ被告人と犯行とを結びつけるに足りるとは認め難い。これに対し，(6)の点の人血が被害者のものであるとか，本件犯行時に付着したものであると認められるのであれば，Aと犯行とを結びつける決め手となり得るものであり，また，(7)の点を含めて，頭蓋骨骨折の形状がXの供述する犯行態様と矛盾しないと認められるのであれば，それはX供述の信用性を高度に保障する有力な事実であるといえる。しかしながら，記録によると，以下のとおり，(6)の点につき，右人血が本件犯行時に付着したVの血と認めるには疑問を容れる余地が多分にあり，また，(7)の点につき，凶器

—306—

の形状と骨折の形状との間に矛盾がないとしても，Ｘの供述する犯行の態様と骨折の形状から推認される犯行の態様との間には矛盾があり，それに加えて，Ｘ供述の信用性を疑わせる幾多の疑問点が認められる。
2　Ｘの供述の信用性について

　本件におけるＸのように，犯行に関与しているものの，関与の程度が客観的に明確となっていない者は，一般的に，自己の刑責を軽くしようと他の者を共犯者として引き入れ，その者に犯行の主たる役割を押しつけるおそれがないとはいえないところ，Ｘが②事件の被害者であることも併せ考慮すると，Ｘの供述の信用性については慎重に吟味する必要がある。また，Ｘの知的能力については，知能水準が11歳の児童程度で正常者との境界線に近い精神薄弱（軽愚）であり，前後の関係から類推したり判断したりする能力に著しく劣り，抽象的概念は内容が甚だ貧困であるとの精神科医師の鑑定が存在するところ，右鑑定中に，軽愚の者は一般的に他人の言動に乗ぜられやすいとの指摘もあることから，Ｘの供述の信用性の判断に際しては，その被影響性，被暗示性をも念頭に置かなければならない。以上のことから直ちにＸの供述を虚偽と決めつけるべきでないことはいうまでもないが，その供述内容の合理性，客観的事実との整合性等について，具体的に検討することが必要である。
3　犯行状況に関するＸの供述内容が客観的証拠と矛盾することについて

　Ｘの供述は，以下のように，犯行状況の主要な点において，客観的証拠と矛盾し，あるいはそぐわないものである。

⑴　頭蓋骨の骨折について

　　Ｖの頭蓋骨には，前頭骨右側に長径約2.5センチメートルのほぼ楕円形の陥没骨折があるところ，鑑定書等によると，Ｘが本件犯行に使われた凶器に似ているという根切りよきが成傷器具であるとすれば，深さ約0.7センチメートルの最深部から後端（頭頂部寄り）までの線状の陥凹に対し，よきの峰の遠位縁（先端の方）が最も陥没している部分に，近位縁（手元の方）が陥没骨折の後端に当たるように，右前上方から左後

下方に向かって作用したものと考えられるという。ところが，Xの供述するように，仰向けに倒れているVの足元又は胴の横の方から頭部めがけてよきを振り下ろして殴打した場合，Vの顔の向き，首の屈曲の程度によって多少の差異が生ずるとはいえ，よきは右骨折の部位に対し後上方から前下方に向かって作用することになるほか，峰の遠位縁が最も陥没している部分に当たるときには近位縁が後端ではなく前端（顔面寄り）に当たることになって，右骨折のような形状のものは生じないことになる。このように，前頭骨右側の陥没骨折は，仰向けに倒れているVの足元又は胴の横の方からではなく，逆に頭の方から殴打しないと形成されないものと考えられるから，Xの供述するAの犯行態様と右骨折とは打撃の方向において矛盾することになる。

また，右よきの重量は約1.6キログラムあり，鑑定人の証言等によると，このような重量のある鈍器で強く殴打すると，右陥没骨折の程度にとどまらず，より激しい骨折が生ずる可能性があるなどとされる。Xの供述によれば，Aはいわゆるとどめを刺そうとしてよきでVを殴打したと考えるのが自然なように思われるが，1回だけの殴打にとどめながら力を加減したというのはあまりにも不自然であるから，Xの供述するAの犯行態様と右骨折とは，その程度においてもそぐわない。

(2) Vの着衣の損傷について

Xは，Aが自動車の後部座席に乗り込んでVの左横に座り，Vに話しかけながらいきなり右手に持った小刀でVの左脇腹を突き刺したと供述しているが，Vの下着であるメリヤスシャツの左脇腹部分には，刃物によると思われる損傷がなく，この点においても，Xの供述は客観的証拠と符合しない。

(3) 死体隠匿状況について

Xは，XとAがVの死体を付近の谷川に落としてから川の中に入り，Aが死体を橋の下に引きずり込み，Xの手渡した石を死体の周囲に置き，木株で覆ったと供述しているが，検証の結果によれば，橋の下は流

水面部も内部の状況も暗くて認識できないような暗闇だというのであるから，Xの供述するような行動ができたか疑わしく，少なくともXがAの行動を確認できたとはとても考えられない。
4　Xの供述の裏付けとなるべき客観的証拠がないことについて
　Xの供述は，以下のように，それが真実であればその裏付けが得られてしかるべきと思われる事項に関し，客観的裏付けが欠けている。
(1)　切出し小刀，根切りよき，スコップについて
　　Xは，Aが切出し小刀と根切りよきに加えて死体を埋めるためのスコップも準備し，犯行後それらをA方工場に戻したと供述しているが，捜査官が右工場のほか，Aの自宅などを綿密に捜査したにもかかわらず，犯行に使われた小刀，よき，スコップはどこからも発見されていない。確かに，Aが身柄を拘束されるまでに隠匿した可能性はあるが，血が付いた小刀とよきはともかくとして，結局は犯行に利用しなかったスコップまで隠匿するのが自然と考えられるかは異論の余地もあるところ，そのころA方でスコップがなくなったという証跡はない。また，それらの小刀，よき，スコップが犯行前にAの手近なところにあったとする明らかな証拠もない。
(2)　自動車内の血痕について
　　Xの供述によると，Vの血が自動車の後部座席上に敷かれていたビニール製シートマットの中央から左側にかけて数か所にわたって点々と付いていたため，Aが犯行後濡れた布切れで拭いたという。しかし，右マットの表面は，ループ状のビニール突起に覆われており，濡れた布切れで拭いた程度で完全に拭き取れるとは考え難いにもかかわらず，右マットからは血液反応が認められていない。もっとも，後部座席のビニールカバーの縫い目の糸の部分２か所にルミノール化学発光試験等の陽性反応が認められ，そのうち１か所からは人血が検出されているが，微量のため血液型まで判定することはできず，付着した日時も判明していないところ，右人血が検出された場所は，Xが供述する血の付いてい

た場所とは全く異なっている。この点につき，原判決は，Aが濡れた布切れで拭き取った際に移り付いたことも十分にあり得るとするが，右マットのループ状の突起や縁の飾りの部分からは血液反応が認められていないことなどを考慮すると，その蓋然性はかなり低い。

5　Xの知的能力に障害があることとXの供述の信用性について

　Xは，死体隠匿状況というような犯行の主要な部分について，自分の体験しないことをあたかも体験したかのように供述している疑いがあるほか，X自身，犯行目撃状況につき，想像を交えて供述したと認めている部分もあるから，ほかにも想像を交えた供述が含まれている疑いがある。例えば，共謀の日時，内容に関するXの供述は著しく変遷，動揺しているが，これらは，現実に体験していないことを想像に基づいて供述しているために生じたのではないかと疑う余地がある。

　Xの知的能力の障害を考慮すると，それらの想像が取調官の質問内容等によって影響された可能性を否定し難い。

6　その他Xの供述内容に不自然，不合理な点が存在することについて

　Xの供述には，以上のほか，共謀の時期，犯行現場に至るまでのVの様子等につき，不自然，不合理で，常識上にわかに首肯し難い点が認められる。すなわち，金借のための条件を充たすことが確実となっていない時点で，AがXにVとMの殺害の話を持ちかけたというのは，不自然である。また，Xは，本件犯行当夜，Vを福井の方に遊びに行こうと誘って車に乗せた後，Aがかつて住んでいた空家に寄っていくと言って福井とは別方向に走行し，その空家の近くまで来ると寄らなくてもいいと言って通り過ぎ，大便をするために山道に入ると言って真っ暗な林道を数百メートル入ったが，その間，Vが不審を抱いた様子はなかったと供述している。しかし，右林道に入るには鋭角に左折するため，道路左側を通ってきたときは3回以上，道路右側を通ってきたときでも少なくとも1回，車を切り返さなければ進入できないのであり，AらがVの関心をほかに向けるために工夫したような形跡もないのに，大便をするだけのために，夜，町はずれ

の道から真っ暗で狭い林道に入って数百メートルも進みながら，以前タクシーの運転手をしていて地理にも詳しかったと思われるVがその間何ら不審を抱かなかったというのは，あまりにも不可解である。

さらに，Xの供述には，XとAが事前に使用凶器の分担の話をしながら，攻撃を加える場所，時機，方法等について全く打ち合わせなかったという点，VがAから攻撃を受けながら全く抵抗しなかったという点，死体を隠匿した後にVの靴を見つけながら，その場でこれを投棄することなく持ち帰ったという点など不自然と思われるものがある。その個々の点を切り離して考察すると，それぞれ一応の説明を加えることも不可能ではないが，全体的にみるとやはり信用性に影響を与えることは否定できない。

7　結　論

以上のとおり，Xの供述の信用性については幾多の疑問点があり，これらを解消することなく，Aを有罪とすることは許されない。

〔第2次控訴審判決の要旨〕

1　V頭部殴打の打撃力，打撃作用方向について

仮に本件凶器を振り下ろす力が相当強力であっても，事情により，Vの頭蓋骨に存在する程度の陥没骨折しか形成され得ないことも考えられないでもない。また，地面に仰向けに倒れているVの頭の方からではなく胴の横の方から攻撃した場合でも，事情により，Vの頭蓋骨右側の陥没骨折のような骨折が形成されることも考えられないでもない。したがって，これだけでは，Xの供述の信用性は増強も減殺もされない。

2　死体遺棄について

橋の下では，相手の姿は見えないけれども，相手の声や移動の際の音などにより，互いに相手の挙措動作を察知することも充分可能であるから，この点のみでは，Xの供述は何ら減殺も増強もされない。

3　②事件との対比

①事件と②事件との間には類似点がほとんどなきに等しいから，①事件と②事件との対比は，X供述の信用性を減殺する方向に作用する。

4 「ＡがＶの頭部を殴打するのを目撃した」との供述部分について
　　この点に関するＸの供述には，自己矛盾の供述が存在し，証拠価値は著しく低い。また，当時の明暗状態に徴すると，ＸがＡの殺害行為を現認し得たとするには大いに疑問の余地があり，右供述部分の信用性を肯定することは不可能である。
5 「Ａが自動車の後部座席に座っていたＶの脇腹をナイフで突き刺すのを目撃し，また，自動車の後部座席のビニールシートカバーやその上に敷いてあった座席シートやＡの着衣にＶの血が付着したのを目撃した」との供述部分について
　　自動車の座席シート等には，いずれも人血付着の痕跡が見当たらないから，右供述部分は，その後に座席シートが濡れた布で丹念に拭き清められたりＡの着衣等が洗濯されたりしたかもしれないという事情を考慮に入れても，にわかに信用できない。しかも，ビニールシートカバーに付着していた人血がＶの血であるとまでは認められないから，右供述部分の信用性は依然として低い。
6 Ｖ殺害の共謀に関する供述部分の信用性について
　　共謀の時期に関するＸの供述は，不自然，不合理とはいえない。しかし，共謀の日時や場所に関するＸの供述には，矛盾撞着が多々見受けられるから，その証拠価値は著しく低い。
　　ＡからＶと貸金業者Ｍとの殺害の話を持ちかけられた際，極めて短時間内に直ちに右計画に賛同したというＸの供述は，その計画の異常さを考えると，極めて不自然であって，信用に値するものとは到底考えられない。のみならず，Ａが何故かような計画を立てたのかという疑問を抱かなかったというのも，Ｘがいかに判断力の低い人間であるにせよ，不自然，不合理である。
7 その他の不合理性
　　Ｘの供述中，本件現場に至るまでＶがＡの態度に不審を抱かなかったという点や，Ｖが沈黙のまま無抵抗にＡの攻撃を受けたという点は，あまり

にも不自然,不合理である。また,Xが格別の恐怖も感じないまま凶器をAに手渡したという点や,Vの靴を捜索し自動車に格納したという点については,多大の疑問がある。凶器をA自身が隠匿,投棄したと疑うべき事情はなく,Aの家族が隠匿,投棄したとも考えられないから,その夜のうちに本件凶器を洗浄して工場に格納したという点は,容易に信用できない。V殺害の夜にA,X,Vの姿や本件自動車を目撃した者が出てきたという資料が見当たらず,Xの供述が真実に則した供述とは考えにくい。

8 非迫真性

Xの供述能力を考慮しても,実際に経験したものでなければ供述し得ないような生々しい,臨場感のある供述が見当たらない。

9 非真実性

Xの供述の真実性を裏付ける資料が極めて乏しく,むしろ,Xの供述の非真実性を裏付ける諸事情,すなわち,前述の諸事情のほかにも,①事件において第1審でXがAの共同被告人という関係にあり,実体的にも,XはVの殺害かVの死体の処理に何らかの形で関与しているという事情や,XがAから殺害され現金を強奪されかかったという②事件が発生したという事情や,さらには,Xは尋問者からの誘導にすぐ乗りやすい性格の持主で知的能力にも多少の障害があるという事情がある以上,Xの供述が信用に値するとは到底いえない。

10 結論

「XとAとの間でV殺害の相談がまとまり,これに基づいて,AがVを殺害し,それをXがその場で目撃した,又は,その場に居合わせた」というX供述が信用できなければ,AがXと共謀してVを殺害しVの死体を遺棄したという事実を確信をもって認定することは不可能であるから,右事実を認定した第1審判決には事実誤認がある。

【否定37】苫小牧市の贈賄事件

Ⅰ　札幌地室蘭支判昭56.2.23未公刊（有罪・控訴）
Ⅱ　札幌高判昭58.2.8未公刊（破棄—無罪・確定）

〔公訴事実の要旨〕

　　熱供給設備工事業を営む甲株式会社の現場事務所の責任者Aは，苫小牧市が発注する熱供給設備工事の設計・指導等の職務に従事していた同市建築部建築課主査Xに対し，熱供給設備工事の設計・指導・監督・検査等に関し便宜な取り計らいを受けたことの謝礼及び今後も同様の取り計らいを受けたい趣旨のもとに，Fを介し，昭和50年10月31日ころ現金25万円，同年12月12日ころ金額25万円の小切手1通を各供与して贈賄した。

〔事件の経過〕

1　Xは，第1審及び控訴審において公訴事実に沿う証言をしているが，その供述内容は，大要，以下のとおりである。

　　昭和50年5月当時，度々甲社現場事務所に出かけ，甲社が市から受注する予定の熱供給サブステーション設備工事の設計積算の作業について，Aと打ち合わせたり助言したりしていたが，その作業が一段落した同月末ころ，右事務所で，Aに対し，「この工事で80万円位捻出できないだろうか」と頼んだ。7月ころに予定されていた関西方面への出張のついでに九州方面へ観光旅行をしたいと考え，その費用として80万円位用意したいと思ったからである。Aは，ちょっと戸惑った感じを示したが，すぐにこれを承諾し，ただ，「直接うちから支払うことはできないので，仲介人を入れてもらいたい」と言ったので，「後で連絡するから」と言って，その話を終えた。そこで，同年6月末ころ，Fに対し，「甲社から80万円位回してもらうので，これを受け取ってもらいたい」と頼んだところ，Fは渋っていたが，結局これを引き受けてくれた。そこで，7月中旬ころ，Aに対し，Fに仲介を依頼したことを告げ，乙工務店の所在地などを教えた。9月上旬ころ，Fから，「Aと連絡した結果，80万円は甲社の下請業者を通じて3回

−314−

位に分けて支払うということだから，入金したら渡す」との報告を受け，公訴事実記載のように，Ｆから，現金25万円と額面25万円の小切手を受け取った。Ａが80万円渡すのを承諾したのは，設計積算の作業などに関してＸに種々世話になったからだと思う。

2　Ａは，捜査段階の一時期に自白していたものの（警察官に対する自白調書3通を以下「本件自白調書」という。），その時期を除き，捜査・公判を通じて贈賄の事実を否認し，大要，以下のとおり弁解している。

すなわち，Ａは，Ｘから，市が乙工務店に発注した工事に関して追加工事をさせたが，市の正規予算で追加工事代金を支払う都合がつかず，そのため乙工務店のＦから支払いを催促されて困っているので，甲社が市から受注する工事で80万円を捻出して乙工務店に立替えて支払ってもらいたい旨依頼されたので，これを承諾し，甲社の下請業者である丙社のＳに依頼して80万円を捻出してもらい，ＳからＦに支払わせた。80万円中の50万円をＦがＸに渡すとは全く予期しておらず，本件が刑事事件として問題となって初めて，Ｘに50万円渡ったことを知った。

3　なお，Ａの本件自白調書は，ほぼＸの証言に符合する内容である。

4　第1審は，Ｘの証言，Ａの本件自白調書等に依拠して，贈賄の事実を認定し，Ａに対し懲役8月，3年間執行猶予の判決を言い渡した。

〔控訴審判決の要旨〕

控訴審は，Ｘの証言及びＡの本件自白調書には，以下に述べるような不自然・不合理な点や，関係証拠によって認められる諸情況に照らして疑問を差し挟まざるを得ない点が種々認められ，その信用性には多大の疑問があるとして，原判決を破棄し，無罪を言い渡した。

1　賄賂授受方法の不自然性

Ｘ証言にあるように，賄賂の授受に仲介者を入れるということは甚だ異例のことであって，不自然の感を免れない。殊に，Ａ又は甲社と乙工務店との間には取引関係も交際関係もなく，面識すらなかったところ，Ａは80万円の支出を承諾した後もＦと一度も面会せず，ただ電話でＦに「丙社か

ら80万円を受領されたい」旨連絡しただけで，FがAにとって信頼できる人物かどうかの点について何ら意を払うことなく，80万円をFに支払ったことになる。しかし，Aのような立場にある者が多額の賄賂を供与しようとする場合，取引関係も交際関係もなく，その人物を信頼してよいかどうか知るよしもない第三者に賄賂の授受の仲介を委託することは，およそありそうもない事柄と思われる。Sに依頼して80万円を捻出させた上は，A自らこれをXに供与するか又はAが信頼を寄せていたSをして直接Xに供与すれば足りるのであり，これが賄賂を供与しようという場合の通常のやり方であり，後日に証拠を残さない方法であり，Aにおいてもこの程度の注意を払うべきことは当然心得ていたと思われる。

2　Xの賄賂要求とAの供与との間の時間的間隔の不自然性

　　X証言によれば，Xが賄賂を要求してからAが供与するまで7，8か月間を経過している。しかしながら，民間業者が関係公務員から賄賂を要求され，当該公務員から種々便宜な取り計らいを受けたことの謝礼等として賄賂を供与しようとする場合，要求を受けてからこのように長い期間をおいて供与するというのは異例である。ところが，本件全証拠を精査しても，Aが少しでも早く支払おうと配慮した形跡は全く認められない。

3　50万円受領後のXとAとの関係の不自然性

　　Xは，Fから現金25万円を受領した後，Fに対して残金を早く受け取りたい旨暗に催促しているのに，Aに対してそのような催促をした形跡がない。この点は不可解であり，Xが，Aに対しては，乙工務店の工事代金の立替え払いとして依頼していたからではないかと疑われる。

　　また，昭和50年秋から暮にかけて，XはAとしばしば仕事上で接触したり，Aからゴルフ場やキャバレー等に招待されたりしていたのであるから，仮に80万円が賄賂であったならば，Xはこれらの機会にAに対し受領したことを告げて礼の言葉の一つでも述べるのが当然と思われるが，そのような形跡はない。これらの情況は，80万円を賄賂とみることについて疑問を投ずるものである。

4 賄賂供与の不必要性

　Aないし甲社において，熱供給サブステーション設備工事の受注，施工等に関してXから格別に便宜な取り計らいを受けたとか，将来においてもXから格別に便宜な取り計らいを期待しなければならない状態にあったものではない。この点も，80万円が賄賂であるというXの証言及びAの自白調書の信用性に疑いを差し挟ませるものである。

　もっとも，Aは，現場責任者として勤務中，しばしばXをゴルフ，キャバレー，麻雀などに誘い，始終，昼食などを提供していたことが認められるが，それはXが市建築課主査として頻繁に甲社の職員と接触する地位にあり，AとしてはXとの円滑な交渉を保持しなければならない関係上最少限度の接待をする必要があると考えて，そのような接待をしていたものであり，また，Xを遇するにはせいぜいその程度の接待で足りると考えていたものと認められる。Aがその範囲を超えて80万円もの賄賂を提供しなければならないほどXの地位を重視していたとは，関係証拠によって認められる諸情況からも肯認し難い。

5 X証言のあいまいさ

　X証言の内容全般を通覧すると，供述が理由なく変遷したり，前後矛盾する点やあいまいで不明瞭な点又は逃避的態度に出ていると思われる供述部分等が散見される。例えば，Aに80万円の捻出を依頼した際，自分としては賄賂とは考えなかった，ただFから現金25万円を受領したころになって初めて賄賂と思うようになったと供述しながら，他方，Aは「公務員と民間業者の立場の違いから」Xの依頼を賄賂の要求と気付いたに違いないと思うなどと供述している点は，矛盾の甚だしい一例である。

6 引き込み供述の動機

　原判決は，X証言を信用すべき理由として，Xは「騙す方法を取ろうと取るまいと，金員を収受すれば，いずれにしても犯罪に問われるものであり」，また，Xが当時経済的に困窮していたなどの事情も認められないから，「わざわざAを欺いてというような手のこんだ方法をとる必要性もな

く，そうしたことは考え難い」との趣旨を判示している。

しかし，Xは当時相当数の業者から本件の50万円を含め総額約250万円に及ぶ賄賂を収受したとの事実で有罪と認定され，第1審で懲役刑の実刑判決を受け，控訴審で懲役刑の執行猶予判決を受けていることが認められ，このような人物が，色々な関係業者に対して，あるときは賄賂を要求しあるときは詐欺的方法を用いて金品を収得しようとすることは，決してあり得ないことではない。また，収賄と詐欺とでは社会的非難の程度に大きな差異があるから，詐欺の事実を隠蔽して収賄の事実を供述することもあり得ることと考えられ，原判決の右判示には賛同できない。

7　Aの弁解の信用性

他方，本件80万円は工事代金の立替え払いとして支出したにすぎないというAの弁解は，関係証拠によって認められる諸情況に照らしても不自然・不合理な内容のものとは認められない。

すなわち，(1)Aの弁解内容は捜査段階と原審・控訴審を通じほぼ一貫しているし，(2)関係証拠によれば，昭和50年4，5月当時，実際に市が乙工務店に対し合計約96万円余りの工事代金の未払いが存在していたこと（現実には，Xは，他の3業者に各業者の受注した工事代金を水増し請求させ，市から各業者に支払われた水増し分を乙工務店に支払う形で，未払い合計約96万円余りをすべて支払いずみである。），これに先立ち，Xが甲社現場事務所でAに対し工事代金の未払いがあって困っていると話していたことが認められ，Aの弁解は重要な点において客観的事実による裏付けを有しており，(3)しかも，仮に80万円がAの弁解どおりだとすると，Xの供述の不自然性・不合理性のところで指摘したFの登場は当然であるし，Xの依頼から現実の支払いまでの時間的間隔の存在も右弁解と矛盾するものではなく，右弁解を前提として初めて理解し得るものである。

【否定46】 覚せい剤空路密輸入事件

① 被告人A関係
　Ⅰ　福岡地判昭59.7.2未公刊（有罪・控訴）
　Ⅱ　福岡高判昭62.5.26未公刊（破棄－一部無罪・無罪部分確定）
　Ⅲ　最2小決昭63.4.26未公刊（有罪部分の上告棄却・確定）
② 被告人B関係
　Ⅰ　福岡地判昭59.1.30未公刊（有罪・控訴）
　Ⅱ　福岡高判昭62.5.26未公刊（破棄－無罪・確定）

〔公訴事実の要旨〕
　AとB（Aの妻）は，Xと共謀の上，営利の目的で覚せい剤を輸入しようと企て，昭和58年3月12日，Xにおいて，覚せい剤約3キログラムを携帯して韓国金海空港から搭乗し，福岡空港に着陸後取り下ろして輸入し，また，税関長の許可を受けないで輸入しようとしたが，税関職員に発見されたためその目的を遂げなかった（覚せい剤取締法違反・関税法違反）。

〔事件の経過〕
1　本件においては，Xが空港で現行犯逮捕されているため，実行行為を行ったことに争いはなく，X自身も事実を争わず，Xに対する有罪判決は第1審で確定している。そして，Xは，第1審と控訴審の公判廷や期日外の証人尋問において多数回証言し，大要以下のとおり，公訴事実に沿う密輸入の事実及びA・Bとの共謀の事実を供述した。
　(1)　Xは，金銭に不足をきたしたため韓国から覚せい剤を密輸入しようと考え，昭和58年3月2日知人のK女に韓国から荷物を運ぶのを手伝って欲しいと依頼してその承諾を得，報酬の前金などとして現金20万円を交付したが，この日が3月2日であることは，Xの娘婿Iが韓国に茶碗を持って行った日であるから間違いない。
　(2)　Xは，3月2日午後6時過ぎころ，A方に電話し，「3人で運ぼうと思うが，1人50万円出してくれんか」と言って韓国から覚せい剤を運搬さ

せて欲しいと依頼したところ，Aが，「あとで返事する」と言って一旦電話を切り，午後7時ころの電話で「よろしく頼む」と言ってXの申し出を了解したので，Xは，覚せい剤を韓国から持ち帰る予定日の意味で「10日ころに帰ってくる」とAに伝えた。

(3) Xは，3月4日に妻Nが脳溢血で倒れて入院したため，覚せい剤の運搬を中止しようと考え，翌5日午後7時ころ，Kに電話でNの状況を伝え，仕事をやめようと思うので前金として渡した20万円を返してくれるように申し入れ，その後，A方に電話し，応対したBに対し，妻が倒れたことを告げるとともに「仕事はせん」と述べたところ，Bは，「困る，当てにしとったのに」と答えた。

(4) Xは，妻の入院費用も要ることから覚せい剤を運ぼうと考え直し，3月6日夕方A方に電話し，Bに「仕事はする」と告げ，さらに，翌7日夕方Kに電話し，10日に韓国から帰ることができるようそれまでに渡韓して欲しいと依頼し，また，7日午後5時過ぎころ，A方に電話し，Bとの間で覚せい剤購入資金の受渡し場所を打ち合わせ，Bから「お金は飛行場でいいか」と言われたが，今回韓国から覚せい剤を持ち帰ることを知らずにXに同行するSにAから金銭を受け取るところを見られるのは都合が悪いと考え，翌8日午前9時30分過ぎころに西鉄久留米駅前の甲銀行乙支店前で待っているから届けて欲しいと依頼し，Bからは，お金を韓国金海空港の赤帽料金所後ろにある待合室にいる女の人に渡すよう指示された。

(5) 3月8日午前9時45分ころ，Xが約束の場所で待っていると，22，3歳位の若い男が近づいてXの名を確認した上，現金とハングル文字で書いた手紙の入った紙袋を渡してきた。金額を確かめると400万円だったので，不足していると言うと，男は，その金は後日Xが帰ってから渡すと答えた。Xは，その男がAらと繋がりのある人物だと思った。Xは，一旦自宅に戻り，Sに400万円のうち100万円を預け，Sとともに福岡空港に赴き，Sに更に100万円預け，免税店でメタクサ（ブランデー）2本を

購入し，同日午後の便でSと韓国に赴いた。
   ⑹　Xは，金海空港到着後，Bから指示されていた場所に居た3人の女性のうち「Xですけど」と声をかけたら応答する素振りを示した50歳位の女性（以下「おばさん」という。）に前記手紙を渡した後，200万円を交付し，残金はXの宿泊している半島ホテルで渡す旨告げ，その日は妻の義兄であるT宅に泊まり，翌9日には同日渡韓してきたKと会い，前もって持参するように頼んでおいたオタール（ブランデー）2本を受け取り，また，半島ホテルでおばさんに残金200万円を渡し，その日は同ホテルに泊まった。3月11日の夜，同ホテルでおばさんから本件覚せい剤を受け取り，これをメタクサやオタールのびんに詰め替え，翌12日に本邦に持ち込んだ。
 2　AとBは，同年4月13日本件により逮捕され，5月4日にともに起訴され，当初は共同審理を受けていたが，その後Aの関係で別件の追起訴がなされたために分離され，別々に第1審判決を受けた。A・B両名とも，逮捕当初から一貫して本件への関与（Xとの共謀）を否認している。もっとも，Bは，過去においても覚せい剤とかかわりを持ったことは一切ないと供述しているのに対し，Aは，昭和57年9月ころ，Xが輸入しようとした覚せい剤を持ち込めず，輸入資金を提供した暴力団から脅され，いわゆる追込みをかけられているのを助けるため，Xとともに韓国から覚せい剤を持ち込んだのを皮切りとして，以後本件犯行前までの間はXと共同して，また同年11月以降はMを使って韓国から度々覚せい剤を持ち込んだ事実があることは認めたものの，本件犯行については終始一貫してこれを否認している。
 3　本件犯行とA・Bとを直接結びつける物的証拠はなく，Xの証言以外にA・BとXとの共謀の事実を裏付けるべき証拠もない。
 4　第1審は，Xの証言の信用性を肯定し，A・Bにそれぞれ有罪判決を言い渡した（X証言の信用性に関しては，特に判断を示していない。）。

〔控訴審判決の要旨〕

控訴審は，Xの捜査段階における33通の供述調書をXの供述経過に関する証拠として取り調べた上，下記のとおり，その供述につき詳細な検討を加え，結論として，「X証言をX自身の捜査段階における供述と対比してみると重要な点であいまいなところが随所にあり，本件犯行に至る経緯や態様についてのX証言のいうところは，X自身及びAが認めている本件以前の覚せい剤輸入と対比すると，不自然・不合理な点が多く，その信用性を直ちに肯定することはできないというべきであり，一方，AやBにおいても，過去Xとの覚せい剤輸入や多数回にわたる渡韓及びその際の洋酒の韓国への持ち込みとその持ち帰り等，本件に関与していたのではないかとうかがわせる事情が多々認められるところではあるが，それは，あくまでも疑いの限度にとどまるもので，それを超えるものとは断定できず，ほかに記録を調査し，当審における事実取調の結果を精査，検討してもA・Bが本件につきXと共謀したことを認めるに足る証拠はない。」との判断を示した。
1　X証言にいう本件覚せい剤輸入の経緯について
　(1)　XのKに対する韓国からの荷物運搬手伝いの依頼について
　　　Kの供述によれば，Xは，Aに覚せい剤運搬の仕事をさせて欲しいと依頼するより前に，Kに運搬の手伝いとそのための韓国行きを依頼し，報酬まで渡している。このようなXの行動は，本件当時XとAとの関係が芳しい状況になく，また，Xが，昭和57年12月18日にAとともに韓国に赴いて以後Aと一緒に韓国に行っておらず，しかも，過去に両名によってなされた韓国からの覚せい剤持込みと本件とは，その経緯等を異にした状況のもとでなされたことになり，本件がA・Bとの共謀によるものとした場合にはいささか不自然の感を免れない。
　(2)　XのA方への電話による本件覚せい剤輸入に関する依頼について
　　ア　Xは，3月12日に逮捕されて4月2日に起訴されたが，本件密輸入がAとの共謀に基づくことを供述したのは，3月29日付警察官調書が最初である。Xは，同調書において，それまでAのことを隠していた理由として，①Aのことを話せば，XがAを警察に売ったことにな

り，妻やその兄弟にまで仕返しがされると考えたこと，②本件以前にもAのもとで覚せい剤の運び屋をしていたことが明らかになり，刑が増えること，③XがしゃべってもAが本当のことを話すことはなく，そうすると裁判が長引き面倒であることを述べている。

しかし，Xは，3月24日付警察官調書において既に本件以前にもAと共謀して数回にわたり韓国から覚せい剤を持ち込んだ事実を認めているのであって，②の点は理由となり得ない。また，①，③の点については，そのこと自体が不自然であるとはいえないが，3月24日付調書においてAの名を挙げながら，本件がAとの共謀によるものとは認めておらず，3月28日付大蔵事務官に対する供述調書でも，第三者との共謀による犯行であるとしながら，知人の「彼」というのみで氏名は言えないと供述しており，このようなXが，何故3月29日付警察官調書になって共犯者としてAやBの名を挙げるに至ったのかは，Xのいう①，③の点からだけでは十分説明しきれるものとは思われない。

そして，本件で捜査の対象となったのは，Xが現に本邦に持ち込んだ大量の覚せい剤の事実関係であることからすると，Xとしては，背後に首謀者がいてXは単なる運び屋にすぎないことを装い自己に全責任が及ぶのを免れようとしたり，背後関係者をすり替えることにより真の首謀者をかばおうと考えて第三者の氏名を持ち出すことは，当裁判所がこの種事件で時折経験するところであって，X証言以外に本件とA・Bとを直接結びつける客観的証拠のない本件にあっては，X証言は慎重に検討しなければならない。その上，右のように3月24日付調書において過去の取引の関係であるとはいえAの名を挙げながら，本件は別人との共謀による旨の供述をした点は気になるところであり，本件もAとの共謀によることが事実であるとすれば，3月24日付調書でもその名を挙げるのを差し控えない限り，本件の真相が露見するきっかけを明かすことになるばかりでなく，Aをかばうことにもほとんどなり得ないのであるから，Xが3月24日付調書で右のように区

別して供述した理由やXの供述心理を理解することはいささか困難であり，したがって，その5日後の3月29日付調書で，本件もAとの共謀による旨供述を変更したのを信用できるものとして，そのまま納得するには疑問が残る。
イ　Xは，A方に本件覚せい剤を韓国から運ばせて欲しい旨の電話を掛けた日時につき，捜査・公判を通じて3月2日であると一貫して供述しており，その根拠として，娘婿Iが渡韓した日だからであると供述し，極めて具体的で勘違いの生ずることが考えにくい出来事と関連させて供述しているところ，Iが渡韓したのは3月3日と認められ（ちなみに，Aもその日に渡韓している。），XがA方に電話した日時を特定するための根拠となるべき事実についての供述が間違っており，この点からしてもA方に電話した日時についてのX証言には疑問を感じないわけにいかない。
ウ　XとAは，昭和57年9月から同年12月までの間，5回同じ日に韓国との間を航空機で出入国し，その際Xは福岡空港の免税店でメタクサ2本ずつを購入して韓国に赴いている。それがどちらの申し出によるのか，また資金を調達したのがだれであるのかはともかくとして，右5回の帰国の際覚せい剤を持ち込んだこと自体は両名とも捜査段階から認めている。そして，Aの公判供述によれば，右5回の密輸入の際，AとXとの間で，報酬については覚せい剤1キログラム運ぶと渡韓費用を含めて50万円の利益が出るのでこれを折半すると取り決めており，過去5回のほとんどの場合，事前に渡韓日時等を両者で打ち合わせ，AからXに報酬の全部あるいはその一部が渡されていたというのであり，Xもこの点は否定していない。

　ところが，Xは，本件輸入に関して3月2日Aに電話で要求した報酬額は1人当たり50万円（Xを含めA以外の3人で運ぶのであるから，合計150万円）であったと言い，それではAのもうけがなくなるではないかとの弁護人の質問に対し，Aは過去の輸入でもうけているの

で損はないなどと供述し（原審第3回公判），そもそもXが何キログラムの覚せい剤を運ぼうとしたのかAには話していないとしながら，Aの立場からすると4キログラム運ばないと利益が出ないなどとも供述し（原審第2回公判），控訴審でも，2キログラム運ぶことは3月7日のBとの打合せの際に既に話合いがしてあったとか（期日外の証人尋問），今回は当初から3キログラムと予定しており，このことはAとの従前からの了解事項であった（第15回公判）などと供述しており，Xの捜査・公判供述には一貫性がなく，本件によってXが取得するという100万円の報酬が過去の例を変更したというのか，したとすれば，Aとの間でいかなる話合いをしたというのかについて何ら具体的かつ説得力のある供述をなし得ておらず，しかも，今回運搬を予定した覚せい剤の量，Xの報酬額及びその算出基準などについては，Aが韓国に赴いていない本件にあってAがこれに関係していたとするなら，XとAとの間で具体的に打ち合わせるのが自然であり，Xの言うとおりであったとするならAは本件により全く報酬等の利益を得ないこととなり，AがこのてんについてXに何も言わなかったというのはいかにも不自然であって，直ちに納得することができない。

エ　Xが同人のいう3月2日の電話で渡韓する日についてAに伝えたかどうかという点に関するX証言についても，同様の疑問が生じ，仮にAが3月2日にXのいう覚せい剤輸入の話を承知したとすれば，その時点で翌3日に自ら渡韓することが決まっていたAとしては，その資金の調達・準備の都合上，Xに渡韓予定日を聞くとか，Xの方からそれを告げるなど何らかの話があってしかるべきであるのに，X証言からはこの点についての明確な供述がうかがえない。

オ　甲銀行乙支店前での金の受渡しに関しても，(a)Xが覚せい剤購入資金を何故久留米まで届けさせねばならなかったのかについてのXの説明は説得力に乏しく，(b)また，Xは，3月7日のBとの電話では，購入資金をA又はB自身が届けるのか，だれか別の人に届けさせるのか

についてやりとりはなかったと供述しているが，AやBが直接受渡しに赴くのであればともかく，使いの男に持たせる以上は，大金の受渡しをすることでもあり，そのことをあらかじめXに告げておくのが自然であると考えられることに照らして，いささか理解に苦しむところでもあるし，(c)従前のYら（別件の共犯者ー注参照）との取引においては，Aが資金の受領や覚せい剤の受渡しにつき終始自ら担当しており，使いの者に行かせたことは一度もなかったことがうかがわれるところ，何故今回はAが自ら出向かず使いの者に行かせたのか疑問があるばかりか，(d)使いの男がだれであり，Aらといかなる関係の者かについては，Xに面割り写真を示して割出しを試みているものの，特定に至らず，また，Xがその男の特徴として供述するところも具体性に乏しく，その特徴から人物を割り出すこともできないまま終わっていて，結局使いの男は全く明らかにされていないのであって，共謀の存在を明確ならしめる要ともいうべき者についての解明がされないままに終わっていることは，XとAらとの間の共謀が果たしてあったのか否かについて，少なからぬ疑問を抱かせる要素となる。

　カ　3月に入ってXからその妻Nが倒れたことを知らせる電話がA・Bに入ったことは，A・Bも捜査段階から認めており，このことは，Xが覚せい剤運搬を断る理由づけとしてNの倒れたことを話したと証言しているだけに，あたかもX証言を裏付けるかのようであるが，従前のNとA・Bらとの同国人としての親しい関係に照らすと，Xが，日本国内にBらのほかに特に親しくしていた知人が多かったとはうかがわれないNの突然の病気・入院という事態の発生したことをA・Bに連絡するため電話を掛けるということが全くあり得ないではなく，また，前述のとおり3月2日から7日までのXとA・Bとの電話連絡に関するX証言に不自然なところが多々あることに照らすと，Xからの電話の趣旨に関するAらの弁解を直ちに排斥するわけにはいかない。

2　X証言のいうXの渡韓から帰国に至るまでの行動について

3月8日から12日までの行動に関するXの証言については，①3月8日午前9時45分ころ，甲銀行乙支店近くで現金400万円と手紙を届けたという若い男とA・Bとの結びつき，②同日金海空港で覚せい剤購入資金200万円をおばさんに渡したとの点，③おばさんに残金200万円を渡したという場所及び時刻（3月9日午後8時ころ半島ホテルで）と同日，同ホテルにXがチェックインした時間についての記録との関係，④Xが輸入しようとした覚せい剤の量とX及びKが準備した洋酒びんの数，⑤Xの現地での覚せい剤入手及び帰国予定の変更とそれについてA・Bへの連絡がないこととの関係，⑥3月12日Xの娘婿Iの空港への出迎えなどの点について，AやBが本件に関与していたとすれば，右の各事項はXが逮捕される数日前の出来事であるだけにXとしては右事項（特に①，④，⑤，⑥）とA・Bとを結びつける具体的かつ詳細な説明をなし得ると思料されるにもかかわらず，説得力のある説明がなされているとは思われないところが多々見受けられる。

　すなわち，①につき，Xは，3月7日のBとの電話の際に，覚せい剤購入資金を届ける人物やXの報酬額とその支払い時期などについて話があったとは供述しておらず，使いの男の特徴として述べるところも必ずしも具体性がなく，しかも，A・Bが覚せい剤購入資金を出す相手あるいは韓国側の覚せい剤販売元との間で本件輸入に関する手はずを整えたと認めるべき客観的証拠はない（3月2日にA方から韓国に掛けられた国際電話が本件覚せい剤輸入のためのものであったとは認められず，その後3月10日までの間，A方から韓国へ国際電話は掛けられていない。）。

　②につき，3月8日に金海空港でXを出迎えた半島ホテルの支配人Rの証言やXに同行したSの供述にも，Xがおばさんと接触したのを見た旨の供述はないから，Xの供述には疑問がある上，仮におばさんに現金や手紙を交付した事実があったとしても，それがA・Bからの指示であるとかあるいは使いの男がAらの指示をXに伝えたとうかがわせるに足る証拠のない本件にあっては，そのことから直ちにA・Bが本件に関与していたとい

うわけにはいかない。

　③につき，Xは，半島ホテルの支配人Rと懇意だったので，その日の午後6時ころから同ホテル503号室を使用させてもらい（午後8時ころおばさんに残金200万円を渡し），その後泊まることになったので，午後12時にチェックインしたなどと供述しているが，このような事態は極めて異例のことと思われ，しかも，Rは，懇意な客でもそのような利用形態は許していないと供述していることに照らすと，同ホテルでおばさんに残金を交付したと供述している部分にも疑問が生じてくる。

　④につき，Xが当初何キログラムの覚せい剤を輸入しようとしていたのかに関するXの供述は，捜査・公判を通じて一貫しておらず，現物を見るまで分からなかったかのような供述もあって，判然としない。その反面，Xは，客観的に容量が決まることになる洋酒びん5本を用意した旨供述しており，何故5本の容器を準備したのか釈然としない。Xは，他方で，Tを介して韓国内で覚せい剤を入手することが可能であると供述しているところ，このようなXが容器を5本と特定して用意していたことは，輸入する覚せい剤の量が最初から決まっていたのではないかと考えられなくもないが，そうだとすると，これがAらからXに伝えられたとの証拠も，また，Aらと韓国内の仕入れ先との間で決められていたと認めるべき証拠もない本件にあっては，XはA・B以外の人物との間で輸入する覚せい剤の量について話し合っていたのではないかとの疑いを払拭できない。

　⑤につき，Xの帰国が遅れた理由についての供述は，捜査・公判を通じて一貫しておらず，しかもこの点についてX供述以外に証拠のない本件にあっては，Xのどの供述部分が信用できるか判然としないが，仮に現地での入手が遅れたことによるものであるなら（原審証言），韓国にいるXからAらにその旨電話連絡くらいしてもよさそうであるのに，そのような連絡がなされていないのは，大金を渡しながら予定どおりには入手できず，報酬も全く受領していないというXの態度としていささか不自然であり，逆に日本で受領する側の都合で延びたというのなら（控訴審証言），受領

-328-

者がAらであるとした場合，必ずしも空港で授受する必要がない以上，何故急に都合が悪くなったのか了解し難い。さらに，Aらが本件に関与したとしてAらの立場からXの帰国予定日が延期された点を考えてみると，仮に現地での入手が遅れたことによるものであるなら，既にXが相手に大金を渡してしまっている以上，Aらがそのまま放置しておくとは考えられず，Xがおばさんから遅れると言われたという3月9日から11日までの間にAらの方から国際電話によってでも韓国に問い合わせるのが自然であり，逆に日本で受領する側の都合で延びたというのなら，Aらにおいて，直接あるいはXのいうおばさんを通じ，事情を知らないであろうXに予定変更の事実が伝えられてよいと思われる。確かに，A方から韓国に3月10日午前10時13分から1分間国際電話が掛けられているが，Bは，右電話はソウル在住の甥に掛けたもので，Bの知人Hが渡韓するので世話をして欲しいという内容の通話である旨供述し，Hも，Bと同旨の供述をするとともにパスポートの記録をもとにHが3月11日渡韓した旨供述しているところ，右供述が虚偽であるとか，この電話が覚せい剤の取引に関係したものであると認めるに足る証拠はなく，右電話連絡の事実からAやBが覚せい剤の入手あるいはXの帰国延期について韓国と連絡を取り合ったと認めることはできない。そうすると，右電話以外に3月9日から11日までA方から韓国へ国際電話を掛けた事実がなく，Aらが他の電話を利用したことをうかがわせる証拠もない本件にあっては，Aらが，この間韓国の覚せい剤売主側とXの帰国延期等について連絡したことがないということになり，Aらが本件に関係していたとすると，いかにも不自然であるとともに，かえってAやBが本件に関与していなかったのではないかとの疑問を抱かせる重要な要素の一つとなる。

⑥につき，Xの証言は具体性に乏しいが，Xの娘婿Iが3月12日に福岡空港にXを迎えに行ったことは事実であり，関係証拠等を検討すると，Iは3月10日ないし11日にだれかを通じてXが12日に帰国することを知ったのではないかと思われるが，それがA・Bを通じてであると認めるに足る

証拠は存在しない。かえって，関係証拠によると，Ｘが逮捕された後である12日午後10時18分，Ｘ方から韓国に国際電話が掛けられており，当時Ｘ方にはＩ以外に国際電話を掛けられるような人はおらず，Ｘも過去多数回にわたりＴに電話していたことは認めていることからすると，右番号はＴの電話番号である可能性が高く，そうであれば，Ｘの逮捕後その日のうちにＸ方からＴ方に電話が掛けられていることになり，Ａ・Ｂの協力なしでもＴを介して韓国内で覚せい剤の入手ができるというＸの立場を考慮すると，Ｘ方からの右国際電話はＸの逮捕を知らせるためのものであった疑いを否定することができず，また，Ｉが３月12日に空港に出向いたりしたことも，ＡやＢが本件に関係していたことに疑いを抱かしめる事情の一つとなってくる。

3　ＸとＡ・Ｂ以外の第三者との共謀の存在の可能性について

　Ｘは，本件と同一の事実で有罪判決を受け，控訴することなく確定させて受刑してもなお，本件がＡ・Ｂとの共謀によるものであるとの結論部分を維持している。この点について，Ａは，Ｘがそのような供述をする根拠として種々供述しているが，いずれも事実が認め難いか又はＸがＡらに罪をかぶせなければならない理由になるとは断定できないものである。

　しかし，他方，期日外の証人尋問において，Ｘが，Ａからの質問に対し，Ａに覚せい剤の資金提供者を横取りされたことやＡがＸに嘘をついて１人で覚せい剤の仕事をしてきたことを挙げてＡを恨んでいた旨供述しているのは，それが本件以前の時点でのことであると断ってではあるが気になるところであり，また，Ｄは，Ｘから本件につきＡ・Ｂに罪をなすりつけたと聞いたと証言し，Ｅも，Ｘが拘置所内での体操時間中に，同所職員に対して「恨みのあるやつはみんな引っ張り込んで連れていく」などと話しており，右職員からＥもＸに連れていかれないようにしなければなどと言われた旨証言しており，これらによれば，Ｘとしては，それがだれであるのか証拠上判然とはしないが，本件における覚せい剤購入資金提供者をかばい，過去に覚せい剤を共同で輸入したことがあり，かつ，その後いわ

ばＸをのけ者にして覚せい剤を輸入していたＡが何ら責めを負わない結果となるのを不満に思って，ＡやＢを本件の共犯者とすることが全くないとはいいきれない。そして，Ｘ逮捕後のＡの渡韓についても，過去多数回にわたりＸと韓国から覚せい剤を輸入したことがあり，Ｔとも面識のあるＡが本件について嫌疑の及ぶことを懸念して本件の経緯についてＴに事情を聞きに出かけたとしても必ずしも不自然なこととは思われず，このことからも直ちにＡが本件に関与していたと断定するわけにはいかない。

(注)　なお，Ａについては，別件（暴力団Ｚ組組員Ｙ，組長Ｚと共謀の上，Ａが韓国から覚せい剤約１キログラムを密輸入したという事件）が併合審理され，控訴審もこの事件については第１審の有罪の結論を維持している。やはり，共犯者Ｙの供述の信用性が問題となったが，Ａ自身も捜査段階では終始自白していたほか，第１審の途中までは公判廷でも間違いないと述べていたこと，Ａの実行行為を認めるに足りる客観的な情況証拠が存することなどの点で本件と異なっている。控訴審判決は，共犯者Ｙの供述の信用性に関し，本件との対比で，次のように判示している。

「Ｙは，約50グラムの覚せい剤の所持で現行犯人として逮捕されて起訴されていたにすぎないから，それに比べてはるかに重大でＹにとって不利益なＡと自己の所属する組の組長であるＺとの共謀による約１キログラムもの大量の密輸入の事実を自白することは，それ自体，自ら長期の受刑を覚悟しなければならない事柄である上，組長にもその刑責を負わせることになるものであることにかんがみ，かような自白には基本的に高度の信用性を認めることができる（なお，原判示第２の事実〔本件〕に関するＸの供述の場合とは，Ｘ自らが覚せい剤を携帯していたところを逮捕されているため，所詮その刑責を免れ得ない点において，その信用性の判断の事情を異にしている。）。」

共犯者の供述の信用性

第1　信用性肯定例

I　公刊裁判例〔下表において，Aが被告人，X・Yらが共犯者〕

番号	通称事件名（罪名） 裁判年月日・出典	争点となった事案の概要
1	交通事故偽装保険金詐欺事件 ①広島地昭50．8．6刑集30-9-1868 （有罪） ②広島高昭51．3.29刑集30-9-1880 （破棄・有罪） 〔上告棄却判決〕	Aは，X（首謀者），Yと共謀の上，交通事故を起こして負傷したように装い，保険金を騙取し，Zがそれを幇助した
2	現場共謀殺人事件 ①大阪地昭59．3.26　　（有罪） ②大阪高昭61．8.26高刑集39-3-334 （棄却） 〔上告棄却決定〕	不良グループのリーダーAは，同グループ員X，Yらと共謀の上，Xが他のグループ員Vを包丁で刺殺した
3	日建土木保険金殺人事件 〔山根関係〕 ①名古屋地昭59．3.28　　（有罪） ②名古屋高昭63．3.11判タ674-247 （棄却） ③最2小平8．9．20刑集50-8-571 （量刑不当により破棄・有罪）	土木会社の経営者Aは，保険金取得目的で同社の名目上の取締役Vらの殺害を企て，X，Yらと順次共謀の上，YらがVを殺害した（他に，被害者Kに対する殺人予備，同Iに対する殺人未遂等がある）
4	革労協内ゲバ事件 （暴力行為処罰法，銃刀法違反等） ①横浜地昭61．3.25　　（有罪） ②東京高昭63.11.10判時1324-144 （棄却） 〔一部上告後公訴棄却決定〕	革労協の指導的地位にあったAは，(1)同組織員Xと共謀の上，Xらが分派活動者らの機関紙の発行に関与した印刷所を襲撃し(2)下部組織の活動家Yと共同してけん銃と実包を所持した

—332—

に関する裁判例一覧表

共犯者の供述の信用性に関する判断の内容	備　考（数字は掲出頁）	番号
①②とも，実行正犯X，同Y，幇助者Zの各公判供述の信用性を肯定	上告を棄却した最1小昭51.10.28刑集30-9-1859は共犯者2名以上の自白で有罪認定しても憲法38条3項に反しないと判断 22，83，181	1
①②とも，実行正犯X，同Yの各検察官調書の信用性を肯定	Xは当初単独犯として起訴されたが，公判廷でAらとの共犯であると供述 ②は，XにはAへの悪感情があるが，供述は信用できると判示 38，125，126，186，198	2
①②とも，順次共謀の中間を占める共謀者Xの証言の信用性を肯定	②は，Xの供述中に問題点はあるが，それらは記憶違いないし表現上の誤りなどとして説明できるもので，根幹的な供述部分の信用性を左右しないと判示 73，77，108，120，125，131，196	3
①②とも，実行正犯Xの検察官調書とYの証言の信用性を肯定	Xは公判廷では宣誓拒否 51，167，172，181	4

−333−

5	選挙違反・犯人蔵匿・証人威迫事件 ①徳島地昭63．3.16刑集44-8-729 （有罪） ②高松高平元．2．8刑集44-8-731 （棄却） 〔上告棄却決定〕	暴力団組長Aは，(1)県議選立候補者Xを支援し，選挙に関してXに酒を提供し，(2)公選法違反で逃亡中のXを蔵匿し，(3)同じく逃亡中の証人Yを威迫した
6	マニラ保険金殺人事件 （殺人，詐欺未遂） ①東京地昭63．3.16　（有罪） ②東京高平元．7.19判時1323-159 （棄却） 〔上告棄却決定〕	Aは，求人広告に応募してきたVを保険金取得目的で殺害しようと企てたXと共謀の上，AがマニラでVを殺害し，保険金を請求したが未遂に終わった
7	覚せい剤譲渡・所持事件 ①大阪地平2．2.15判タ751-222 （有罪） 〔確定〕	Aは，XとYにそれぞれ覚せい剤を譲り渡し，また，覚せい剤密売のための小分けを手伝っていた同棲中のZと共謀して覚せい剤を所持した
8	暴力団組員けん銃等不法所持事件 ①東京地平4．3.13判タ786-284 （有罪） 〔確定〕	暴力団組員Aは，兄貴分のXと共謀の上，アパートのA方居室にけん銃26丁と実包2714発を隠匿して所持した
9	ロス疑惑殺人未遂事件 ①東京地昭62．8．7判時1248-38 （有罪） ②東京高平6．6.22判時1511-26 （棄却） 〔上告棄却決定〕	Aは，保険金取得目的で妻の殺害を企て，愛人Xに殺害行為を依頼して共謀の上，XがAの妻を殺害しようとしたが未遂に終わった

①②とも，受供与者で逃亡中の犯人であるXの検察官調書と，威迫された証人Yの証言の信用性を肯定	上告棄却決定は最1小平2.11.8刑集44-8-697 ②は，Aが暴力団組長でありXを永年支援してきたことなどを指摘して，X供述の信用性肯定 25, 95, 143	5
①②とも，共謀共同正犯Xの証言の信用性を肯定	【事例カード】あり（213） Xの供述に「秘密の暴露」が認められる 76, 105, 155, 172	6
①譲受人X，同Y，共同所持者Zの各証言の信用性を肯定	Xらはいずれも捜査，公判を通じて供述を維持し，相互に裏付ける関係にあるほか，Zの供述には客観的な裏付け証拠がある 91, 121	7
①共同実行者Xの証言の信用性を肯定	①は，Xが組幹部の関与の有無について虚偽供述をしている疑いが強いものの，Aの関与に関する部分は信用できると判示 35, 200	8
①②とも，実行正犯Xの証言の信用性を肯定	②は，Xの供述に裏付けとなる事実が多数存在すること，Vの傷がXの供述する凶器及び犯行態様と矛盾しないこと，X供述の変遷は合理的説明が可能であることなどを指摘している 49, 95, 110	9

| 10 | 上磯沖保険金殺人事件　　　　　　　　　　（殺人，詐欺）①函館地平 4．3.13判タ818-129　　　　　　　　　　　　　（無罪）②札幌高平 7．3．7〔4う157〕　　　　　　　　　（破棄・有罪）　　　　　　〔上告棄却決定〕 | Aは，(1)X，Y，W，Zと共謀の上，保険金取得目的でVの殺害を企て，YとWがVを魚釣りに誘い，上磯沖の海上でVを海中に転落させ，海中に押し込んで殺害し，(2)X，Zと共謀の上生命保険金4億円余を騙取した |

II　未公刊裁判例

番号	通称事件名（罪名）裁判年月日・事件番号	争点となった事案の概要
11	老女覚せい剤譲渡事件①長崎地大村支昭54．1.12　　　　　　　　　　（一部無罪）②福岡高昭55．1.10〔54う160〕　　　　　　　　　（破棄・有罪）　　　　　　〔上告棄却決定〕	Aは，Xに対し，10回にわたり覚せい剤合計約200グラムを1グラム当たり1万円で譲渡した
12	覚せい剤所持事件①大阪地昭53.12.18　　　　（有罪）②大阪高昭55．2.14〔54う268〕　　　　　　　　　　　（棄却）　　　　　　　　　〔確定〕	Aは，Xと共謀の上，営利の目的で，Xが覚せい剤を所持した
13	誹謗ビラ頒布事件（公選法違反）①京都地昭52.11.21　　　　（有罪）②大阪高昭55．3．7〔53う45〕　　　　　　　　　　　（棄却）　　　　　〔上告取下・確定〕	立候補者Aは，Xと共謀の上，対立候補甲，同乙を誹謗するビラを印刷し，頒布した
14	茶封筒入り覚せい剤譲渡事件①東京地昭54．7.31　　　　（有罪）②東京高昭55．3.27〔54う1930〕　　　　　　　　　　　（棄却）　　　　　　　　　〔確定〕	Aは，Xに対し，覚せい剤約40グラムを100万円で譲渡した

①共謀者X及びZの各公判供述の信用性を否定 （Aの捜査段階における自白の信用性も否定） ②XとZの各公判供述の信用性を肯定 （Aの自白の信用性も肯定）	①XとZとの供述にかなりの相違点があるほか，両名の供述には幾多の虚偽や信用し難い点が含まれており責任軽減の意図も強くうかがわれるなどと判示 ②XとZの供述の信用性を肯定 84	10

共犯者の供述の信用性に関する判断の内容	備　考 （数字は掲出頁）	番号
①譲受人Xの証言のうち6～10回目の譲渡に関する部分の信用性を否定 ②Xの証言の信用性を全面的に肯定	Aの捜査段階の自白につき，①は6～10回目の譲渡に関する部分の信用性を否定し，②は全面的に肯定 120，134，148，158，159，172，185，195，202	11
①②とも，実行正犯Xの証言と捜査官に対する供述調書の信用性を肯定	②は，Xが虚偽供述をする現実的可能性を詳細に検討し，これを否定した 46，172	12
①②とも，実行正犯Xの証言の信用性を肯定	②は，Xの証言中Aの依頼で頒布を決意したとの部分は信用できないが，共謀を認める限度では信用できると判示 201	13
①②とも，譲受人Xの証言の信用性を肯定	Xは，当初Aからの譲受けを否認したが，担当弁護士の情理ある更生指導を契機としてAからの譲受けを認めた 50，92，128	14

15	銘石入り覚せい剤譲渡事件 ①水戸地昭54.12.18　　　（有罪） ②東京高昭55. 5.21〔55う214〕 　　　　　　　　　　　（棄却） 　　　　　　　　　　　〔確定〕	Aは，Xに対し，2回にわたり覚せい剤合計約160グラムを譲渡した
16	融資資金詐欺事件 ①山口地徳山支昭54.12.14（有罪） ②広島高昭55. 6.10〔55う27〕 　　　　　　　　　　　（棄却） 　　　　　　　　〔上告棄却決定〕	市議会議員Aは，支援してきた会社の社長X，経理担当者Yらと共謀の上，融資適格者でない同社従業員らを適格者のように装って，小企業対策特別資金を騙取した
17	覚せい剤所持・譲渡事件 ①千葉地昭54.12.24　　　（有罪） ②東京高昭55. 6.26〔55う393〕 　　　　　　　　　　　（棄却） 　　　　　　　　　　　〔確定〕	Aは，(1)情婦Xと共謀の上，覚せい剤約78グラムを所持し，(2)Yに対し，覚せい剤約2グラムを譲渡した
18	窃盗教唆事件 ①東京地昭53. 3.28　　　（有罪） ②東京高昭55. 6.30〔53う1140〕 　　　　　　　　　　　（棄却） 　　　　　　　　〔上告棄却決定〕	Aは，(1)Xに対して窃盗を教唆し，Xが下館のホテルで日本刀等を窃取し，(2)Xに対して窃盗を教唆し，Xが弘前の寺院で太刀を窃取した
19	日建土木保険金殺人未遂事件 　　　　　　　　〔清田関係〕 ①名古屋地昭53.12. 8　　（有罪） ②名古屋高昭55. 9.17〔54う36〕 　　　　　　　　　　　（棄却） 　　　　　　　　〔上告棄却決定〕	暴力団組長Aは，舎弟Xを通じて，土木会社を経営していたYらと順次共謀の上，保険金取得目的で同社の名目上の取締役Vの殺害を企て，Xの輩下らがVを殺害しようとしたが未遂に終わった

①②とも，譲受人Xの証言の信用性を肯定	本件の譲受方法は特異なものであり，その点につき情を知らない第三者の裏付け証言がある 91	15
①②とも，実行正犯X，同Yの各証言の信用性を肯定	上告棄却決定は最3小昭57.1.26裁判集225-31 ②は，XとYの証言は一部矛盾するが，大筋で一致し，2～4年経過して証言したものであるとして，信用性を肯定 202	16
①②とも，所持の実行正犯X，譲受人Yの各証言の信用性を肯定	Xは，捜査段階及びX自身の被告事件の第1審では甲から預かったと供述し，その後X自身の控訴審の段階以降Aから預かったと供述を変更 51, 120, 128, 170, 172	17
①②とも，被教唆者Xの証言の信用性を肯定	【事例カード】あり（218） (2)に関し，Xの証言に「秘密の暴露」が認められる 上告棄却決定は最2小昭56.3.27裁判集221-273 18, 23, 49, 92, 105, 156, 158, 159, 185	18
①②とも，順次共謀の中間を占める共謀者Xの証言の信用性を肯定	Xの供述に「秘密の暴露」が認められる 25, 105, 134	19

20	横浜国大革マル襲撃事件 　　　　（兇器準備集合，傷害） 　①横浜地昭54．5.14　　　（無罪） 　②東京高昭55.10．8〔54う2222〕 　　　　　　　　　　（破棄・有罪） 　　　　　　　　　〔上告棄却決定〕	AとXを含む反帝学評の者十数名は，横浜国大構内に革マルの者が集会中であることを察知しこれを襲撃するため同大学構内に鉄パイプを携えて集合し，その後革マルの者1名を襲撃して傷害を負わせた
21	覚せい剤少年譲渡事件 　①東京地昭55．5.27　　　（有罪） 　②東京高昭55.11．6〔55う1254〕 　　　　　　　　　　　　（棄却） 　　　　　　　　　　　　〔確定〕	Aは，Xと共謀の上，YとZに覚せい剤2袋を代金1万円で譲渡した
22	K一家覚せい剤密売事件 　①静岡地昭54．8．7　　　（有罪） 　②東京高昭55.12.25〔54う1919〕 　　　　　　　　　　　　（棄却） 　　　　　　　　　　　　〔確定〕	暴力団の首領Aは，Xと共謀の上，同組幹部のYに密売させる目的で，2回にわたり，Yに指示して覚せい剤合計6キログラムをXから受け取らせ，代金合計6600万円でYに譲渡した
23	暴力団幹部覚せい剤譲渡事件 　①東京地昭55．3.25　　　（有罪） 　②東京高昭55.12.25〔55う825〕 　　　　　　　　　　　　（棄却） 　　　　　　　　　　　　〔確定〕	暴力団若頭補佐のAは，舎弟のXに対し，覚せい剤を譲渡した
24	覚せい剤譲渡事件 　①横浜地昭55．9.16　　　（有罪） 　②東京高昭56．2.26〔55う1797〕 　　　　　　　　　　　　（棄却） 　　　　　　　　　　　　〔確定〕	Aは，Xに対し，覚せい剤を譲渡した

①共同実行者Xの検察官調書の信用性を否定 ②Xの警察官調書と検察官調書の信用性を肯定	Xは，第1審と控訴審第5回公判では宣誓を拒否し，控訴審第6回公判では弁護側証人として証言して検察官調書の内容を全部否定した 167	20
①②とも，譲受人Y，同Zの各証言の信用性を肯定	②は，YとZが16,7歳余りの世間擦れしていない少年であることなどを指摘 54，128	21
①②とも，譲受人Yの検察官調書とY自身の被告事件での供述の信用性を肯定	Yは公判廷で譲受けを否認したが，②は，Yが証人出廷を繰り返し拒否したり，Aに不利益な証言をことさら回避しようとしたことなどを指摘して，Yの公判供述の信用性を否定 47，186	22
①②とも，譲受人Xの証言の信用性を肯定	②は，XがA又は関係組員からの報復を極度におそれながら証言したことなどを指摘して，その供述の信用性を肯定 30，34，46，149	23
①②とも，譲受人Xの証言の信用性を肯定	②は，Xが譲受けの現場でAから覚せい剤を注射してもらったという不利益事実をも証言していることなどを指摘 48，92	24

25	暴力団組長狙撃犯人蔵匿事件 ①神戸地昭55. 3.24　　（有罪） ②大阪高昭56. 2.26〔55う933〕 　　　　　　　　　　（棄却） 　　　　〔上告棄却決定〕	甲会理事長Aと乙組傘下B会会長Bは、丙団所属のX、甲会幹事長W、同会幹事長補佐Y、同Zらと共謀の上、対立暴力団組長狙撃事件の犯人N（Xの子分で丙団所属の者）を蔵匿した
26	恐喝・入札妨害事件 ①浦和地昭54.10.16　　（有罪） ②東京高昭56. 3.30〔54う2293〕 　　　　　　　　　　（棄却） 　　　　〔上告棄却決定〕	Aは、実兄で電気工事会社社長のXと共謀の上、工事の入札に関し、(1)同業者Yから小切手を喝取し、(2)落札を希望する同業者Zを脅迫し、威力を用いて、入札を譲らせた
27	所得税還付金騙取事件 　（私文書偽造、同行使、詐欺等） ①東京地判55.11.28　　（有罪） ②東京高昭56. 6. 4〔56う211〕 　　　　　　　　　　（棄却） 　　　　　　　　　　〔確定〕	社会保険労務士Aは、警備員Xと共謀の上、源泉徴収票等多数の文書を偽造、行使して、偽りの確定申告をし、所得税の還付金を騙取した
28	覚せい剤譲渡事件 ①大阪地昭55.12. 3　　（無罪） ②大阪高昭56. 7.17〔56う217〕 　　　　　　　（破棄・有罪） 　　　　　　　　　　〔確定〕	Aは、Xに対し、覚せい剤1.15グラムを無償で譲渡した
29	暴力すり強盗致傷事件 ①神戸地昭56. 4.13　　（有罪） ②大阪高昭56. 9.29〔56う787〕 　　　　　　　　　　（棄却） 　　　　〔上告取下・確定〕	暴力すりのグループの一員であるAは、仲間のXと共謀の上、強盗致傷の犯行に及んだ
30	手形詐取事件 ①東京地昭55. 9.20　　（有罪） ②東京高昭56.10. 8〔55う1825〕 　　　　　　　　　　（棄却） 　　　　〔上告棄却決定〕	会社経営者Aは、観光開発会社の資金難に乗じて同社振出手形を詐取しようと企て、配下で観光開発会社常務のX、手形ブローカーYらと共謀の上、約束手形3通を騙取した

①②とも，共謀者X，同Y，同Zらの各検察官調書の信用性を肯定	②は，Zが接見禁止中に妻と面会を許されるなど取調官から利益供与を受けたとしても，Aらとの関係からして虚偽供述をする理由はないなどと判示 44，138，178	25
①②とも，共同正犯Xの検察官調書と証言の信用性を肯定	②は，Xは十数人の社員を有する会社社長として責任ある地位におり，同社の存亡にかかわる本件犯行につき虚偽の自白をするとは考えられないなどと判示 49	26
①②とも，実行正犯Xの証言と供述調書の信用性を肯定	②は，Xが一介の警備員であり所得税還付手続に関する知識が乏しいことなどを指摘 60，126，134	27
①Aから譲り受けたというXの検察官調書の信用性を否定 ②Xの検察官調書の信用性を肯定	Xは，公判廷では，AではなくBから譲り受けたと証言 ②は，Aの捜査段階当初の自白の信用性を肯定 34，138，168	28
①②とも，共同実行者Xの証言の信用性を肯定	②は，Xが自己の責任を軽減するためことさらAに不利益な供述をしたような形跡は認められないなどと判示 185	29
①②とも，実行正犯X，同Yの各検察官調書の信用性を肯定	②は，Xの供述につき，捜査官の誘導できない内部的諸事情を明らかにしているなどと指摘 121，138，181	30

31	覚せい剤譲渡事件 ①横浜地昭56．4．28　　（有罪） ②東京高昭56.10.29〔56う1030〕 　　　　　　　　　　（棄却） 　　　　　　　　　　〔確定〕	Aは，Xに対し，覚せい剤を譲渡した
32	覚せい剤使用・譲渡事件 ①前橋地桐生支昭55．9.29（無罪） ②東京高昭56.11.25〔55う1834〕 　　　　　　　　　（破棄・有罪） 　　　　　　　　　　〔確定〕	Aは，(1)Xと共謀の上，覚せい剤水溶液をXの左腕に注射し，(2)Xに対し，覚せい剤を無償で譲渡した
33	嘱託殺共謀事件 ①京都地昭56．3．6　　（有罪） ②大阪高昭56.12.14〔56う530〕 　　　　　　　　　　（棄却） 　　　　　　　　〔上告棄却決定〕	会社経営者Aは，同社の取締役になっていた友人Vから自己の殺害を依頼されて，Vに掛けていた企業保険金の入手を企て，元暴力団員Xらと共謀の上，XとYがVを殺害した
34	保険金目的放火事件（放火，詐欺） ①静岡地昭52．1.31　　（有罪） ②東京高昭57．1.25〔52う858〕 　　　　　　　　　（破棄・有罪） 　　　　　　　　〔上告棄却判決〕	保険代理業者Aは，(1)資金援助していたレストランが苦境に陥ったことから，経営者Xと共謀の上，Xらが住む建物をXが放火して保険金を騙取し，(2)Yと共謀の上，Yの賃借する建物をYが放火して保険金を騙取した
35	けん銃等所持事件 ①横浜地小田原支昭56．7.17 　　　　　　　　　　（有罪） ②東京高昭57．2.25〔56う1570〕 　　　　　　　　　　（棄却） 　　　　　　　　　　〔確定〕	暴力団甲会会長の長男Aは，Aの援助を受けて警備保障会社を経営していたX，配下の組幹部Y，いわゆる金庫番Zと共謀の上，けん銃50丁，実包1500発を所持した

①②とも，譲受人Xの証言の信用性を肯定	②は，覚せい剤の取引日・回数・数量等に関するXの供述の変遷は証言全体の信用性に影響を及ぼさないとした 149, 159, 163	31
①(1)の使用の共謀者であり(2)の譲受人でもあるXの証言の信用性を否定 ②Xの証言の信用性を肯定	②は，①の指摘するX証言の変転，客観的事実との齟齬はその基本的信用性を害するものではないと判示 143	32
①②とも，実行正犯Xの証言の信用性を肯定	②は，XにはVを殺害する独自の動機がないことなどを指摘 上告棄却決定は最3小昭57.7.16裁判集228-209 60, 91, 111, 185	33
①②とも，(1)の実行正犯X，(2)の実行正犯Yの各証言の信用性を肯定 （なお，Xの証言のうち，実行行為をAも分担したという部分につき，①は全面的に信用性を肯定したが，②はその信用性を否定して共謀共同正犯を認定）	【事例カード】あり（223） Xの供述に「秘密の暴露」が認められる 上告棄却判決は最3小昭58.2.8裁判集230-21 18, 56, 60, 85, 92, 104, 105, 106, 196, 201	34
①②とも，実行正犯Xの証言，同Zの検察官調書の各信用性を肯定	Xは甲会組員からけん銃で報復的狙撃を受けた Zは公判廷で供述を覆し，Yと同様，Aの関与を否定 47, 134, 185	35

36	社青同ゲリラ事件 　　　　　　（兇器準備集合等教唆） ①千葉地昭56．2．6　　　　（有罪） ②東京高昭57．5.20〔56う703〕 　　　　　　　　　　　　（棄却） 　　　　　〔上告棄却決定〕	社青同解放派幹部Aは，同派所属のXに成田空港関係施設へのゲリラ戦に参加するよう呼びかけるなどして，Xの兇器準備集合，現住建造物等放火未遂，火炎びん処罰法違反を教唆した
37	覚せい剤譲渡事件 ①徳島地昭54．3.12　　　　（無罪） ②高松高昭57．6.15〔54う99〕 　　　　　　　　　　（破棄・有罪） 　　　　　〔上告棄却決定〕	Aは，4回にわたり，Xに対し覚せい剤合計約600グラムを有償で譲渡した
38	覚せい剤譲受け事件 ①東京地昭56．9.11　　　　（無罪） ②東京高昭57．8.10〔56う1818〕 　　　　　　　　　　（破棄・有罪） 　　　　　〔上告棄却決定〕	Aは，Xから覚せい剤約2.5グラムを譲り受けた
39	覚せい剤所持事件 ①東京地昭56．9.30　　　　（有罪） ②東京高昭57.10.14〔56う1827〕 　　　　　　　　　　　　（棄却） 　　　　　　　〔確定〕	暴力団組長Aは，組長代行X，若者頭Yと共謀の上，営利の目的で覚せい剤約100グラムを所持した
40	覚せい剤所持・譲渡事件 ①大阪地堺支昭57．2.25　（有罪） ②大阪高昭57.12.17〔57う845〕 　　　　　　　　　　　　（棄却） 　　　　　〔上告棄却決定〕	Aは，X又はYを覚せい剤の密売担当者として，同人らと共謀の上，営利目的で覚せい剤を所持し，あるいは有償譲渡した
41	覚せい剤譲渡事件 ①札幌地昭57．2.24　　　　（有罪） ②札幌高昭58．3.24〔57う59〕 　　　　　　　　　　　　（棄却） 　　　　　　　〔確定〕	Aは，走行中の自動車内で，Xに対し，Kを介して覚せい剤約1グラムを代金2万円で譲渡した

①②とも，被教唆者Xの証言の信用性を肯定	上告棄却決定は最1小昭59.4.12刑集38-6-2107 51，185	36
①譲受人Xの証言の信用性を否定 ②Xの証言の信用性を肯定	Xの供述内容の自然性・合理性についての判断が①と②で相違 39，71，92，99，113，129，172，187	37
①譲渡人Xの証言の信用性を否定 ②Xの証言の信用性を肯定	①はアリバイの成立を認める余地が十分にあるとしたが，②は明確にアリバイが成立しているとは認め難いとした 12，34，92，130，195	38
①②とも，実行正犯Yの検察官調書と証言の信用性を肯定	組員Zも，Aの指示で覚せい剤の密売を手伝ったと証言 Xは，Zの逮捕を知って逃走 25，185，195	39
①②とも，実行正犯X，同Yの各証言の信用性を肯定	Aは，本件は第三者Bの指示によるXらの犯行であると弁解するが，②は，Bとの共謀をうかがわせる事情は皆無などと判示 16，34，185	40
①②とも，譲受人Xの証言の信用性を肯定	Xは，Aが立ち会っていなかった第1審証言時には，Aからの譲受けと証言したが，控訴審でAの面前で証言した際には，供述回避の態度が見られた 186	41

42	土地代金目的殺人事件 ①神戸地昭57.10.21　（有罪） ②大阪高昭58. 3.11〔57う1603〕 　　　　　　　　　　（棄却） 　　　　　〔上告棄却決定〕	Aは，愛人の妻Vを殺害してVに支払われる巨額の土地代金を取得しようと企て，実兄Xに持ち掛け，X及びXから更に依頼を受けたYと共謀の上，XとYがVを殺害した
43	タイ国内殺人事件 ①東京地昭57. 7.12　（有罪） ②東京高昭58. 4.27〔57う1392〕 　　　　　　　　　　（棄却） 　　　　　　　　　　〔確定〕	Aは，Vの殺害を企て，Xに対してVを始末したいのでVをタイへ誘い出すよう依頼し，Yに対してタイの殺し屋の紹介を依頼し，タイ国人Zと共謀の上，ZがVを射殺した
44	地方建設局長収賄事件 ①新潟地昭57. 2.18　（有罪） ②東京高昭58. 6.27〔57う569〕 　　　　　　　　　　（棄却） 　　　　　〔上告棄却決定〕	地方建設局長Aは，工事業者Xから，その職務に関し，饗応を受け，現金100万円の交付を受けて収賄した
45	覚せい剤譲渡事件 ①広島地呉支昭58. 6.28　（無罪） ②広島高昭59. 3.22〔58う105〕 　　　　　　　　（破棄・有罪） 　　　　　〔上告棄却決定〕	Aは，Xに対し，覚せい剤0.06グラムを無償で譲渡した
46	暴走行為教唆事件 　　　　　（道交法違反教唆） ①大阪地昭58.10.25　（有罪） ②大阪高昭59. 5. 4〔58う1576〕 　　　　　　　　　　（棄却） 　　　　　　　　　　〔確定〕	Aは，暴走族の暴走シーンを映画撮影しようと企て，暴走族の前会長Xを教唆し，Xをして現会長Yを教唆させ，Yが多数の者らと共同危険行為をした
47	覚せい剤譲渡事件 ①千葉地昭59. 2. 7　（無罪） ②東京高昭59. 6.14〔59う395〕 　　　　　　　　（破棄・有罪） 　　　　　　　　　　〔確定〕	Aは，Xに対し，覚せい剤1.5グラムを譲渡した

①②とも，実行正犯Xの検察官調書と同Yの証言の信用性を肯定	Xは，公判廷では，Xが独断でAのためにVの殺害を計画して実行したと供述 24，39，125，138	42
①②とも，幇助犯Xの検察官調書と公判供述，同Yの公判供述の信用性を肯定	②は，XとYの各公判供述とXの検察官調書は，内容が具体的かつ詳細で，格別不自然不合理な点は見受けられず，大綱において他の関係証拠とも照応しているなどと判示 84	43
①②とも，贈賄者Xの検察官調書と証言の各信用性を肯定	Xの供述は，その妻と，賄賂の交付を仲介した芸者らの供述と符合している 91，134，172	44
①譲受人Xの証言の信用性を否定 ②Xの証言の信用性を肯定	Aの捜査段階の自白の信用性につき，①は否定，②は肯定 92，185	45
①②とも，被教唆者Xの証言の信用性を肯定	②は，Xには当日の参加者に暴走させる動機もなく，虚偽供述をする理由もないなどと判示 60	46
①譲受人Xの証言の信用性を否定 ②Xの証言の信用性を肯定	Xの供述内容の自然性・合理性についての判断が①と②で相違 99，100	47

48	殺人共同実行事件 ①横浜地昭56．9．21　　　　（有罪） ②東京高昭57．4．6〔56う2032〕 　　　　　　　　　　　（破棄・差戻） ③横浜地昭58．8．31　　　　（有罪） ④東京高昭59．8．23〔58う1427〕 　　　　　　　　　　　　　（棄却） 　　　　　　　　〔上告棄却決定〕	建材会社の運転手Aは，同社経営者XからV殺害の協力を求められて，それを承諾し，AがVの背後から鉄パイプでその頭部を殴打しXが革バンドでその頸部を絞めて殺害した
49	殺人共同実行事件 ①横浜地川崎支昭55．2．1 　　　（主位的訴因につき傷害致死認定） ②東京高昭57．4．28〔55う723〕 　　　　　　　　　　　（破棄・差戻） ③横浜地昭59.12.20〔58わ1019〕 　　　　　（予備的訴因につき有罪） 　　　　　　　　　　　　　〔確定〕	〔主位的訴因〕Aは，登山ナイフでVの胸部等を滅多突きして殺害した（単独犯） 〔予備的訴因〕Aは，Xと共謀の上，Xとともに登山ナイフでVの胸部等を滅多突きして殺害した（共同犯行）
50	けん銃等密輸入事件 ①千葉地昭59.10．9　　　　（有罪） ②東京高昭60．3.18〔59う1974〕 　　　　　　　　　　　　　（棄却） 　　　　　　　　　　　　　〔確定〕	暴力団組長Aは，ブラジル移民でブラジルと日本との間をしばしば往復していたXと共謀の上Xがブラジルからけん銃10丁及び実包162発を密輸入した
51	交通事故偽装保険金詐欺事件 ①京都地昭58．8．1　　　　（有罪） ②大阪高昭60．4.25〔58う1244〕 　　　　　　　　　　　　　（棄却） 　　　　　　　　〔上告棄却決定〕	Aは，交通事故の偽装による保険金の入手を企て，(1)下請業者Xと共謀の上，Xに車を追突させてAらが負傷したように装い保険金を騙取し，(2)X，Yと順次共謀の上，Yに車を追突させてAらが負傷したように装い，保険金を請求したが，未遂に終わった
52	覚せい剤譲渡事件 ①東京地昭59.10．8　　　　（有罪） ②東京高昭60．4.30〔59う1683〕 　　　　　　　　　　　　　（棄却） 　　　　　　　　　　　　　〔確定〕	Aは，暴力団組員である少年Xに対し，覚せい剤0.04グラムを譲渡した

①共同実行者Xの証言の信用性を肯定 ②Xの証言の信用性には多くの疑問が存在する ③④Xの証言の信用性を肯定	②は、Xの証言の信用性をテストすべきXの捜査段階の供述を取り調べるなどすべきものとして、破棄した Aは捜査段階で一旦は自白 58, 83, 104, 182, 209	48
①Aの単独犯行というXの証言と殺害を実行したというAの捜査段階での自白の各信用性を否定し、Aの公判供述に基づきX単独の殺害と認定し、暴行の限度での共謀を認めて傷害致死を認定 ②③Aと共同して殺害したというXの控訴審証言等の信用性を肯定	Xは、本件の第1審判決後、本件殺人事件で起訴されて、それまでの供述を変え、Aと共同してVを殺害したことを認めるに至った 51, 92, 170	49
①②とも、実行正犯Xの検察官調書の信用性を肯定	②は、Xの供述が愛人Yの証言に裏付けられ、堅気のXが暴力団組長を虚偽の罪に陥れるとは考えられないなどと指摘 46, 92	50
①②とも、(1)の実行正犯で(2)の共謀者であるXの第1審証言の信用性を肯定	Xは、控訴審で一旦は供述を覆し、(1)はXの過失による事故であり、(2)はXとYが独自に仕組んだ偽装事故であると証言したが、その後、第1審証言が正しいと再び証言を訂正した 39, 57, 139, 161, 173	51
①②とも、譲受人Xの第1審証言の信用性を肯定（②は、併せて控訴審でのXの反対証言の信用性を否定）	Xは、少年院での証人尋問の際には本件譲受けを認めていたが出院後控訴審では別の売人から譲り受けたと証言を変更した 33, 129, 174	52

53	覚せい剤譲渡事件 ①東京地昭60. 4.11　　　（有罪） ②東京高昭60. 8.26〔60う793〕 　　　　　　　　　　　　（棄却） 　　　　　　　　　　　　〔確定〕	Aは，XとYに対し，それぞれ覚せい剤を譲渡した
54	組員内妻への覚せい剤譲渡事件 ①静岡地昭60. 5.17　　　（有罪） ②東京高昭60.10.30〔60う897〕 　　　　　　　　　　　　（棄却） 　　　　　　　　　　　　〔確定〕	Aは，実弟の内妻Xに対し，営利の目的で，3回にわたり，覚せい剤（100グラム単位）を譲渡した（実態は，Aが覚せい剤をHに直接譲渡するのを避け，Xをその中間者に引き入れたもので，Xは，Aとその舎弟Yから覚せい剤を受け取ってHに渡していた）
55	覚せい剤共同所持事件 ①甲府地昭60. 7.15　　　（有罪） ②東京高昭60.11.12〔60う1196〕 　　　　　　　　　　　　（棄却） 　　　　　　　　　〔上告棄却決定〕	Aは，組事務所で逮捕状を執行された際，当時所持していた覚せい剤をとっさに格下の組員Xに預け，その場でXと共同して所持した
56	覚せい剤無償譲渡事件 ①京都地昭59.12.12　　　（無罪） ②大阪高昭60.11.14〔60う196〕 　　　　　　　　　　（破棄・有罪） 　　　　　　　　　〔上告取下・確定〕	Aは，(1)Xに対し，覚せい剤約0.075グラムを無償で譲渡し，(2)Yに対し，2回にわたり覚せい剤合計約0.04グラムを無償で譲渡した
57	大学理事恐喝事件 ①東京地昭60. 4.30　　　（有罪） ②東京高昭60.11.26〔60う835〕 　　　　　　　　　　　　（棄却） 　　　　　　　　　〔上告棄却決定〕	政党を主宰するAは，大学理事Vの醜聞をネタにVから金員を喝取しようと企て，同党所属のX，Yと共謀の上，SやUの幇助を得てXとYがVから2000万円を喝取した

①②とも，譲受人Xの検察官調書と譲受人Yの証言の信用性を肯定	②は，Xが所在不明で公判廷に出頭しなかった事実はXの検察官調書の信用性に何ら影響を及ぼさないと判示 167，185	53
①②とも，譲受人Xの検察官調書とYに対する被告事件の公判におけるXの証言の信用性を肯定	②は，Xが当時臨月時あるいは出産直後であり，自己の才覚で大量の譲渡を取り仕切るのは不自然であることなどを指摘 151，168，185，203	54
①②とも，共同所持者Xの証言の信用性を肯定	②は，Xは日頃Aに世話になっており，恩義を感ずることはあっても無実の罪に陥れる動機はないなどと判示 44，173，185	55
①譲受人X，同Yの各証言の信用性を否定 ②XとYの各証言の信用性を肯定	Xの供述内容の自然性・合理性に関する判断が①と②で相違 Aの捜査段階の自白の信用性につき，①は否定，②は肯定 99，121，173	56
①②とも，実行正犯Xの証言とYの検察官調書の信用性を肯定	②は，Xが自己も有罪になることを覚悟し，あえて本件を警察に申告し，Vに告訴を促した事実などを指摘 23，38，138，202	57

58	覚せい剤譲渡事件 ①新潟地昭60．8．9　　　（有罪） ②東京高昭61．1．30〔60う1310〕 　　　　　　　　　　　（棄却） 　　　　　　　　　　　〔確定〕	Aは，Xに対し，覚せい剤約8グラムを代金9万円で譲渡した
59	覚せい剤譲受け事件 ①岐阜地昭60．9．27　　　（無罪） ②名古屋高昭61．4．10〔60う342〕 　　　　　　　　　（破棄・有罪） 　　　　　　　　〔上告棄却決定〕	Aは，Xから覚せい剤0.35グラムを代金1万5000円で譲り受けた
60	暴力団組長賭博参加事件 ①大阪地昭59．9．14　　　（有罪） ②大阪高昭61．5．9〔59う1160〕 　　　　　　　　　　　（棄却） 　　　　　　　　〔上告棄却決定〕	Y組傘下屈指の暴力団組長Aは同組若頭補佐で自らも組を率いるX1開張の賭場に現れ，自らもサイ本引き賭博に張り客として参加し，賭博をした
61	覚せい剤所持事件 ①高松地丸亀支昭60．6．5（有罪） ②高松高昭61．5．22〔60う172〕 　　　　　　　　　　　（棄却） 　　　　　　　　　　　〔確定〕	暴力団幹部Aは，A方に寝泊まりしているXと共謀の上，営利の目的で覚せい剤29袋を所持した
62	淡路島生き埋め殺人事件 　　　（傷害致死，死体遺棄，殺人） ①神戸地昭58．6．24 　　（殺人につき無罪，その余は有罪） ②大阪高昭61．8．27〔58う1087〕 　　　（破棄・全事実につき有罪） 　　　　　　　　〔上告棄却決定〕	ゲームコーナー経営者のAは，従業員（Aの愛人の妹の夫）Xと共謀の上，(1)甲・乙がゲーム機から現金を窃取したことに憤激し，甲に暴行を加えて死亡させ，(2)それを隠蔽するため，更に乙とも共謀の上，残土処理場に甲の死体を遺棄し，(3)乙の後頭部等を石塊やくわで殴打し，土中に埋没して乙を殺害した

①②とも，譲受人Xの証言の信用性を肯定	Aは事件発覚後，Xの身柄を拘束したり，Xの証人出廷に圧力をかけるなどの証拠隠滅工作をした 16，25，92	58
①譲渡人Xの証言の信用性を否定 ②Xの証言の信用性を肯定	Xは，当初，親しいTをかばうため，Aとの取引日をずらしてTとの取引とすり替えていたがその日にAのアリバイがあることを知って，供述を変更した 37，151，161	59
①②とも，開張者X1，開張者側の組員X2〜X4，賭客であるY組系暴力団幹部X5〜X6の各検察官調書の信用性を肯定	【事例カード】あり（231） ②は，XらがAの配下で，その刑責がAの賭場への出現の有無に左右されないなどと指摘 ①②とも，Aの捜査段階における自白の信用性を肯定 22，45，68，85，121，135，158，160，194，208	60
①②とも，実行正犯Xの供述調書と証言の信用性を肯定	Xの証言は，事実をぼかし，婉曲に表現しようとしているが，Aの指示で覚せい剤を預かったことは一貫して認めている 25，92，186	61
①共同実行者Xの証言（起訴前の裁判官に対する証人尋問調書を含む）と捜査官に対する供述調書のうち，殺人に関する部分について，信用性を否定 ②Xの証言及び捜査官に対する供述調書の信用性を肯定	【事例カード】あり（238） ②は，Xが当初の単独犯供述を後にAとの共犯供述に変更しているが，変更後の供述に裏付けがあり，変更前の供述に比してかえって刑責が重くなり，その後は大筋においてほぼ供述を維持していることなどを指摘 28，98，123，125，135，208	62

63	保険金目的放火事件 　　　　　（放火，詐欺未遂） ①東京地昭61. 3.27　　　（有罪） ②東京高昭61. 9. 9〔61う695〕 　　　　　　　　　　　　（棄却） 　〔上告後公訴棄却決定〕	Aは，自宅に放火して保険金を得ようと企て，警察の留置場で知り合ったXに対し，報酬約束のもとに放火を依頼し，共謀の上，XがAの自宅に放火し保険金を請求したが未遂に終わった
64	衆議院議員選供与事件 ①松山地今治支昭59. 3.22（有罪） ②高松高昭61.10.15〔59う120〕 　　　　　　　　　　　　（棄却） 　〔上告棄却決定〕	市議会議員Aは，選挙運動員であるXとYに対し，20万円を供与した
65	けん銃等隠匿所持事件 ①甲府地昭61. 5.30　　　（有罪） ②東京高昭61.10.20〔61う979〕 　　　　　　　　　　　　（棄却） 　〔上告棄却決定〕	暴力団組長Aは，実兄X，組長代行Yらと共謀の上，X方に銃7丁と実包45発を隠匿所持した
66	暴力団抗争殺人未遂事件 　　　　（殺人未遂，銃刀法違反等） ①大阪地昭60. 3.20　　　（有罪） ②大阪高昭61.12.12〔60う519〕 　　　　　　　　　　　　（棄却） 　〔上告棄却決定〕	甲組系乙組内丙会会長Aは，甲組組長が丁組組員に狙撃されたため，丙会相談役Xに報復を指示し，X，丙会幹部Y，同Zらと順次共謀の上，Zが丁組系暴力団若頭Vを射殺しようとしたが，未遂に終わった
67	スナックホステス保険金殺人事件 ①名古屋地昭61. 4.25　　（有罪） ②名古屋高昭62. 2.18〔61う176〕 　　　　　　　　　　　　（棄却） 　〔確定〕	スナックホステスAは，なじみ客Xに「夫Vを殺してくれたら保険金の半分をやる」と持ちかけ，Xと共謀の上，XがVを殺害した
68	覚せい剤譲渡事件 ①広島地昭61. 7. 3　　　（無罪） ②広島高昭62. 3.24〔61う160〕 　　　　　　　　（破棄・有罪） 　〔確定〕	Aは，Xに対し，覚せい剤0.3グラムを無償で譲渡した

①②とも，実行正犯Xの公判供述の信用性を肯定	②は，放火はXにとって利益のあるものではないところ，Aの関与を推測させる多くの情況事実があるなどと指摘 56	63
①②とも，受供与者X，同Yの各検察官調書の信用性を肯定	XとYは，公判廷では，各検察官調書の内容を否定する証言をしている 12，138	64
①②とも，実行正犯X，同Yらの各検察官調書の信用性を肯定	X，Yらは，公判廷では，Aの関与を否定し，あるいは事実関係を黙秘している 24，25，138	65
①②とも，順次共謀の中間を占める共謀者Xの検察官調書と，X自身の被告事件における公判供述の各信用性を肯定	Xは，第1，2審で，供述を覆し，乙組組長からの直接の指示によると証言した（証言時には同組長は既に死亡） 33，39，59，75，76，138，168，202	66
①②とも，実行正犯Xの証言の信用性を肯定	②は，XがAから受け取ったメモがXの証言の信用性の裏付けをなすと指摘 73	67
①譲受人Xの証言の信用性を否定 ②Xの証言の信用性を肯定	Xは，当初Aをかばうために名前を出さなかったが，Aから覚せい剤をもらって注射したのは事実なので隠し切れずAの名前を述べたと証言 72，92	68

69	スナック「ダイヤ」殺人事件 　　　（共同暴行，監禁，殺人等） ①神戸地昭60．7.23 　　　（殺人につき傷害致死認定， 　　　　その余の事実につき有罪） ②大阪高昭62．7.30〔60う991〕 　　　（破棄・全事実につき有罪） 　　　　　　　〔上告棄却決定〕	スナック経営者Aは，客VがAの長女であるホステスKの胸を触ったことに立腹し，同店の用心棒的役割をしていたX，Y，Zらと共謀の上，Vに対し共同暴行や監禁に及んだ末，その発覚を免れるためXとYがVを絞殺し，死体を遺棄した
70	覚せい剤所持事件 ①大阪地昭62．3．4　　　（有罪） ②大阪高昭62．9．3〔62う445〕 　　　　　　　　　　　（棄却） 　　　　　〔上告取下・確定〕	Aは，Xと共謀の上，営利の目的で，Xが覚せい剤約17グラムを所持した
71	贓物故買事件 ①福島地昭61．2.28　　　（有罪） ②仙台高昭62.12．2〔61う75〕 　　　　　　　　　　　（棄却） 　　　　　〔上告棄却決定〕	Aは，Xに対し，骨董品を盗んでくれば買ってやるなどと話しXが窃取した骨董品等をXから買い受けた
72	覚せい剤譲渡事件 ①長野地伊那支昭62．1.14（無罪） ②東京高昭63．2．8〔62う262〕 　　　　　　　　（破棄・有罪） 　　　　　〔上告棄却決定〕	Aは，Xに対し，覚せい剤0.5グラムを代金2万円で譲渡した
73	手形乱発背任事件 ①神戸地昭60.11.26　　　（有罪） ②大阪高昭63．3.30〔61う485〕 　　　　　　　　　　　（棄却） 　　　　　〔上告棄却決定〕	会社経営者Aは，医師協同組合総務部長Xと共謀の上，30回にわたり，XがAの懇請を入れ，同組合代表理事振出名義の約束手形（金額合計約26億円）を同社の利益を図る等の目的で同社に無担保で貸し付けた際，これを借り受けて同組合に損害を加えた

①実行正犯X，同Yの各証言とAの自白調書のうち，Aとの殺人の共謀を認めた部分の信用性を否定 ②X，Yの各証言とAの自白調書の信用性を肯定	②は，AとX・Yとの関係を検討し，X・Yが虚偽の供述をしてAを引き込む可能性は乏しいなどと判示 13，39，76，121，125，173，185，195	69
①②とも，実行正犯Xの証言の信用性を肯定	情況証拠のみによっても，AとXの共謀がかなりの程度まで推認できた事案 121	70
①②とも，窃盗本犯Xの証言の信用性を肯定	②は，Xが実刑判決を受けて服役し，その刑の執行を受け終わった後も供述を維持していることなどを指摘 28，74，75，173，185	71
①譲受人X，Xから更に覚せい剤を譲り受けたYの各証言の信用性を否定 ②XとYの各証言の信用性を肯定	②は，X証言があいまいなのはA側からの圧力と捜査当局の追及との板挟みのためであるとして，その信用性を損なうものではないと判示 114，187	72
①②とも，共同実行者Xの証言の信用性を肯定	②は，Xが第三者をかばうために虚偽供述を行う可能性と自己の刑責を軽減するために虚偽供述を行う可能性を検討し，いずれも否定した 44，173	73

74	けん銃発射脅迫事件（建造物侵入，暴力行為処罰法違反等） ①松山地西条支昭61.6.20　（有罪） ②高松高昭63.4.13〔61う194〕 （棄却） 〔上告棄却決定〕	暴力団組長Aは，市長とAの黒い交際などと非難する機関紙を配付した民商への報復を企て，副組長X，組幹部Yらと順次共謀の上，Yが民商事務所に侵入し，けん銃を発射して脅迫した
75	覚せい剤使用事件 ①大阪地昭62.12.25　（有罪） ②大阪高昭63.6.17〔63う156〕 （棄却） 〔確定〕	Aは，X女（19歳）と共謀の上ホテルの客室で覚せい剤水溶液を同女の陰部に注射した
76	覚せい剤使用幇助事件 ①東京地昭63.1.8　（有罪） ②東京高昭63.6.21〔63う173〕 （棄却） 〔確定〕	AとXが高速道路のサービスエリアの便所内でともに覚せい剤を注射した際，Aは，Xに対して注射器を貸与し，Xの覚せい剤使用を幇助した
77	大麻密輸入事件 ①東京地昭63.6.28　（有罪） ②東京高昭63.11.28〔63う923〕 （棄却） 〔確定〕	Aは，大麻の密輸入を企て，知人のX及びタイ在住のYと共謀の上，大麻の隠匿されたテーブルをXを受取人としてタイから飛行機で輸送させ，羽田空港に到着させた（通関時に発覚）
78	保険金目的放火事件 ①大阪地昭63.1.22　（有罪） ②大阪高昭63.12.14〔63う264〕 （棄却） 〔確定〕	暴力団組長Aは，寺の役員Xらと図って，寺の債権者の追及を免れるため，寺に放火して保険金を得ようと企て，Xと共謀の上，Xが寺に放火し，全焼させた
79	覚せい剤密売共謀事件 ①東京地昭63.9.19　（有罪） ②東京高平元.2.2〔63う1267〕 （棄却） 〔上告取下・確定〕	暴力団組長Aは，営利の目的で配下のXと共謀の上，3回にわたり，Xが甲ら3名に覚せい剤合計約24グラムを代金合計約11万円で譲渡した

①②とも，順次共謀の中間を占める共謀者Xと実行正犯Yの各証言の信用性を肯定	②は，本件が組ぐるみの犯行であり，Xが単独で行ったとは考え難いことなどを指摘 47，156，158，173	74
①②とも，Xの検察官調書の信用性を肯定	②は，Xの供述内容は他言がはばかられるような秘事を赤裸々に暴露するもので，信用性は非常に高いと判示 49，92，111	75
①②とも，被幇助者Xの証言の信用性を肯定	②は，Xが余罪であるAとの共同使用を供述していることからXがことさら虚偽を作出する理由は見出し難いと判示 48，185	76
①②とも，共謀者Xの証言の信用性を肯定	②は，Xが本件テーブルの現物を見ていないのに，Aから説明を受けた内容として述べている外形，構造，色等が現物と符合した点などを指摘 111，139，161，173	77
①②とも，実行正犯Xの検察官調書の信用性を肯定	Xは，第1審では，Xが有罪判決を受けて控訴中であるのを理由にAが放火を指示したか否かにつき証言を拒否したが，控訴審では，Aの指示による旨証言 16，47，112，167，173	78
①②とも，実行正犯Xの検察官調書（ある人の指示に従って継続的に覚せい剤を密売していたが，その人の世話になったので名前は言えないという内容）の信用性を肯定	Xは，公判廷では，主尋問に対し捜査段階の供述を維持しながら，反対尋問に対しXの単独犯行であるとも供述 Aは捜査段階では自白 24，109，138	79

80	強盗傷人事件 ①東京地八王子支昭63．6．6 （有罪） ②東京高平元．2.27〔63う883〕 （棄却） 〔上告棄却決定〕	Aは，金品の強奪を企て，長男X，次男Y，後輩Zらに犯行の方法や凶器等の指示をして共謀の上，V方に押しかけ，Vから金品を強奪し，Vを負傷させた
81	暴力団抗争殺人事件 ①和歌山地昭62．2.19　（有罪） ②大阪高平元．3.14〔62う426〕 （棄却） 〔上告棄却決定〕	甲組組長Aは，対立関係にあった乙一家総長Vの殺害を企て，直轄若衆Xを介して，甲組幹部Yら3名に対してV殺害を指示し，X，Yらと順次共謀の上，Yら3名がVを射殺した
82	覚せい剤譲渡事件 ①大阪地昭63．2.25　（有罪） ②大阪高平元．6.27〔63う511〕 （棄却） 〔上告棄却決定〕	暴力団組員Aは，同系列の暴力団組員Xに対し，覚せい剤約10グラムを譲渡した
83	対立暴力団組員傷害事件 ①東京地昭63.11.21　（無罪） ②東京高平元．7.26〔元う94〕 （破棄・有罪） 〔確定〕	暴力団組員Aは，同組若頭X，幹部Y，組員Zらと共謀の上，対立抗争中の暴力団の組員Vを事務所に連れ込んで暴行を加えて負傷させた
84	覚せい剤譲渡事件 ①大分地昭63.10.18　（無罪） ②福岡高平元.12.20〔63う513〕 （破棄・有罪） 〔確定〕	Aは，Xに対し，覚せい剤約5グラムを代金3万円で譲渡した

①②とも，共同実行者X，Y，Zらの各公判供述の信用性を肯定	②は，XとYが実の父親に無実の罪を着せなければならない家庭の事情はないなどと指摘 24	80
①②とも，順次共謀の中間を占める共謀者Xの検察官調書と刑訴法227条による証人尋問調書の各信用性を肯定	【事例カード】あり（250） Xは，公判廷では，Aからの指示を否定しながらも，指示者の名前は明らかにできないと証言 33，34，35，46，59，93，121，138，168，200	81
①②とも，譲受人Xの検察官調書とX自身の公判における供述の信用性を肯定	②は，想定し得る虚偽供述の理由を列挙して検討し，本件においてはいずれも認められないと判示 34，39，50，138，148，168	82
①共同実行者X，Y，Zらの検察官調書の信用性を否定（幹部Yの身代わりにAを犯人に仕立てたとのXの公判供述を虚偽とは断定できない） ②X，Y，Zらの検察官調書の信用性を肯定	AとXらは，第1審の冒頭手続で公訴事実をすべて認め，Aの自白調書とXらの各供述調書も同意書面として取り調べられ，Aも当初はVへの暴行を認める公判供述をしていた 87，209	83
①譲受人Xの証言の信用性を否定 ②Xの証言の信用性を肯定	①は，真の入手先を秘匿しているおそれがあるとしたのに対し②は，格別の恨みもないAから譲り受けたと嘘を述べているとは考えにくいと判示 99，100，173	84

85	柳川市長収賄事件 ①福岡地昭63．8.10　　　（有罪） ②福岡高平 2．1.18〔63う411〕 　　　　　　　　　　　（棄却） 　　　　　　〔上告棄却決定〕	市長Aは，親友の会社副社長Xと共謀の上，市関係の組合が発注する工事に関し建設会社営業部長Yらから請託を受け，AがXを介してYらに工事の入札予定価格を事前に教示した後，XがYらからその謝礼として現金600万円の賄賂を収受した
86	アルミサッシ窃取事件 ①仙台地大河原支平元．9.20 　　　　　　　　　　　（有罪） ②仙台高平 2．1.24〔元う146〕 　　　　　　　　（破棄・有罪） 　　　　　　　　　　〔確定〕	Aは，隣に居住するいとこの夫Xと共謀の上，工事現場からアルミサッシ窓枠を窃取した
87	暴力団抗争殺人事件 　　　　　　　（殺人，同未遂等） ①大阪地平元．4.21　　（有罪） ②大阪高平 2．3.27〔元う484〕 　　　　　　　　　　　（棄却） 　　　　　　　　　　〔確定〕	甲組系乙会内傘下丙会若頭A，同補佐Bは，乙会副会長が丁組系組員に射殺されたため，丙会組員X，同Yに対して報復を指示し，X，Y，同会組員Zらと共謀の上，Xらが丁組系暴力団組長Vを射殺し，同組員1名に対しては未遂に終わった
88	土地贈与契約書等偽造事件 　　　　　　　（私文書偽造等） ①東京地平元．7.18　　（有罪） ②東京高平 2．4.18〔元う945〕 　　　　　　　　　　　（棄却） 　　　　　　　　　　〔確定〕	Aは，Xらと共謀の上，甲名義の不動産を乙が相続して丙に贈与したように装い，乙作成名義の贈与契約書等を偽造した上，所有権移転登記申請のため，司法書士に提出行使した
89	戦旗派ゲリラ事件 　　　　　（火炎びん処罰法違反等） ①東京地平元．10.31　（有罪） ②東京高平 2．5.18〔元う1370〕 　　　　　　　　　　　（棄却） 　　　　　　　　　　〔確定〕	戦旗派幹部Aは，同派所属のXに指示し，Xらと共謀の上，XとYが成田空港関係業者の自動車等に火炎びんを投げつけ，炎上させた

①②とも,実行正犯Xの証言の信用性を肯定	Xの証言は,物的証拠(デスクダイアリーの記載)によって裏付けられている ①②とも,Aの捜査段階における自白の信用性を肯定 73	85
①②とも,共同実行者Xの証言の信用性を肯定	Xは,5日後にAから傷害の被害を受け,被害を申告するとともに,本件を自白した Xには知的能力に障害がある 40, 54, 121, 162	86
①②とも,実行正犯Xと共謀者Yの各検察官調書の信用性を肯定	XとYは,公判廷では,AとBの指示を否定する証言をした 25, 59, 138	87
①②とも,実行正犯Xの警察官調書検察官調書,公判供述の各信用性を肯定	②は,XがA主導を強調し,責任軽減を図ろうとする態度が看取されるが,大筋において信用できると判示 16, 29, 200	88
①②とも,実行正犯Xの検察官調書の信用性を肯定	Xは,公判廷では証言拒否 51, 121, 167	89

―365―

番号	通称事件名（罪名） 裁判年月日・出典	争点となった事案の概要
90	保険金目的放火事件 ①青森地平元.12.21　　（有罪） ②仙台高平 2. 8.30〔2う10〕 　　　　　　　　　　（棄却） 　　　　〔上告棄却決定〕	Aは，親しく交際している甲の所有する建物に放火して保険金を得ようと企て，Xに対し，報酬支払いを約して放火の実行を依頼し，Xと共謀の上，Xが建物に放火した

第2　信用性否定例

Ⅰ　**公刊裁判例**〔下表において，Aが被告人，X・Yらが共犯者〕

番号	通称事件名（罪名） 裁判年月日・出典	争点となった事案の概要
1	三鷹事件（電車転覆致死） ①東京地昭25. 8.11刑集9-8-1378 　　　　　　　　　　（無罪） ②東京高昭26. 3.31刑集9-8-1568 　　　　　　　　　　（棄却） 　　　　〔上告棄却判決〕	Aら9名は，Xと共謀の上，国鉄三鷹電車区1番線に停車中の電車を暴走させようと企て，Xが7両編成の電車の発進操作をして無人で暴走脱線転覆させ，6名を轢死させた
2	青酸カリ毒殺教唆事件 ①大阪地（判決年月日不明） 　　　　　　　　　　（無罪） ②大阪高昭34. 3.27下刑集1-3-532 　　　　　　　　　　（棄却）	Aは，恋愛関係にあったXにその婚約者Vを殺害させようと企て，XにVを殺害するように教示してその旨決意させ，Xにおいて，避妊薬と称してVに青酸カリを服用させ，中毒死させた

| ①②とも，実行正犯Xの証言の信用性を肯定 | ②は，Xが単独で放火したところで保険金を取得できないことや，Aが罪証隠滅を図ったことなどを指摘

56，76 | 90 |

共犯者の供述の信用性に関する判断の内容	備　考 （数字は掲出頁）	番号
①②とも，実行正犯Xの検察官調書と刑訴法227条の証人尋問調書等の共同犯行供述の信用性を否定	上告審は，最大判昭30．6.22刑集9-8-1189 ①は，Xの共同犯行供述の出た時期，供述内容の著しい変遷，動機の見当たらないことなどから，共同犯行供述は信用できないとし，共同犯行の公訴事実は実体のない空中楼閣であったと判示 27，89，120，127，134，138，163，168	1
①②とも，Xの公判供述と捜査官に対する各供述調書の信用性を否定	②は，Xが，AからVとの婚約を早く解消しようとしないことを激しく責められ，窮地に追い詰められて，Vを殺害したと推認するに難くないと判示 121，125，152，153，164，169，182	2

3	着物等窃盗事件 ①横浜地昭35. 9. 2 　　下刑集2-9/10-1219　（無罪） 　　　　　　　　　　〔確定〕	Aは，Xと共謀の上，甲方において着物等28点を窃取した
4	日本岩窟王事件（強盗殺人） ①名古屋地大 3. 4.15判時327-26 　　　　　　　　　　　（有罪） ②名古屋控大 3. 7.21判時327-28 　　　　　　　　　　　（有罪） ③大審院　　大 3.11. 3判時327-30 　　　　　　　　　　　（棄却） ④名古屋高昭34. 7.15判時192-6 　　　　　　　　　（再審請求棄却） ⑤名古屋高昭36. 4.11判時259-4 　　　　　　　　　　（再審開始） ⑥名古屋高昭37.1.30判時286-5 　　　　　　　　　　　（⑤取消） ⑦最大　　昭37.10.30判時314-4 　　（⑥を取り消し異議申立て棄却） ⑧名古屋高昭38. 2.28判時327-4 　　　　　　　　　　　（無罪） 　　　　　　　　　　　〔確定〕	Aは，X，Yと共謀の上，Vを殺害して所持金を強奪しようと企て，AとXがVを誘い出し，YがVの背後から玄翁でVの頭部を殴打し，Vが地上に倒れると，Aが尺八笛で更にVの頭部を乱打し，かつ，Vの褌を外してVの頸部に巻きつけるなどの暴行を加えて，Vを殺害し，その後，V所有の1円20銭在中の財布1個を強取した
5	ラストボロフ事件 （国家公務員法違反，外為法違反） ①東京地昭36. 5.13 　　下刑集3-5/6-469　（無罪） ②東京高昭40. 3.15高刑集18-2-89 　　　　　　　　　　　（棄却） 　　　　　　　　　　　〔確定〕	外務事務官Aは，(1)ソ連人Xに対し，2回にわたり，外交関係文書の写しを交付して閲覧させ職務上の秘密を漏らし，(2)Yより対外支払手段である米ドル紙幣2000ドルを取得しながら，所定の期間内に外国為替公認銀行等に売却しなかった

①共同実行者Xの検察官調書の信用性を否定	Xは，捜査段階で単独犯と供述し，起訴された後にAとの共同犯行と供述し，その検察官調書が作成されたが，Aが起訴された後は再び自己の単独犯と証言している 35, 37, 95, 120, 139, 161	3
①②③④⑥は，X・Yに対する検事の訊問調書，X・Yの予審調書と公判供述の各信用性を肯定 ⑤⑧は，X・Yの上記各供述の信用性を否定	【事例カード】あり（256） ④に対する即時抗告につき，最2小決昭34．8.31判時197-6は手続上の理由で不適法棄却している ⑧は，Xに虚言癖があること，Yが魯鈍であること，裁判確定後のX，Yらの言動などを指摘している 20, 27, 53, 55, 79, 85, 121, 125, 141, 142, 162, 163, 164, 167, 169, 175	4
①②とも，(1)に関するXの検察官調書と(2)に関するYの検察官調書の信用性をいずれも否定	②は，Xの検察官調書につき，検察官が米国に出張して同地のXから録取作成したこと，Yの検察官調書につき，Yが調書作成後地検の建物から飛び降り自殺したことなどの特殊事情を考慮している 167	5

6	時計店押入り強盗事件（強盗致傷） ①大阪地昭41. 8. 2下刑集8-8-1115 　　　　　　　　　　　　（無罪） 　　　　　　　　　　　　〔確定〕	Aは，金品の強取を企て，Xと共謀の上，それぞれ包丁を携えて時計店に押し入ったが，未遂に終わり，その際経営者を負傷させた
7	八海事件（強盗殺人） ①山口地岩国支昭27. 6. 2 　　　　　　　刑集11-11-3019（有罪） ②広島高昭28. 9.18刑集11-11-3028 　　　　　　（棄却，破棄・有罪） ③最3小昭32.10.15刑集11-11-2731 　　　　　　　　　　（破棄・差戻） ④広島高昭34. 9.23刑集16- 6-1038 　　　　　　　　　　　　（無罪） ⑤最1小昭37. 5.19刑集16- 6- 609 　　　　　　　　　　（破棄・差戻） ⑥広島高昭40. 8.30刑集22-11- 985 　　　　　　　　　　　　（有罪） ⑦最2小昭43.10.25刑集22-11- 961 　　　　　　　　　　（破棄・無罪）	Aら4名は，Xと共謀の上，V方寝室において，就寝中のV夫妻を殺害した上，寝室のたんす内から現金1万6100円を強取した
8	二重スパイ事件（電波法違反） ①東京地昭36.11.25　　　　（有罪） ②東京高昭44. 6.26判時567-22 　　　　　　　　　　（破棄・無罪） 　　　　　　　　　　　　〔確定〕	Aは，Xと共謀の上，X方に無線局を開設し電磁波を利用してソ連邦と受送信し，無線局を運用した
9	加藤老事件（強盗殺人） ①山口地大 5. 2.14　　　　（有罪） ②広島控大 5. 8. 4　　　　（有罪） ③大審院大 5.11. 7　　　　（棄却） ④広島高昭51. 9.18判時827-18 　　　　　　　　　　　（再審開始） ⑤広島高昭52. 7. 7判時859-13 　　　　　　　　　　　　（無罪） 　　　　　　　　　　　　〔確定〕	AとXは，深夜V方で金員を物色中，Vが目を覚ましてAを取り押さえようとしたことから，事前の謀議に基づきVを殺害して逮捕を免れようと決意し，共謀の上，Aが刃器でVを切りつけ，Xが手拭いをVの口中に押し込んで発声を妨げ，Aがなおもvを切りつけ，殺害した

①共同実行者Xの公判供述の信用性を否定	Xは，別件での勾留中に余罪として本件を自供したが，当初の約2か月間は他の氏名不詳者を共犯者と供述していた 41，42，43，64，90，119，129，169	6
①②共同実行者Xの公判供述の信用性を肯定 ③④Xの公判供述の信用性を否定 ⑤⑥Xの公判供述と証言の信用性を肯定 ⑦Xの公判供述と証言の信用性を否定	【事例カード】あり（267） ③は，Xの単独犯の可能性もあり，犯行とAらとの結びつきを推測させる物的証拠につき更に証拠調べすべきものとした ⑤は，犯行現場の客観的状況から多数犯と考えられ，Xの5人共犯の供述は大体において信用できると判示 ⑦は，本件犯行は単独犯でも可能であり，Aらについては，Xにつきみられる決め手ともいうべき有力な物的証拠は何一つ存在しないと判示 10，12，20，27，52，57，62，65，70，76，82，90，96，101，121，124，140，142，161，169，172，184，190，191	7
②実行正犯Xの証言，X自身の被告事件における公判供述，検察官調書等の信用性を否定	②情報提供者某から受領したという数字暗号文書，速達葉書の筆跡とAの筆跡が同一であるという鑑定書の証拠価値を否定 75	8
①②③共同実行者Xの予審尋問調書と公判供述の信用性を肯定 ④⑤Xの上記供述の信用性を否定	④⑤は，X供述にある凶器では死体の創傷は生じない旨の新たな鑑定結果，Aの衣服から人血の血痕が検出されたとする当時の鑑定書は信用できない旨の新たな鑑定結果などを重視 20，27，71，101，117，132，169	9

10	覚せい剤譲渡事件 ①釧路地昭55．4.18判時1012-135 　　　　　　　　　　　　（有罪） ②札幌高昭55.11.11判時1012-131 　　　　　　　　　　（破棄・無罪） 　　　　　　　　　　　　〔確定〕	Aは，Xに対し，2回にわたり覚せい剤合計80グラムを譲渡した
11	酔客に対する傷害・殺人事件 ①水戸地下妻支昭56.11.18 　　　　　　判時1036-139（有罪） ②東京高昭58．6.22判時1085-30 　　　　　　　　　　（破棄・無罪） 　　　　　　　　　　　　〔確定〕	スナック経営者の夫Aは，(1)なじみ客X，Yと共謀の上，執拗に絡む客Vに暴行を加えて負傷させ，(2)それを隠蔽するため，Yと共謀の上，交通事故を装ってVを殺害した
12	土木事務所主査収賄事件 ①大阪地昭58．3.30　　　（有罪） ②大阪高昭60．9.24判タ589-127 　　　　　　　　　　（破棄・無罪） 　　　　　　　　　　　　〔確定〕	府の土木事務所主査Aは，道路防護柵補修工事の監督に関し，交通安全施設工事請負会社の営業員Xから現金10万円を収賄した
13	対立暴力団組長殺害教唆事件 　　　　　　　　　　（殺人教唆等） ①福井地昭54．2.15刑集38-6-2536 　　　　　　　　　　　　（有罪） ②名古屋高金沢支昭56．4.14 　　　　刑集38-6-2552（棄却） ③最3小昭59．4.24刑集38-6-2196 　　　　　　　　　　（破棄・差戻） ④名古屋高金沢支昭60.12.19 　　　　判時1204-148（無罪） 　　　　　　　　　　　　〔確定〕	甲組傘下A組組長Aは，対立抗争中のV組組長Vの殺害を企て配下の組員Xに対し，V殺害を教唆し，Xにけん銃と実包を手渡し，Xが，Yら3名と共謀の上，Vを射殺した

①譲受人Xの検察官調書，X自身の被告事件における公判供述の信用性を肯定 ②Xの各供述の信用性を否定	Xは，本件の公判廷では，AからではなくBから覚せい剤を譲り受けたと証言（証言時には，Bは既に死亡していた） 34，72，102，122，130，145，158，168	10
①A，YとともにVに暴行を加えて負傷させたが，殺害には関与していないというXの公判供述の信用性を肯定 ②Xの公判供述の信用性を否定	②は，Xが単独犯行を共同犯行と偽っている疑いがあるとし，AとYの捜査段階における各自白の任意性と信用性を否定したほか，AとYのアリバイの成立を認めた 20，93，117，142，163，169	11
①贈賄者Xの証言の信用性を肯定 ②Xの第1，2審証言の信用性を否定（Aの捜査段階における自白の任意性も否定）	Xは，工事代金の業務上横領事件で逮捕され，横領金の使途として本件贈賄を供述したが，その後，贈賄の日や贈賄金の調達方法につき供述を変更した 40，43，89，112，115，134，148，165，169，176	12
①②被教唆者Xの検察官調書の信用性を肯定 ③Xの検察官調書の信用性は必ずしも確固不動とはいい難く，アリバイ立証等により根底から覆りかねないと指摘 ④Xの検察官調書の信用性を否定するとともに，アリバイ主張も排斥できないと判示	【事例カード】あり（278） Xは，公判廷では，名前の言えないA以外の者からV殺害を頼まれたと証言しているところ，③④は，Xの背後にいた者としてA以外の者が全く考えられないわけではないと判示 ④は，アリバイ主張を排斥できないとした 16，29，30，32，33，41，42，43，47，59，68，74，119，138，152，153，158，177，178，179，182	13

14	岩国の暴力団首領殺害事件（殺人） ①山口地岩国支昭56.12.2 　　　　　　判時1194-142（有罪） ②広島高昭58.6.23判時1194-144 　　　　（破棄・殺人幇助認定） ③最1小昭60.12.19判時1194-138 　　　　　　　　　（破棄・無罪）	暴力団N組組長Nの舎弟分のAは，N組組員Xと共謀の上，対立暴力団の首領Vを殺害することを企て，Xがけん銃でVを射殺した 　（②の認定は，AがXにレンタカー代5万円を交付して，Xの右犯行を幇助したというもの）
15	梅田事件（強盗殺人，死体遺棄） ①釧路地網走支昭29.7.7（有罪） ②札幌高昭31.12.15　　（棄却） ③最1小昭32.11.14　　（棄却） ④釧路地網走支昭57.12.20 　　　　判時1065-34（再審開始） ⑤札幌高昭60.2.4判時1141-36 　　　　　　　（即時抗告棄却） ⑥釧路地昭61.8.27判時1212-3 　　　　　　　　　　（無罪） 　　　　　　　　　　〔確定〕	Aは，Xと共謀の上，Aにおいて，X指示のとおり，営林局会計課支出係員Vを殺害して所持金を強取し，死体を遺棄した
16	債務者殺害事件 　　　　　　（殺人，死体遺棄等） ①大阪地昭59.3.30　　（有罪） ②大阪高昭62.10.2判タ675-246 　　　　（破棄・殺人幇助認定） 　　　　　〔上告棄却決定〕	暴力団組長Aは，破産会社からの債権回収に苦慮していたXと共謀の上，同社代表者Vを逮捕監禁して隠し財産を追及し，Vを殺害して，死体を遺棄した
17	町長収賄事件 ①神戸地昭63.1.11判時1268-158 　　　　　　　　　　（無罪） 　　　　　　　　　　〔確定〕	町長Aは，町立中学校新築工事の設計等に関し，建築設計会社の代表者Xから現金100万円を収賄した

①実行正犯Xの検察官調書の信用性を全面的に肯定 ②Xの検察官調書のうち，AがXにV殺害を指示してけん銃を交付した部分，AがXと相手組事務所等を下見した部分の信用性を否定し，AがXにレンタカー代を交付した部分の信用性を肯定して，幇助犯を認定 ③Xの検察官調書の信用性を否定	【事例カード】あり（286） ③は，Xの供述のうち，AとV殺害を結びつける供述の中核部分の信用性に合理的疑問があれば，特段の事情のない限り，これと密接に関連する爾余の供述の信用性にも重大な疑惑が生ずると判示 29，31，67，80，96，120，138，152，154，193，194，197	14
①②③共謀者Xの検察官調書と証言の信用性を肯定 ④⑤⑥Xの各供述の信用性を否定	【事例カード】あり（294） ④⑤⑥は，Xの共同犯行供述の出た時期，細部に不合理な著しい変遷のあること，Xに虚偽供述の理由・必要性の認められること，確定判決後のXの自己矛盾供述などから，Xの共同犯行供述の信用性を否定 20，29，32，42，55，65，104，107，112，122，152，154，158，162，169，191	15
①共同実行者Xの証言の信用性を肯定 ②Xの第1，2審証言のうち，殺人の共同実行の供述の信用性を否定しAがXの殺害の際に阻止しなかったという不作為による殺人幇助を認定	②は，Xが一見理路整然と破綻をきたすことなく供述できる特異な能力を有するなどと指摘 20，55，67，71，112，115，122，123，142，158，165，169，184，199	16
①贈賄者Xの証言の信用性を否定（Aの捜査段階における自白の信用性も否定）	①は，Xの供述内容があいまいで変遷している上，現金の出所に関する捜査段階の供述が作り話であったとXも自認していることなどを指摘 146，148，169，173，188	17

18	朝霞自衛官殺害事件（強盗致死等） ①浦和地平元．3．2判時1333-3 　　　　　　（幇助犯として有罪） 　　　　　〔控訴取下・確定〕	大学助手Aは，X，Y，Zと順次共謀の上，YとZが自衛隊駐屯地内に侵入し，包丁で自衛官を突き刺すなどして銃器等を強取しようとしたがその目的を遂げず，自衛官を死亡させた
19	覚せい剤譲渡事件 ①大阪地平元．9.19判時1343-152 　　　　　　　　　（無罪） 　　　　　　　　　〔確定〕	Aは，Xに覚せい剤約100グラムを代金30万円で譲渡した
20	シンナー窃取・所持事件 　　　　　　　（窃盗，毒劇法違反） ①東京地平元．9.20判タ722-282 　　　　　　　　　（無罪） 　　　　　　　　　〔確定〕	Aは，(1)友人Xと共謀の上，製鋼会社作業所からシンナーを窃取し，(2)その一部をXの友人Y方に預けて所持した
21	山田市長収賄事件 ①福岡地小倉支昭63．2.19（有罪） ②福岡高平2．2．7判時1345-143 　　　　　　　　（破棄・無罪） 　　　　　　　　〔確定〕	市長Aは，水洗炭業を営む会社の代表者Xから，同社の登録申請についての意見書を県に提出する職務に関し，現金200万円を収賄した
22	覚せい剤所持事件 ①札幌地平2．6.20判時1381-139 　　　　　　　　（無罪） 　　　　　　　　〔確定〕	Aは，Xと共謀の上，覚せい剤約1.157グラムを所持した

①順次共謀の中間を占める共謀者Xの証言の信用性を否定	①は，Xに誇張供述の性癖があるなどと指摘し，共謀共同正犯の起訴に対し，幇助犯（犯行の資金になると未必的に認識しながらXに現金を送金した）の限度で有罪認定した 55，122，123，141，162，169	18
①譲受人Xの証言の信用性を否定	①は，被告人と犯人との結びつきをうかがわせる情況証拠が皆無に等しいと指摘 30，31，112，113，169，197，203	19
①実行正犯Xの証言と，Aからシンナーを預かったというYの証言の信用性をいずれも否定（Aの捜査段階における自白の信用性も否定）	①は，XがYをかばうために，Yの代わりにAを共犯者に仕立て上げたという疑いもないではないと判示 29，32，86，112，122，123，143，169，171	20
①贈賄者Xの証言の信用性を肯定 ②Xの証言の信用性を否定 （Aの捜査段階における自白の信用性も否定）	②は，Xが別件の市議会議長に対する贈賄事件の処罰を免れないので，登録に非協力的であったAを恨んで虚偽供述をした疑いもあると指摘 36，37，68，112，169，173	21
①Aに2万円貸した際に担保として本件覚せい剤を預かったという実行正犯Xの証言の信用性を否定	①は，Xが差入れもしてくれないAに腹を立て，別件詐欺事件についても騙取金のほとんどをAが取ったと虚偽供述をしていたことなどを指摘 36，37，112，169	22

23	山中事件（殺人，死体遺棄等） ①金沢地昭50.10.27刑集43-6-511 　　　　　　　　　　　（有罪） ②名古屋高金沢支昭57．1.19 　　　　刑集43-6-545（棄却） ③最1小平元．6.22刑集43-6-427 　　　　　　　　　（破棄・差戻） ④名古屋高平　2．7.27判時1375-35 　　　　　　　　　　　（無罪） 　　　　　　　　　　　〔確定〕	Aは，Xに貸金業者から借金をさせ，その保証人となったVを殺害した上，Xを殺害して金員を強取しようと企て，XにV殺害を持ちかけて共謀を遂げ，自動車にVを同乗させて林道に連れ込み，Aが小刀で突き刺し，よきで殴打してVを殺害し，AとXでVの死体を谷川の橋下に投棄した
24	覚せい剤共同使用事件 ①横浜地川崎支平　3．3.6 　　　　判時1388-157（無罪） 　　　　　　　　　　　〔確定〕	20歳の女性Aは，45歳の元暴力団員Xと共謀の上，Xから覚せい剤を注射してもらって使用した
25	覚せい剤共同譲受け事件 ①浦和地平　3．3.25判タ760-261 　　　　　　　　（幇助犯として有罪） 　　　　　　　　　〔控訴棄却決定〕	Aは，Xと共謀の上，Yから覚せい剤約1グラムを代金2万円で譲り受けた
26	住居侵入・窃盗事件 ①大阪地平　3.10.3判時1405-126 　　　　　　　　　　　（無罪） 　　　　　　　　　　　〔確定〕	Aは，Xと共謀の上，V方への侵入盗を企て，Aが腕でXを2階ベランダに押し上げた後見張りをし，Xがベランダから屋内に侵入して1階居室内からネックレス1個を窃取した

①②共同実行者Xの公判供述の信用性を肯定 ③Xの公判供述の信用性を疑わせる幾多の疑問点があると指摘 ④Xの公判供述の信用性を否定	【事例カード】あり（303） Xは，知的能力に障害があり，事件の3日後にAから強盗殺人未遂の被害を受けた ③は，AがXの共犯者ではないかと推論する方向に作用する事実を列挙しながらも，それらのみではAと犯行とを結びつけるに足りないと判示 10, 11, 20, 35, 53, 70, 78, 99, 102, 122, 143, 163, 169, 188, 191	23
①合意の上でAに覚せい剤を注射したという実行正犯Xの証言の信用性を否定	①は，Aの捜査段階における自白の信用性も否定し，Xから強制的に注射されたという公判供述の信用性を肯定した 20, 41, 43, 169, 188	24
①Aと共同でYから覚せい剤を買ったというXの証言と，Xと一緒に来たAに覚せい剤を渡したというYの証言につき，信用性をいずれも否定	①は，Aの捜査段階の自白の任意性を否定し，XがYから譲り受けるに際し，Aが両名を引き合わせるなどしたとの幇助犯の限度で有罪認定した 20, 29, 35, 37, 85, 102, 134, 146, 147, 158, 164, 169, 173	25
①共同実行者Xの公判供述の信用性を否定	①Xは，同性愛関係にあってともに覚せい剤を常用していたAに対し，警察への出頭を誘ったが拒絶されてAに憎悪の念を抱いていたなどと判示 37, 169, 191	26

27	野球賭博開張図利事件 ①岡山地昭62．9．14判時1256-124 （無罪） ②広島高岡山支平 4．3．18 〔62う150〕（棄却） 〔確定〕	暴力団組長Aは，同組若頭Xと共謀の上，野球賭博を開張し，利を図った
28	富山長野連続誘拐殺人事件 〔北野関係〕 ①富山地昭63．2．9判時1288-3 （無罪） ②名古屋高金沢支平 4．3．31 判タ799-48（棄却） 〔確定〕	Aは，愛人関係にあったXと共謀の上，みのしろ金目的で女性VとWをそれぞれ誘拐し，両名を殺害してその死体を遺棄し，Wの近親者らにみのしろ金を要求した
29	英国人兄弟強盗事件 ①東京地平 4．3．6判タ794-266 （無罪） ②東京高平 5．9．22〔4う568〕 （棄却） 〔確定〕	Aは，弟Xと共謀の上，コンビニエンスストアにおいて，Xが店員Vに対し模造けん銃を突きつけるなどしてその反抗を抑圧し，現金17万円を強取した
30	コカイン無償譲渡事件 ①松山地平 5.11.10判タ847-291 （無罪） 〔確定〕	Aは，Xに対し，コカイン1.5グラムを無償で譲渡した
31	榎井村事件（住居侵入，殺人） ①高松地昭22.12.24　　　（有罪） ②高松高昭23.11．9　　　（有罪） ③最1小昭24．4．28　　　（棄却） ④高松高平 5.11．1　（再審開始） ⑤高松高平 6．3．22判時1523-155 （無罪） 〔確定〕	Aは，(1)Xと共謀の上，窃盗の目的でV方邸内に侵入し，(2)隠れていたところをVに発見されVがくわを振りかざして迫ってきたため，Vを殺して逃げるほかないと決意し，所携のけん銃でVを射殺した

①②実行正犯Xの警察官調書と検察官調書の信用性を否定（Xの供述調書と符合する組員Y，Zの供述調書の信用性も否定）	Xは，公判廷で単独犯と供述 ②は，Xの供述の核心的部分に具体性がなく，不自然不合理であったりして，自供に至る経緯にも問題があるなどと指摘 42, 43, 89, 120, 138, 177, 179, 191	27
①②Aと共謀してAあるいはXが殺害等を実行したとのXの供述調書，Aの単独犯行あるいはAとの共謀によるXの実行というXの公判供述の信用性をいずれも否定（Aの捜査段階における自白の信用性も否定）	②は，Xの供述が捜査段階以来大きな変遷を繰り返し，X自身控訴審の最終段階で，Aの実行行為に関するそれ以前の公判供述が作為的であったことを自認していることなどを指摘 20, 169	28
①②実行正犯Xの公判供述の信用性を否定	①XのAに対する敵対意識が顕著であることのほか，供述の変遷と供述内容の不合理性などを指摘 169	29
①譲受人Xの証言の信用性を否定	①Xは，コカインの入手を依頼したのに尽力しなかったAに対し，不快感あるいは役に立たないとの感情を抱いていた可能性があるなどと判示 37, 169	30
①②③は，Aに誘われて窃盗目的でV方に侵入し，家人に発見されて逃げ出した際，Aがけん銃を発射したというXの供述（予審訊問調書，第1審第1回公判における供述）の信用性を肯定 ④⑤は，Xの供述の信用性を否定	⑤は，Xの供述が他の関係証拠と食い違うことなどのほか，右供述が取調官の偽計と利益誘導などによることを指摘 （なお，Xは，第1審第3回公判以降供述を変更し，Aの関与を否定） 41, 43	31

Ⅱ 未公刊裁判例

番号	通称事件名（罪名） 裁判年月日・事件番号	争点となった事案の概要
32	泥酔女性強姦致傷事件 ①大阪地昭54．1．22 　　（傷害の限度で縮小認定） ②大阪高昭55．3．5〔54う670〕 　　　　　　　　　　（棄却） 　　　　　　　　　　〔確定〕	Aは，Xと共謀の上，飲食店で相客となったV女が泥酔しているのに乗じて強姦しようと企てVをA方に連れ込み，暴行を加えて，AがVを強姦し，傷害を負わせた
33	担保提供名下詐欺事件 ①福島地いわき支昭52．4．25 　　　　　　　　　　（有罪） ②仙台高昭56．5．20〔52う140〕 　　　　　　　　　　（破棄・無罪） 　　　　　　　　　　〔確定〕	Aは，Xと共謀の上，Vから，(1)見せ手形としてのみ使われるなどと嘘を言って約束手形を騙取し，(2)一旦は担保とするが後に担保を解くなどと嘘を言ってVら所有の不動産に売渡担保の仮登記をさせ，不法の利益を得た
34	地面師詐欺事件 ①京都地昭52．8．8　　（有罪） ②大阪高昭56．7．13〔52う1057〕 　　　　　　　　　　（破棄・無罪） 　　　　　　　　　　〔確定〕	Aは，土地所有者と詐称して他人の土地を売却し，売買代金を騙取しようと企て，2回にわたり，X，Yらと共謀の上，Xらが土地の売買名下にVらから現金を騙取した
35	覚せい剤譲渡事件 ①静岡地昭54．12．26　　（無罪） ②東京高昭56．8．3〔55う278〕 　　　　　　　　　　（棄却） 　　　　　　　　　　〔確定〕	Aは，Xに対し，覚せい剤0.1グラムを無償で譲り渡した

共犯者の供述の信用性に関する判断の内容	備考（数字は掲出頁）	番号
①②とも，AがVを強姦したというXの供述調書の信用性を否定	Xは公判廷でAの犯行を否定 Xの知能程度はやや劣るとの取調官の証言あり ①②とも，Vの供述調書と証言の信用性を否定 53, 94, 134, 138, 163	32
①実行正犯Xの証言の信用性を肯定 ②Xの証言の信用性を否定	②は，Xが利益のほとんどを取得しているのに対し，Aがかえって損害を被っていることなどを指摘している 20, 57, 93, 169, 180	33
①実行正犯Xの証言の信用性を肯定 ②Xの控訴審証言をあながち排斥できないとして，Xの第1審証言の信用性を否定	Xは，控訴審で，従前の供述を覆し，犯行の背後にいたのは暴力団の大物Bで，真相を明かすと危害が及ぶと脅されていたため私生活上の恨みのあるAに罪をかぶせたと証言 30, 32, 33, 35, 37, 74, 175, 193	34
①②とも，譲受人Xの証言の信用性を否定	①②とも，譲渡の目撃者Yの証言とAの捜査段階における自白の信用性を否定 36, 37, 130, 147, 169	35

36	覚せい剤譲渡事件 ①東京地昭55.10.13　　　（有罪） ②東京高昭57.10.27〔55う2098〕 　　　　　　　　　（破棄・無罪） 　　　　　　　　　　〔確定〕	Aは，Xに対し，覚せい剤約5グラムを代金20万円で譲渡した
37	苫小牧市の贈賄事件 ①札幌地室蘭支昭56. 2.23（有罪） ②札幌高昭58. 2. 8〔56う59〕 　　　　　　　　　（破棄・無罪） 　　　　　　　　　　〔確定〕	熱供給設備工事会社の現場責任者Aは，市の建設部建設課主査Xに対し，熱供給設備工事施工業者の選定等の意見を具申する職務に関し，Fを介し，2回にわたり，現金25万円と額面25万円の小切手1通を贈賄した
38	覚せい剤譲渡事件 ①徳島地昭57. 1.28　　　（無罪） ②高松高昭58. 4.13〔57う63〕 　　　　　　　　　　（棄却） 　　　　　　　　　　〔確定〕	Aは，2回にわたり，Xに対し覚せい剤合計約37グラムを代金40万円で譲渡した
39	駐車自動車ガソリン窃取事件 ①山形地昭57. 7.21　　　（有罪） ②仙台高昭58. 7.19〔57う187〕 　　　　　　　　　（破棄・無罪） 　　　　　　　　　　〔確定〕	Aは，X，Y，Zと共謀の上，駐車場に駐車中の自動車5台からガソリンを窃取した
40	覚せい剤譲渡事件 ①横浜地川崎支昭58. 5.31（有罪） ②東京高昭59. 3.12〔58う938〕 　　　　　　　　　（破棄・無罪） 　　　　　　　　　　〔確定〕	Aは，Xと共謀の上，Yに対し覚せい剤約20グラムを代金20万円で譲渡した
41	マイセンビルたかり事件 　　　　　（恐喝，背任，横領） ①熊本地昭58. 3.11　　　（有罪） ②福岡高昭59. 3.19〔58う310〕 　　　　　　　　　（破棄・無罪） 　　　　　　　　　　〔確定〕	Aは，X，Yと共謀の上，(1)ビルのオーナーVから100万円の小切手を喝取し，(2)任務に反しVに不利益な条件でF社から融資を受けてVに財産上の損害を与え，(3)右契約によってF社から受領し，Vのために保管中の現金約446万円を横領した

①譲受人Xとその内妻の各証言の信用性を肯定し，アリバイ主張を排斥 ②Xと内妻の控訴審証言等により，その各第1審証言の信用性を否定	Xと内妻は，控訴審で，従前の供述は虚偽であると証言し，Xが当該日時に他の場所にいたことを裏付ける証拠を提出 93	36
①収賄者Xの証言の信用性を肯定 ②Xの証言の信用性を否定	【事例カード】あり（314） ②は，Xが自己の詐欺の事実を隠蔽するため収賄を仮装している疑いもあるとし，Aの捜査段階における自白の信用性も否定 26，40，43，65，103，169	37
①②とも，譲受人Xの証言の信用性を否定	①②とも，1回目の取引につきアリバイの成立を認めた 19，36，37，42，43，93，129，169	38
①共同実行者Xら3名の各証言の信用性を肯定 ②Xら3名の各証言の信用性を否定	②は，アリバイの成立がかなり明確であるとし，Aの捜査段階での自白の信用性も否定した 17，88，112，113，117，160，169	39
①譲受人Yの検察官調書の信用性を肯定 ②Yの検察官調書の信用性を否定	Yは，公判廷では，AとXを通さずに他の者から直接覚せい剤を譲り受けたと証言 33，138	40
①実行正犯Yの証言の信用性を肯定 ②Yの証言の信用性を否定	②は，客観的証拠からYが主導的に行動していたと認められるのに，Yは責任回避の供述に終始していると指摘している 21，169	41

42	浅虫温泉放火事件（放火，詐欺） ①青森地昭58．3.30　　　（無罪） ②仙台高昭60．7.17〔58う129〕 　　　　　　　　　　　（棄却） 　　　　　　　　　　　〔確定〕	Aは，旅館の経営状態が悪化したため，旅館に放火して保険金を騙取しようと企て，X，Yと順次共謀の上，Yが旅館に放火してその一部を焼燬し，保険会社から火災保険金を騙取した
43	覚せい剤譲渡事件 ①熊本地山鹿支昭59．2.8（有罪） ②福岡高昭60.11.11〔59う147〕 　　　　　　　　　　（破棄・無罪） 　　　　　　　　　　　〔確定〕	Aは，Xに対し，覚せい剤0.1グラムを代金1万円で譲渡した
44	町立病院贈賄事件 ①姫路簡昭60．7.10　　　（無罪） ②大阪高昭61．9.24〔60う990〕 　　　　　　　　　　　（棄却） 〔確定，有罪部分は上告棄却決定〕	医療機械販売会社の社員Aは，社長Xと共謀の上，町立病院事務長Yに対し，医療機械購入業者選定等の職務に関し，現金10万円を供与して贈賄した
45	工事協力金詐欺事件 ①徳島地昭59．3.9　　　（有罪） ②高松高昭62．4.21〔59う94〕 　　　　　　　　　　（破棄・無罪） 　　　　　　　　　　　〔確定〕	甲社の施工する工事を乙組に請け負わせる仲介をした暴力団組長Aは，水道業者X，乙組出張所長Yと順次共謀の上，下請業者Vに対し，甲社関係者が2000万円を出してくれと言っておりそれを出せば今後も工事をさせてもらえるなどと嘘を言って，2000万円を騙取した
46	覚せい剤空路密輸入事件 A関係 ①福岡地昭59．7.2　　　（有罪） ②福岡高昭62．5.26〔59う473〕 　　　　　　　　　　（破棄・無罪） 〔確定，有罪部分は上告棄却決定〕 B関係 ①福岡地昭59．1.30　　（有罪） ②福岡高昭62．5.26〔59う166〕 　　　　　　　　　　（破棄・無罪） 　　　　　　　　　　　〔確定〕	AとBは，Xと共謀の上，営利の目的で覚せい剤を密輸入しようと企て，(1)Xが韓国の空港から日航機に覚せい剤約2958グラムを携帯して搭乗し，福岡空港で着陸後これを取り下ろして輸入し，(2)税関長の許可を受けないで輸入しようとしたが，税関職員に発見されたためその目的を遂げなかった

①②とも，順次共謀の中間を占める共謀者Xの証言の信用性を否定（Aの捜査段階における自白の任意性，信用性も否定）	Xは，第1審第22回公判において，第2・6回公判ではAから計画を持ちかけられた状況について全くの作り話をしたと自認　21，28，55，56，110，112，152，155，162，169，173	42
①譲受人Xの証言の信用性を肯定②Xの証言の信用性を否定	②は，Aにアリバイ成立の余地があると判示　　30，31，107，112，169	43
①②とも，共謀者Xと収賄者Yの各検察官調書の信用性を否定	①②とも，Aの捜査段階における自白の信用性を否定　　41，43，79，89，116，138	44
①実行正犯Xの証言の信用性を肯定②Xの証言の信用性を否定	②は，XがAに無断で騙取金のうち1000万円を費消し，Aに話さないようYらに口止めしたこと，動機，経緯に関する供述内容が理に合わないことなどを指摘して，X証言の信用性を否定　21，57，103，112，169	45
A・B両名につき①実行正犯Xの証言の信用性を肯定②Xの証言の信用性を否定	【事例カード】あり（319）Aは，Yと共謀して韓国から覚せい剤を密輸入したという別件については，捜査段階から第1審の途中まで自白を続けており第1，2審とも有罪判決がなされている　29，32，34，36，37，58，104，112，116，120，126，152，155，164，169，173	46

47	暴力団幹部の連帯借用証書等 　　　　　偽造行使事件 ①東京地昭59．1.31　　　（有罪） ②東京高昭60.10．7〔59う633〕 　　　　　　　　　（破棄・差戻） ③東京地昭63．3．3〔61わ57〕 　　　　　　　　　　　（無罪） 　　　　　　　　　　　〔確定〕	暴力団幹部Aは，Xと共謀の上Xが資産家V名義の連帯借用証書，公正証書作成委任状，土地付建物売買契約書を偽造，行使するなどした
48	デートクラブ殺人事件 　　　　　　　（殺人，詐欺未遂） ①大阪地昭62．4.13 　　（各事実につき共同正犯認定） ②大阪高平元．8．9〔62う618〕 　（破棄・殺人につきA単独犯， 　　　詐欺未遂につき無罪） 　　　　　　　〔上告取下・確定〕	Aは，愛人X男と共謀の上，Xの妻Vを殺害して生命保険金を得ようと企て，(1)AがVの後頭部をバットで殴り，電話機のコードで頸部を絞めるなどして，殺害し，(2)Xが殺害の事実を秘して，保険会社に対し保険金を請求したが，未遂に終わった
49	覚せい剤譲渡事件 ①広島地呉支平元．2．9　（有罪） ②広島高平元.12.7〔元う66〕 　　　　　　　　　（破棄・無罪） 　　　　　　　　　　　〔確定〕	Aは，Xに対し，覚せい剤0.05グラムを譲渡した
50	覚せい剤譲渡事件 ①札幌地室蘭支平元．3.17 　　　　　　（幇助犯として有罪） ②札幌高平元.12.12〔元う79〕 　　　　　　　　　（破棄・無罪） 　　　　　　　　　　　〔確定〕	Aは，Xと共謀の上，Yに対し覚せい剤約1.7グラムを譲渡した

①XがVの息子になりすましてAから金員を借用した際，Aが情を知ってXを恫喝するなどしてVの不動産を違法に取得することの共謀が成立した旨のXの差戻前第1審の証言の信用性を肯定 ③Xの上記証言の信用性を否定	②は，Xの証言の速記録の正確性に問題があり，信用性に疑問があるとして，①を破棄したXは，差戻後第1審公判では，Aの関与を全面的に否定 207	47
①Xとの共同犯行であるというAの公判供述と供述調書の信用性を肯定 ②Aの共同犯行供述の信用性を否定し，Aが単独犯行であると認めたAの逮捕当日の警察官調書と控訴審第6回公判以後のAの公判供述の信用性を肯定	Xも殺人・詐欺未遂で起訴されたが，大阪地裁は，平2.10.16に，Aの証言の信用性を否定してXを無罪とした〔61わ3467，5396〕 21，35，37，112，122，124，127，161，184	48
①譲受人Xの証言の信用性を肯定 ②Xの証言の信用性を否定	②は，Xが親しい密売人の名前を出したくないために虚偽の供述をしている疑いがあると指摘 30，31，79，109，169，203	49
①譲受人Yの検察官調書と証言の信用性を肯定 ②Yの検察官調書と証言の信用性を否定	①は，XのYに対する譲渡を幇助したという限度で有罪認定Yは，別件の強盗致傷事件でもXとの共同犯行を自白したが，右自白は信用できないとして無罪判決がなされている 54，132，169，188	50

平成2年度司法研究員氏名及び研究題目

第44輯第1号
　フランスにおける民事訴訟の運営　　判　事　　山　下　郁　夫
　　　　　　　　　　　　　　　　　　〃　　　　野　山　　　宏
　　　　　　　　　　　　　　　　　判事補　　小　林　久　起

第44輯第2号
　共犯者の供述の信用性　　　　　　判　事　　池　田　眞　一
　　　　　　　　　　　　　　　　　　〃　　　　池　田　　　修
　　　　　　　　　　　　　　　　　　〃　　　　杉　田　宗　久

共犯者の供述の信用性		書籍番号 08−15

平成 8 年 7 月15日　　第 1 版第 1 刷発行
平成28年 2 月25日　　第 1 版第 6 刷発行

　　　　　　　編　　集　　司　法　研　修　所
　　　　　　　発 行 人　　菅　野　雅　之
　　発 行 所　一般財団法人　法　曹　会

　　　　〒100-0013　東京都千代田区霞が関1-1-1
　　　　　　　　　　振替口座　00120−0−15670
　　　　　　　　　　電　　話　03−3581−2146
　　　　　　　　　　http://www.hosokai.or.jp/

落丁・乱丁はお取替えいたします。　　　　印刷製本／統計印刷

ISBN 978-4-908108-47-1